Luke Burgis

Der Haben-Wollen-Reflex

Luke Burgis

DER HABEN-WOLLEN-REFLEX

Wie sehr die Macht der Nachahmung unser Leben bestimmt und wie wir uns davon lösen

Aus dem Englischen von Beate Brandt

VAK Verlags GmbH
Kirchzarten bei Freiburg

Titel der amerikanischen Originalausgabe:
Wanting

ISBN 9781250262486
Published in the United States by St. Martin's Press,
an Imprint of St. Martin's Publishing Group
120 Broadway, New York, NY 10271

Aus Gründen der besseren Lesbarkeit wurde im Text die weibliche und die männliche Form gewählt; alle Angaben beziehen sich selbstverständlich auf Angehörige aller Geschlechter.

Bibliografische Information der Deutschen Nationalbibliothek
Die Deutsche Nationalbibliothek verzeichnet diese Publikation in der Deutschen Nationalbibliografie; detaillierte bibliografische Daten sind im Internet über http://dnb.d-nb.de abrufbar.

VAK Verlags GmbH
Eschbachstraße 5
79199 Kirchzarten
Deutschland
www.vakverlag.de

Übersetzung: Beate Brandt
Lektorat: Irene Klasen
Illustrationen: Liana Finck
Layout & Satz: Ulrich Schmid, de·te·pe, Aalen
Covergestaltung: Kathrin Steigerwald, Hamburg
Druck: Friedrich Pustet GmbH & Co. KG, Regensburg
Printed in Germany
ISBN 978-3-86731-255-4

INHALT

Für Claire und Hope

TAKTIKEN

Nachahmung ist dem Menschen von Kindheit an gegeben, einer seiner Vorteile gegenüber den niederen Tieren liegt darin, dass er das am meisten nachahmende Wesen der Welt ist.

Aristoteles

Wir wollen, was andere Menschen wollen, weil andere Menschen es wollen, und es sind nachgezeichnete Augenbrauen, den ganzen Weg hinab, bis hinunter in die Tiefen des neunten Kreises der Hölle, wo wir alle sofort an einem Brazilian Butt Lift versterben, immer wieder und wieder.

Dayna Tortorici

HINWEIS AN MEINE LESERINNEN UND LESER

In diesem Buch geht es darum, warum Menschen wollen, was sie wollen. Warum *Sie* wollen, was Sie wollen.

Wir alle verbringen jeden einzelnen Moment unseres Lebens, vom Tag unserer Geburt bis hin zum Zeitpunkt unseres Todes damit, etwas zu wollen. Wir wollen sogar etwas, während wir schlafen. Dennoch nehmen sich nur wenige Menschen die Zeit herauszufinden, wie ihre Wünsche und Begierden eigentlich entstehen.

Das Richtige zu wollen ist – wie die Fähigkeit klar zu denken – nichts, womit wir geboren werden. Es ist eine Freiheit, die wir erwerben müssen. Und aufgrund eines einflussreichen, aber wenig bekannten Aspekts des menschlichen Begehrens handelt es sich um eine hart erkämpfte Freiheit.

Als ich in meinen Zwanzigern war, verbrachte ich meine Zeit damit, Firmen zu gründen und dem Unternehmertraum nachzujagen, den das Silicon Valley mir eingepflanzt hatte. Ich war auf der Suche nach finanzieller Freiheit, so glaubte ich zumindest, und der Anerkennung und dem Respekt, die damit einhergingen.

Und dann geschah etwas Merkwürdiges: Als ich mich von einer der Firmen, die ich gegründet hatte, verabschiedete, verspürte ich plötzlich eine enorme Erleichterung. In diesem Moment wurde mir bewusst, dass ich bislang einer falschen Begierde nachgerannt war! Meine vorherigen Erfolge hatten sich wie Scheitern angefühlt, und nun fühlte sich Scheitern wie Erfolg an. Was verbarg sich hinter meinem hartnäckigen Streben, das mir am Ende nie die erwartete Zufriedenheit gebracht hatte?

Diese Sinnkrise bewirkte, dass ich eine Menge Zeit in Bibliotheken und Kneipen verbrachte. Manchmal verlegte ich die Bibliothek auch in die Kneipe. (Kein Scherz! Einmal schleppte ich einen ganzen Rucksack voller Bücher in eine Sportbar, als gerade das Meisterschaftsfinale im Baseball übertragen wurde, und versuchte zu lesen, während die Fans der *Phillies* (Baseballteam aus Philadelphia, Anm. d. Verlags) um mich herum ausgelassen feierten.) Ich reiste nach Thailand und nach Tahiti. Ich trieb wie besessen Sport.

Aber all das war nur Kratzen an der Oberfläche und hatte nichts mit dem grundlegenden Problem zu tun. Zwar half mir diese Zeit, ernsthaft über meine Entscheidungen nachzudenken, aber sie half mir nicht, die Gründe zu verstehen, die mich ursprünglich zu diesen Entscheidungen veranlasst hatten – das Navigationssystem hinter meinen Bestrebungen.

Eines Tages schlug ein Mentor vor, ich solle mich einmal mit ein paar Ideen beschäftigen, die seiner Ansicht nach erklärten, warum ich dazu gekommen war die Dinge zu wollen, die ich wollte, und wie mein Wollen mich in Kreisläufen aus Leidenschaft gefolgt von Ernüchterung gefangen hielt.

Die erwähnten Ideen stammten von einem ziemlich unbekannten, aber einflussreichen Gelehrten. Bevor er am 4. November 2015 im Alter von 91 Jahren starb, wurde René Girard in die Riege der *Immortels* (der Unsterblichen, Anm. d. Verlags) der *Académie Française* aufgenommen und als „neuer Darwin der Sozialwissenschaften" bezeichnet. Als Professor in Stanford von den 1980ern bis in die 1990er Jahre hinein inspirierte er eine kleine Schar von Anhängern. Einige von ihnen glaubten, dass seine Ideen der Schlüssel zum Verständnis des 21. Jahrhunderts sein würden – und dass er dereinst im Rückblick auf das 21. Jahrhundert als wichtigster Denker seiner Generation gefeiert werden würde.[1]

Wahrscheinlich haben Sie noch nie von ihm gehört.

René Girards Denken zog Menschen aus ganz verschiedenen Richtungen an. Er hatte die verblüffende Gabe, Dinge zu bemerken, die rätselhaftes menschliches Verhalten erklärten. Er war eine Art

Sherlock Holmes der Geschichte und Literatur, der unbeachtete Hinweise offenlegte, während alle anderen den üblichen Verdächtigen hinterherjagten.

Girard spielte in einer anderen Liga als andere Wissenschaftler. Er war wie die einzige Person am Pokertisch, die den *Tell* – die verräterische Reaktion – des dominierenden Spielers erkennt. Während andere Spieler ihre Gewinnchancen anhand mathematischer Wahrscheinlichkeiten durchrechnen, blickt er in die Gesichter. Er beobachtet seinen Rivalen, um zu sehen, wie häufig er blinzelt oder an der Nagelhaut seines linken Zeigefingers pult.

Girard deckte eine grundlegende Wahrheit über Begehren auf, die scheinbar Unzusammenhängendes miteinander verband. Er brachte biblische Geschichten mit der Unbeständigkeit des Aktienmarktes in Verbindung, den Zusammenbruch alter Zivilisationen mit Arbeitsplatzproblemen, Karrierewege mit Ernährungstrends. Schon lange bevor sie überhaupt existierten, erklärte er, warum *Facebook, Instagram* und Konsorten so beliebt und erfolgreich darin sein würden, Menschen sowohl Dinge als auch Träume zu verkaufen.

Girard entdeckte, dass das meiste, was wir begehren, mimetisch ist, also nachahmend, und nicht intrinsisch, also aus uns selbst heraus motiviert. Menschen *lernen* – durch Nachahmung –, die gleichen Dinge zu *wollen*, die andere Menschen wollen, genauso wie sie lernen, die gleiche Sprache zu sprechen und die gleichen kulturellen Spielregeln zu befolgen. Nachahmung spielt in unserer Gesellschaft eine deutlich allgegenwärtigere Rolle, als irgendjemand jemals offen anerkannt hätte.

Unsere Nachahmungsfähigkeit stellt diejenige aller anderen Tiere in den Schatten. Sie hat den Weg für hoch entwickelte kulturelle und technische Errungenschaften geebnet. Gleichzeitig hat sie eine dunkle Seite. Nachahmung verleitet Menschen dazu, Dinge anzustreben, die zunächst wünschenswert erscheinen, sie aber unerfüllt zurücklassen. Sie hält sie in Kreisläufen von Begehren und Rivalität gefangen, aus denen es nur schwer, ja praktisch unmöglich ist, zu entkommen.

Girard allerdings machte seinen Studierenden Hoffnung. Es *ist* möglich, den Kreisläufen frustrierten Begehrens zu entfliehen. Es ist möglich, handlungsfähiger darin zu werden, das Leben zu erschaffen, das wir wollen.

Meine Beschäftigung mit Girard führte mich von ungläubiger Skepsis zu bahnbrechender Erkenntnis. Die mimetische Theorie half mir dabei, Muster im Verhalten von Menschen und Ereignissen zu erkennen. Das war der leichte Teil. Zu einem späteren Zeitpunkt, nachdem ich mimetisches Verhalten überall entdeckt hatte, außer in meinem eigenen Leben, stellte ich es plötzlich auch bei mir fest – der Moment der bahnbrechenden Erkenntnis. Die mimetische Theorie half mir schließlich dabei, meine eigene verfahrene Welt von Begierden zu durchschauen und darin aufzuräumen. Das war kein leichter Prozess.

Mittlerweile bin ich davon überzeugt, dass ein Verständnis mimetischen Begehrens der Schlüssel dazu ist, auf tiefer menschlicher Ebene zu verstehen, wie Geschäftsleben, Politik, Wirtschaft, Sport, Kunst, ja selbst Liebe funktionieren. Es kann Ihnen helfen, Geld zu verdienen, wenn das Ihr größter Antrieb sein sollte. Es kann Ihnen aber auch helfen, nicht bis zur Lebensmitte oder noch länger zu warten, um zu erkennen, dass Geld oder Prestige oder ein bequemes Leben vielleicht nicht das sind, was Sie vor allem wollen.

Die mimetische Theorie wirft ein Licht auf die Ursache von wirtschaftlichen, politischen und persönlichen Spannungen und zeigt uns Wege aus ihnen heraus. Bei kreativen Menschen kann sie die Kreativität in Projekte fließen lassen, die wahren menschlichen und wirtschaftlichen Nutzen bringen und nicht nur der Verlagerung von Reichtum dienen.

Ich behaupte nicht, dass das Überwinden von mimetischem Begehren möglich oder überhaupt erstrebenswert ist. Es geht mir in diesem Buch vielmehr darum, mehr Bewusstsein für sein Vorhandensein zu schaffen, damit wir es besser steuern können. Mimetisches Begehren ist wie Schwerkraft – es ist einfach da. Die Schwerkraft ist immer vorhanden. Einigen Menschen bereitet sie ständige Mühe, wenn sie in ihrer Körpermitte und rund um die Wirbelsäule nicht ausreichend Muskeln entwickeln, um aufrecht zu stehen und sich der Welt zu stellen, dem Abwärtssog zu widerstehen. Andere sind der gleichen Schwerkraft ausgesetzt und schaffen es bis auf den Mond.

Beim mimetischen Begehren ist es genauso. Wenn wir uns seiner nicht bewusst sind, dann bringt es uns an Orte, an denen wir niemals landen wollten. Entwickeln wir jedoch die richtigen sozialen und emotionalen Muskeln, kann es zu einem Weg werden, positive Veränderungen in Gang zu setzen.

Welche Veränderungen Sie vornehmen, bleibt Ihnen überlassen – das können Sie nach Lesen dieses Buchs ganz persönlich für sich entscheiden.

Es gibt eine wachsende Anzahl von Menschen, die an der mimetischen Theorie interessiert sind, und sie kommen aus allen möglichen politischen Richtungen, Fachbereichen und Ländern. Auch wenn die Verhältnisse jeweils andere sein mögen, behält die inhaltliche Kraft der Theorie die gleiche Relevanz. Die Vielfalt der Perspektiven lässt vermuten, dass sie in ihrem Kern womöglich eine profunde Wahrheit über die Menschheit enthält.

Wissenschaftler, die sich für Girards Theorie interessieren, haben bedeutende Beiträge zu Themen geleistet, die von der Hermeneutik der Mimesis bei Shakespeare bis zur sexuellen Gewalt gegen Frauen in Kriegsgebieten und dem Sündenbock-Phänomen beim Genozid in Ruanda reichen. Kurz gesagt: Wer die mimetische Theorie nur mit Girards früherem Schüler Peter Thiel (deutschstämmiger amerikanischer Unternehmer und Gründer des Online-Bezahldienstes *PayPal*, Anm. d. Verlags) assoziiert und sie mit Libertarismus oder Thiels Unternehmenspolitik in Verbindung bringt, hat ein unvollständiges Bild. Ein Anreiz, dieses Buch zu schreiben bestand darin, die Monopolstellung zu brechen, die er in den Köpfen einiger Menschen als Deuter von Girards Denken hat. Er wäre mit Sicherheit der erste, der Ihnen sagen würde, dass das eine gute Sache ist. Ideologische Monopolstellungen sind die schlimmsten.

Mimetisches Begehren geht weit über das Politische hinaus. Es ist auf gewisse Weise präpolitisch, ähnlich wie die Komödie. Wenn etwas lustig ist, ist es lustig. Aber selbst Humor kann vergiftet und mit bestimmten Zwecken und Rivalitäten verbunden sein. Sollte jemand dieses Buch lesen und Erkenntnisse daraus dazu nutzen, um mögliche Gegner zu attackieren, dann hat er etwas grundlegend missverstanden.

In einer Zeit zunehmender Spannungen in den USA und vielen anderen Teilen der Welt – zumindest, während ich dieses Buch schrieb – wollte ich etwas anbieten, das zu mehr Reflektion und Zurückhaltung anregt, dem Anerkennen unserer Rivalitäten und der Hoffnung, dass wir mit Nachbarn leben können, die andere Dinge wollen als wir.

Heute verbringe ich einen Teil meiner Zeit damit, aufstrebende Unternehmer und Unternehmerinnen zu schulen. Ihr Ziel, eine bessere Welt aufzubauen und ein sinnerfülltes Leben zu führen, inspiriert mich. Aber ich befürchte, dass sie am Ende enttäuscht sein könnten, wenn sie nicht verstehen, wie Begehren funktioniert.

Die Vorstellung, ein Unternehmer zu *sein*, hat heutzutage einen hohen mimetischen Wert. Nahezu jeder angehende Unternehmer, den ich kenne, ist motiviert, eine Form von Freiheit zu erreichen. Sein eigenes Unternehmen zu leiten, führt aber nicht automatisch zu mehr Freiheit – manchmal führt es zum Gegenteil. Wir stellen uns Unternehmer als die ultimativen Rebellen vor, die nicht an einen geregelten Arbeitstag gebunden sind oder kein langweiliges Leben als kleines Rädchen im mittleren Management fristen. Aber schon der Gedanke, dass Sie in dem Sinne keinen Chef haben, kann bedeuten, dass Sie Opfer mimetischen Begehrens geworden sind. Deshalb rege ich meine Schüler an, tiefer zu graben.

Ich kann ihnen nicht garantieren, dass sie erfolgreich in ihrem Beruf sein werden, aber ich kann ihnen garantieren, dass sie sich ab dem Moment, an dem sie meinen Kurs beendet haben, nicht mehr ahnungslos etwas wünschen werden. Sie werden mit einem besseren Bewusstsein dafür, was in ihrem Inneren vor sich geht, Hauptfächer wählen, Unternehmen gründen, Partnerinnen und Partner finden und die Nachrichten verfolgen. Dieses Bewusstsein ist die Voraussetzung für Veränderung.

Es gibt Erkenntnisse, die – sobald man sie erlangt hat – dauerhaft in die Erfahrung des täglichen Lebens einfließen. Verständnis des mimetischen Begehrens ist eine davon. Sobald Sie verstanden haben, wie es funktioniert, erklären sich Ihnen viele Dinge, die in der Welt um Sie herum ablaufen. Und das betrifft nicht nur das Familienmitglied, dessen merkwürdige Lebensweise Sie niemals wählen würden, die Regeln an Ihrem Arbeitsplatz, den Freund, der viel zu oft in den sozialen Medien unterwegs ist, oder den Kollegen, der damit prahlt, dass seine Tochter an einer renommierten Universität angenommen wurde. Es bezieht Sie selbst mit ein.

Sie werden es in sich selbst entdecken.

VORWORT

EINE UNERWARTETE ERLEICHTERUNG

Im Sommer 2008 trat etwas ein, auf das viele Gründer von Start-ups hinarbeiten – ich erfuhr, dass ich mein Unternehmen gewinnbringend würde verkaufen können. Nach einer intensiven Annäherungsphase von mehreren Monaten war ich auf dem Weg, um mit dem Geschäftsführer von *Zappos* (Online-Shop für Schuhe und Modeartikel, Anm. d. Verlags), Tony Hsieh, auf unseren Deal anzustoßen. *Zappos* würde mein Onlinehandelsunternehmen für Wellness-Produkte, *FitFuel.com*, übernehmen.

Eine Stunde zuvor hatte Tony mich über Twitter (damals seine bevorzugte Form der Kommunikation) zu einem Treffen im *Foundation Room* gebeten, einer Bar im 63. Stock des Mandalay Bay Hotels in Las Vegas. Ich wusste, dass an diesem Tag eine Vorstandssitzung stattgefunden hatte, bei der die Übernahme besprochen werden sollte. Er hätte mich nicht eingeladen, wenn es nichts zu feiern gegeben hätte.

Ich war bereits den ganzen Tag lang nervös in meinem Haus herumgetigert. Ich musste den Deal einfach abschließen, denn *FitFuel* verbrannte jede Menge Geld. Trotz unseres rasanten Wachstums in den vergangenen zwei Jahren sahen die kommenden Monate nicht unbedingt rosig aus. Die US-Notenbank *Federal Reserve* hatte gerade Zusagen gemacht, um die große Investmentbank *Bear Stearns* vor dem totalen Zusammenbruch zu bewahren. Der Immobilienmarkt war in voller Talfahrt. Ich brauchte eine weitere Finanzspritze, aber die Investoren waren vorsichtig geworden. Alle sagten mir, ich solle in einem Jahr noch einmal wiederkommen – aber so viel Zeit hatte ich nicht.

Weder Tony Hsieh noch ich wussten damals, wie turbulent 2008 werden würde. Zu Beginn des Jahres verbuchte *Zappos* einen operativen Gewinn oberhalb der angestrebten Ziele und beschloss, allen Angestellten großzügige Bonuszahlungen zu gewähren. Am Ende des Jahres – nur acht Monate nach Auszahlung der Boni – musste das Unternehmen acht Prozent seiner Mitarbeiter entlassen. Bereits im Sommer schnürten die Vorstandsmitglieder von *Zappos* und erfahrene Investoren, allen voran *Sequoia Capital*, den Gürtel enger.[1]

Als die Einladung von Tony kam, raste ich von meinem Heimatort Henderson in Nevada zum Las Vegas Strip, drehte die Musik voll auf und stieß abwechselnd Erleichterungs- und Freudenschreie aus, um meine Anspannung abzubauen und bei meiner Ankunft halbwegs ruhig zu wirken.

Zappos war damals seit neun Jahren am Markt, und der Umsatz hatte kürzlich die 1-Milliarden-Marke geknackt. Tony führte das Unternehmen auf ungewöhnliche Weise. So bot er beispielsweise neuen Mitarbeitern eine Abfindung von bis zu 2000 US-Dollar an, wenn sie das Unternehmen nach ihrer Einarbeitungsphase wieder verließen (Ziel war es herauszufinden, ob die eingestellten Personen wirklich engagiert waren oder nicht). *Zappos* war bekannt für seine eigenwillige Unternehmenskultur.

Die Unternehmenskultur schien auch das zu sein, was Tony am besten an *FitFuel* gefiel. Als er und die anderen Vorstandsmitglieder von *Zappos* unsere Büro- und Lagerräume besichtigten, erzählten sie mir, wie sehr ihnen das gefiel, was sie sahen. Wir waren ein bunt zusammengewürfelter Haufen (weil wir zu wenig Mitarbeiter hatten), ziemlich verrückt (jeder von uns hatte seine ganz eigene Macke) und auf die richtige Weise verschroben (denn wir verfügten über das gesamte Standardzubehör eines hippen Start-ups wie Wasserpfeifen und Sitzsäcke).

Tony wollte, dass ich *FitFuel* als neue Abteilung innerhalb von *Zappos* weiterführte. Ich würde das nächste Milliarden-Business aufbauen. Begonnen hatte alles mit Schuhen, Wellness würde das zweite Standbein werden.

Neben dem lebenswichtigen Kapitalzufluss und dem Eigenkapital von *Zappos* wäre ich Teil eines respektierten Führungsteams und erhielte ein gutes Gehalt. (Ich hatte mir bislang als Geschäftsführer meiner eigenen Unternehmen noch nie ein Gehalt gezahlt und sehnte mich nach dieser Art von Sicherheit.)

Man konnte nicht sagen, dass ich mich nahtlos in die Unternehmenskultur von *Zappos* eingefügt hätte. Aber seit wir begonnen hatten, über eine Zusammenlegung unserer Firmen zu sprechen, hatte ich mich in Teilen stärker an die Kultur angepasst, damit alles gut laufen würde.

In dem verzweifelten Wunsch, mein Unternehmen zu verkaufen, erzählte ich Tony alles, von dem ich glaubte, dass er es hören wollte. Zwar sah ich die Unternehmenskultur von *Zappos* anders, als sie in den gängigen Medien dargestellt wurde, aber ich äußerte meine Meinung nicht offen. Schließlich ist es einfach, Kritik zu üben, wenn man nicht selbst betroffen ist. Wesentlich schwieriger ist es, aktiv das dominante Narrativ in Frage zu stellen, ehrlich zu sich selbst zu sein und auch dann die Wahrheit zu sagen, wenn das schwerwiegende Konsequenzen nach sich zieht – und das wäre in meinem Fall der Verlust der Chance gewesen, mein Unternehmen zu verkaufen und nicht unter einem Berg von Schulden zu versinken. Ich riskiere geschäftlich immer auch persönlich etwas. In diesem Fall einiges zu viel.[2]

In den vergangenen Monaten hatte ich versucht, Tony besser kennenzulernen. Wir trafen uns zum ersten Mal, nachdem ich ihn einfach so angeschrieben hatte. Er lud mich daraufhin zum Essen in den *Claim Jumper* ein, ein Restaurant in der Nähe des *Zappos*-Firmensitzes in Henderson, einem Vorort von Las Vegas. Als ich das Restaurant in dem Glauben betrat, es handele sich um einen lockeren Kennenlerntermin, saßen bereits wenigstens sechs hochrangige Manager des Unternehmens um den Tisch und warteten auf mich. Es war ein Bewerbungsgespräch, über dem meine Muschelsuppe kalt wurde.

Nach dem Termin gingen Tony und ich zusammen zurück zu seinem Büro. Auf dem Weg blieb er plötzlich stehen und steckte seine Hände in die Hosentaschen, als würde er dort nach Kleingeld suchen.

„Ich würde keinen guten Job machen, wenn ich Sie nicht fragen würde, ob Sie offen für eine Zusammenarbeit wären", sagte er. Ich sagte zu, und die nächsten paar Monate waren wie eine stürmische Verlobungszeit. Ich wurde zu Firmenevents, Partys in Tonys Haus und morgendlichen Wandertouren in die Berge eingeladen.

Tony wirkte nicht wie ein typischer Millionär. Er hatte das erste Unternehmen, das er mitgegründet hatte, *LinkExchange*, 1998 im Alter von 24 Jahren für 265 Millionen US-Dollar an Microsoft verkauft. Aber er trug einfache Jeans und ein *Zappos*-T-Shirt und fuhr einen verschmutzten Mazda6. Nachdem ich ein paar Wochen mit ihm verbracht hatte, hängte ich meine Überzeugungen an den Nagel (ja, ich weiß) und begann bei GAP einzukaufen. Ich fragte mich, ob ich ein älteres und schmutzigeres Auto fahren sollte.

Drei Jahre bevor ich Tony kennenlernte, hatte ich 2005 *FitFuel* mitgegründet. Wir verfolgten die großartige Firmenphilosophie, allen Menschen auf der Welt gesündere Nahrungsmittel zugänglicher zu machen. Ich arbeitete Tag für Tag daran, machte stetige Fortschritte und lernte, ein wachsendes Unternehmen zu führen. Aber obwohl unsere Umsätze stiegen und wir Auszeichnungen einheimsten, sank meine Lust, ins Büro zu gehen von Tag zu Tag.

Während ich versuchte, mir meiner Probleme bewusst zu werden, eroberte Tim Ferriss' Buch *Die 4-Stunden-Woche: Mehr Zeit, mehr Geld, mehr Leben* die Regale der Buchläden. *Wenn ich mehr als vier Stunden pro Woche arbeite, muss ich etwas falsch machen,* dachte ich. Ich suchte verzweifelt nach besseren Vorbildern für Unternehmertum, war mir aber nicht sicher, wem ich vertrauen konnte.

Mein Zusammentreffen mit Tony ließ meine Verzweiflung nur noch weiter anwachsen. Mein Ziel war ein Umsatz von 10 Millionen US-Dollar. *Zappos* erzielte eine Milliarde US-Dollar pro Jahr. Aus meiner Perspektive lebte Tony in einer komplett anderen Realität – einer, in der Einhorn-Gründer lebten. Ich hatte keine Ahnung, wie ich es in diese Sphären schaffen sollte.

Mich erfasste eine Art existenzieller Taumel – ganz so, als würde ich von der Spitze eines Wolkenkratzers auf ein riesiges Trampolin springen, das mich sofort wieder an die Spitze zurückkatapultierte, bevor es schon wieder abwärts ging. Meine Wünsche schienen sich von Tag zu Tag zu ändern: mehr Respekt und Status, weniger Verantwortung; mehr Kapital, weniger Investoren; mehr öffentliche Auftritte, mehr Privatsphäre; eine intensive Gier nach Geld, gefolgt von extremen Tugendanfällen und dem exzessiven Gebrauch des Worts „sozial". Ich schwankte sogar dazwischen, die Muskeln aufzupumpen oder schlanker zu werden.

Was mich jedoch am meisten irritierte war, dass das Begehren, das zu Gründung und Aufbau meines Unternehmens geführt hatte, vollkommen verschwunden war. Wo war es hin? Woher war es überhaupt erst gekommen? Vergleichbar den Irrungen und Wirrungen einer romantischen Komödie fühlte ich mich eher als Spielball denn als jemand, der bewusst eine Wahl traf. (Wussten Sie übrigens, dass Menschen nahezu in allen Sprachen der Welt der Liebe ver*fallen*? Niemand *steigt in sie auf*.[3])

Währenddessen nahmen die internen Konflikte zwischen meinem Mitgründer und mir ebenfalls zu, bis wir beschlossen, uns zu trennen. Ich übernahm genau in dem Moment die alleinige Verantwortung für das Unternehmen, in dem meine Lust daran verschwunden war.

Es war klar, dass es geheimnisvolle Kräfte außerhalb meiner selbst gab, die beeinflussten, was ich wollte und wie sehr ich es wollte. Bevor ich mehr über sie herausfand, konnte ich keine ernsthaften Entscheidungen treffen. Ich konnte kein neues Unternehmen gründen. Ich zweifelte sogar, ob ich eines Tages heiraten würde, in dem Wissen, dass das Begehren für etwas (oder jemanden) von einem Tag auf den anderen verschwinden konnte. Ich fühlte mich daher verpflichtet herauszufinden, welche Kräfte da am Werk waren.

Am Tag nachdem ich mit Tony in Las Vegas angestoßen hatte, nahm ich einen Freund mit auf eine Tour durch die Firmenzentrale von *Zappos* und zeigte ihm begeistert meine zukünftige Wirkungsstätte. Als wir die „Monkey Row" („Affen-Zeile", Anm. des Verlags) entlangliefen (so wurde bei *Zappos* scherzhaft der Flur genannt, in dem die Führungskräfte saßen), fiel mir auf, dass diese mich merkwürdig ansahen. Die Unterhaltung wirkte eher aufgesetzt. Es war das schlechte Gefühl kurz vor einer Trennung.

Mein Freund und ich gingen später am Abend zusammen essen. Mittendrin erhielt ich einen Anruf von Alfred Lin, der zwischen 2005 und 2010 Finanzvorstand, leitender Geschäftsführer und Vorstandsvorsitzender von *Zappos* war. Seine Stimme klang ernst, und kurz darauf sagte er mir, warum.

Nach der offiziellen Vorstandssitzung hatte sich der *Zappos*-Vorstand ein zweites Mal auf dem Rückflug nach San Francisco zusammengesetzt und beschlossen, die unmittelbaren Pläne auf Eis zu legen. Es würde keine Aufkäufe geben. „Sie haben ihre Meinung geändert“, sagte er. „Sie *haben ihre Meinung geändert*?“, fragte ich. „Mehr kann ich dazu leider nicht sagen“, antwortete er. „Es tut mir leid.“ „Sie *haben ihre Meinung geändert*?“, fragte ich wieder und wieder und erhielt stets die gleiche Antwort. Selbst nachdem das Telefonat beendet war, sprach ich die Worte lautlos weiter vor mich hin, nur diesmal als Tatsache, nicht mehr als Frage. „Sie haben ... ihre Meinung geändert“, wiederholte ich, als ich zum Tisch zurückging und auf meine Portion schlechter Spaghetti starrte. Ich wickelte sie immer wieder auf, nur um sie ungegessen wieder auf den Teller zurückgleiten zu lassen.

Es würde keinen lebensverändernden Ausweg geben, keinen Geldregen, keinen Zweitwohnsitz in Sizilien. Schlimmer noch: Mein Unternehmen war stark angeschlagen. Ohne den *Zappos*-Deal würde ich in sechs Monaten bankrott sein. Als mir das gesamte Ausmaß der Auswirkungen auf mein Leben Stück für Stück bewusst wurde und ich meinen Chianti leerte, veränderte sich plötzlich etwas in mir.

Ich war erleichtert.

EINFÜHRUNG

SOZIALE SCHWERKRAFT

An der Wand mir gegenüber hängt eine Fotografie – ein einzelner Augapfel in schwarz-weiß, nicht größer als ein Untersetzer, eingefügt in einen 55-cm-Rahmen.

Ich sitze im Zuhause von Peter Thiel hoch über dem Sunset Strip. Thiel kennt man als den milliardenschweren Mitbegründer von *PayPal* und ersten Investor in *Facebook*. Er ist ein Mann mit eigenwilligen Ansichten zur Wirtschaft und hat nicht nur das Klatschimperium *Gawker* in Schwierigkeiten gebracht, sondern sich auch öffentlich mit *Google* angelegt. Aber über all diese Dinge will ich nicht mit ihm reden.

Ein paar Minuten vergehen und der Assistent, der mich in den Raum gebracht hat, schaut kurz erneut herein. „Peter wird gleich da sein. Kann ich noch etwas für Sie tun? Noch einen Kaffee vielleicht?"

„Nein, danke", sage ich. Es ist mir ein wenig peinlich, dass ich meine Tasse nahezu in einem Zug leer getrunken habe. Er lächelt mir zu und geht wieder.

Das zweistöckige Wohnzimmer würde in jede Architekturzeitschrift passen. Bodentiefe Fenster geben den Blick frei auf einen Infinitypool mit Blick über den Sunset Boulevard. Es ist gemütlich und beeindruckend zugleich.

Das Herzstück des weitläufigen Raums ist eine Bar, eingebettet in eine eichengetäfelte Gallery Wall, an der Kunstwerke in kühlen Farbtönen hängen: Schwarzweißfotografien, Drucke in tiefem Indigo, graue Radierungen. Darunter ein Tintenkleks, vielleicht ein Rorschach, in Form einer Krabbe; ein großformatiger Druck, der abstrakte Kreise und Stäbe enthält und wie molekulare Geometrie aussieht; ein Triptychon von einem Mann, der in etwas steht, das wie das eiskalte Wasser eines Bergsees aussieht.

An anderen Stellen im Raum werden sachlichere Elemente von weichen Samtsofas und Sesseln kontrastiert. In der Mitte des fünfzehn Zentimeter dicken Couchtischs aus Holz, der vor mir steht, balanciert eine silberne Metallskulptur in Form einer Träne trotzig auf ihrer Spitze. Sechs Meter hohe Flügeltüren – so etwas hatte ich zuvor nur in Kathedralen gesehen – führen in den nächsten Raum. Neben der Tür wartet ein Schachtisch auf einen würdigen Gegner (ich werde es nicht sein). Ein Teleskop steht am Fenster, gleich neben einer griechischen Büste. Alles passt irgendwie zusammen. Wenn Ray Eames Regie beim Film *Alle Mörder sind schon da* geführt hätte, dann hätte die Szenerie ausgesehen wie das Haus von Peter Thiel.

Ein Mann erscheint auf einem offenen Verbindungsgang an der gegenüberliegenden Seite des Raums, eine Etage höher. „Ich bin gleich bei Ihnen", sagt Peter Thiel.

Er winkt mir kurz zu, lächelt und verschwindet dann durch eine Tür. Ich höre laufendes Wasser. Zehn Minuten später erscheint er wieder, diesmal in einem Baseball T-Shirt, Shorts und Laufschuhen. Er kommt eine Wendeltreppe herunter.

„Hi, ich bin Peter", sagt er und streckt mir seine Hand entgegen. „Sie möchten also gerne über Girards Ideen sprechen."

Gefährliche Gedanken

René Girard, ein Franzose, der als Professor für Literatur und Geschichte in den USA lehrte, gewann seine ersten Erkenntnisse zur Natur des Begehrens in den späten 1950er Jahren. Sie sollten sein Leben verändern. Drei Jahrzehnte später, als Peter Thiel in Stanford im Hauptfach Philosophie studierte, sollte der Professor auch sein Leben verändern.

Die Entdeckung, die Girards Leben in den 1950ern, Thiels in den 1990ern und meines in den 2000ern veränderte, ist das mimetische Begehren. Es war der Grund, warum ich Thiel in seinem Haus besuchte.

Die mimetische Theorie zog mich ganz einfach deswegen an, weil ich mimetisch bin. Wir alle sind es.

Bei der mimetischen Theorie geht es nicht darum, eine Art unpersönliches physikalisches Gesetz zu lernen, das Sie aus der Distanz studieren können. Es bedeutet vielmehr, etwas Neues über Ihre eigene Vergangenheit zu erfahren, das erklärt, wie Ihre Identität geformt wurde und warum bestimmte Dinge und Menschen mehr Einfluss auf Sie ausgeübt haben als andere. Es bedeutet, sich einer Kraft bewusst zu werden, die menschliche Beziehungen durchdringt – Beziehungen, in die Sie in diesem Moment verwickelt sind. Sie können nie ein neutraler Beobachter von mimetischem Begehren sein.

Sowohl Peter Thiel als auch ich haben den bestürzenden Moment durchgemacht, in dem wir das Wirken dieser Kraft in unserem Leben entdeckten. Es ist so persönlich, dass ich lange gezögert habe, ein Buch darüber zu schreiben. Wenn man über mimetisches Begehren schreibt, dann deckt man automatisch ein wenig von seinem eigenen auf.

Ich frage Peter, warum er Girard in seinem populären Buch *Zero to One: Wie Innovation unsere Gesellschaft rettet* nicht explizit erwähnt, obwohl es in dem Buch nur so von Erkenntnissen seines Mentors wimmelt.[1] „Girards Ideen haben etwas Gefährliches. Ich glaube, dass Menschen gegen einige davon Mechanismen der Selbstverteidigung entwickeln", antwortet er. Er wolle Menschen klar machen, dass die Erkenntnisse von Girard wichtige Wahrheiten enthalten und, dass sie erklären, was in der Welt um sie herum vorgeht. Aber ganz mitnehmen auf die andere Seite will er sie nicht.

Eine Idee, die weit verbreitete Ansichten in Frage stellt, kann bedrohlich wirken – ein Grund mehr sie genauer zu betrachten, um zu verstehen, warum dies so ist.

Eine Wahrheit, die wir nicht glauben, ist häufig gefährlicher als eine Lüge. Die Lüge ist in diesem Fall, dass ich Dinge allein aus mir selbst heraus begehre, unbeeinflusst von anderen, dass ich unabhängig entscheide, was begehrenswert ist und was nicht. Die Wahrheit ist, dass meine Wünsche abgeleitet sind, von anderen vermittelt, und dass ich Teil eines Systems des Begehrens bin, das größer ist, als ich vollständig verstehen kann.

Indem ich mir die Lüge von meinen unabhängigen Wünschen zu eigen mache, betrüge ich allein mich selbst. Wenn ich allerdings die Wahrheit ablehne, leugne ich die Konsequenzen, die mein Begehren auf andere Menschen hat und deren Begehren auf mich. Wie wir sehen, sind die Dinge, die wir begehren, wesentlich wichtiger als wir denken.

Ebenso wie bei Henry Ford, der eine Fertigungsstraße in einem Schlachthof sah oder dem Psychologen Daniel Kahnemann, der das neue Feld der Verhaltensökonomik schuf, kam Girards Durchbruch, als er sich außerhalb seines eigentlichen Fachgebiets, der Geschichte, bewegte. Es passierte, als er gezwungen war, sein Denken auf Klassiker der Weltliteratur anzuwenden.

Zu Beginn seiner akademischen Karriere in den USA wurde Girard gebeten, Literaturkurse über Bücher abzuhalten, die er noch nicht gelesen hatte. Weil er das Angebot nicht ablehnen wollte, stimmte er zu. Häufig las er die Romane gerade rechtzeitig zu Ende, bevor er sie dann im Lehrplan durchnahm. Er las und lehrte über Cervantes, Stendhal, Flaubert, Dostojewski, Proust und mehr.

Aufgrund seiner mangelnden fachlichen Ausbildung und der Notwendigkeit schnell zu lesen, begann er, in den Texten nach Mustern zu suchen. Dabei entdeckte er etwas Erstaunliches, das in nahezu allen wichtigen Werken der Weltliteratur vorzukommen schien: Die Charaktere in den Romanen verlassen sich darauf, dass andere ihnen zeigen, was begehrenswert ist. Sie begehren nicht einfach spontan selbst etwas. Stattdessen werden ihre Wünsche durch die Interaktion mit anderen Charakteren geformt, die ihre Ziele und ihr Verhalten ändern – und vor allem das, was sie begehren.

Girards Entdeckung war vergleichbar mit der Newtonschen Revolution in der Physik, bei der die Kräfte, die die Bewegung von Objekten bestimmen, nur *in Beziehung zueinander* verstanden werden können. Begehren wohnt ebenso wie Schwerkraft nicht autonom einer Person oder einem Objekt inne. Es existiert im Raum dazwischen.[2]

Die Romane, zu denen Girard Kurse gab, sind nicht in erster Linie handlungs- oder personengesteuert. Sie sind von Begehren gesteuert. Die Handlungen der Charaktere spiegeln ihre Begehrlichkeiten wider, die wiederum in Beziehung zu den Begehrlichkeiten anderer Charaktere geformt werden. Die Handlung entwickelt sich in Bezug darauf, wer sich mit wem in einer mimetischen Beziehung befindet und wie das Begehren der einzelnen miteinander in Bezug steht und ausgelebt wird.

Damit sich diese Beziehung bildet, müssen die beiden Charaktere einander nicht einmal begegnen. Don Quichote, allein in seinem Zimmer, liest die Abenteuer des berühmten Ritters Amadís de Gaula. In ihm entflammt das Begehren, ihm nachzueifern und auch fahrender Ritter zu werden. Er möchte das Land durchstreifen auf der Suche nach Gelegenheiten, sich in den Tugenden der Ritterlichkeit zu bewähren.

In allen Büchern, über die Girard lehrte, waren beim Begehren jeweils ein Nachahmer und ein Vorbild beteiligt. Anderen Lesern war dies nicht aufgefallen oder sie hatten es übersehen, weil sie die Möglichkeit eines solchen sich durchziehenden Themas nicht in Betracht gezogen hatten.

Girards Abstand zum eigentlichen Fachgebiet ermöglichte es ihm zusammen mit seinem scharfen Intellekt, das Muster zu erkennen. Die Charaktere in den großen Romanen sind so realistisch, weil sie Dinge auf die gleiche Weise wollen, wie wir – nicht spontan, nicht aus einem inneren authentischen Begehren heraus oder willkürlich, sondern weil sie eine andere Person nachahmen: ihr geheimes Vorbild.

Maslow neu gedacht

Girard entdeckte, dass wir viele Dinge weder aus biologischen Trieben oder reiner Vernunft heraus wollen, noch aus einer Entscheidung unseres illusorischen und unabhängigen Selbst heraus, sondern durch Nachahmung.

Als ich zum ersten Mal mit dieser Idee in Berührung kam, war sie für mich schwer erträglich. Sind wir alle nur reine Nachahmungsmaschinen? Nein. Mimetisches Begehren ist lediglich ein Teil einer umfassenden Sicht der Humanökologie. Freiheit und ein relationales Verständnis der Persönlichkeit gehören ebenfalls dazu. Die Nachahmung des Begehrens hat mit unserer Offenheit gegenüber dem Innenleben anderer Menschen zu tun – etwas, das die menschliche Spezies auszeichnet.

Begehren, so wie Girard es versteht, bedeutet nicht den Drang nach Nahrung, Sex, Obdach oder Sicherheit. Solche Dinge sind eher als

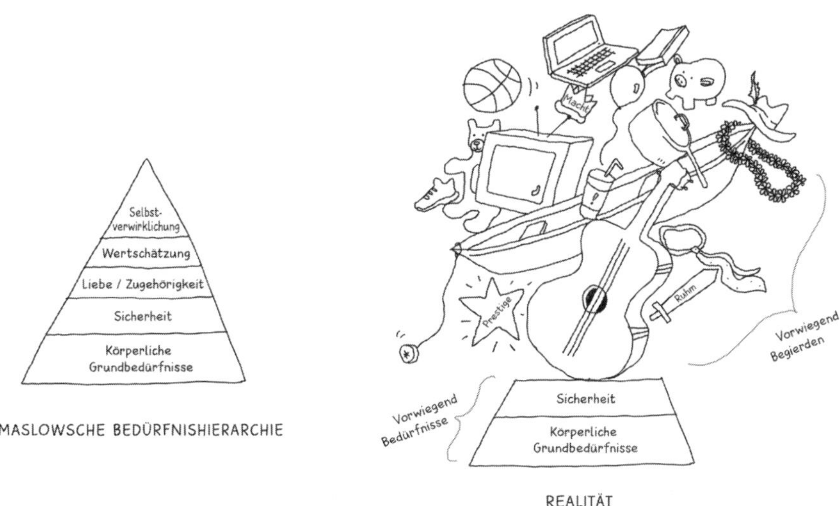

Die Maslowsche Bedürfnispyramide ist zu ordentlich. Nachdem ein Mensch seine grundlegenden Bedürfnisse gestillt hat, betritt er ein Universum von Begierden, in dem es keine stabile Hierarchie mehr gibt.

Bedürfnisse zu sehen – sie sind in unserem Körper fest verankert. Biologische Bedürfnisse basieren nicht auf Nachahmung. Wenn ich in der Wüste zu verdursten drohe, muss mir niemand zeigen, dass Wasser begehrenswert ist.

Sobald unsere grundlegenden Bedürfnisse als biologische Wesen allerdings erfüllt sind, betreten wir das menschliche Universum des Begehrens. Und zu wissen, was man will, ist wesentlich schwieriger als zu wissen, was man braucht.

Girard interessierte sich dafür, wie es dazu kommt, dass wir Dinge begehren, für die es keine klare Instinktgrundlage gibt.[3] Wie kommt es, dass Menschen aus den Milliarden potenzieller Objekte der Begierde – von Freunden über Karriere bis hin zu einem bestimmten Lebensstil – manche Dinge mehr begehren als andere? Und warum sind die Objekte und die Intensität unseres Begehrens einer ständigen Fluktuation unterworfen und entbehren jeglicher Stabilität?

Im Universum des Begehrens gibt es keine eindeutige Hierarchie. Menschen wählen Objekte der Begierde nicht so wie einen Mantel aus, den sie im Winter anziehen. Statt innerer biologischer Signale kommen hier externe Faktoren zum Tragen, die unsere Entscheidungen motivieren: Vorbilder. Vorbilder sind Menschen oder Dinge, die uns zeigen, was begehrenswert ist. Es sind Vorbilder und keine „objektive" Analyse oder unser zentrales Nervensystem, die unsere Begierden formen. Mit diesen Vorbildern gehen wir eine geheimnisvolle und komplexe Form der Nachahmung ein, die Girard als *Mimesis* bezeichnet, abgeleitet vom griechischen Wort *mimesthai*, was so viel bedeutet wie „imitieren", es jemandem gleichtun.

Vorbilder sind die Gravitationszentren, um die unser soziales Leben kreist. Heutzutage ist es noch wichtiger, das zu verstehen, als dies zu jeder anderen Zeit in der Geschichte der Fall war.

Im Zuge der Evolution haben Menschen immer weniger Zeit damit verbracht, sich über das nackte Überleben Gedanken zu machen und immer mehr damit, Dinge anzustreben. Sie verbrachten immer weniger Zeit in der Welt der Bedürfnisse und mehr in der des Begehrens.

Selbst Wasser ist von der Welt der Bedürfnisse in die Welt des Begehrens gewandert. Stellen Sie sich einmal vor, Sie kämen von einem anderen Planeten, der sich immer noch im Stadium vor dem Abfüllen von Wasser in Flaschen befände (ein kritisches Stadium), und ich fragte Sie, ob Sie *Aquafina, Voss* oder *San Pellegrino* möchten. Welches Wasser würden Sie wählen? Natürlich könnte ich Ihnen den Mineraliengehalt und den pH-Wert von allen Marken aufzählen, aber wir würden uns etwas vormachen, wenn wir glaubten, das würde Ihre Wahl entscheiden. Ich sage Ihnen, dass ich *San Pellegrino* trinke. Und wenn Sie ein nachahmendes Wesen sind, wie ich oder vielleicht sogar meinen, ich sei eine höher entwickelte Spezies als Sie – weil Sie von einem Planeten im *Vor-Pellegrino-Stadium* stammen – dann werden Sie *San Pellegrino* wählen.

Wenn Sie sich genau genug umschauen, werden Sie ein Vorbild (oder eine Reihe davon) für nahezu alles finden – Ihren persönlichen Stil, die Art, wie Sie sich ausdrücken, das Aussehen und die Atmosphäre Ihres Zuhauses. Aber die Vorbilder, die die meisten von uns übersehen, sind Vorbilder für das Begehren. Es ist verdammt schwierig herauszufinden, warum wir bestimmte Sachen gekauft haben. Es ist außerordentlich schwer zu verstehen, warum wir bestimmte Ziele und Errungenschaften anstreben. So schwer, dass nur wenige Menschen sich trauen, zu fragen, warum.

Mimetisches Begehren zieht Menschen zu bestimmten Dingen.[4] „Dieser Zug", schreibt der Girard-Schüler James Alison, „diese Bewegung... [ist] mimetisches Begehren. Es ist in der Psychologie das, was die Schwerkraft für die Physik ist."[5]

Schwerkraft bewirkt im physischen Sinn, dass Menschen auf den Boden fallen. Mimetisches Begehren bewirkt, dass Menschen sich ver- oder entlieben, Schulden machen oder Geschäftspartnerschaften eingehen. Es kann sie sogar in die sklavenähnliche Situation bringen, ein reines Produkt ihres Umfelds zu sein.

Die Evolution des Begehrens

Zurück zu meinem Treffen mit Peter Thiel. Er erzählt mir, dass er anfälliger für mimetisches Verhalten als die meisten anderen Menschen ist. Obwohl viele ihn heute als nonkonformistischen Denker kennen, war er nicht immer so.

Wie viele Schulabgänger wollte er an einer renommierten Universität aufgenommen werden (in seinem Fall Stanford), ohne zu hinterfragen, warum er eigentlich dorthin wollte. Es war einfach das, was Menschen mit seinem Hintergrund taten.

Einmal dort angekommen, ging die Jagd weiter - nach guten Noten, Praktika und anderen Zeichen des Erfolgs. Er stellte fest, dass es zu Beginn des Studiums bei den Berufswünschen der Studienanfänger durchaus eine gewisse Bandbreite gab. Im Laufe der folgenden Jahre nahm diese allerdings rapide ab und am Ende blieben Finanzwesen, Jura, Medizin und Unternehmensberatung übrig. Thiel hatte das dumpfe Gefühl, dass irgendetwas verloren gegangen war.

Er erhielt etwas mehr Einblick in das Problem, als er über eine kleine Gruppe von Studenten, die vom Denken des Professors fasziniert waren, von René Girard erfuhr. Er begann, an Essen und Veranstaltungen teilzunehmen, von denen er wusste, dass der Professor anwesend sein würde.

Girard forderte die Studenten auf, sowohl das Wie als auch das Warum aktueller Ereignisse zu ergründen. Er konnte systematisch durch die Geschichte wandern und unterschiedlichste Bedeutungsebenen aufdecken. Dabei zitierte er manchmal auswendig ganze Passagen aus Werken von Shakespeare, um seinen Punkt zu verdeutlichen.

Seine Besprechungen alter Texte und klassischer Literatur enthielten derart bestechende Erkenntnisse, dass seine Studenten in einen wahren Adrenalinrausch verfielen - ganz so, als hätten sie ein neues Universum betreten. Einer seiner früheren Studenten, Sandor Goodhart, mittlerweile Professor an der *Purdue University*, erinnert sich, dass Girard die allererste Stunde seines Kurses über Literatur, Mythen und Prophezeiungen mit folgenden Worten eröffnete: „Menschen kämpfen nicht, weil sie unterschiedlich sind, sondern weil sie gleich sind, und in ihrem Versuch sich zu unterscheiden, haben sie sich zu feindlichen Zwillingen gemacht, menschlichen Ebenbildern in gegenseitiger Gewalt."[6] Ein ganzes Stück weit entfernt vom typischen „Willkommen zu diesem Kurs, lassen Sie uns einen Blick auf den Ablauf werfen".

Nachdem er im Zweiten Weltkrieg in Frankreich unter deutscher Besatzung gelebt hatte, kam Girard im September 1947 in die USA, um Französisch zu lehren und seinen Doktor in Geschichte an der *Indiana University* zu machen. Auf dem Campus in Bloomington stach er heraus, denn er hatte einen großen Kopf und große Ideen und konnte einschüchternd auf diejenigen wirken, die ihn nicht kannten.

Girard lernte dort seine zukünftige Frau kennen, eine Amerikanerin aus Indiana namens Martha McCullough. Beim Durchgehen der Anwesenheitsliste konnte er ihren Namen nicht aussprechen. Etwa ein Jahr später trafen sie erneut aufeinander, als sie nicht mehr seine Studentin war. Eine Weile später heirateten sie.[7]

Girard bekam keine Anstellung in Indiana, weil er nicht genügend seiner Arbeiten veröffentlich hatte. Er wurde entlassen. Anschließend lehrte er an der *Duke University*, dem *Bryn Mawr College*, der *Johns Hopkins University* und der *SUNY* in Buffalo. Im Jahr 1981 erhielt er schließlich die Andrew B. Hammond-Professur für französische Literatur an der *Stanford University*, wo er den Rest seiner akademischen Karriere bis zu seiner offiziellen Emeritierung im Jahr 1995 verbrachte.[8]

Für viele Studenten und Lehrende der *Stanford University* strahlte Girard den Charme der alten Welt aus. Cynthia Haven, eine Schriftstellerin und Gelehrte, die der Universität lange angehörte, erinnert sich an einen bemerkenswert aussehenden Mann mit einem „totemartigen" Kopf, der über den Campus spazierte, und der ihr auffiel, noch bevor sie wusste, wer er war. Sie wurden schließlich Freunde und sie schrieb eine Biografie mit dem Titel *Evolution of Desire: A Life of René Girard* über ihn. „Er hatte die Art von Gesicht, die ein Filmregisseur auswählen würde, um einen der größten Denker aller Zeiten darzustellen", schrieb sie. „Einen Plato oder einen Kopernikus."[9]

Girard war ein Autodidakt mit breitem Wissen. Er studierte Anthropologie, Philosophie, Theologie und Literatur und verband alle Lehren zu einer eigenständigen und hochkomplexen Sicht der Welt. Er stellte fest, dass mimetisches Begehren eng verknüpft war mit Gewalt, vor allem der Vorstellung von Opferriten. Die biblische Geschichte von Kain und Abel handelt davon, dass Kain seinen Bruder tötet, nachdem sein rituelles Opfer Gott weniger gefiel als Abels. Beide wollten das Gleiche – die Gunst Gottes gewinnen – was sie in direkten Konflikt miteinander brachte. Aus Girards Sicht ist mimetisches Begehren die häufigste Wurzel von Gewalt.

In einer französischen Fernsehsendung aus den 1970ern erklärte Girard die mimetische Theorie einer Gruppe von Moderatoren. Lässig die Asche seiner Zigarette abklopfend sagte er: „Mich fasziniert schon seit langem das Konzept des Opfers – die Tatsache, dass Menschen in nahezu allen Kulturen aus religiösen Gründen Tiere, und oft auch Menschen, getötet haben."[10] Er brannte darauf, das Problem der Gewalt zu verstehen und die religiöse Faszination für das Opfer, die nahezu in alle Bereiche menschlicher Kultur hineinreicht.

(Tatsächlich ist eine seiner kontroversesten Behauptungen, dass die Domestizierung von Katzen und Hunden keine Absicht war. Menschen hätten nie vorgehabt, so wie heute üblich, mit Katzen und Hunden zusammenzuleben und sie ihr ganzes Leben lang in ihre Familien zu integrieren. Ein solcher Vorgang hätte Generationen koordinierten Einsatzes erfordert. Der Grund, warum wir Tiere domestizierten, war aus seiner Sicht rein praktischer Natur: Gemeinschaften nahmen Tiere in ihre Mitte auf, um sie zu opfern. Opfergaben sind wesentlich effektiver, wenn sie aus der Mitte einer Gemeinschaft stammen – wenn das Opfer etwas mit den Opfernden gemein hat. Warum das so ist, erfahren Sie in Kapitel 4.[11])

Die Auswirkungen mimetischen Begehrens gehen seltsame Wege durch viele verschiedene Bereiche. Die meisten Dramen spielen sich dabei hinter den Kulissen ab.

Peter Thiels Zusammentreffen mit Girard brachte ihn nicht unmittelbar von seinem Kurs ab. Er ergriff einen Job im Finanzwesen und

René Girard bei einem Treffen der Philosophischen Fakultät an der SUNY Buffalo im Juli 1977 (Alle Fotos mit freundlicher Genehmigung von Bruce Jackson.)

Girard bei der Eröffnung seines Seminars im Frühjahr 1971, das die Grundlage für sein Buch *Das Heilige und die Gewalt* bilden würde.

Girard im Gespräch mit Diane Christian, langjährige Professorin für Englisch an der *University of Buffalo*.

Girard im Frühjahr 1971 mit dem französischen Literaturwissenschaftler Gérard Bucher.

studierte Jura. Aber er fühlte sich verloren. „Ich geriet in diese tiefe Lebenskrise, als mir bewusst wurde, dass all diese wahnsinnig wettbewerbsorientierten Dinge, die ich tat, auf schlechten sozialen Gründen beruhten“, erzählte er mir.

Durch das Zusammentreffen mit Girard in Stanford hatte Thiel die Idee der Mimesis kennengelernt, aber das rein intellektuelle Verstehen führte nicht zwangsläufig zu einer Verhaltensänderung. „Man steckt fest in all diesen schlechten mimetischen Kreisläufen. Und ich hatte viel inneren Widerstand – doktrinären libertären Widerstand. Die mimetische Theorie geht ja genau dagegen an, dass wir alle Individuen seien." Schmeichelhafter ist es da schon, sich als eigenständig und frei zu sehen. „Ich habe eine ganze Weile gebraucht, um das zu überwinden", erzählt Thiel.

Er beschreibt eine Transformation, die sowohl intellektuell als auch existenziell war. Nachdem er von der Theorie des mimetischen Begehrens erfahren hatte, konnte er es erkennen, wenn er es sah – in allen anderen, aber nicht bei sich selbst. „Die intellektuelle Veränderung ging schnell vonstatten, denn das war etwas, woran mir gelegen war", beschreibt er. Dennoch hatte er nach dem Uniabschluss zu kämpfen, weil ihm nicht bewusst war, wie sehr er selbst in all die Dinge involviert war, die Girard beschrieben hatte. „Diese Dimension zu erkennen, dauerte eine ganze Weile länger."

Im Jahr 1998 verließ Thiel die Geschäftswelt und gründete zusammen mit Max Levchin *Confinity* (Software-Firma im Silicon Valley, Anm. d. Verlags). Er begann, sein Wissen über die mimetische Theorie zu nutzen, um sowohl sein Business als auch sein Leben zu managen. Wenn es in seinem Unternehmen zu Rivalitäten unter den Mitarbeitern kam, gab er den Beteiligten klar definierte, unabhängige Aufgaben, damit sie nicht um Verantwortlichkeiten konkurrieren mussten. Das ist gerade in Start-ups wichtig, bei denen die Rollen oft fließend sind. Ein Unternehmen, dessen Mitarbeitende auf der Basis klarer Leistungsziele beurteilt werden – und nicht aufgrund ihres Abschneidens im Vergleich zu anderen – minimiert mimetisches Wettbewerbsverhalten.

Als das Risiko eines brutalen Konkurrenzkampfes mit dem Unternehmen von Elon Musk, *X.com*, im Raum stand, tat Thiel sich mit ihm zusammen und sie gründeten gemeinsam *PayPal*. Thiel wusste aus Girards Theorien eines: Wenn zwei Menschen (oder Unternehmen) sich gegenseitig zum mimetischen Vorbild nehmen, dann geraten sie in eine Rivalität, die am Ende nur in Zerstörung enden kann – es sei denn, sie schaffen es, den Konkurrenzkampf hinter sich zu lassen.[12]

Auch beim Treffen von Investitionsentscheidungen bezog Thiel mimetische Überlegungen mit ein. Reid Hoffman, Gründer von *LinkedIn,* stellte ihm Mark Zuckerberg vor. Thiel erkannte sofort, dass *Facebook* etwas ganz anderes war als *MySpace* oder *SocialNet* (Hoffmans erstes Start-up), denn es basierte auf Identitäten, also Begehren. *Facebook* hilft Menschen zu sehen, was andere haben und begehren. Es ist eine Plattform, die darauf gründet, Vorbilder zu finden, ihnen zu folgen und sich von ihnen zu unterscheiden.

Vorbilder des Begehrens sind das, was *Facebook* zu solch einer starken Droge macht. Vor *Facebook* war die Menge an Vorbildern für uns überschaubar: Freunde, Familie und Kollegen und vielleicht noch Menschen aus Magazinen oder dem Fernsehen. Seitdem es *Facebook* gibt, ist jeder Mensch weltweit ein potenzielles Vorbild.

Auf *Facebook* tummeln sich nicht nur Vorbilder *jeglicher* Art – die meisten Menschen, denen wir folgen, sind keine Filmstars, Spitzensportler oder Promis. *Facebook* steckt voller Vorbilder, die sich auf sozialer Ebene *innerhalb unserer Welt* befinden. Sie sind uns nah genug, damit wir uns mit ihnen vergleichen können. Das sind die einflussreichsten Vorbilder von allen, und es gibt Milliarden von ihnen.

Thiel erfasste das Potenzial von *Facebook* sofort und wurde der erste Fremdinvestor des Unternehmens. „Ich habe auf die Mimesis gesetzt", sagte er. Seine Investition von 500 000 US-Dollar brachte ihm am Ende mehr als eine Milliarde ein.

Was auf dem Spiel steht

Mimetisches Begehren ist sozial und breitet sich daher von Person zu Person und innerhalb einer Kultur aus. Es führt zu zwei unterschiedlichen Bewegungen – zwei Kreisläufen – des Begehrens. Der erste Kreislauf führt zu Spannung, Konflikt und Unbeständigkeit. Beziehungen zerbrechen und es kommt zu Instabilität und Verwirrung, wenn konkurrierende Bedürfnisse auf unberechenbare Art und Weise miteinander interagieren. Das ist der Standardkreislauf, der in der menschlichen Geschichte am häufigsten vorkommt. In unserer heutigen Zeit hat er sich beschleunigt.

Es ist jedoch möglich, diesen Standardkreislauf zu überwinden und einen anderen in Gang zu setzen, der Energie in kreative und produktive Aktivitäten lenkt, die dem allgemeinen Wohl dienen.

In diesem Buch werde ich diese beiden Kreisläufe betrachten. Sie sind fundamental für menschliches Verhalten. Weil sie uns so nahe sind, weil sie *in uns* arbeiten, neigen wir dazu, sie zu übersehen. Dennoch sind diese Kreisläufe ständig aktiv.

Bewegungen des Begehrens definieren unsere Welt. Volkswirtschaftler messen sie, Politiker stellen sie anhand von Umfragen fest und Unternehmen nähren sie. Die Geschichte ist die Geschichte menschlichen Begehrens. Dennoch sind der Ursprung und die Entwicklung des Begehrens rätselhaft. Girard gab seinem Hauptwerk aus dem Jahr 1978 den Titel *Das Ende der Gewalt: Analyse des Menschheitsverhängnisses.* Es widmet sich den Mühen, die Menschen auf sich zu nehmen bereit sind, um die wahre Natur ihrer Begierden und deren Konsequenzen zu verbergen. Im vorliegenden Buch geht es um genau diese verborgenen Dinge und wie sie in der Welt von heute wirken. Wir können es uns nicht leisten, sie zu ignorieren, denn:

1. **Mimesis kann unsere edelsten Ambitionen untergraben.**
   Wir leben in einer Zeit der Hyperimitation. Die Faszination für Trends und Dinge, die viral gehen, ist symptomatisch für unser Dilemma, ebenso wie politische Polarisierung. Letztere erklärt sich in Teilen durch mimetisches Verhalten, das Nuancen zerstört und selbst unsere edelsten Ziele vergiftet: Freundschaften einzugehen, für wichtige Dinge zu kämpfen, gesunde Gemeinschaften aufzubauen. Sobald die Mimesis am Ruder ist, sind wir besessen davon, ein Anderes zu besiegen und wir messen uns an diesem Anderen. Wenn die Identität einer Person vollständig an ein mimetisches Vorbild gebunden ist, kann sie diesem Vorbild niemals ganz entkommen, weil sie sonst den Grund für ihr eigenes Dasein zerstören würde.[13]

2. **Homogenisierende Kräfte erzeugen eine Krise des Begehrens.** Gleichberechtigung ist gut. Gleichheit allerdings in der Regel nicht – es sei denn wir sprechen von Autos vom Fließband oder der gleichbleibenden Qualität unseres Lieblingskaffees. Je stärker Menschen dazu gezwungen werden, gleich zu sein – je mehr Druck sie verspüren, das Gleiche zu denken, zu fühlen und zu wollen – umso stärker werden sie darum kämpfen, sich zu unterscheiden. Und das ist gefährlich. In vielen Kulturen gibt es einen Mythos, bei dem Zwillinge mit Gewalt aufeinander losgehen. Allein im Buch Genesis gibt es mindestens fünf unterschiedliche Geschichten über die Rivalität unter Geschwistern: Kain und Abel, Ismael und Isaak, Esau und Jakob, Lea und Rachel, Joseph und seine Brüder. Geschichten von Geschwisterrivalität sind universell, weil sie wahr sind – je ähnlicher sich Menschen sind, umso eher fühlen sie sich bedroht. Die moderne Technologie bringt zwar die Welt einander näher (*Facebooks* erklärte Mission), aber sie bringt auch unsere Begierden näher zusammen und sich verstärkende Konflikte. Wir haben die Freiheit, zu widerstehen, aber die mimetischen Kräfte beschleunigen sich so schnell, dass wir nahe daran sind, in Fesseln zu liegen.
3. **Nachhaltigkeit ist eine Frage von Begehrlichkeiten.** Jahrzehntelang hat die Konsumkultur nicht nachhaltige Bedürfnisse gefördert. *Vom Kopf her* wissen viele Menschen, dass sie mehr für unseren Planeten tun könnten. Aber solange eine nachhaltigere Ernährung oder das Fahren kraftstoffsparender Autos für den Durchschnittsverbraucher nicht wesentlich attraktiver als die Alternativen sind, werden die nachhaltigeren Optionen sich nicht großflächig durchsetzen. Es reicht nicht aus, zu wissen, was gut und richtig ist. Gutsein und Wahrheit müssen attraktiv sein oder, anders gesagt, begehrenswert.
4. **Wenn Menschen keine positiven Wege zur Erfüllung ihrer Begierden finden, wählen sie destruktive.** Die Tage vor den Terroranschlägen des 11. Septembers 2001 verbrachten der Flugzeugentführer Mohammed Atta und seine Kumpane damit, durch Bars in Florida zu ziehen und stundenlang

Videospiele zu spielen. „Wer macht sich Gedanken über die Seelen dieser Männer?“, fragte sich Girard in seinem letzten Buch, *Im Angesicht der Apokalypse. Clausewitz zu Ende denken.*[14] Die manichäische Unterteilung der Welt in „schlechte“ und „nicht schlechte“ Menschen stellte ihn nie zufrieden. Er sah in zunehmendem Terrorismus und Klassenkonflikten die Dynamiken mimetischer Rivalität am Werk. Menschen kämpfen nicht, weil sie *andere* Dinge wollen – sie kämpfen, weil mimetisches Begehren sie dazu bringt, die *gleichen* Dinge zu wollen. Die Terroristen hätten sich nicht berufen gefühlt, Symbole westlicher Kultur und westlichen Reichtums zu zerstören, wenn sie nicht auf einer tieferen Ebene einige der gleichen Dinge begehrt hätten. Deshalb sind die Barbesuche in Florida und die Videospiele ein wichtiges Teil des Puzzles. Das *Mysterium iniquitatis*, das Geheimnis des Bösen, bleibt geheimnisvoll. Aber die mimetische Theorie offenbart etwas Wichtiges darüber. Je stärker Menschen kämpfen, umso ähnlicher werden sie einander. Wir sollten unsere Feinde weise wählen, weil wir wie sie werden.

Aber es steht noch weit mehr auf dem Spiel. Wir alle sind verantwortlich für die Bildung von Begehrlichkeiten bei anderen, ebenso wie andere unsere Begehrlichkeiten formen. Jedes Zusammentreffen mit anderen ermöglicht es ihnen, mehr zu wollen oder weniger zu wollen oder etwas anderes zu wollen.

Letzten Endes gilt es zwei wichtige Fragen zu beantworten: *Was wollen Sie? Was haben Sie andere wollen lassen?* Eine Frage hilft, die andere zu beantworten.

Sollten Sie mit den Antworten nicht zufrieden sein, die Sie heute finden, dann ist das in Ordnung. Die wichtigsten Fragen drehen sich darum, was wir in Zukunft wollen werden.

Was werden Sie in Zukunft wollen?

Wenn Sie dieses Buch gelesen haben, werden Sie ein neues Verständnis von Begehren gewonnen haben – davon, was Sie wollen, was andere wollen und wie man aus einem Modell heraus lebt und führt, bei dem Begehren ein Ausdruck der Liebe ist. Damit Sie dorthin gelangen, ist dieses Buch in zwei Abschnitte unterteilt.

In Teil I, „Die Macht mimetischen Begehrens", geht es um die verborgenen Kräfte, die beeinflussen, warum Menschen die Dinge wollen, die sie wollen. Es geht also um die Grundlagen der mimetischen Theorie. In Kapitel 1 erkläre ich zunächst die Ursachen mimetischen Begehrens im Säuglingsalter und, wie es sich zu einer fortgeschrittenen Form erwachsener Nachahmung entwickelt. Kapitel 2 beschreibt, wie mimetisches Begehren in Abhängigkeit von der Beziehung einer Person zu einem Vorbild auf unterschiedliche Weise wirken kann. Ab Kapitel 3 erläutere ich, wie mimetisches Begehren in Gruppen funktioniert – der Schlüssel zum Verständnis einiger unserer hartnäckigsten und verwirrendsten gesellschaftlichen Konflikte. In Kapitel 4 kommen wir zum Höhepunkt des mimetischen Konflikts, dem Sündenbock-Mechanismus. Die erste Hälfte des Buchs konzentriert sich somit auf den destruktiven oder Standard-Kreislauf des Begehrens: Kreislauf 1.

Teil II, „Die Transformation des Begehrens", beschreibt einen Prozess, mit dem man aus Kreislauf 1 ausbrechen kann, um auf gesündere Weise mit seinen Begierden umzugehen. Die zweite Hälfte des Buchs zeigt, wie wir zu der Freiheit gelangen können, einen kreativen Kreislauf des Begehrens in Gang zu setzen: Kreislauf 2. In Kapitel 5 treffen wir einen 3-Sterne-Koch, der sich von dem System des Begehrens frei machte, in das er hineingeboren worden war, und so seine schöpferische Freiheit zurückgewann. Kapitel 6 zeigt, wie Empathie die Fesseln zerstört, die die meisten von uns davon abhalten, *stabile Wünsche* zu entwickeln, die uns ein gutes Leben führen lassen. Kapitel 7 wendet die Gesetze des Begehrens auf Führung an und in Kapitel 8 geht es abschließend um die Zukunft des Begehrens.

Teil I fühlt sich wie ein Abstieg an. Es ist notwendig, die Hölle zu besuchen, damit wir nie zu ihren ständigen Bewohnern werden. Teil II zeigt den Weg heraus aus dem Teufelskreis.

Im Laufe des Buches werde ich fünfzehn Taktiken aufzeigen, die ich entwickelt habe, um auf positive Weise mit mimetischem Begehren umzugehen. Mein Ziel ist, dass Sie sich diese ansehen und sie austesten, um am Ende Ihre eigenen Taktiken zu entwickeln, die sich von meinen durchaus grundlegend unterscheiden können.

Mimetisches Begehren ist Teil des Menschseins. Es kann unter der Oberfläche unseres Lebens lauern und uns unbewusst lenken. Doch es gibt Möglichkeiten, es zu erkennen, sich damit auseinanderzusetzen und bewusstere Entscheidungen zu treffen, die zu einem erfüllteren Leben führen – einem Leben, das uns stärker zufrieden stellt als eines, in dem wir vollständig von mimetischem Begehren gesteuert sind, ohne dass es uns überhaupt bewusst ist.

Am Ende dieses Buches haben Sie ein Gerüst zur Hand, das Ihnen hilft zu verstehen, wie Begehren in Ihrem Leben und in unserer Kultur wirkt. Ihnen wird stärker bewusst sein, *was* Sie nachahmen und *wie* Sie es nachahmen. Das Wissen darüber, ob Sie in einer bestimmten Situation oder Beziehung stärker oder weniger stark mimetisch reagieren, ist ein wichtiger Schritt hin zu mehr Selbstkontrolle.

Uns wird bewusster, wie fragil und untereinander verbunden die weltweiten Systeme sind. Politische und wirtschaftliche Systeme, die einstmals stabil schienen, sind ins Wanken geraten. Das Gesundheitswesen sieht sich Herausforderungen gegenüber, weil selbst die besten Konzepte immer wieder mit Gruppen von Menschen fertigwerden müssen, die andere Dinge wollen. Die Armut, die immer noch neben enormem Reichtum existiert, ist ein Skandal. All diese Dinge haben ihre Grundlage in einem System des Begehrens, das ich zu beschreiben versuche. Dieses System des Begehrens ist für die Organe der Welt das, was der Kreislauf für den Körper ist. Wenn das Herz-Kreislauf-System nicht richtig funktioniert, leiden die Organe und versagen am Ende. Das Gleiche trifft auf das Begehren zu.

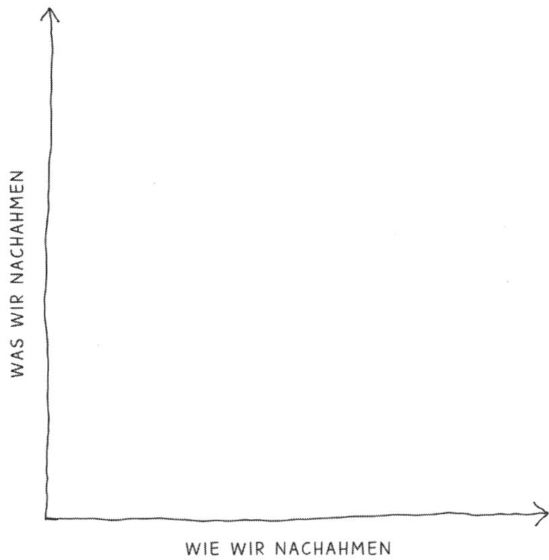

Unsere zerrüttete Beziehung zu anderen Menschen und dem gesamten Ökosystem zeigt deutlich, dass das, was wir als Einzelne und als Kollektiv begehren, massive Auswirkungen hat. Wenn wir die mimetische Natur des Begehrens verstehen, können wir unseren Teil dazu beitragen, eine bessere Welt zu schaffen. Die größten Entwicklungen in der Geschichte der Menschheit resultierten daraus, dass jemand etwas wollte, das es bislang noch nicht gab, und anderen dazu verhalf, mehr zu wollen, als sie zuvor für möglich gehalten hatten.

Ihr neues oder vertieftes Bewusstsein für mimetisches Begehren wird Ihnen die Welt in einem anderen Licht erscheinen lassen. Wenn Sie mir ähnlich sind, wird es Sie bis zu dem Punkt verfolgen, an dem Sie es überall sehen – auch in Ihrem eigenen Leben. Was Sie damit anfangen werden, bleibt Ihnen überlassen.

TEIL I

DIE MACHT MIMETISCHEN BEGEHRENS

KAPITEL 1

VERBORGENE VORBILDER – ROMANTISCHE LÜGEN, KINDERWAHRHEITEN

**Caesars Selbsttäuschung … Liebe aus fremder Sicht …
Die Erfindung von Propaganda und PR … Warum sich zieren wirkt**

Wir können nie wissen, was wir wollen sollen, denn da wir nur ein Leben leben, können wir es weder mit unseren vorherigen Leben vergleichen noch es in zukünftigen perfektionieren.

Milan Kundera

Wenn Menschen Ihnen erzählen, was sie wollen, dann erzählen sie eine Version der romantischen Lüge. Das klingt dann in etwa so:

Mir ist gerade klar geworden, dass ich gerne einen Marathon laufen möchte. (Wie alle meine Freunde, wenn sie 35 Jahre alt geworden sind)

Weil ich einen Tiger gesehen habe, verstehe ich es nun … (Text aus dem Song „I Saw a Tiger", den Vince Johnson für Joe Exotic schrieb. Für Joe Exotic, Star der Netflix-Serie „Tiger King", war das Sehen eines Tigers offenbar eine mystische Erfahrung, die ihn dazu bewegte, einen privaten Raubtierzoo zu gründen.)

Ich will Christian Grey. Ich will ihn unbedingt. So einfach ist das. (Aus Fifty Shades of Grey, das voll mit einfältigen Aussagen dieser Art ist.)

Julius Caesar war ein exzellenter romantischer Lügner. Nach seinem Sieg in der Schlacht von Zela verkündete er: „Veni, vidi, vici" (Ich kam, sah und siegte). Der Satz wurde tausendfach von Menschen zitiert, die Caesar beim Wort nahmen und somit glaubten, dass er den Ort sah und beschloss, ihn zu erobern. Der Magier James Warren schlägt vor, dass wir Caesars Worte in die Sprache des Begehrens umformulieren, um zu sehen, was seine eigentliche Aussage ist: *Ich kam, ich sah und ich begehrte*. Und aus diesem Grund eroberte er.[1] Caesar möchte uns glauben machen, dass er etwas nur anzusehen braucht, um zu wissen, ob es begehrenswert ist. Aber da unterliegt er einer Selbsttäuschung.

Die Wahrheit ist wesentlich komplexer. Zunächst einmal verehrte Caesar Alexander den Großen, das makedonische Militärgenie, das im dritten Jahrhundert vor Christus nahezu die gesamte bekannte Welt eroberte. Zum Zweiten hatte bei der Schlacht von Zela Caesars Rivale, Pharnakes II, ihn zuerst angegriffen. Caesar *kam nicht einfach und sah*. Er hatte sich schon lange gewünscht, ein Eroberer zu sein wie sein Vorbild Alexander, und er reagierte zudem auf seinen Rivalen Pharnakes.

Die romantische Lüge ist eine Selbsttäuschung – die Geschichte, die Menschen erzählen, um zu begründen, warum sie bestimmte Entscheidungen treffen: Weil es ihren persönlichen Vorlieben entspricht oder sie bestimmte objektive Eigenschaften darin sehen oder einfach nur, weil sie etwas *gesehen* haben und es daher *haben wollten*. Sie glauben, zwischen ihnen und den Dingen, die sie wollen, gäbe es eine direkte Linie. Das ist eine Täuschung. In Wahrheit macht die Linie immer eine Kurve.

In einer tieferen Schicht unserer Psyche verbirgt sich die Person oder Sache, die uns überhaupt erst dazu gebracht hat, etwas zu wollen. Begehren erfordert Vorbilder – Menschen, die Dingen einen Wert verleihen, allein dadurch, dass sie diese begehren.

Vorbilder verwandeln Objekte vor unseren Augen. Sie betreten einen Laden zusammen mit einer Freundin und sehen Regale voll mit Hunderten von T-Shirts. Keines davon spricht Sie an. Aber in dem Moment, in dem Ihre Freundin sich in ein spezielles Shirt verliebt, ist

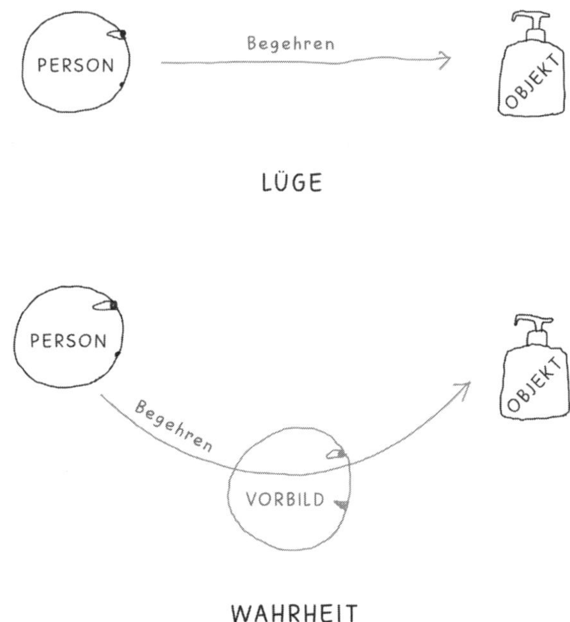

es nicht länger irgendein Shirt in einem Regal. Es ist *das* Shirt, das Ihre Freundin Molly gewählt hat – die Molly übrigens, die Kostümbildnerin für große Filmproduktionen ist. In dem Moment, in dem sie mit dem Shirt liebäugelt, macht sie es zu etwas Besonderem. Es ist ein anderes Shirt, als es noch vor fünf Sekunden war, bevor sie begann, es haben zu wollen.

„Oh Tod! Mit fremdem Aug' den Liebsten wählen!", sagt Hermia in Shakespeares *Ein Sommernachtstraum*. Es ist fürchterlich, wenn wir erkennen, dass wir *irgendetwas* durch die Augen eines anderen gewählt haben. Dennoch tun wir es ständig – wir wählen Marken, Schulen und Gerichte von der Speisekarte auf diese Weise. Es gibt immer Vorbilder des Begehrens. Wenn Sie Ihre nicht kennen, dann richten sie womöglich so einiges an Chaos und Verwüstung in Ihrem Leben an.

Vielleicht fragen Sie sich nun: Wenn Begehren durch Vorbilder entsteht und geformt wird, woher stammen dann die Begehrlichkeiten der Vorbilder? Die Antwort: von anderen Vorbildern. Wenn Sie weit genug in die Geschichte Ihres Begehrens zurückwandern, über Freunde und Eltern und Großeltern und Urgroßeltern, den ganzen Weg bis hin zu den Römern, die sich an den Griechen orientiert haben, dann werden Sie immerzu Vorbilder finden.

Die Bibel enthält eine Geschichte über die romantische Lüge gleich zu Anbeginn der Menschheit. Eva hatte ursprünglich nicht den Wunsch, die Frucht vom verbotenen Baum der Erkenntnis zu essen – bis die Schlange es ihr vormachte. Die Schlange *suggerierte einen Wunsch,* und genau das machen Vorbilder. Plötzlich wurde eine Frucht, die bislang kein besonderes Interesse ausgelöst hatte, zur begehrenswertesten Frucht im Universum. Von einem Moment auf den anderen. Die Frucht erschien unwiderstehlich, weil – und erst nachdem – sie als verbotene Frucht dargestellt worden war.[2]

Wir werden von Vorbildern gereizt, die uns suggerieren, dass wir bestimmte Dinge wollen, die wir gerade nicht haben, und insbesondere solche, die unerreichbar erscheinen. Je höher das Hindernis, umso stärker die Anziehung. Ist das nicht verrückt? Wir wollen keine Dinge, die leicht zu besitzen oder jederzeit verfügbar sind. Das Begehren führt uns über den Ort hinaus, an dem wir uns gerade befinden. Vorbilder sind wie Menschen, die hundert Meter vor uns auf der Straße stehen und um die Ecke etwas sehen, was wir noch nicht sehen können. Die Art, wie ein Vorbild uns etwas beschreibt oder *vorschlägt,* macht den Unterschied. Wir sehen die Dinge, die wir wollen, nie direkt. Wir sehen sie indirekt, wie gebrochenes Licht. Wir fühlen uns von Dingen angezogen, die uns auf attraktive Weise vom richtigen Vorbild präsentiert werden. Wie groß unser Universum des Begehrens ist, hängt ganz von unseren Vorbildern ab.

Die Abhängigkeit von Vorbildern ist nicht unbedingt negativ. Ohne Vorbilder würde keiner von uns die gleiche Sprache sprechen oder etwas anderes anstreben als den Status Quo. George Carlin hätte womöglich 50 Jahre lang Witze über das Wetter gerissen, wenn er nicht 1962 eine Show von Lenny Bruce besucht hätte. Bruce präsentierte eine neue Art von Comedy, und Carlin nutzte das, um aus dem Gewohnten auszubrechen.

Die Gefahr liegt darin, Vorbilder nicht als das zu erkennen, was sie sind. Wenn wir sie nicht erkennen, werden wir leicht in ungesunde Beziehungen zu ihnen verstrickt. Sie beginnen, einen übergroßen Einfluss auf uns auszuüben und wir sind auf sie fixiert, ohne es zu bemerken. Vorbilder sind in vielen Fällen so etwas wie unsere heimlichen Idole.

„René konnte jemandes Idol vor ihm demaskieren, als wäre es ein Akt der Verehrung", sagte mir Girards Freund Gil Bailie. Die mimetische Theorie legt unsere Vorbilder bloß und sorgt dafür, dass wir ein neues Verhältnis zu ihnen entwickeln. Dazu muss man sie im ersten Schritt sichtbar machen.

In diesem Kapitel werden wir erfahren, wie Edward Bernays – zu Beginn des 20. Jahrhunderts ein echter Pionier und „Vater der Öffentlichkeitsarbeit" – sorgfältig platzierte, verdeckte Vorbilder nutzte, um eine ganze Generation von Verbrauchern zu manipulieren. In den 1950ern und 1960ern waren seine Nachfolger die „Mad Men" der Madison Avenue. Heute findet man Menschen dieses Schlags eher in Technikkonzernen, Regierungen und Nachrichtenabteilungen.

Wir werden auch sehen, wie Mimesis die Finanzmärkte beeinflusst und warum das Finden und Benennen verborgener Vorbilder hilft, Bewegungen am Aktienmarkt und die menschlichen Hintergründe von Filterblasen zu verstehen. Zunächst aber werfen wir einen Blick auf einen Bereich, in dem Vorbilder ganz offen am Werk sind – das Leben von Babys.

Die Geheimnisse der Babys

Babys sind großartige Imitatoren. Bereits wenige Sekunden nach der Geburt beginnen sie damit, andere Menschen nachzuahmen. Als Neugeborene sind sie zu einem Grad der Nachahmung fähig, der sogar hochentwickelte erwachsene Primaten übertrifft.[3]

Forscher haben herausgefunden, dass die Nachahmungsfähigkeiten von Babys sich sogar schon vor der Geburt entwickeln.

„Neugeborene können bereits viele verschiedene Laute nachahmen. Sie werden vor allem von der Sprachmelodie geprägt, die sie im Bauch der Mutter gehört haben", schrieb Sophie Hardach in einem 2019 in der New York Times erschienenen Artikel, in dem es um neue Forschungsergebnisse der deutschen Wissenschaftlerin Kathleen Wermke ging. Ab dem dritten Schwangerschaftstrimester können Babys den Tonfall der Stimme ihrer Mutter wahrnehmen. Kurz nach der Geburt neigen Babys von Mandarin sprechenden Müttern – Mandarin ist eine sehr tonale Sprache – dazu, in komplexeren Intonationen zu weinen als Babys von beispielsweise deutschen oder schwedischen Müttern.[4]

Diese und andere jüngere Entdeckungen haben die Theorie des nicht sozialen Kleinkindes in Frage gestellt. Freud, Skinner und Piaget vertraten die Ansicht, dass Neugeborene wie ungeschlüpfte Küken von der äußeren Realität getrennt sind, bis Erwachsene sie sozialisieren. Freud schlug sogar vor, zwischen einer physischen und einer psychologischen, oder zwischenmenschlichen, Geburt zu unterscheiden und implizierte so, dass ein Baby erst durch Sozialisierung zum vollständigen Menschen wird.[5] Jede Mutter, die ein Neugeborenes in den Armen gehalten hat, weiß natürlich, dass das nicht stimmt. Babys werden als soziale Wesen geboren.

Wohl wenige Wissenschaftler haben mehr dazu beigetragen, den Mythos des nicht sozialen Kleinkindes zu widerlegen, als Andrew Meltzoff, dessen Forschungen zu Kindesentwicklung, Psychologie und Neurowissenschaft in den vergangenen Jahrzehnten Girards Entdeckung gestützt haben. Die Arbeiten von Meltzoff deuten darauf hin, dass wir nicht lernen, wie man imitiert – wir sind geborene Nachahmer. Nachahmung ist Teil des Menschseins.

In einem seiner bekanntesten Experimente aus dem Jahr 1977 besuchte Meltzoff ein Krankenhaus in Seattle (zusammen mit seinem Forschungskollegen M. Keith Moore) und streckte Neugeborenen die Zunge heraus. Das Durchschnittsalter der Babys in der Studie lag bei 32 Stunden, aber selbst ein 42 Minuten altes Baby ahmte bereits seine Gesichtsausdrücke nach, und das mit erstaunlicher Präzision. Es war das erste Mal, dass dieses Baby einen Menschen dabei beobachtet hatte, wie er seine Zunge herausstreckte oder lustige Grimassen schnitt, und dennoch schien sie zu begreifen, dass sie wie dieses Wesen vor ihr war – dass sie ebenfalls ein Gesicht hatte und Dinge damit anstellen konnte.[6]

Ich besuchte Meltzoffs Büro am *Institute for Learning and Brain Sciences* der Universität Washington, das er zusammen mit seiner Frau Patricia K. Kuhl leitet, einer Spezialistin für Sprache und Hören. „Babys scheinen bereits unmittelbar nach ihrer Geburt die Fähigkeit zur Nachahmung zu besitzen", sagt Meltzoff.

Wir können unsere mimetische Natur verstehen, indem wir Babys als Lehrmeister betrachten. „Babys tragen ein Geheimnis über den menschlichen Geist in sich, das seit Jahrtausenden verborgen war",

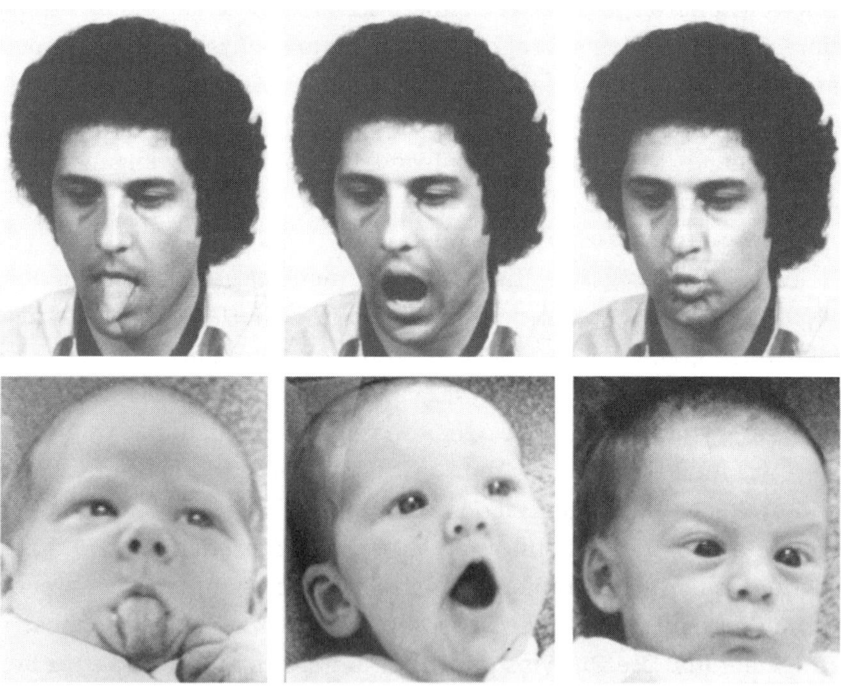

A. N. Meltzoff und M. K. Moore (1977), Science 198: 75–78. (Bilder mit freundlicher Genehmigung von Andrew Meltzoff.)

schrieb Meltzoff. „Sie sind unser Double. Sie haben einen angeborenen Trieb uns zu verstehen, der sie in ihrer Entwicklung voranbringt. Wir haben den Wunsch Babys zu verstehen, was wiederum Sozialwissenschaften und Philosophie voranbringt. Indem wir den Geist und die Seele von Kindern betrachten, werfen wir ein Licht auf uns selbst."[7]

Zwischen 2007 und 2009 traf Meltzoff René Girard mehrfach in Stanford und einmal in Girards Haus in Palo Alto. Sie ergründeten die Einblicke des jeweils anderen in die Entwicklung des menschlichen Lebens und der Kultur. „René war fasziniert von den Forschungsergebnissen – der Art, wie Kleinkinder Blicken folgen, wodurch sie in die Sphäre erwachsener Ziele, Intentionen und Wünsche geraten", erzählt Meltzoff. Girard wusste es zu schätzen, dass ein Wissenschaftler von Meltzoffs Kaliber seine Theorie in einem anderen Umfeld untermauerte und verdeutlichte. „Und er schlug mir einige Romane vor, die ich lesen sollte." „Romane?", hake ich nach. „Ja, Proust zum Beispiel." „Was ist denn mit Proust?"

„Er interessierte sich sehr für ein Konzept, das auch in meiner Forschung eine Rolle spielt, wo es *Joint Visual Attention* (gemeinsame visuelle Aufmerksamkeit) genannt wird. Es bezeichnet den Moment, wenn zwei Menschen visuell auf das gleiche Objekt fokussiert sind. Babys folgen beispielsweise dem Blick ihrer Mutter. Girard zeigte mir einige wunderbare Passagen bei Proust, in denen Menschen an den Augen anderer etwas über deren Absichten und Wünsche ablesen."

Das gesamte Meisterwerk von Proust – *Auf der Suche nach der verlorenen Zeit* – hindurch, versuchen Figuren zu erkennen, was andere wollen, indem sie auf noch so kleine Signale achten. „Wie konnte ich denn nicht schon seit langer Zeit bemerkt haben, dass Albertines Augen von der Art waren, die – sogar bei einer eher gewöhnlichen Person – aus mehreren Fragmenten gemacht zu sein scheinen wegen all der Orte, an denen diese Person an diesem speziellen Tag sein möchte – und diesen Wunsch zu verbergen sucht?"[8] Charaktere bei Proust bemerken anhand von kleinen Dingen, was andere wollen, und sei es am Blick ihrer Augen.

Wir tun das Gleiche. Meltzoff erklärt: „Eine Mutter blickt auf etwas. Ein Baby nimmt das als Signal, dass die Mutter das Objekt begehrt oder ihm zumindest Aufmerksamkeit schenkt, also muss es wichtig sein. Das Baby schaut ins Gesicht der Mutter und dann auf das Objekt. Es versucht, die Beziehung zwischen seiner Mutter und dem Objekt zu verstehen." Es dauert nicht lange, bis ein Baby nicht nur den Augen der Mutter folgen kann, sondern sogar der Absicht hinter ihren Handlungen.

Um diese Idee zu testen, führte Meltzoff vor achtzehn Monate alten Babys eine Art Schauspiel auf. Ein Erwachsener tat so, als versuche er ein wie eine Hantel geformtes Spielzeug auseinander zu nehmen, das aus einer Stange mit einem Holzwürfel an jedem Ende bestand. Während der Erwachsene sich bemühte, das Spielzeug auseinanderzuziehen, ließ er eine Hand an einem Ende abrutschen. Er versuchte es erneut und ließ die Hand diesmal am anderen Ende abrutschen. Die Absicht des Erwachsenen war klar: Er wollte das Spielzeug auseinanderziehen, scheiterte aber scheinbar daran.

Nach der Vorstellung des Erwachsenen gab der Forscher den Babys das Objekt und beobachtete, was sie taten. Die Babys nahmen das Spielzeug in die Hand und nahmen es sofort auseinander – und zwar bei vierzig von insgesamt fünfzig Experimenten. Sie ahmten nicht nach, was die Erwachsenen taten. Sie ahmten das nach, von dem sie glaubten, dass die Erwachsenen es tun *wollten*. Sie erkannten die Absicht hinter dem sichtbaren Verhalten.[9]

Die Babys in diesem Experiment konnten noch nicht sprechen. Sie nahmen die Wünsche anderer wahr, bevor sie sie verstehen oder mit Worten beschreiben konnten. Es war ihnen egal, *warum* andere etwas wollten. Sie beobachteten einfach, *was* sie wollten.

Begehren ist uns ein ursprüngliches Anliegen. Menschen beginnen etwas zu wollen, lange bevor sie artikulieren können, *warum* sie es wollen. Der Motivationsredner und Autor Simon Sinek rät Unternehmen und Menschen: „Frag immer erst: Warum" (so der Titel eines seiner Bücher), also ihre Absicht zu erkennen und zu kommunizieren. Aber das ist in der Regel eine nachträgliche Rationalisierung dessen, was wir bereits wollen. Besser ist es daher, beim Begehren zu starten.

Kinder scheinen erstaunlich altruistisch zu sein. Im Jahr 2020 beobachteten Meltzoff und seine Kollegen, dass neunzehn Monate alte Babys einem Erwachsenen helfen, eine Frucht zu bekommen, die sich außerhalb seiner Reichweite befindet. Die Kleinkinder im Experiment halfen in über der Hälfte der Fälle anderen bereitwillig, schnell und wiederholt, ihre Bedürfnisse zu befriedigen – und sie taten dies sogar, wenn sie dabei einem Erwachsenen etwas zu essen gaben, während sie selbst hungrig waren.[10]

Dieses natürliche und gesunde Interesse von Kindern an den Bedürfnissen anderer scheint sich im Erwachsenenalter in ein *ungesundes* Interesse daran zu verwandeln, was andere Menschen wollen. Es wird zur Mimesis. Erwachsene führen Dinge problemlos aus, bei denen Babys noch ungeschickt sind. Am Ende ist jeder von uns ein hochentwickeltes Baby. Anstatt jedoch zu lernen, was andere wollen, damit wir ihnen helfen können es zu bekommen, konkurrieren wir heimlich mit ihnen darum, es zu besitzen.

Ich frage Meltzoff, wie tief die Nachahmung von Begehren reicht. Er springt von seinem Stuhl auf und führt mich in einen besonderen Raum, in dem eine zwei Millionen US-Dollar teure Maschine steht, mit der man Magnetenzephalographie (MEG) durchführen kann. Die Maschine verfügt über extrem starke Magnetometer, die es Wissenschaftlern erlauben, die Quellen des Magnetfelds im Gehirn zu lokalisieren. Wenn das Gehirn aktiv ist, dann erzeugt es ein magnetisches Feld im Kopf und um ihn herum. Die Maschine erkennt Fluktuationen in den Magnetfeldern, die natürlich entstehen, wenn jemand Dinge um sich herum wahrnimmt, begehrt, fühlt oder an sie denkt.

Die ersten MEG wurden bereits in den 1970er Jahren erstellt. Die Maschine Meltzoffs nutzt jedoch eine individuell angepasste Software, darunter auch Programme speziell zur Analyse des Lernverhaltens und der Hirnaktivität von Kleinkindern. Sie sieht aus wie ein Haartrockner für Riesen und ist über und über mit Stickern bunter Meereslebewesen beklebt.

In einer Studie aus dem Jahr 2018 fanden Meltzoff und sein Team heraus, dass das Gehirn eines Kindes die Aktionen abbildet, die es um sich herum sieht. „Wir haben festgestellt, dass wenn ein im MEG liegendes Kind sieht, wie ein Erwachsener von einem Objekt berührt wird, das MEG zeigt, dass beim Kind der gleiche Teil des Gehirns aktiviert wird, *als würde das Kind selbst berührt*."[11] Die eingebildete Aufteilung zwischen dem Selbst und dem Anderen – die Grundlage der romantischen Lüge – wurde entlarvt.

Spiegelneuronen wurden zufällig in den 1990ern in Parma entdeckt, von einer Gruppe italienischer Wissenschaftler, die von dem bekannten Neurowissenschaftler Giacomo Rizzolatti geleitet wurde. Die Forscher fanden heraus, dass ein bestimmter Bereich des Gehirns eines Makaken aktiviert wird, wenn der Affe sieht, wie ein Erwachsener eine Erdnuss aufhebt – und zwar der gleiche Bereich, der aufleuchtet, wenn der Affe die Erdnuss selbst ergreift. „Deshalb nennt man es Spiegelneuron", schreibt Marco Iacoboni, Neurowissenschaftler an der *University of California* in Los Angeles. „Es ist fast so, als würde der Affe sein eigenes Handeln beobachten, das von einem Spiegel reflektiert wird."[12]

Laut Meltzoff könnten Spiegelneuronen ein Teil der neurologischen Grundlage für Nachahmung sein, aber sie können sie nicht komplett erklären. „Was Babys tun ist komplizierter als Spiegelneuronen", erklärt er mir. Was Girard als mimetisches Begehren bezeichnet, mag eine neurologische Basis in Spiegelneuronen haben, aber es ist zugleich ein geheimnisvolles Phänomen, das nicht auf Spiegelneuronen allein reduziert werden kann.

Tiere ahmen Geräusche, Gesichtsausdrücke, Gesten, Aggression und anderes Verhalten nach. Menschen ahmen all diese Dinge und noch vieles mehr nach: Ruhestandsplanungen, romantische Ideale, sexuelle Fantasien, Arten der Essenszubereitung, gesellschaftliche Normen, Gebete, Rituale, standesgemäßes Benehmen und Meme.

Wir sind so sensibel für Nachahmung, dass wir schon die kleinste Abweichung von dem bemerken, was man als *akzeptable Nachahmung* bezeichnen könnte. Wenn wir auf eine SMS oder E-Mail eine Antwort erhalten, die nicht dem Ton entspricht, den wir erwarten, können wir in eine echte Minikrise geraten (*Mag sie mich nicht? Hält er sich mir gegenüber für überlegen? Habe ich etwas falsch gemacht?*) Kommunikation basiert quasi auf Mimesis. In einer im Jahr 2008 im *Journal of Experimental Social Psychology* veröffentlichten Studie erhielten 62 Studenten den Auftrag, mit anderen Studenten zu verhandeln. Diejenigen, die die Haltung und Redeweise des Gegenübers spiegelten, erreichten in 67 Prozent der Fälle eine Einigung, während diejenigen, die dies nicht taten, lediglich in 12,5 Prozent der Fälle erfolgreich waren.[13]

Das Nachahmen oberflächlicher Dinge ist Teil des alltäglichen Lebens und in der Regel nichts, worüber man sich Gedanken machen müsste – es sei denn, es wird zu einer Pforte in eine andere Welt, ein schwarzes Loch im Universum des Begehrens, das uns ohne Hoffnung auf Entrinnen verschlucken kann.

Ein Martini als Einstiegsdroge

Die Babys, bei denen Meltzoff beobachtete, wie sie dem Blick ihrer Mutter folgten, wurden zu Erwachsenen, die in tiefe Aufmerksamkeit versunken ihre Nachbarn beobachten, um auch nur den leisesten Hinweis darauf zu erhaschen, was begehrenswert sein könnte.

Ich habe vor, mir ein Bier zu bestellen. Mein Freund entscheidet sich für einen Martini. Plötzlich „stelle ich fest", dass ich auch einen Martini will.

Wenn ich ehrlich zu mir selbst bin, dann wollte ich *keinen* Martini, als ich die Bar betrat. Ich freute mich auf ein kaltes Bier. Was war passiert? Mein Freund erinnerte mich nicht an eine unbewusste innere Sehnsucht nach einem Martini – er erschuf ein neues Begehren in mir. Ich wollte einen Martini, *weil* mein Freund einen wollte.

Ein Martini ist (in der Regel) harmlos. Aber nehmen wir einmal an, dass wir am Tresen sitzen, unsere Drinks schlürfen und mein Freund mir von einer anstehenden Beförderung erzählt. Er wird

20 000 Dollar im Jahr mehr verdienen und sich künftig mit dem Titel eines *Managing Director* schmücken dürfen (oder irgendetwas, das ähnlich wichtig klingt). Außerdem bekommt er zusätzliche Urlaubstage.

Während ich lächle und ihm erzähle, wie aufregend das ist, befällt mich gleichzeitig die Sorge, ob ich nicht auch mehr verdienen sollte? Werden mein Freund und ich noch in der Lage sein, gemeinsame Urlaube zu planen, wenn er doppelt so viel bezahlte Urlaubstage hat wie ich? Und überhaupt, *was zum Teufel?* – wir haben unseren Abschluss an der gleichen Universität gemacht und ich habe im Studium und danach doppelt so hart gearbeitet wie er! Hinke ich etwa hinterher? Habe ich mich für den falschen Berufsweg entschieden? Obwohl ich immer gesagt habe, dass ich seinen Job nicht haben wollte, beginne ich plötzlich an mir zu zweifeln.

Mein Freund ist für mich zum Vorbild eines Begehrens geworden. Wir werden nie darüber sprechen. Aber eine innere Kraft ist in mir in Gang gesetzt worden, die – wenn ich sie nicht reflektiere – zu Konflikten führen wird. Ich werde anfangen, Entscheidungen auf der Grundlage dessen zu treffen, was er für erstrebenswert hält. Wenn er in einen bestimmten Stadtteil zieht, werde ich meinen eigenen Wohnort entsprechend neu beurteilen. Wenn eine Fluggesellschaft ihm den Platin-Status verleiht, werde ich mit meinem Gold-Status nicht mehr zufrieden sein.

Manchmal werde ich ihn auch auf gegensätzliche Weise nachahmen und das Gegenteil von dem machen, was er tut. Wenn er einen Tesla kauft, dann werde ich es vehement ablehnen, je ein solches Fahrzeug zu besitzen. Ich möchte nicht daran erinnert werden, dass ich ihm immer einen Schritt hinterherhinke. Ich bin anders. Ich kaufe mir einen klassischen Ford Mustang und beäuge jeden Tesla-Fahrer, den ich sehe, äußerst kritisch (*diese dummen Herdenschafe*). Dabei bin ich mir zu keiner Zeit bewusst, dass mein Verhalten immer noch durch mein Vorbild gesteuert wird.

Wenn mein Freund seinen Job verliert, empfinde ich Schadenfreude. Wenn er ihn zurückbekommt, bin ich neidisch. Selbst meine

Emotionen spiegeln die Beziehung wider, die ich zu meinem Vorbild habe. Und nun, am Boden meines Martini-Glases angelangt, stelle ich fest, dass er eine Olive mehr bekommen hat als ich.

Im Übergang von der Kindheit zum Erwachsensein wird die offene Nachahmung des Kindes zur verborgenen Mimesis der Erwachsenen. Wir suchen heimlich nach Vorbildern und dementieren gleichzeitig, dass wir welche benötigen. Mimetisches Begehren agiert im Verborgenen, und wer im Dunkeln sehen kann, hat Vorteile.

Fackeln der Freiheit

Am 6. April 1917, dem Tag, an dem Amerika Deutschland den Krieg erklärte, meldete sich der 25jährige Edward Bernays bei der US Army. Laut Larry Tyes Buch über Bernays war der in Österreich geborene Jude und Neffe von Sigmund Freud begierig darauf, seinen Patriotismus unter Beweis zu stellen und seine Wahlheimat zu verteidigen. Aber Plattfüße und mangelnde Sehkraft machten ihn untauglich für den Dienst an der Waffe.[14]

Die Ablehnung motivierte Bernays nur umso mehr, sich auf anderen Gebieten zu beweisen. Er war ein ausgesprochen guter Beobachter der menschlichen Natur und hatte ein natürliches Talent, andere für eine Sache zu begeistern. Also begann er sich zu fragen, wie er diese Gabe nutzen konnte.

Vier Jahre zuvor, als 21jähriger Herausgeber einer kleinen medizinischen Fachzeitschrift, hatte er bereits Möglichkeiten gesehen, wo andere Hindernisse sahen. Aufgrund der medizinischen Ausrichtung des Blattes und der Notwendigkeit, mehr Aufmerksamkeit zu bekommen und neue Leser zu gewinnen, entschied Bernays, das kontroverse Theaterstück *Damaged Goods* (dt. *Die Schiffbrüchigen*, Anm. d. Verlags) von Eugène Brieux zu bewerben. In dem Stück geht es um einen Mann mit Syphilis, der die Krankheit an seine Frau überträgt, die ein Kind bekommt, das ebenfalls infiziert ist. Das Stück war fast überall verboten worden, weil eine sexuell übertragbare Krankheit zu dieser Zeit ein absolutes Tabu darstellte. Bernays brachte medizinische Experten und öffentliche Identifikationsfiguren wie John D. Rockefeller, Anne Harriman Vanderbilt und Eleanor Roosevelt dazu, das Theaterstück zu unterstützen, indem er die Aktion als Kampf gegen Prüderie darstellte. Trotz gemischter Rezensionen verschaffte seine Kampagne dem Stück einen enormen Erfolg, was seinen Ruf als geschicktem Taktiker zugutekam.

Er arbeitete daran, seine Fähigkeiten noch weiter zu verbessern, und startete eine Reihe von PR-Maßnahmen, bei denen sehr persönliche Dinge mit Produkten und Unterhaltung verbunden wurden. Dann allerdings bot sich ihm eine bei weitem größere Chance. Nachdem die Armee ihn abgelehnt hatte, nutzte Bernays seine beträchtlichen Fähigkeiten, um Unterstützung für den Eintritt Amerikas in den Ersten Weltkrieg zu sammeln.

Die Aussicht auf einen Krieg spaltete das Land. Im Januar 1917 plädierte Präsident Woodrow Wilson vor dem Kongress, Amerika müsse neutral bleiben – eine Meinung, die er seit dem Ausbruch des Krieges vertrat. Ende Januar begannen Angriffe deutscher U-Boote auf amerikanische Schiffe, die sogar einige von ihnen versenkten. Wilson wandte sich erneut an den Kongress und bat nun darum, Deutschland den Krieg erklären zu dürfen. Aber immer noch waren viele Amerikaner hin- und hergerissen.

Bernays schaffte es, eine Position im neu geformten *Committee on Public Information* zu ergattern. Es handelte sich dabei um eine unabhängige Agentur, die von der US-Regierung eingerichtet worden war, um die Zustimmung der Öffentlichkeit für einen Kriegseintritt zu erhöhen. Bernays machte sich sofort daran, seine bewährten Tricks anzuwenden. Er organisierte Kundgebungen in der Carnegie Hall mit Freiheitskämpfern aus Polen, der Tschechoslowakei und anderen Ländern und überzeugte die *Ford Motor Company* und weitere amerikanische Unternehmen davon, den Krieg zu unterstützen und entsprechende Broschüren in ihren weltweiten Büros zu verteilen. Zusätzlich sorgte er dafür, dass beliebte Zeitschriften US-Propaganda daheim und im Ausland verbreiteten.

Nach gewonnenem Krieg war Präsident Wilson davon überzeugt, dass der Einsatz von Bernays von entscheidender Bedeutung gewesen war. Er lud den 26jährigen ein, ihn im Januar 1919 zur Pariser Friedenskonferenz zu begleiten. Als Bernays in Paris ankam, erlebte er, wie die Menschen in Scharen kamen, um Wilson zu sehen – einen Mann, den er zum großen Befreier und Verteidiger der demokratischen Freiheit aufgebaut hatte. „Wir hatten daran gearbeitet, die Welt sicher für die Demokratie zu machen'", sagte Bernays später. „Das war der große Slogan."[15]

Bernays kehrte mit einer neuen Erkenntnis in die USA zurück. „Wenn man Propaganda für einen Krieg einsetzen konnte, dann konnte man sie sicherlich auch für den Frieden nutzen."[16] In den folgenden vier Jahrzehnten gelangen Bernays zahlreiche PR-Coups. Als er von einer Firma engagiert wurde, die Schweinefleisch verkaufte, machte er Eier mit Speck zum typischen amerikanischen Frühstück, indem er einen befreundeten Arzt dazu überredete, einen Brief an fünftausend andere Ärzte zu verschicken, in dem er sie eingehend bat, einen Aufruf zu unterschreiben, der behauptete, dass die Einnahme eines schweren Frühstücks („Eier mit Speck") für Amerikaner gesünder sei. Er sorgte dafür, dass Kinder gerne in die Badewanne gingen, indem er einen Seifen-Schnitzwettbewerb an öffentlichen Schulen veranstaltete. Der Hintergrund war, dass sein Kunde *Procter & Gamble* eine Seife herstellte, die im Wasser schwamm. In den 1940er Jahren überzeugte er die amerikanische Regierung davon, die Route 66 zu bauen, weil sein damaliger Kunde die Firma *Mack Trucks* war: mehr Fernstraßen, mehr Trucks.

Bernays schien verstanden zu haben, dass Vorbilder Begehren beeinflussen. Ärzte waren die „Experten-Vorbilder", die Eier und Speck empfahlen. Lehrer führten vor, wie man Seife schnitzte. Und als *Mack Trucks* Bernays anheuerte, um das Unternehmen gegen Angriffe durch die Eisenbahn zu verteidigen, mobilisierte er Scharen begeisterter Autofahrer – von den Mitgliedern verschiedener Automobilclubs bis hin zu Milchwagenfahrern und Arbeitern in Reifenfabriken – die den Bau weiterer Fernstraßen unterstützten.

Aber nichts davon glich auch nur im Entferntesten dem Coup, den er Jahrzehnte zuvor gelandet hatte, als er eines der einflussreichsten Vorbilder des Jahrhunderts erschaffen hatte.

Im Jahr 1929 schlug George Hill, Präsident der *American Tobacco Company*, Eddie Bernays ein reizvolles Projekt vor: Wenn er das Tabu brechen könne, dass Frauen nicht in der Öffentlichkeit rauchten, könnte dies zweistellige Millionenbeträge an Extraeinnahmen pro Jahr bedeuten. Hill hatte Bernays bereits einen stattlichen Vorschuss in Höhe von 25 000 US-Dollar gezahlt – eine hohe Summe zu der Zeit (nach heutigem Wert etwa 379 000 US-Dollar). Wenn die Kampagne, mehr Frauen dazu zu bringen, zu rauchen, ziehen würde, sollte ein Anteil der daraus resultierenden Gewinne an Bernays gehen.

Die Verkaufszahlen der wichtigsten Marke des Unternehmens, *Lucky Strike*, gingen ohnehin bereits durch die Decke. Während des Krieges hatten die Rationen der Soldaten Zigaretten enthalten. In den Jahren nach dem Krieg nahm die Zahl der Raucher extrem zu, denn eine ganze Generation junger Männer, die ihre erste Zigarette als Trost im Angesicht der Schrecken des Krieges geraucht hatten, war nun abhängig.

Frauen waren nicht Teil des Trends. Es gab gesellschaftliche Tabus gegen rauchende Frauen in der Öffentlichkeit, und Männer machten sogar Frauen schlecht, die nur im privaten Umfeld rauchten. Das folgende Zitat eines männlichen Hotelmanagers aus einem im Jahr 1919 erschienenen Artikel der *New York Times* ist typisch:

> Ich hasse es, wenn Frauen rauchen. Ganz abgesehen von den moralischen Gründen wissen sie einfach nicht, wie es geht. Eine Frau, die an einem Tisch im Restaurant raucht, produziert mehr Rauch als ein ganzer Tisch voller Zigarre rauchender Männer. Sie scheinen nicht zu wissen, was sie mit dem Rauch anfangen sollen. Frauen wissen auch nicht, wie man eine Zigarette richtig hält. Sie ruinieren einfach die ganze Sache.

George Hill wusste, dass dieses Tabu seinen Umsatz schmälerte. „Wenn ich diesen Markt knacken kann, dann bekomme ich mehr als genug", sagte er zu Bernays. „Es wäre, als würden wir in unserem Vorgarten eine neue Goldmine öffnen."[17] Wenn er das gesetzte Ziel erreichen wollte, musste Bernays eine Art Erdrutsch in der amerikanischen Kultur auslösen, der stark genug war, um sexistische Vorurteile zu durchbrechen.

Bernays wandte sich als erstes an A. A. Brill, Schüler seines Onkels Sigmund Freud und damals führender Psychoanalytiker der USA. Brill erzählte ihm, dass die Zigarette ein Phallussymbol sei und für die männliche sexuelle Kraft stehe. Um Zigaretten zu Objekten zu machen, die wichtig genug waren, dass Frauen sie unbedingt haben wollten, musste Bernays Rauchen als etwas erscheinen lassen, mit dem Frauen die männliche Vormacht herausfordern konnten. Zigaretten mussten, wie Brill es formulierte, zu „Fackeln der Freiheit" werden. Um dies zu erreichen, musste Bernays den Frauen ein Vorbild an die Hand geben.

In den 1920er Jahren war die Emanzipation in vollem Gange. Der 19. Zusatzartikel zur amerikanischen Verfassung, der im August 1920 ratifiziert wurde, hatte Frauen das Wahlrecht beschert, und sie verdienten mehr als jemals zuvor, weil sich während des Krieges neue Arbeitsmöglichkeiten aufgetan hatten. *Flapper* (junge Frauen mit kurzen Röcken und Haaren) feierten ihre neu gewonnenen Freiheiten, indem sie French 75-Cocktails tranken und im *Cotton Club* Duke Ellington lauschten. Die Zeit war reif für alles, das den Eindruck von Freiheit erweckte.[18]

Bernays schmiedete einen Plan. Im März 1929 erschien ihm die Osterparade in New York City als die perfekte Gelegenheit, um Zigaretten zu „Fackeln der Freiheit" werden zu lassen. Die Parade war ein Modespektakel mit viel Medienrummel und eine Gelegenheit für reiche New Yorkerinnen, über die Fifth Avenue zu flanieren, um zu sehen und gesehen zu werden.

Osterprozessionen entlang der Fifth Avenue gab es seit den 1870er Jahren. Damals war Ostern für den Einzelhandel ebenso wichtig wie Weihnachten es heute ist. Als die Veranstaltung im Laufe der Jahre zum Ritual wurde und eher die Form einer Parade annahm, zeigten vermögende Frauen ihre besten Hüte und farbenfrohe Osterbekleidung. Wenn sie die Kirchen entlang der Fifth Avenue verließen, gingen sie mit ihren Geschlechtsgenossinnen in einer Art Gleichschritt und machten die Straße so praktisch zum Laufsteg. Sie besuchten die mit Blumen geschmückten Kirchen entlang des Weges und wurden währenddessen von den ärmeren Bevölkerungsschichten bewundert, die die Straße säumten.

Bernays Plan bestand darin, eine sorgfältig ausgewählte Gruppe dieser Frauen davon zu überzeugen, während der Parade, der größten Bühne der Welt, auf herausfordernde Weise *Lucky Strike*-Zigaretten anzuzünden. Man kann dies in etwa mit einer modernen Influencer-Kampagne epischen Ausmaßes vergleichen: Stellen Sie sich einmal vor, Beyoncé würde ihren Superbowl-Auftritt unterbrechen, eine Zigarette hervorholen und rauchen, während die Kameras auf die Marke zoomten.

Laut Larry Tyes Bericht wandte sich Bernays an einen Freund bei der *Vogue*, der ihm half, eine Liste der dreißig einflussreichsten New Yorker Debütantinnen zusammenzustellen. Mithilfe seiner Freundin Ruth Hale, einer führenden Feministin, startete er einen Aufruf an Frauen aus der High Society New Yorks. Sein Büro veröffentlichte ein Memo mit den Einzelheiten: „Raucherinnen und ihre Begleitung werden zwischen halb zwölf und ein Uhr von der 48. Straße zur 54. Straße über die Fifth Avenue flanieren.“ Bernays beschloss, das Event noch um eine zusätzliche Gruppe von zehn Frauen zu erweitern, die deutlich sichtbar rauchen sollten, während sie sich der Parade anschlossen – und er wusste genau, welche Art von Frauen er wollte. „Sie sollten gut aussehen, aber nicht zu sehr wie Models“, schrieb er. Das Memo fuhr fort:

> Das Ganze muss inszeniert sein wie ein Theaterstück, wie beispielsweise: Eine Frau sieht eine andere rauchen, öffnet ihre Handtasche, findet Zigaretten, aber keine Streichhölzer und bittet die andere um Feuer. Zumindest einige der Frauen sollten in Begleitung von Männern sein.

Edith Lee raucht eine Zigarette bei der Osterparade 1929 in New York. (Foto mit freundlicher Genehmigung der *Library of Congress*)

Zur festgelegten Zeit und entsprechend den Instruktionen von Bernays steckten die Models sich Zigaretten an und paradierten rauchend in ihren modischen Hüten und pelzverbrämten Mänteln über die Straße.

Bernays überließ nichts dem Zufall. Er sorgte dafür, dass professionelle Fotografen und Journalisten vor Ort waren, um den Moment einzufangen. Er wies sie sogar an, bei ihrer Beschreibung den Begriff zu benutzen, den er geprägt hatte: „Fackeln der Freiheit". Er wusste, dass das Ereignis polarisieren würde, aber andererseits – könnte jemand in den Nachkriegsjahren nicht auf der Seite der *Freiheit* stehen?

Tye berichtet in seinem Buch, dass Fotos von Frauen, die demonstrativ ihre „Fackeln der Freiheit" rauchten, am nächsten Tag auf den Titelseiten aller großen US-amerikanischen Zeitungen erschienen, von der *New York Times* bis hin zur Tageszeitung von Albuquerque, New Mexico.

United Press International erwähnte eine Frau namens Bertha Hunt, die „eine weitere Bresche für die Freiheit von Frauen geschlagen hat". Sie hatte sich durch die Menge vor der St. Patrick's Cathedral nach vorne gekämpft, um den Feldzug anzuführen. „Ich hoffe, dass wir etwas in Gang gesetzt haben", sagte Hunt den Journalisten, „und dass diese Fackeln der Freiheit, unabhängig von der Marke, das diskriminierende Tabu von Zigaretten für Frauen durchbrechen und unser Geschlecht auch alle weiteren Diskriminierungen wird hinter sich lassen können."[19] Was sie während des Interviews zu erwähnen vergaß, war die Tatsache, dass sie Bernays' Sekretärin war und das Statement Wort für Wort mit ihm abgesprochen.

Bernays inszenierte die gesamte Ostergeschichte so, als hätten die Frauen *spontan* beschlossen, zu rauchen und als hätte Hunt ebenso *spontan* den Entschluss gefasst, sich durch die Menge vor der Kirche zu schieben. Er benutzte die romantische Lüge gegen die Menschen. Er gab ihnen die Illusion von Autonomie – denn Menschen glauben, dass Begehren so funktioniert. Vorbilder haben die größte Wirkmacht, wenn sie im Verborgenen liegen. Wenn Sie in jemandem eine Leidenschaft für etwas entfachen wollen, dann lassen Sie die Person in dem Glauben, dass das Begehren ihr ureigenes ist.

Innerhalb von wenigen Tagen zogen Frauen in den gesamten USA durch die Straßen der Städte und zündeten ihre „Fackeln der Freiheit" an. Der Umsatz von *Lucky Strike* schoss in die Höhe und verdreifachte sich innerhalb eines Jahres.

Mimetische Spiele

Menschen spielen mimetische Spiele, weil sie unbewusst wissen, wie mimetisches Begehren funktioniert, selbst wenn sie es nicht erklären können. Kinder beachten die Gesetze der Schwerkraft lange bevor sie in der Schule etwas darüber lernen. Ebenso spielen Erwachsene häufig mit Begehren und nutzen dabei die Schwachstellen anderer aus.

Werfen wir einmal einen kurzen Blick darauf, wie diese Spiele im Liebes- und Geschäftsleben sowie in der Werbung eingesetzt werden.

Liebe

Als er Anfang zwanzig war und in Frankreich studierte, bekam René Girard seinen ersten Einblick in mimetisches Begehren auf überraschende Weise: in Form einer Achterbahn der Gefühle mit einer jungen Frau, mit der er sich traf. Girard erzählte die Geschichte im Jahr 2005 Robert Harrison in einer Sendung von dessen Radioshow in Stanford, *Entitled Opinions*.[20] Der Wendepunkt in der Beziehung trat ein, als die Frau ihm vorschlug zu heiraten. Von einem Moment auf den anderen erlebte er ein Abflachen seines Begehrens und machte schnell einen Rückzieher, woraufhin beide getrennte Wege gingen.

Taktik 1
Benennen Sie Ihre Vorbilder

Wenn wir etwas benennen – sei es eine Emotion, ein Problem oder eine Fähigkeit – haben wir eine größere Kontrolle darüber. Das Gleiche gilt für Vorbilder.

Wer sind Ihre Vorbilder bei der Arbeit? Oder im privaten Bereich? Welche Menschen beeinflussen, was Sie kaufen, welche beruflichen Entscheidungen Sie treffen und welche politische Meinung Sie haben?

Bei manchen Vorbildern fällt es uns leicht, sie zu benennen. Sie sind das, was wir üblicherweise unter „Identifikationsfiguren" verstehen – Menschen oder Gruppen, die wir für nachahmenswert halten, denen wir auf positive Weise ähnlich sein wollen. Hier schämen wir uns nicht, dies zuzugeben.

Bei anderen wiederum kommen wir gar nicht auf die Idee, dass es sich um Vorbilder handeln könnte. Nehmen wir das Beispiel Fitness. Ein Personal Trainer ist mehr als ein Coach – er ist ein Vorbild des Begehrens. Er möchte, dass Sie etwas erreichen, was Sie für sich selbst noch nicht stark genug wollen, um das Erforderliche zu tun. Der wichtige Schritt ist, Menschen nicht nur in ihrer professionellen Rolle zu sehen, sondern auch in ihrer Rolle als Beeinflusser von Begehren. Das trifft auf die Lehrer Ihrer Kinder ebenso zu wie auf Ihre Kollegen und Freunde.

Noch schwieriger ist es, die Menschen zu benennen, die aus unserer Welt kommen und uns konkurrierende oder ungesunde Verhaltensweisen vorleben – Menschen, um die wir kreisen, ohne dass es uns bewusst ist, und die beeinflussen, was wir wollen. Wir werden in Kapitel 2 einen näheren Blick auf diese Art von uns weniger bewussten Vorbildern werfen, weil sie mittlerweile unsere Welt dominieren. Eine Möglichkeit, sie zu identifizieren ist folgende: Denken Sie über die Menschen nach, von denen Sie sich am wenigsten wünschen, dass sie Erfolg hätten.

Sobald er sich zurückgezogen und sie dies akzeptiert hatte – und wahrscheinlich ein Verhältnis mit einem anderen Mann begann – fühlte Girard sich erneut zu ihr hingezogen. Er lief ihr abermals nach, aber sie wies ihn ab. Je mehr sie sich ihm versagte, umso heftiger begehrte er sie. „Sie beeinflusste mein Begehren, indem sie es abwies", sagte Girard.[21]

Es war so, als würde ihr *Mangel an Begehren* für ihn wiederum die *Stärke seines Begehrens* für sie beeinflussen. Außerdem übte das Interesse anderer Männer an ihr einen Einfluss auf ihn aus. Sie veranschaulichten ihm, wie begehrenswert sie war. Dadurch, dass sie ihn abwies, formte sie dies zusätzlich. „Ich stellte plötzlich fest, dass sie für mich sowohl Objekt als auch Mittlerin war – eine Art von Vorbild", erinnerte sich Girard.

Menschen formen nicht nur das Begehren für andere Menschen oder Objekte, sie können auch *sich selbst* begehrenswert machen. Sich zu zieren ist eine bewährte Methode, um andere in den Wahnsinn zu treiben, aber die wenigsten fragen sich warum. Mimetisches Begehren kann hier einen Hinweis geben. Vorbilder faszinieren uns, weil sie uns etwas zeigen, das begehrenswert ist und doch knapp außerhalb unserer Reichweite liegt – einschließlich ihrer Zuneigung.

Fjodor Dostojewskis Erzählung *Der ewige Gatte* zeigt die Komik und Tragik mimetischer Romanzen. Ein Witwer besucht den früheren Liebhaber seiner verstorbenen Frau – den Mann, mit dem sie eine Affäre hatte – weil er diesen Mann unbewusst als in der Liebe und sexuell überlegen ansieht. Der Witwer hat eine neue Frau gefunden, die er gerne heiraten möchte, aber es scheint ihm unmöglich dies zu tun, ohne die Versicherung zu haben, dass sein Rivale, der Liebhaber seiner ersten Frau, seine Zukünftige ebenfalls begehrenswert findet. Auf masochistische Weise setzt er sich einer erneuten Demütigung durch den anderen Mann aus – den ewigen Liebhaber, während er selbst der ewige Gatte bleibt. Solange ihm nicht bewusst wird, wer die Strippen seines Liebeslebens zieht, wird er sich weiterhin zu Füßen seines Rivalen quälen. Er wird nicht aufhören können, sich mit ihm zu messen.

Der ewige Gatte ist ein extremes Beispiel dafür, wie Mimesis Beziehungen beeinflussen kann. Normalerweise ist die Dynamik nicht so offensichtlich. Nehmen wir beispielsweise einen eher unsicheren Mann, der bei den ersten Dates spürt, dass die Chemie zwischen ihm und seiner neuen Bekanntschaft stimmt. Beide beschließen, dass sie eine ernsthafte Beziehung eingehen möchten. Als erstes stellt er seine neue Partnerin all seinen Freunden vor – weil er dringend auf deren Zustimmung angewiesen ist. Er sucht nach Anzeichen dafür, dass zumindest einer seiner Freunde auch gerne mit dieser Frau zusammen wäre. Wenn keiner sich so für sie zu interessieren scheint, beginnt er an seiner Entscheidung zu zweifeln. Er möchte seine getroffene Wahl von seinen Vorbildern bestätigt bekommen, genau wie der ewige Gatte.

Oder nehmen wir eine 16-Jährige, die auf *Instagram* ein Selfie postet. Strahlend sitzt sie neben ihrem neuen Freund in einem Sushi-Restaurant. Sofort beginnt ihr Expartner – der die Beziehung zu ihr vor wenigen Wochen beendet hat und sich sicher war, die richtige Entscheidung getroffen zu haben (und von dem sie seit Wochen nichts gehört hat) – sie mit SMS zu bombardieren und ihr seine Liebe zu gestehen. „Du weißt ja nicht, was Du willst", schreibt sie ihm zurück. „Finde es erst einmal heraus." Und natürlich hat sie vollkommen Recht damit. Er wusste nicht, was er wollte, bis er sie zusammen mit einem anderen Mann sah – einem Typen zwei Jahrgänge über ihm, im Alter seines großen Bruders, der ein Basketball-Stipendium an der *University of North Carolina* ergattert hat. Die erneute Begehrenswürdigkeit seiner Ex-Freundin hat nichts damit zu tun, wie sie auf dem Foto aussieht, sondern ist allein dem Umstand geschuldet, dass ein anderer Mann sie begehrenswert findet, und dazu noch einer, der all das besitzt, was ihr Expartner selbst gerne hätte.

Ein Freund und Mitarbeiter von Girard, der Psychoanalytiker Jean-Michel Oughourlian, empfahl eine Schocktaktik für Menschen, die zu ihm in die Praxis kamen und sich darüber beschwerten, dass ihr Partner sich nicht mehr für sie zu interessieren schien. Sie sollten sich jemanden suchen, der mit ihrem Partner um ihre Zeit und Aufmerksamkeit konkurrierte. Selbst die leiseste Vermutung, dass man mit jemandem in Konkurrenz um die Zeit und Aufmerksamkeit des Partners steht, kann ausreichen, um Begehren zu wecken und zu verstärken. (Ich schlage hier keineswegs vor, dass jemand absichtlich versuchen soll, den Partner oder die Partnerin eifersüchtig zu machen, obwohl dies eine Taktik zu sein scheint, die viele Menschen sowieso und ganz von selbst verwenden.)

Romantische Verwicklungen können sich wie eine Achterbahnfahrt anfühlen, weil mimetisches Begehren auf diese Weise funktioniert.

Riskante Geschäfte

In seinem Buch *Geben und Nehmen: Warum Egoisten nicht immer gewinnen und hilfsbereite Menschen weiterkommen* erzählt Adam Grant, Professor in Wharton, die Geschichte des erfahrenen Unternehmers

Danny Shader. Er hatte bereits zwei erfolgreiche Firmen gegründet und wollte nun Investoren für sein jüngstes und bislang aufregendstes Projekt gewinnen.

Bei einem Fußballspiel seiner Tochter im Silicon Valley trifft Shader den bekannten Risikokapitalgeber David Hornik und erzählt ihm, dass er gerade an etwas Neuem arbeitet. Sie beschließen ein Treffen. Wenige Tage später besucht Shader Hornik in dessen Büro und stellt ihm seine Idee vor. Hornik erkennt sofort das Potenzial des Unternehmens. Innerhalb einer Woche legt er ihm einen Vertrag für ein Investment vor.

Im Gegensatz zu den meisten anderen Risikokapitalgebern macht Hornik Shader kein Angebot, das zu einem bestimmten Zeitpunkt abläuft. Risikokapitalgeber tun dies in der Regel, um den Druck auf Gründer zu erhöhen, den Deal mit ihnen abzuschließen. Gründer wiederum versuchen gerne, so viele Investitionsangebote wie möglich einzuholen, um Kapitalgeber gegeneinander auszuspielen, in der Hoffnung, einen Bieterkrieg zu entfesseln.

Aber Hornik ging anders vor. Er begrenzte sein Angebot nicht zeitlich und forderte Shader auf, ruhig mit anderen Risikokapitalgebern zu sprechen. Er gab ihm eine lange Liste mit vierzig Referenzen, die seinen guten Ruf als Investor bezeugen konnten. Hornik wollte, dass Shader sich für ihn entschied, weil er der beste Partner sein würde und nicht allein wegen der Investition. Shader nahm sich also Zeit und sprach mit anderen möglichen Investoren.

Ein paar Wochen später rief er Hornik an und teilte ihm mit, dass er sich für die Förderung durch einen anderen Investor entschieden habe. Er erzählte Hornik, dass er ihn als so freundlich, sanft und umgänglich erlebt hätte, dass er sich gefragt habe, ob Hornik ihn im Vorstand ausreichend unter Druck setzen und zu Höchstleistungen pushen würde. „Mein Herz sagte mir, ich solle mich für Sie entscheiden, aber mein Kopf war dafür, sich mit dem anderen zusammenzutun“, sagte Shader.[22]

Shader war in einem mimetischen Wertespiel gefangen. Die Investoren, die ihre eigene Begehrenswürdigkeit formten – sich als selektiv und fordernd zeigten – hatten in seiner Vorstellung einen höheren Wert als der eine Investor, der dies nicht tat. Elite-Universitäten nehmen nicht deshalb nur wenige Studenten an, weil die Plätze begrenzt sind. Sie halten die Zahlen bewusst niedrig, um den Wert ihrer Marke nicht zu gefährden.

Hornik machte nicht bei den Spielchen mit, die die anderen Kapitalgeber so gerne spielten. Er wollte mit Gründern arbeiten, die den Wert dessen erkannten, was er wirklich zu bieten hatte – nicht den Wert, der ihm in einer Art Schönheitswettbewerb der Kapitalgeber zugeschrieben wurde.

Die Geschichte von Shader und Hornik darf als Warnung gelten, sich vor mimetischen Bewertungen zu hüten. Es ist das Paradoxon der Wichtigkeit: Manchmal kommen die wichtigsten Dinge im Leben ganz einfach zu uns – sie erscheinen als Geschenke – während wir für viele der unwichtigsten Dinge am härtesten arbeiten.

Ironie der Werbung

Die heutigen Manipulatoren von Begehrlichkeiten agieren weniger dreist und auffällig als Bernays dies einst tat. Sie sind schlauer geworden. Und wir in gewissem Maße auch. Werbegurus wissen, dass wir die Nase rümpfen, wenn uns jemand etwas zu offensichtlich verkaufen möchte. Sie wissen, dass es nicht mehr ausreicht, uns eine gut aussehende Person zu zeigen, die mit strahlendem Gesicht die Limonade einer bestimmten Marke trinkt. Seit dreißig bis vierzig Jahren nutzt die Werbung daher eine andere und weniger offensichtliche Taktik: Ironie. Sie nimmt sich selbst auf die Schippe, um unsere Selbstverteidigung zu durchbrechen.

In einem *Pepsi*-Werbespot aus dem Jahr 1985 sieht man einen Mann, der an einem heißen Tag mit einem Van auf einen Strand fährt und über einen Lautsprecher am Fahrzeug das Geräusch überträgt, das entsteht, wenn man eine eiskalte *Pepsi*-Flasche öffnet und trinkt. Daraufhin strömen die Strandbesucher magnetisch angezogen zum Van, wo er ihnen *Pepsi* verkauft. Der Spot endet mit den Worten:

„Pepsi: The Choice of a New Generation (dt. „*Pepsi*: Die Wahl einer neuen Generation“, Anm. d. Verlags).“ Der Gebrauch des Wortes „Choice“ (Wahl) ist in diesem Fall ironisch, denn der Spot zeigt, dass all die vor sich hin schwitzenden Menschen am Strand nur wenig bis gar keine Wahl haben.

Das Ziel besteht darin, dass Menschen denken: „Schau Dir nur diese dummen Leute in der Werbung an. Wie die Lemminge.“ In dem Moment, in dem man sich selbst von dem ausnimmt, was man überall um sich herum sieht, ist man am verletzlichsten. Oder wie David Foster Wallace einmal bemerkte: „Joe Briefcase“, der allein auf seinem Sofa sitzt und die *Pepsi*-Werbung sieht, hält sich für etwas Besseres als die Massen, an die die Werbung sich offensichtlich richtet – und dann zieht er los und kauft mehr *Pepsi, denkt aber, er tue es aus Gründen, die sich von denen der anderen unterscheiden.*[23]

Und sollte er nicht mehr *Pepsi* trinken, dann wird er sich wahrscheinlich für ein Getränk entscheiden, das ihn aus seiner Sicht von der Masse abhebt, wie beispielsweise Kombucha. Es kann auch sein, dass er etwas ganz anderes konsumiert, wie die neueste Dokumentation auf *Netflix* oder Podcasts, die ihm das Gefühl geben, intelligenter zu sein als seine Freunde. Der Stolz, der eine Person glauben lässt, dass sie immun gegen Vorurteile, Schwächen oder Mimesis ist, macht sie blind dafür, dass sie das Spiel in Wirklichkeit mitspielt.

Wenn ein Nachrichtenunternehmen seine Kunden davon überzeugen kann, dass sein Programm neutral ist, dann schaltet es damit ihre Verteidigungsmechanismen aus. Große Technikkonzerne machen es ähnlich. Sie stellen ihre Technologie als unabhängig dar, als reine „Plattform“. Das stimmt auch, solange wir das Ganze rein materiell als Bits und Bytes betrachten. Auf einer menschlichen Ebene aber haben die sozialen Medien Maschinerien des Begehrens erschaffen.

Jeden Tag, wenn wir in unser Smartphone blicken, lauern dort mimetische Vorbilder. Freunde aus der Jugendzeit posten Fotos von ihren Familien, auf denen jeder Tag wie Weihnachten aussieht. *Instagram*-Models mit gebleichten Zähnen lassen uns daran teilhaben, wie sie ihr gesundes Frühstück einnehmen. Das Universum des Begehrens ist übersät mit Millionen von Sternen, die immer genau dann am hellsten zu leuchten scheinen, wenn wir es am schwersten erträglich finden.

Vorbilder, die Märkte bewegen

Am 3. und 4. Februar 2020 schossen die Aktien des Autobauers Tesla enorm in die Höhe, um mehr als 50 Prozent. Es war die Spitze einer viermonatigen Entwicklung, während der sich der Preis der Aktie bereits verdoppelt hatte. Gegen Ende des Handelstages am 4. Februar hatte sich der Wert der Anteile innerhalb dieses viermonatigen Zeitraums nahezu vervierfacht.

Tesla war bereits rund zehn Jahre lang ein börsennotiertes Unternehmen. Es handelte sich also nicht um eine Börseneinführung, bei der diese Art von Preissteigerung und Volatilität weniger ungewöhnlich wäre. Was also hatte den Hype ausgelöst?

Im Grunde war nichts Besonderes passiert. Das Unternehmen hatte im dritten und vierten Geschäftsquartal die Gewinnerwartungen übertroffen und es gab gute Neuigkeiten bezüglich seines Werks in China. Dennoch war schwer zu verstehen, was einen Ausschlag dieser Größenordnung verursacht haben könnte.

Vor Oktober 2019 hatte es so ausgesehen, als könne Tesla am Rande des Abgrunds stehen. Geschäftsführer Elon Musk hatte die Märkte mit seinem sprunghaften Verhalten in Unruhe versetzt. Die Investoren fragten sich, wie das Unternehmen sich über Wasser halten sollte, hatte es doch innerhalb nur eines Jahres 3,5 Milliarden US-Dollar verbrannt. Im ersten Halbjahr 2019 meldete Tesla Verluste von mehr als einer Milliarde US-Dollar. Und dann kam diese exorbitante Explosion des Aktienpreises.

Wertpapieranalytiker waren verblüfft. „Ich habe mit Mitarbeitern von *Goldman Sachs* gesprochen, die normalerweise die weltweit führenden Experten darin sind, Börsenbewegungen zu erklären. In diesem Fall aber fragten sie mich, ob ich irgendeine Ahnung hätte, was da gerade mit den Tesla-Aktien passiert", erzählte Bob Lutz, früherer Manager in der Automobilindustrie, in einem BBC *Business Daily*-Podcast. Niemand glaubte, dass die Wertsteigerung der Aktie etwas mit der „Realität" zu tun habe[24]. Und dennoch war es so. Allerdings nicht mit der Art Realität, die die meisten Wertpapierexperten akzeptieren. Oder um es einmal frei nach Shakespeare zu sagen: Es gibt mehr Dinge zwischen Himmel und Erde, als sich die Investment-Theorie träumen lässt.

Eine Version der romantischen Lüge im Finanzsektor ist die „Markteffizienzhypothese" (die eng verknüpft ist mit der Theorie der „Rationalen Erwartung", einer weiteren Hypothese). Die Theorie des effizienten Marktes geht davon aus, dass die Preise von Vermögenswerten auf allen verfügbaren Informationen beruhen. Neuigkeiten aus den Unternehmen, Erwartungen der Investoren, aktuelle Ereignisse, politische Entwicklungen und alles, was die Bewertung eines Unternehmens beeinflussen kann, schlagen sich theoretisch unmittelbar im Aktienpreis nieder. Der Preis verändert sich im Zeitverlauf, wenn neue Informationen zur Verfügung stehen. Aber um Märkte – und Menschen – zu verstehen, bedarf es mehr als nur Informationen.[25]

Eine Reihe von Anhaltspunkten hätte Tesla-Investoren anzeigen können, dass es neben Fakten noch andere Dinge gab, die den Aktienpreis in die Höhe trieben. Am 4. Februar, dem zweiten Tag des rasanten Kursanstiegs, wurden Tesla-Aktien im Wert von über 55 Milliarden US-Dollar gehandelt – mehr als jemals zuvor in der Börsengeschichte. Am selben Tag erhielten alle, die eine *Google*-Anfrage mit den Worten „Sollte ich" starteten, den automatischen Ergänzungsvorschlag „Sollte ich Tesla-Aktien kaufen?".

Millionen Menschen suchten auf *Google*, um herauszufinden, ob sie Tesla-Aktien kaufen sollten auf der Grundlage, ob andere Tesla-Aktien kaufen wollten. Das ist meiner Meinung nach keine *reine Information* mehr. Das ist mimetisches Begehren.

Begehren richtet sich nicht nach Daten und Fakten. Es richtet sich nach den Wünschen anderer Menschen. Das, was Wertpapierexperten als „Massenpsychose“ bezeichneten, war alles in allem gar nicht so psychotisch. Es war das Phänomen des mimetischen Begehrens, das Girard bereits über fünfzig Jahre zuvor entdeckt hatte.

Sowohl bei Spekulationsblasen als auch bei Kurseinbrüchen vervielfältigen sich die Vorbilder. Wünsche und Begierden verbreiten sich mit einer derart rasanten Geschwindigkeit, dass unser rationales Denken nicht mehr mitkommt. Hier sollten wir eine andere, menschlichere Perspektive einnehmen.

„Konformität ist eine starke Kraft, die der Schwerkraft länger Paroli bieten kann als viele Skeptiker meinen“, schrieb einmal der Finanzkolumnist der *New York Times* Jason Zweig. „Spekulationsblasen sind weder rational noch irrational, sie sind zutiefst menschlich, und es wird sie immer geben.“[26]

Mimetisches Begehren ist zutiefst menschlich, und es wird uns immer begleiten. Es ist nichts, was irgendwo „da draußen“ ist und dem wir mit einfachen Strategien entkommen können. Es arbeitet in uns, zu nah, als dass wir es mit eigenen Augen erkennen können.

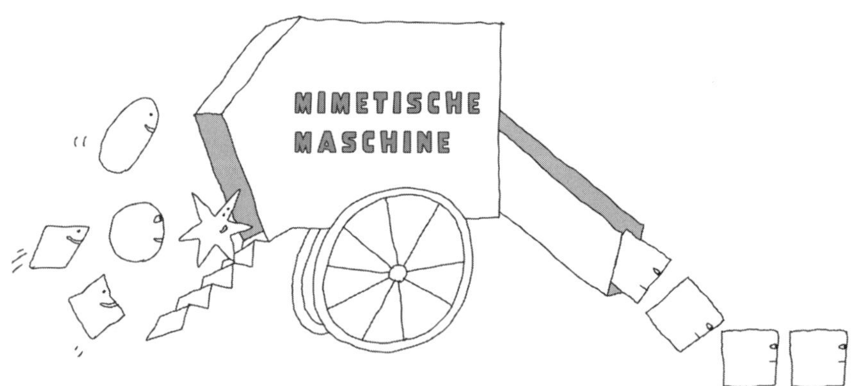

Und die Kinder gehen ins Sommercamp
Und dann in die Universität
Wo sie in Kisten gepackt werden
Und am Ende alle gleich aussehen.

Malvina Reynolds

KAPITEL 2

VERZERRTE REALITÄT – WIR SIND ALLE WIEDER STUDIENANFÄNGER

Celebristan … Pseudonyme … Katzenverehrung … Rapper … Gespiegelte Nachahmung

Jetzt geht das schon wieder los. Die Wahrnehmung sticht mal wieder die Realität aus.

Dick Fuld, früherer CEO von Lehman Brothers, beim Verfolgen der neuesten Sondermeldungen über den drohenden Untergang des Unternehmens[1]

Im Studienjahr 1972/1973, drei Jahre vor der Einführung des ersten Computers, suchte ein Studienanfänger am *Reed College* in Oregon nach einer Möglichkeit, ein bisschen Geld zu verdienen. Dabei lernte er eine Lektion, die ihm dazu verhelfen sollte, eines Tages einer der größte Verkäufer seiner Generation zu werden.

Steve Jobs wollte seine alte IBM Selectric Schreibmaschine an einen Kommilitonen namens Robert Friedland verkaufen. Genau wie Jobs befand sich Friedland im Grundstudium, war aber vier Jahre älter. Er war aus dem *Bowdoin College* in Maine geflogen und wegen des Besitzes von LSD im Wert von 125 000 US-Dollar zu zwei Jahren Gefängnis verurteilt worden. Nachdem er auf Bewährung freigekommen war, schrieb er sich im *Reed College* ein und fasste den Plan, für die Vertretung der Studentenschaft zu kandidieren und nach Indien zu reisen, um einen Guru zu treffen. Zuallererst aber brauchte er eine Schreibmaschine.

Steve Jobs wusste nichts über seinen Käufer. Er begab sich zu Friedlands Zimmer, um die Maschine abzuliefern und sein Geld in Empfang zu nehmen, aber auf sein Klopfen folgte keine Reaktion. Er drückte die Türklinke herunter und fand die Tür unverschlossen. Um sich einen Weg zu sparen, beschloss er, die Schreibmaschine im Zimmer abzustellen und das Geld später zu holen. Also ging er hinein.

Als er das Zimmer betrat, war er peinlich berührt von dem Bild, das sich ihm bot. Friedland war gerade im Bett und hatte mit seiner Freundin Sex. Jobs versuchte, den Raum zu verlassen, aber Friedland bat ihn Platz zu nehmen, bis er fertig wäre. „Das ist ziemlich irre", dachte Jobs bei sich.[2]

Wer war dieser Typ, dem jeder Sinn für Anstand oder Tabus zu fehlen schien? Jedes Gefühl dafür, dass normale Menschen vor seinem Verhalten zurückschrecken würden? Dieser Typ, der einfach zu machen schien, was er wollte, ohne sich dafür zu entschuldigen?

Ein Kommilitone der beiden – Daniel Kottke, der einer der ersten Mitarbeiter von *Apple* werden sollte – sagte später über den Einfluss, den Friedland auf Jobs hatte, dass Friedland „launenhaft, selbstsicher und ein wenig diktatorisch" gewesen sei. So steht es in Walter Isaacsons Biographie von Steve Jobs. „Steve bewunderte das, und er wurde selbst ein wenig so, nachdem er Zeit mit Robert verbracht hatte." Zu dem Zeitpunkt, an dem er *Apple* gründete, war Jobs bereits selbst für sein schrulliges Verhalten bekannt. Er lief barfuß durchs Büro, duschte nur selten und fand es lustig, seine Füße in der Toilettenschüssel zu waschen.

„Als ich Steve zum ersten Mal traf, war er schüchtern und zurückhaltend, ein eher reservierter Typ", erzählt Kottke. „Ich glaube, Robert brachte ihm viel darüber bei, wie man sich verkauft, aus seinem Schneckenhaus herauskommt, sich öffnet und eine Situation in die Hand nimmt."

Ohne dass es Jobs bewusst war, war Friedland in dem Moment, als er sein Zimmer im Studentenwohnheim betrat, zu einem Vorbild für ihn geworden. Später würde er Friedland durchschauen, aber sein unmittelbarer Einfluss auf Jobs war prägend. Friedland brachte Jobs bei, dass merkwürdiges oder schockierendes Verhalten Menschen fesselte. Menschen fühlen sich von anderen angezogen, die sich nicht an die Regeln halten. (Reality TV macht sich dieses Prinzip zunutze.)[3]

Jobs wurde Stück für Stück zum Profi in dieser Art von Verhalten. Seine Kollegen beschrieben ihn als jemanden, der von einem „Feld der Realitätsverzerrung" umgeben war. Es schien ihm mühelos zu gelingen, alle in seinem Umkreis seinem Willen unterzuordnen – sprich seinen Begierden. Das Feld der Realitätsverzerrung schluckte alle, die sich in seiner unmittelbaren Nähe befanden. Wie kommt eine solche Wirkung auf Menschen zustande?

Steve Jobs war brillant, aber das war es nicht, was ihn so anziehend machte. Der Philosoph der Aufklärung Immanuel Kant war auch brillant, aber sein Leben war so banal, dass die Stadtbevölkerung die Uhr nach seinen täglichen Spaziergängen stellen konnte. Jobs war faszinierend, weil er *auf andere Weise begehrte.*

Wir schreiben die magnetische Anziehungskraft einer Person häufig einer objektiven Qualität zu – Intelligenz, Hartnäckigkeit, Witz, Selbstvertrauen oder Redegewandtheit. Diese Dinge sind sicherlich hilfreich, aber das allein reicht noch nicht.

Wir sind grundsätzlich fasziniert von Menschen, die – real oder gefühlt – ein anderes Verhältnis zum Begehren haben. Wenn es jemandem egal zu sein scheint, was andere wollen oder wenn er oder sie einfach andere Dinge begehrt als die Masse, erscheint uns die Person außerweltlich. Sie scheint weniger stark von Mimesis betroffen zu sein oder gar jenseits davon zu stehen. Und das ist deshalb faszinierend, weil es den meisten von uns nicht so geht.

Zwei Arten von Vorbildern

Niemand denkt gerne von sich, dass er oder sie andere nachahmt. Wir schätzen Originalität und Innovation. Wir fühlen uns zu Rebellen hingezogen. Dabei hat jeder verborgene Vorbilder, sogar Steve Jobs.

In diesem Kapitel werden wir zwei Arten von Vorbildern betrachten, die uns auf unterschiedliche Weise beeinflussen: Diejenigen, die *außerhalb* unserer unmittelbaren Welt stehen und jene, die sich *in* ihr befinden. In beiden Fällen hat die Mimesis jeweils unterschiedliche Auswirkungen. Was glauben Sie, in welcher Welt Robert Friedland sich befand? Am Ende des Kapitels werden Sie sehen, dass die Antwort gar nicht so einfach ist.

Unser Verhältnis zur Nachahmung ist etwas seltsam. Aristoteles erkannte schon vor rund 2500 Jahren, dass Menschen über fortgeschrittene Nachahmungsfähigkeiten verfügen, die es uns ermöglichen, neue Dinge zu kreieren. Unsere Fähigkeit, auf komplexe Weise nachzuahmen, ist der Grund dafür, dass es Sprache, Rezepte und Musik gibt.[4]

Ist es nicht merkwürdig, dass Nachahmung allgemein eher keinen guten Ruf hat? Eine der größten Stärken der Menschheit wird als etwas angesehen, das eher peinlich ist, ein Zeichen der Schwäche oder sogar etwas, das einem Ärger einbringen kann. Niemand möchte als Imitator gelten – außer in ganz besonderen Fällen. Wir ermuntern Kinder, Rollenvorbildern nachzueifern, und die meisten Künstler erkennen den Wert, die Werke große Meister nachzuahmen. In anderen Bereichen ist Nachahmung allerdings ein totales Tabu. Stellen Sie sich einmal vor, zwei Freundinnen würden bei jedem gesellschaftlichen Anlass gleich gekleidet aufkreuzen; jemand, der ein Geschenk erhält, würde sich bedanken, indem er der anderen Person das Gleiche zurückschenkt oder jemand würde andauernd den Akzent oder die Eigenheiten eines Kollegen nachahmen. Diese Dinge würden als seltsam, unhöflich oder beleidigend empfunden und könnten andere sogar zur Weißglut treiben. Es fühlt sich ein wenig komisch an, wenn der Haarschnitt einer Freundin zu sehr dem eigenen ähnelt.

Noch verwirrender ist, dass in den meisten Unternehmen Nachahmung gleichzeitig gern gesehen und abgelehnt wird. Kleiden Sie sich wie jemand, dessen Position Sie gerne hätten, aber übertreiben Sie es nicht; halten Sie sich an die Unternehmenskultur, aber versuchen Sie trotzdem aufzufallen; ahmen Sie die wichtigsten Führungskräfte nach, ohne sich zu offensichtlich einzuschleimen.

Elizabeth Holmes, frühere Geschäftsführerin des heute nicht mehr existierenden Biotech-Unternehmens *Theranos*, ahmte Steve Jobs ganz unverhohlen nach. Sie trug schwarze Rollkragenpullover und stellte jeden *Apple*-Designer ein, den sie an Land ziehen konnte. Aber was wäre wohl passiert, wenn junge Angestellte von *Theranos* begonnen hätten, Holmes nachzuahmen? Wenn sie nur schwarze Rollkragenpullover und blaue Kontaktlinsen getragen hätten, um ihren intensiven Blick nachzuahmen und sogar Holmes' tiefe Stimme und trockenen Humor imitiert hätten? Wahrscheinlich wären sie gefeuert worden.

Es ist so, als würden alle sagen: „Imitiere mich, *aber nicht zu sehr*", denn auch wenn jeder sich geschmeichelt fühlt, wenn andere ihn nachahmen, fühlt sich ein zu exaktes Kopieren eher bedrohlich an. Im vorliegenden Kapitel werden Sie erfahren, warum dies so ist.

Dieses Kapitel ist das fachlichste im gesamten Buch. Hier legen wir das Fundament für das Verständnis der wichtigsten Auswirkungen der mimetischen Theorie. Zunächst einmal werfen wir einen Blick darauf, wie unser Begehren auf unterschiedliche Weise beeinflusst wird, je nachdem, ob sich unsere Vorbilder auf einer anderen gesellschaftlichen Ebene bewegen (Prominente, fiktionale Charaktere, historische Figuren, oder sogar unser Chef) oder eher im gleichen Umfeld (Kollegen, Freunde, Kontakte in sozialen Medien, Nachbarn oder Menschen, die wir auf Partys treffen).

Im ersten Fall, in dem es eine große Diskrepanz in puncto Status gibt, leben unsere Vorbilder an einem Ort, den wir hier „Celebristan" (von englisch *Celebrity* für berühmte Personen, Anm. d. Verlags) nennen werden. Aus meiner Sicht zählen beispielsweise Brad Pitt, LeBron James, Kim Kardashian und die Gründer von Einhorn-Start-ups (Start-ups, die mit Milliarden von US-Dollar bewertet werden) zu den Einwohnern von Celebristan. Diese Menschen könnten genauso gut in einem ganz anderen Universum des Begehrens leben, denn die Chancen sind gering, dass ihre Wünsche mit meinen in Kontakt kommen. Es gibt eine gesellschaftliche oder existenzielle Schranke, die uns voneinander trennt.

Der Unterschied ist nicht immer so offensichtlich oder dramatisch. Der Geschäftsführer einer Anlagebank kann für einen Wertpapierexperten in Celebristan leben, ebenso wie ein Geistlicher für einen Laien, ein Rockstar für die Background-Sänger, Tony Robbins (in den USA sehr berühmter NLP-Coach und Bestsellerautor, Anm. d. Verlags) für seine Seminarteilnehmer oder sogar ein älterer Bruder für einen jüngeren. Celebristan ist der Ort, an dem Vorbilder leben, die uns etwas von außerhalb unseres gesellschaftlichen Bereichs vermitteln – oder Einfluss auf unsere Wünsche nehmen – und bei denen nicht unmittelbar die Möglichkeit besteht, mit ihnen auf der gleichen Grundlage zu konkurrieren.

Wir fühlen uns stärker von Menschen bedroht, die das Gleiche wollen wie wir als von solchen, die das nicht tun. Fragen Sie sich selbst, ganz ehrlich: Auf wen sind Sie eher neidisch – Jeff Bezos, den reichsten Mann der Welt, oder jemanden in Ihrem Umfeld oder an Ihrem Arbeitsplatz, der genauso kompetent ist wie Sie und genauso viele Stunden arbeitet, aber eine bessere Position bekleidet und ein höheres Jahresgehalt hat? Ich schätze mal, es ist Letzterer.

Das hängt damit zusammen, dass Rivalität mit Nähe zu tun hat. Wenn Menschen aufgrund von Zeit, Raum, Vermögen oder Status weit genug von uns entfernt sind, dann gibt es keine Möglichkeit, mit ihnen ernsthaft um die gleichen Chancen zu konkurrieren. Wir sehen die Vorbilder in Celebristan nicht als bedrohlich an, weil wir ihnen wahrscheinlich zu unwichtig sind, als dass unsere Begierden die ihrigen werden könnten.

Aber es gibt noch eine andere Welt, in der die meisten von uns den Großteil ihres Lebens verbringen. Wir wollen sie hier einmal „Freshmanistan" (nach *Freshman*, englisch für Neuling/Anfänger, Anm. d. Verlags) nennen. Hier stehen Menschen in engem Kontakt miteinander und unausgesprochene Rivalität ist überall präsent. Schon kleinste Unterschiede wachsen sich zu etwas Großem aus. Vorbilder, die in Freshmanistan leben, bewegen sich in den gleichen gesellschaftlichen Kreisen wie ihre Nachahmer.

Wir lassen uns leicht anstecken von dem, was andere Menschen in Freshmanistan sagen oder begehren. Es ist wie im ersten Jahr an der Uni. Wir müssen unseren Platz finden und uns von der Masse derjenigen abheben, die sich in der gleichen Position befinden. Wettbewerb ist hier nicht nur möglich, sondern die Regel. Und die Ähnlichkeit zwischen den Menschen, die untereinander konkurrieren, lässt den Wettbewerb zu einer speziellen Geschichte werden.

In diesem Kapitel geht es darum, warum Wettbewerb unterschiedlich funktioniert, je nachdem wo er stattfindet. Ich werde Ihnen ein paar Werkzeuge an die Hand geben, die Ihnen helfen, zu verstehen, warum Menschen unter den Einfluss bestimmter Vorbilder geraten, wie Vorbilder die Wirklichkeit verzerren und warum mimetisches Begehren gerade in Freshmanistan so gefährlich sein kann.

Celebristan

René Girard bezeichnet Vorbilder in Celebristan als *externe Vermittler von Begehren*. Sie beeinflussen Begehren von außerhalb des unmittelbaren Umfelds einer Person. Aus der Sicht der Nachahmer besitzen solche Vorbilder besondere Qualitäten.

Traumpartner leben in Celebristan, solange Sie noch keine entsprechende Person kennengelernt haben oder die konkrete Person sich in einem gesellschaftlichen Umfeld bewegt, das völlig außerhalb Ihrer Reichweite liegt. Es mag eine nette Geste sein, wenn Promis sich bereit erklären, zu einem Abiball zu kommen, aber gleichzeitig ist allen klar, dass der glückliche Abiturient dadurch nicht wirklich realistische Chancen als Verehrer haben wird. Redewendungen wie „Sie spielt in einer anderen Liga“ weisen deutlich darauf hin, dass Welten zwischen beiden Beteiligten liegen.

In Celebristan gibt es immer eine Barriere zwischen Vorbildern und Nachahmern.[5] Vorbilder können zeitlich von uns entfernt sein (weil sie bereits verstorben sind), räumlich (weil sie in einem anderen Land leben oder nicht in den sozialen Medien vertreten sind) oder vom Status her (wie Milliardäre, Rockstars oder Mitglieder einer privilegierten Klasse).

Julia Child, Köchin und TV-Moderatorin, ist ein Vorbild für Millionen, die ihre Kochkünste verbessern wollen, ebenso wie Abraham Lincoln ein Vorbild für viele Politiker und Politikerinnen ist. Da beide tot sind, haben sie einen dauerhaften Platz in Celebristan erobert. Es besteht keine Möglichkeit, dass sie in unsere Welt kommen und zu Rivalen werden.

Das bringt uns zu einer wichtigen Eigenschaft von Vorbildern aus Celebristan: Weil mit ihnen keine Konflikte drohen, *werden sie in der Regel offen und ungehemmt nachgeahmt.*

Im Jahr 1206 zog sich Francesco Bernardone, ein 24 Jahre alter Mann aus einer reichen Kaufmannsfamilie, auf dem Markplatz seiner Heimatstadt in Mittelitalien nackt aus, übergab seine edle Kleidung seinem Vater und verzichtete auf seine Erbansprüche. In den kom-

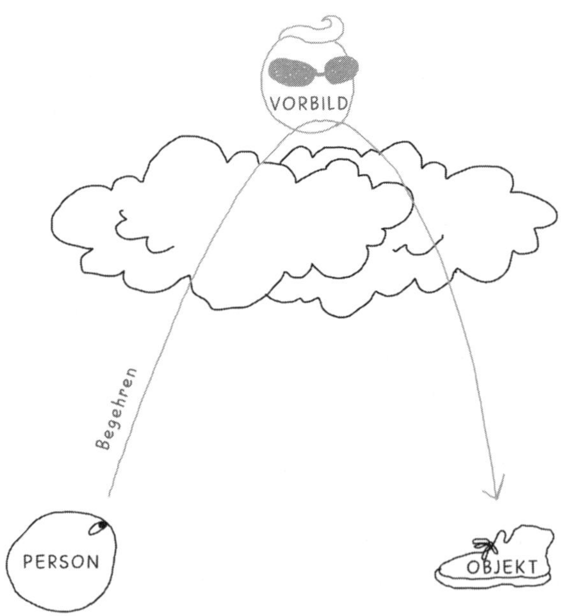

menden achthundert Jahren folgten Hunderttausende dem Weg des heiligen Franz von Assisi nach. Sie leisteten ein radikales Armutsgelübde, ahmten seine Andachtsübungen nach und trugen die gleiche einfache braune Kutte. Zum Zeitpunkt, an dem ich dies schreibe, gibt es etwa 30 000 Franziskaner in der Welt. Und im Jahr 2013 wurde ein früherer Kardinal von Buenos Aires, Jorge Mario Bergoglio, zum 266. Papst und erklärte, sein offizieller Name solle Franziskus lauten, um zu signalisieren, dass er den heiligen Franz von Assisi nachahmen und sich vor allem um die Armen kümmern wolle.

Heilige werden erst nach ihrem Tod zu Celebristan-Vorbildern, die es wert sind, nachgeahmt zu werden. Niemand kann offiziell zum Heiligen ernannt werden, solange er oder sie noch lebt. Ähnlich ist es mit den Kriterien für eine Aufnahme in die *Hall of Fame* verschiedener Profisportarten – kein Athlet, der noch aktiv ist, kann hier aufgenommen werden. Menschen werden erst dann zu echten Legenden, wenn sie sich in den Ruhestand begeben haben oder gestorben sind, weil sie sich dann in anderen Sphären der Existenz befinden.

Einige Vorbilder benutzen einen Trick, um sich einen dauerhaften Platz in Celebristan zu sichern: Sie verbergen z. B. ihre Identität oder zeigen sich praktisch nicht in der Öffentlichkeit, um unsere Neugier anzuheizen. Banksy, J. D. Salinger, Stanley Kubrick, Elena Ferrante, Terrence Malick und *Daft Punk* sind Beispiele für Prominente, die nicht in der Öffentlichkeit auftreten oder aufgetreten sind, wodurch sie auf einer anderen Ebene zu existieren scheinen.

Satoshi Nakamoto, der unter einem Pseudonym agierende Programmierer, den man für den Erfinder von Bitcoin hält, hat seinen mimetischen Wert durch Geheimhaltung in die oberste Stratosphäre von Celebristan katapultiert. Es ist praktisch unmöglich, mit ihm zu konkurrieren. „Es ist nicht möglich, wie Satoshi zu sein, nur charismatischer, weil niemand genau weiß, ob er ihm schon einmal begegnet ist.“, schreiben Tobias Huber und Byrne Hobart. „Man kann auch nicht wie Satoshi sein, nur paranoider, denn er ist immer noch nicht eindeutig identifiziert worden. Selbst wie Satoshi zu sein, nur zukunftsorientierter, wäre nur dann möglich, wenn Sie jetzt beginnen und etwas entwickeln, das in zehn Jahren ein größeres Ding als Bitcoin ist – und das, ohne gefasst zu werden."[6]

Hierarchien in Unternehmen können dem Wettbewerb Schranken setzen, denn sie machen es manchen Menschen praktisch unmöglich, mit anderen um die gleichen Positionen und Auszeichnungen zu konkurrieren. Aus Sicht z. B. eines Call Center-Mitarbeiters in einem hierarchischen Konzern könnte jemand aus der Vorstandsetage auch gleich auf einem anderen Planeten leben. Die Geschäftsführerin wird nur selten gesehen und ist unangreifbar. Es besteht keinerlei ernsthafte Gefahr, dass sie in naher Zukunft mit einem Verkäufer aus dem Kundenservice um ihren Job kämpfen muss.

Das Gleiche gilt für die meisten Gründer und Angestellten, Lehrer und Studenten, Profis und Amateure in einer Sportart. (Die Abgrenzung zwischen Profis und Amateuren wird durch einen Übergang markiert, der klar festlegt, wer gegen wen antreten kann.) In Celebristan stehen Leute nicht im Wettbewerb mit ihren Nachahmern. Sie wissen womöglich noch nicht einmal von deren Existenz. Das macht Celebristan zu einem relativ friedlichen Ort. In Freshmanistan hingegen kann jederzeit ein heftiger Konkurrenzkampf zwischen zwei Menschen entstehen.

Freshmanistan

In Freshmanistan finden wir Vorbilder, die Begehren von innerhalb unserer eigenen Welt vermitteln, weshalb Girard sie als *interne Vermittler von Begehren* bezeichnet. Nichts hält Menschen davon ab, unmittelbar miteinander um dieselben Dinge zu konkurrieren.

Zwischen sozialen Medien, Globalisierung und dem Zusammenbruch althergebrachter Institutionen verbringen die meisten von uns nahezu ihr gesamtes Leben in Freshmanistan.

Freunde bewohnen Freshmanistan gemeinsam. William Shakespeares Stück *Zwei Herren aus Verona* zeigt, wie leicht Begierden sich in dieser Welt ineinander verflechten. Die Kindheitsfreunde Valentin

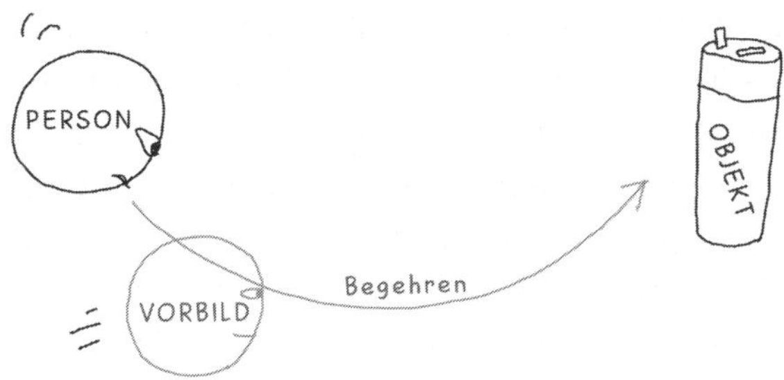

FRESHMANISTAN

und Proteus entdecken, dass sie die gleiche Frau begehren – und zwar nicht zufällig, sondern *eben gerade,* weil der jeweils andere sie will. Proteus ist verliebt in ein Mädchen namens Julia. Als er seinen Freund Valentin in Mailand besucht, spricht dieser von seiner eigenen Angebeteten Silvia. Während er den ausschweifenden Lobliedern seines Freundes lauscht, verliebt Proteus sich spontan auch in Silvia. Noch einen Tag zuvor hatte Proteus Julia seine ewige Liebe geschworen, nun aber will er Silvia. Shakespeare porträtiert mimetisches Begehren häufig in Komödien, weil es so für die Menschen leichter verdaulich ist – sie können sich aus sicherer Entfernung darüber amüsieren, wie lächerlich sich andere aufführen, ohne dabei an ihr eigenes mimetisches Verhalten erinnert zu werden.

Mimetisches Begehren ist sowohl Fluch als auch Segen für viele Freundschaften. Betrachten wir einmal ein typisches Beispiel: Ein Freund begeistert den anderen fürs Backen. In der Folge teilen beide Freunde den Wunsch, noch bessere Bäcker zu werden, was dazu führt, dass sie mehr Zeit miteinander verbringen und gemeinsam backen. Dadurch bekommt die Freundschaft den Beigeschmack mimetischer Rivalität und es kann ein Konkurrenzdenken entstehen, das sich über das Backen hinaus auf andere Bereiche wie Beziehungen, Karriere, Erfolg, Fitness und so weiter erstreckt. Die gleiche Kraft, die sie einander nähergebracht hat – mimetisches Begehren –, bringt sie nun auseinander, weil sie immer stärker versuchen, sich voneinander abzugrenzen.

Erinnern Sie sich noch daran, wie es war, neu an einer Schule zu sein? Menschen mit ganz unterschiedlichem Hintergrund werden in das gleiche Gebäude, die gleichen Flure, die gleichen Klassenräume oder Hörsäle gesteckt. Skater machen Projekte zusammen mit Literaturliebhabern, Rocker machen Sport mit Sportskanonen und Sportskanonen sitzen neben Nerds.

Auf den ersten Blick scheinen diese Gruppen sehr unterschiedlich zu sein. Blicken Nerds nicht auf Sportskanonen, als kämen diese aus einer anderen Welt? Durchaus. Dennoch überwiegen im Grunde genommen die Ähnlichkeiten. Alle sind ungefähr im gleichen Alter und müssen mit den Hormonschüben Heranwachsender fertig werden. Sie besuchen die gleichen Kurse und essen in der gleichen Kantine. An jedem beliebigen Tag kann jeder mit jedem in Kontakt kommen.

Jeder fängt mimetische Signale von allen anderen auf, aber kaum jemandem ist das bewusst. Ein stummer Kampf um Differenzierung läuft ab, bei dem jeder versucht, eine eigene Identität zu formen.

Celebristan (Welt der externen Vermittlung)	**Freshmanistan** (Welt der internen Vermittlung)
Vorbilder sind zeitlich, räumlich oder vom sozialen Status her entfernt	Vorbilder sind zeitlich, räumlich oder vom sozialen Status her nah
Unterschiedlichkeit	Gleichheit
Vorbilder sind leicht zu identifizieren	Vorbilder sind schwer zu identifizieren
Offene Nachahmung	Verdeckte Nachahmung
Vorbilder werden offen anerkannt	Vorbilder werden nicht erkannt
Relativ stabile, feste Vorbilder	Instabile, ständig wechselnde Vorbilder
Keine Möglichkeit des Konflikts zwischen Vorbildern und Nachahmern	Konflikt zwischen Vorbildern und Nachahmern ist normal
Positive Mimesis* ist möglich	Negative Mimesis ist die Regel

* Positive Mimesis wird in Teil II dieses Buches erläutert.

Realitätsverzerrungen

Irgendwo neu anzufangen ist verwirrend und macht Angst. Das gilt auch für das Leben in Freshmanistan. Die Realität ist auf vielfältige Weise verzerrt, wie aus den nachfolgenden Beispielen ersichtlich wird.

Verzerrung 1: Die Unterschlagung des Staunens

Menschen überhöhen die Eigenschaften ihrer Vorbilder ständig, ganz gleich, ob sie in Celebristan oder Freshmanistan angesiedelt sind. Vorbilder aus Celebristan werden offen angestarrt und bewundert. Ein gutes Beispiel dafür sind Autogrammjäger, die ihren Stars hinterherjagen. Ein etwas weniger offensichtliches Beispiel ist, wenn ein Professor einen anderen offen bewundert, der einen Fachbereich an einer anderen Universität leitet. In dem Moment allerdings, in dem der bewunderte Professor an die gleiche Uni und in den gleichen Fachbereich wechselt, ändert sich die Dynamik sofort. Nun bewohnen beide die gleiche Welt und müssen um gleiche Dinge konkurrieren.

In Freshmanistan befinden sich Menschen am gleichen Ort wie ihre Vorbilder und müssen sie in aller Heimlichkeit bewundern. Sie könnten niemals die peinliche Wahrheit zugeben, dass sie gerne mehr wie ihre Nachbarn, Kollegen oder Freunde wären. In Freshmanistan gilt die Omertà, das Schweigegelübde. Steve Jobs geriet in den Bann von Robert Friedland, weil er in gewissem Sinne mehr wie er sein wollte. Dieser Mitstudent hatte bereits seine Welt des Begehrens besiedelt.

Girard nennt dieses Bestreben, das nicht auf eine bestimmte *Sache* oder einen neuen Lebens- oder Seinsstil abzielt, *metaphysisches Begehren.*[7] Im Griechischen bedeutet das Wort *Meta* „nach“. Nachdem Aristoteles die physische Welt studiert und alles darüber gelernt hatte, was er lernen konnte, fragte er sich: „Was nun?“ Er widmete sich in der Folge dem Studium dessen, was er später als *Metaphysik* bezeichnen sollte – wortwörtlich „das, was nach dem Physischen kommt“.[8]

Girard glaubte, dass alles wahre Begehren – alles, was über das Instinktive hinausgeht – metaphysisch ist. Menschen sind immer auf der Suche nach Dingen, die über die materielle Welt hinausgehen. Wenn jemand unter den Einfluss eines Vorbilds gerät, das ihm das Begehren nach einer Handtasche vermittelt, dann geht es im Grunde nicht um die Handtasche. Wir glauben vielmehr, dass unser Leben dadurch eine neue Qualität erhält. „Begehren ist nicht von dieser Welt", meinte Girard einmal, „... man begehrt, um in eine andere Welt zu gelangen, um mit einer ganz und gar fremden Existenz Bekanntschaft zu machen."[9]

Die metaphysische Natur des Begehrens führt zu merkwürdigen Verzerrungen in unserer Sicht auf andere Menschen. Ein Beispiel dafür sieht Girard bei Anorexie und Bulimie. Der Wunsch, wie ein Vorbild zu sein, das ein ideales Körperbild repräsentiert, ist stärker als die Notwendigkeit, grundlegende Bedürfnisse zu erfüllen. Natürlich handelt es sich hierbei um psychische Erkrankungen, Girard ist aber der Meinung, dass der Rolle mimetischen Begehrens bei der Ursachenforschung zu wenig Gewicht beigemessen wird. Seiner Ansicht nach sind dies Fälle, in denen metaphysisches Begehren die Oberhand über körperliche Bedürfnisse gewinnt.[10]

Wir alle leiden auf eigene Weise unter diesem Problem – wir sind alle in irgendeiner Form magersüchtig und auf der Suche nach Vorbildern, die einen nichtphysischen Hunger, eine metaphysisches Begehren befriedigen können.

Katzenverehrung

Am häufigsten nehmen wir uns jemanden zum Vorbild, wenn er nicht so unter Begehren zu leiden scheint wie wir. Denken wir einmal an Katzen. Was macht ihren Zauber aus? Warum haben die alten Ägypter Katzen verehrt?

Die Gründe sind vielfältig. Aber die mimetische Theorie bietet eine Erklärung: Katzen scheinen wesentlich weniger bedürftig zu sein als wir. Die Ägypter haben die Haltung von Katzen wohl mit verschiedenen

Gottheiten in Verbindung gebracht, weil Katzen scheinbar nichts begehren. Und wer ist schon weniger bedürftig als ein Gott?

Klar, einige Katzen miauen uns die Ohren voll, als würden sie verhungern, bis wir sie füttern. Andere wiederum können gar nicht genug Streicheleinheiten bekommen. Aber Katzen sind launenhaft. Sie sind meist uninteressiert an unserer Meinung – genauso wie es Steve Jobs nicht kümmerte, was andere darüber dachten, dass er nicht duschte und sich die Füße in der Toilette wusch.

Wenn ich meinen Schäferhundwelpen ausschimpfe, weil er mein Sofa zerlegt, senkt er den Blick und schleicht davon. Mache ich das Gleiche mit meiner Katze, wendet sie mir den Hintern zu und stolziert aus dem Raum. Wenn ich bemüht bin, die Katze zu mir zu locken, setzt sie sich hin und leckt in Ruhe ihre Tatze. Die Wirkung ist ähnlich wie bei einer Person, der es gleichgültig ist, ob man ihr Aufmerksamkeit oder Zuneigung schenkt. Das Vorspiegeln der Selbstgenügsamkeit macht Katzen so faszinierend.

Während wir unablässig bemüht sind, unsere sich ständig wandelnden Wünsche zu erfüllen, putzt sich die Katze in aller Ruhe. Sie braucht nichts und will nichts.

Versuchen Sie also nicht, unbedingt jede Katze zu streicheln, die Ihnen über den Weg läuft, wie der Psychologe Jordan Peterson in seinem Buch *12 Rules for Life: Ordnung und Struktur in einer chaotischen Welt* rät. Sorgen Sie lieber dafür, dass die Katze gestreichelt werden will, wenn sie auf Sie trifft. Dann haben Sie wirklich etwas Besonderes erreicht.

Verzerrung 2: Der Expertenkult

Vor hundert Jahren gab es eine erheblich größere Wissenslücke zwischen jemandem, der einen Doktortitel hatte und jemandem ohne akademische Ausbildung. Heute, wo alle Informationen stets sofort greifbar sind, ist die Lücke zwischen Menschen mit einer höheren Schulbildung und allen anderen wesentlich geringer geworden. Tatsächlich kann der Besitz bestimmter Titel wie beispielsweise eines Doktortitels oder eines Master-Abschlusses sogar gegen Sie sprechen, wenn Sie sich bei einem Unternehmen bewerben, das diese eher als Angeberei ansieht. Wir erleben gerade eine Umkehrung von Werten.

Peter Thiel richtete im Jahr 2011 das *Thiel Fellowship* ein, um es vielversprechenden jungen Unternehmern und Unternehmerinnen zu ermöglichen, Firmen zu gründen, statt zum College zu gehen. Das Forschungsstipendium war unter anderem deshalb so attraktiv, weil es ganz bewusst mimetisches Begehren ansprach: *Ein Fellowship zu bekommen war schwieriger, als einen Platz in Harvard zu bekommen.* (Bei der ersten Runde lag die Aufnahmequote bei rund vier Prozent, in den folgenden Jahren sank sie auf etwa ein Prozent.) Zu diesen Aussteigern, die mit dem Stipendium gefördert wurden, zählten brillante und ehrgeizige junge Menschen wie Vitalik Buterin, Mitgestalter der dezentralisierten, quelloffenen Blockchain *Ethereum* und Eden Full, Erfinderin einer Technologie, die es Solarmodulen erlaubt, dem Lauf der Sonne zu folgen. Diese Unternehmer und Unternehmerinnen führten vielen Altersgenossen ein Alternativmodell zum Harvard-Abschluss vor – sie zeigten einen ganz anderen Weg auf.

Heute sind Werte zum größten Teil mimetisch motiviert anstatt an festen, stabilen Punkten (wie beispielsweise einem Uniabschluss) festgemacht zu werden. Das hat Möglichkeiten für all jene geschaffen, denen es gelingt, sich von der Masse abzuheben. Dies hat sowohl positive als auch negative Konsequenzen.

Menschen suchen verzweifelt nach etwas, an das sie sich in der heutigen „flüchtigen Moderne“ halten können (um einen Begriff des Soziologen und Philosophen Zygmunt Bauman zu verwenden). Die „flüchtige Moderne“ ist eine chaotische Phase der Geschichte, in der es keine allgemeingültigen Vorbilder mehr gibt, auf die sich die Gesellschaft geeinigt hat, keine festen Referenzpunkte, an die man sich halten kann. Sie sind geschmolzen wie Gletschereis und haben uns in eine stürmische See mit geringer Sichtweite katapultiert. Celebristan zerfällt in sie hinein.

Gleichzeitig wird die Welt immer komplexer. Nehmen wir nur einmal das globale Finanzsystem. Der Anteil am gesamten verfügbaren Wissen, den jeder einzelne von uns hat, ist mikroskopisch klein. Also verlassen wir uns mehr denn je auf Vorbilder wie den Hedgefonds-Manager Ray Dalio. Radikaler Individualismus bedeutet nicht, dass Menschen keine Vorbilder mehr benötigen. Aber woher sollen sie kommen?

„Da der moderne Mensch keine Möglichkeit hat zu wissen, was über ihn selbst hinaus geschieht, weil er nicht alles wissen kann, wäre er verloren in einer Welt, die so groß und komplex ist wie die unsrige, wenn er niemanden hätte, der ihn anleitet“, schrieb Girard in seinem Buch *Resurrection from the Underground: Feodor Dostoevsky*. „Zwar ist er natürlich nicht länger auf Priester und Philosophen angewiesen, aber er muss sich dennoch auf andere Menschen verlassen, und das sogar mehr denn je.“ Und wer sind diese Menschen? „Es sind die *Experten*“, fährt Girard fort, „diese Menschen, die in unzähligen Bereichen kompetenter sind als wir.“

Experten helfen dabei, Wünsche zu vermitteln, sagen uns, was begehrenswert ist und was nicht. Tim Ferriss zeigt Millionen von Menschen in seinen „5-Bullet-Friday“-Mails (die ich niemals verpasse), welche Bücher man lesen, welche Filme man sehen und welche Apps man benutzen soll. Er ist ein Experte. Er lehrt andere sogar, wie man zum Experten wird. „Ein Expertenstatus kann in weniger als vier Wochen erzielt werden, wenn man denn weiß, was die wichtigsten Glaubwürdigkeitskriterien sind“, schreibt er.

Katie Parla ist die Expertin für Menschen, die etwas über Restaurants in Rom erfahren wollen, Marie Kondo ist unsere Entrümpelungs-Expertin. Richard Blevins – besser bekannt als „Ninja“ – ist ein Videospielexperte, dem über 650 000 Menschen gleichzeitig beim Spielen zuschauen.[11]

Genau wie Paris Hilton und die Kardashians dadurch Berühmtheit erlangt haben, dass sie berühmt sind, gibt es mittlerweile Experten, die in Sendungen im Kabelfernsehen als Experten darin auftreten, ein Experte zu sein. Der Schauspieler und Autor Dax Shepard scheint das mit seinem beliebten Podcast *Armchair Expert* (dt. in etwa Ohrensessel-Experte, Anm. d. Verlags), in dem er als Laie ein breites Spektrum an unterschiedlichen Gästen interviewt, sogar auf die Schippe zu nehmen. Am Ende jeder Folge nimmt seine Ko-Moderatorin Monica Padman jeweils einen „Faktencheck" der Behauptungen vor, die Shepard während der Gespräche macht. Nur Experten kennen dann – natürlich – die Fakten.

„Die moderne Welt ist eine Welt der Experten", schrieb Girard. „Sie allein wissen, was zu tun ist. Alles läuft darauf hinaus, den richtigen Experten zu finden."[12] Wenn mein Freund mehr Ahnung von globalen Trends, Großstadtleben, Kultur und Design hat als ich, dann weil er *Monocle* (internationales Nachrichten- und Lifestylemagazin, Anm. d. Verlags) abonniert hat. Weiß jemand mehr darüber, welche Rolle die Technik in unserem Leben spielt, dann hört er oder sie wohl den richtigen Podcast (wie zum Beispiel *Note to Self* von Manoush Zomorodi). Und wie sieht es mit Ihren Kochkünsten aus? Ich empfehle Samin Nosrat.

Die Nachfrage nach neuen Vorbildern ist so groß, dass wir sie da einsetzen, wo sie nicht hingehören, wie beispielsweise bei Formaten wie *Die Höhle der Löwen*, wo Experten darüber entscheiden, ob ein Unternehmen wertvoll ist und nicht mehr der Markt. Wir sind süchtig nach Vorbildern. Und derzeit sind die von uns bevorzugten Vorbilder die Experten.

Das könnte damit zusammenhängen, dass wir uns für rationaler halten als je zuvor – und in vielerlei Hinsicht sind wir das auch. In den vergangenen hundert Jahren haben wir rasante wissenschaftliche Fortschritte erlebt. Dennoch unterschätzen wir die starke Rolle, die Mimesis bei der Auswahl unserer Experten spielt.

Auf welcher Grundlage halten wir jemanden für eine Autorität auf einem Gebiet? Nehmen wir die Angaben und Referenzen der Person genau unter die Lupe? Vertrauen wir jemandem, weil er oder sie in als seriös geltenden Zeitschriften als Experte genannt wird? Oder liegt es daran, dass diese Person die meisten Follower in den sozialen Medien hat und ein „Verified"-Button (dt. „Geprüft", Anm. d. Verlags) neben ihrem Namen steht? Autorität ist mimetischer als es uns lieb ist. Der schnellste Weg, zum Experten zu werden, ist es, die richtigen Leute davon zu überzeugen, einen als solchen zu benennen.

Der Kult der Heiligen ist zum Kult der Experten geworden. Das bedeutet nicht, dass wir nicht länger auf Vorbilder vertrauen, um herauszufinden, was wir begehren sollten. In einer post-aufklärerischen Welt sind die bevorzugten Vorbilder oft jene, die am aufgeklärtesten zu sein scheinen: die Experten.

Vorbilder versprechen eine Art von geheimem, heilbringenden Wissen, das an die frühe religiöse Sekte des Gnostizismus erinnert, die glaubte, dass man durch eine von den „Boten des Lichts" ausgelöste Bewusstseinsentwicklung vor der vorherrschenden Ignoranz bewahrt würde. (Trinken Sie ganz normalen Kaffee? Dann haben Sie offensichtlich noch nichts von Dave Asprey gelesen. Der weiß nämlich, dass die Bohnen, die Sie trinken, mit Schimmel bedeckt sind, der Mykotoxine produziert, und erzählt Ihnen, Sie sollten seinen Bulletproof-Kaffee kaufen, um sich vor dem Schicksal all der plebejischen Kaffeetrinker zu bewahren, die davon nichts wissen.) Für jeden gibt es ein Vorbild – eine Person, die bereit ist, das spezifische Wissen weiterzugeben, das man benötigt, um glücklich zu sein, und die den Menschen das Gefühl gibt, dass sie dem Schicksal der Massen entronnen sind. Aber jedes Vorbild, das sich zu dieser Art von Experten ernennt, ist ein Scharlatan.

Ab und zu sollten wir also einmal die mimetischen Schichten abtragen, die hinter der Autorität eines Menschen stecken, und uns ernsthaft Gedanken darüber machen, auf welcher Grundlage wir unsere Wissensquellen auswählen. Womöglich stellen wir fest, dass der Weg zu unseren Lieblingsexperten mit mimetischer Beeinflussung gepflastert war.

Taktik 2
Finden Sie Wissensquellen, die nicht anfällig für Mimesis sind

Experten spielen eine immer wichtigere Rolle in unserer Gesellschaft. Aber was macht einen Experten aus? Ein Abschluss? Ein Podcast? Experten werden in immer stärkerem Maße mimetisch gekürt, wie es in der Mode schon lange der Fall ist.

Weil es immer weniger Übereinkunft bei kulturellen Werten gibt, und sogar über den Wert der Wissenschaft an sich Dissens herrscht (betrachten wir nur die Debatten über den Klimawandel), finden wir zunehmend „Experten“, deren Expertise weitestgehend ein Produkt mimetischer Bewertung ist. Es ist entscheidend, die Mimesis als solche zu entlarven und Wissensquellen zu finden, die weniger anfällig dafür sind.

Finden Sie Quellen, die sich im Laufe der Zeit bewährt haben. Seien Sie vorsichtig bei selbsternannten Experten oder solchen, die von irgendwelchen Gruppen zu solchen erklärt werden.

Bei den exakten Wissenschaften wie Physik, Chemie oder Mathematik ist es eher unwahrscheinlich, dass Experten mimetisch gewählt werden, weil man hier in der Regel seine Arbeitsergebnisse vorzeigen muss. Im Gegensatz dazu ist es vergleichsweise einfach, über Nacht zum Experten für „Produktivität“ zu werden, wenn man am richtigen Ort etwas veröffentlicht. Szientismus täuscht die Menschen, denn es ist ein mimetisches Spiel, das sich als Wissenschaft ausgibt.

Der Schlüssel liegt darin, unsere Wissensquellen sorgfältig auszuwählen, sodass wir die Wahrheit herausfinden – unabhängig davon, wie viele Menschen daran glauben wollen oder nicht. Und das bedeutet, dass wir uns anstrengen müssen.

Verzerrung 3: Reflexivität

Der Milliardeninvestor und Aktivist George Soros behauptete, dass Finanzmärkte nach dem *Prinzip der Reflexivität* funktionieren. „In Situationen, in denen es denkende Teilnehmende gibt, gibt es eine gegenseitige Beeinflussung zwischen dem Denken der Beteiligten und der Situation, in der sie agieren“, schreibt er in seinem Buch *Die Alchemie der Finanzen*. Reflexivität in Märkten ist ein Faktor, der zu Spekulationsblasen und Börsenkrächen führt. Investoren sehen, dass es einen Crash geben könnte und agieren dann auf eine Weise, die den Crash herbeiführt.

Gerüchten zufolge hat Soros einmal an einem Tag über eine Milliarde US-Dollar verdient, indem er dieses Prinzip genutzt hat. Als die britische Regierung im Jahr 1992 große Summen aufbrachte, um das britische Pfund zu stützen, setzte Soros nahezu zehn Milliarden US-Dollar darauf, dass die Briten es nicht schaffen würden, ihre Währung stabil zu halten. Soros' Einsatz signalisierte den anderen Investoren, dass es klug war, gegen die britische Regierung zu wetten, was die Währung zusätzlich unter Druck geraten ließ. Am Ende konnte die Regierung den Kurssturz nicht aufhalten. Das britische Pfund verlor an einem einzigen Tag 25 Prozent an Wert gegenüber dem US-Dollar, was Soros einen enormen Profit bescherte.

Während Soros sich auf das Prinzip der Reflexivität an den Finanzmärkten konzentrierte, wirkt dieses Prinzip auch in vielen anderen Lebensbereichen. Menschen machen sich Gedanken darüber, was andere denken werden, bevor sie etwas sagen – und das hat Auswirkungen auf das, was sie sagen. Anders gesagt: Unsere Wahrnehmung der Realität *verändert die Realität,* indem sie uns anders handeln lässt, als wir es ohne sie getan hätten. Und so entsteht ein selbsterfüllender Kreislauf.

Dieses Prinzip beeinflusst den öffentlichen und privaten Diskurs. Die Kommunikationswissenschaftlerin Elisabeth Noelle-Neumann prägte 1974 den Begriff der „Schweigespirale“ für ein Phänomen, das wir heutzutage häufig sehen: Die Bereitschaft eines Menschen, sich frei zu äußern hängt von seiner unbewussten Einschätzung darüber ab, wie populär seine Meinung ist. Glaubt ein Mensch, dass seine Meinung von niemand anderem geteilt wird, bleibt er lieber still. Dieses Schweigen verstärkt wiederum den Eindruck, dass niemand so denkt wie er, was sein Gefühl der Isolation verstärkt und zugleich das Selbstvertrauen derjenigen künstlich vergrößert, die die Mehrheitsmeinung vertreten.

Selbst Kleidung ist reflexiv, wenn man der Schriftstellerin Virginia Woolf glauben darf: „Auch wenn sie wie eine eitle Nebensächlichkeit erscheint, erfüllt Kleidung, wie man sagt, wesentlich wichtigere Funktionen als uns nur warm zu halten. Sie ändert unseren Blick auf die Welt und den Blick der Welt auf uns ... Es spricht vieles für die Ansicht, dass Kleidung uns trägt und nicht wir sie, wir lassen sie vielleicht die

Form eines Armes oder einer Brust annehmen, aber sie formt unser Herz, unser Denken und unser Reden nach ihrem Gutdünken."[13] Winston Churchill sprach von der Reflexivität von Architektur, als er sagte: „Wir formen unsere Gebäude, und danach formen sie uns."[14]

Das Prinzip der Reflexivität ist im Bereich des Begehrens noch unerforscht. Vielleicht könnten wir die Definition von Soros wie folgt umformulieren: *In Situationen, in denen begehrende Teilnehmende die Möglichkeit haben, miteinander zu interagieren, gibt es eine gegenseitige Beeinflussung zwischen den Begierden der Teilnehmenden.*

Es ist so ähnlich, als wären Sie auf einem Trampolin zusammen mit einer anderen Person, die direkt neben Ihnen springt: Keiner von beiden kann springen, ohne den anderen zu beeinflussen. Die Reflexivität des Begehrens in Freshmanistan verzerrt die Realität, weil Menschen denken, dass sie Dinge aus spontanen, rationalen Gründen wollen – die romantische Lüge – während sie gleichzeitig von den Menschen um sie herum beeinflusst werden. Das lässt die Dinge anders erscheinen, als sie in Wirklichkeit sind.

Zwischen 2003 und 2016 gaben Investoren der bereits erwähnten Elizabeth Holmes, die sich gerne wie Steve Jobs gab, mehr als 700 Millionen US-Dollar. Ihr Unternehmen *Theranos* hatte zu Hochzeiten einen Wert von 10 Milliarden US-Dollar. Die Einlagen der Investoren erlaubten es ihr, einen schicken Firmensitz im Silicon Valley zu errichten, heiß begehrte frühere *Apple*-Mitarbeiter anzuheuern und eine PR-Kampagne zu fahren, die ihr einen lukrativen Vertrag mit *Walgreens* (Unternehmen, das eine große Apothekenkette in den USA betreibt, Anm. d. Verlags) einbrachte. All dies führte dazu, dass neue Investoren Schlange standen. Ein solcher Finanzierungsprozess ist in doppelter Hinsicht mimetisch: Neue Investoren wollen mit ins Boot, weil andere smarte Investoren bereits dabei sind, und die Nachfrage dieser Investoren nach Unternehmensanteilen ermöglicht es, in noch besserem Licht dazustehen, was die Nachfrage zusätzlich anheizt.

Am deutlichsten wird die Reflexivität von Begehren bei *rivalisierenden* Beziehungen. Wenn eine Person auf das fokussiert ist, was ein rivalisierendes Vorbild will, sind die Begierden beider Beteiligter reflexiv.

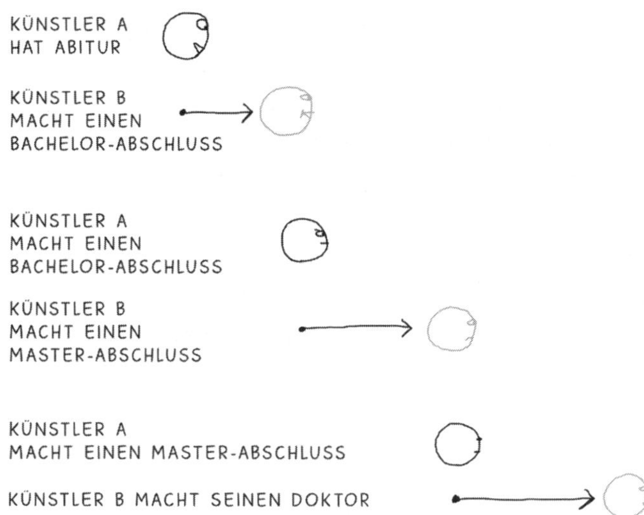

Keiner von beiden kann etwas wollen, ohne das Begehren des anderen zu beeinflussen.

In Freshmanistan ist eine mimetische Rivalität vergleichbar mit zwei Menschen, die versuchen, ein Rennen gegeneinander anzutreten, dabei aber im gleichen Auto sitzen – keiner gewinnt einen Vorsprung und irgendwann endet das Ganze mit einem Unfall.

Der Krieg der Rapper

Die Rivalität zwischen Ostküste und Westküste in der amerikanischen Hip-Hop-Szene der 1990er Jahre ist ein Paradebeispiel für die Reflexivität mimetischer Rivalität.

Im Jahr1991 veröffentlichte ein zuvor praktisch unbekannter Rapper aus der Bronx namens Tim Dog ein Album, auf dem er in einem wütenden und kämpferischen Rap-Stil Rapper der Westküste wie Eazy-E, Dr. Dre, DJ Quik und Ice Cube direkt angriff. Tim Dog ärgerte sich darüber, dass die Musiklabel an der Westküste die Ostküste zu ignorieren schienen, und die Qualität der von dort stammenden Hip-Hop-Musik scheinbar missachteten. Mit einem einzigen Song provozierte er die Westküsten-Rapper und verwickelte sie in eine mimetische Rivalität. Ende 1992 brachte der Westküsten-Rapper Dr. Dre sein Debütalbum *The Chronic* heraus, das zu einem der am besten verkauften Rap-Alben aller Zeiten avancieren sollte. Auf dem Album erwähnte der damalige Nachwuchs-Rapper Snoop Dogg als Vergeltung den Namen von Tim Dog. Ich erspare Ihnen an dieser Stelle den genauen Wortlaut. Sagen wir einfach, dass er den Konflikt dadurch weiter anheizte. Die Ostküste ließ sich ihrerseits nicht lumpen. 1993 gewann Sean Combs den Rapper Notorious B.I.G. (besser bekannt unter dem Namen Biggie Smalls) für sein neues Label *Bad Boy Records*. Biggies Song „Who Shot Ya?", der auf der B-Seite einer Single erschien, wurde vom jungen Westküsten-Rapper Tupac Shakur als eine Verspottung seiner selbst gewertet. Tupac war kurz zuvor Opfer eines bewaffneten Raubüberfalls geworden und hatte eine Schussverletzung erlitten. Kurz darauf unterschrieb er einen Vertrag bei dem umstrittenen Musiklabel *Death Row Records*. Ein stetig eskalierender Krieg war die Folge. Mitte der 1990er Jahre schien es eine Zeit lang so, als wäre jeder bedeutende Song, den *Bad Boy Records* und *Death Row Records* herausbrachten, eine Antwort auf einen Song des jeweils anderen Labels. Die mimetische Rivalität zwischen Tupac und Biggie endete mit dem Tod der beiden Kontrahenten.

Wenn die Mimesis stark genug ist, vergessen Rivalen, worum sie ursprünglich überhaupt gekämpft haben. Objekte werden vollständig austauschbar – die Rivalen kämpfen um alles, solange das jeweilige Gegenüber es begehrenswert findet. Sie verstricken sich in eine Doppelbindung – jeder ist reflexartig an die Begierden des anderen gebunden und unfähig, dem zu entkommen.

Gespiegelte Nachahmung

Warum sehen alle Hipster gleich aus und trotzdem hält sich keiner von ihnen selbst für einen? Die Antwort lautet *gespiegelte Nachahmung*. Spiegel verzerren die Wirklichkeit. Sie zeigen die Dinge seitenverkehrt: Ihre rechte Hand erscheint im Spiegel links und umgekehrt. Das Spiegelbild ist in gewisser Hinsicht ein gegensätzliches Bild. Gespiegelte Nachahmung bedeutet, dass man das Gegenteil von dem tut, was der Rivale tut. Die Verbundenheit mit dem Rivalen besteht darin, etwas zu tun, das sich von dem unterscheidet, was der Rivale vormacht.

Wenn mimetische Rivalen in einer Doppelbindung miteinander gefangen sind, dann unternehmen sie alles nur Denkbare, um sich vom anderen abzugrenzen. Der Konkurrent ist ein Vorbild für das, was es *nicht* zu begehren gilt. Für einen Hipster ist dies der Mainstream – er meidet alles, was allgemein beliebt ist, und wendet sich dem zu, was er für andersartig hält, wobei er sich aber wiederum an neuen Vorbildern orientiert. Laut Girard „treibt das Bemühen, ausgetretene Pfade zu verlassen, am Ende alle in den gleichen Graben“.[15]

Reflexive, gespiegelte Nachahmung ist lustig für die, die zuschauen. Keine Fernsehserie hat mimetisches Begehren besser dargestellt als *Seinfeld*. In der Episode „Gemischter Salat“ mag Jerry Seinfeld seine neue Freundin Margaret außerordentlich gern – bis zu dem Moment, in dem er herausfindet, dass sein Erzfeind, sein unausstehlicher und unattraktiver Nachbar Newman, ein paar Mal mit ihr ausgegangen ist. Besonders hart trifft es Jerry als er erfährt, dass es Newman war, der die Beziehung mit Margaret beendet hat. Er beginnt nach einem bislang übersehenen Fehler bei Margaret zu suchen. Dabei benimmt er sich so daneben, dass Margaret nun ihrerseits mit ihm Schluss macht. Jerry stürzt dies in eine Krise existenziellen Ausmaßes. Weil Newman sich von Margaret getrennt hat und Margaret wiederum die Beziehung zu Jerry beendet hat, erscheint Newman ihm nun als der in romantischen Dingen Überlegene.

Falls Ihnen diese Folge noch nicht ausreichend verdeutlicht, wie mimetisches Begehren funktioniert, dann sollten Sie es einmal mit den Episoden „Der Seelenverwandte“ oder „Die Parklücke“ versuchen. Aber nahezu alle *Seinfeld*-Folgen sind voll mit Themen der mimetischen Theorie – nicht, weil Jerry Seinfeld das so geplant hätte, sondern weil mimetisches Begehren eine Wahrheit ist, die allen menschlichen Beziehungen zugrunde liegt, was Jerry Seinfeld und Larry David intuitiv begriffen haben müssen, um solch eine Serie zu schreiben. Je genauer ein Kunstwerk echte menschliche Beziehungen abbildet, umso stärker beinhaltet es Mimesis.[16]

Mimetische Rivalitäten gehen nicht gut aus, es sei denn, eine der beteiligten Parteien verzichtet darauf, weiterhin zu konkurrieren. Warum das so ist? Stellen Sie sich einmal vor, Sie gewinnen gegen einen Konkurrenten. Der Akt des Siegens birgt paradoxerweise eine Niederlage in sich, denn er signalisiert uns, dass wir von vornherein das falsche Vorbild gewählt haben. Oder wie Groucho Marx einmal gesagt haben soll: „Ich möchte keinem Club angehören, der mich als Mitglied aufnimmt.“[17] Den meisten von uns geht es ebenso.

Wenn eine der beiden konkurrierenden Parteien den Wettbewerb aufgibt, dann entschärft dies das Begehren des Gegenübers. Bei einer mimetischen Rivalität werden Dinge dadurch wertvoll, dass der Rivale sie begehrt. Findet dieser das Objekt plötzlich nicht mehr interessant, verlieren auch wir das Interesse und machen uns auf die Suche nach etwas Neuem.

Jeder hat eine toxische Beziehung zu einem Vorbild. Die zweite Hälfte dieses Buchs ist der Transformation von Begehren gewidmet, dem Einzigen, das langfristig Heilung bringt. Kurzfristig sollten wir uns vor allem vor Ansteckung schützen.

Taktik 3
Grenzen Sie sich von ungesunden Vorbildern ab

Sie folgen wahrscheinlich zumindest einigen Menschen, die als ungesunde Vorbilder des Begehrens für Sie dienen. Dabei kann es sich um Bekannte oder frühere Arbeitskollegen handeln, um jemanden, dem Sie in den sozialen Medien folgen oder auch um einen früheren Klassenkameraden, dessen Karriere Sie über die Jahre verfolgt haben. Sie müssen unbedingt wissen, was sie gerade vorhaben, was sie denken und was sie wollen.

Es ist wichtig, sich von dem Einfluss zu lösen, den diese Vorbilder auf Sie ausüben. Folgen Sie ihnen nicht länger. Fragen Sie nicht länger nach. Wenn Sie bislang jeden Tag geschaut haben, was die Person macht, dann lassen Sie zu Beginn mindestens eine Woche vergehen, bis Sie wieder nachschauen. Haben Sie sich wöchentlich informiert, dann steigern Sie es auf höchstens einmal im Monat.

Einer meiner Freunde war Mitarbeiter in einem Start-up in San Francisco und geriet in eine stark mimetische Beziehung zu einem begabten Kollegen. Das Unternehmen wuchs so rasch, dass die Angestellten einige Monate lang nahezu rund um die Uhr arbeiten mussten, um hinterher zu kommen. Wenn sein Rivale das Team per *Slack* informierte, dass er um zehn Uhr abends das Büro verlassen würde, dann blieb mein Freund am nächsten Abend noch eine halbe Stunde länger – und ließ das Team dies ebenfalls wissen. (Es erinnerte mich an meine erste Zeit im Investmentbanking, als sich keiner der Mitarbeiter traute, als erster zu gehen, weil die anderen denken könnten, er oder sie arbeite nicht hart genug.)

Es dauerte nicht lange, bis mein Freund und sein Rivale die Nächte durcharbeiteten. Der Grund war nicht die Menge an Arbeit, sondern ihre mimetische Rivalität. Beide wollten den Krieg gewinnen. Am Ende verließ der Rivale das Unternehmen und gründete sein eigenes Unternehmen. Drei Monate später tat mein Freund das Gleiche. (Er sah natürlich „eine Chance am Markt", und das zur gleichen Zeit, in der sein Rivale dies ebenfalls tat.)

Monatelang folgte mein Freund täglich dem Unternehmen des anderen und seinen Posts in den sozialen Medien. Er wollte weder vor sich selbst noch anderen zugeben, dass jeder Schritt, den er machte, von dem abhing, was sein Rivale tat. Wenn der andere Bitcoin kaufte, tat er es auch, um sicherzustellen, dass er nicht hinterherhinken würde, falls sich dies als großer Wurf entpuppte. Mein Freund war wie ein Investmentbanker, der nur Indexfonds kauft, um niemals ins Hintertreffen zu geraten, weil das einfach zu peinlich wäre. Genauso agieren Menschen in Bezug auf ihre Vorbilder. Als die Bitcoin-Blase platzte, war es meinem Freund ganz egal. Solange der andere einen Fehler machte, durfte er sich auch einen leisten.

Acht Jahre sind mittlerweile vergangen, seit die beiden sich selbstständig gemacht haben. Vor einiger Zeit las ich einen Artikel über den Rivalen und schickte ihn an meinen Freund. „Hey! Schau mal was Tony (nicht sein richtiger Name) so alles vorhat", schrieb ich. Zu meiner Überraschung bekam ich folgende Antwort: „Danke, dass Du mir den Artikel geschickt hast. Ich habe ihn sofort gelöscht. Vor etwa einem Jahr habe ich mich komplett von Tony losgelöst, sodass ich keine Ahnung mehr habe, was er gerade macht oder plant und so soll es auch bleiben. Irgendwann einmal, wenn meine Rivalität mit ihm von selbst verpufft ist, wird es mir vielleicht gleichgültig sein. Im Moment arbeite ich noch daran, ihr die Luft abzudrehen. Wärst Du so nett, mir so etwas nicht mehr zuzuschicken?" Dieser Bitte bin ich natürlich gerne nachgekommen. Und mein Freund ist heute glücklicher.

Soziale Mediation

Was wir allgemein als „soziale Medien" bezeichnen, ist mehr als Medien. Es ist Mediation, Vermittlung. Tausende Menschen zeigen uns, was wir begehren sollen und färben unsere Wahrnehmung dieser Dinge ein.

Tristan Harris, früherer Design-Ethiker bei *Google* und Präsident des *Center for Humane Technology*, spricht in diesem Zusammenhang von der Gefahr süchtig machenden Designs in der Technik. Seiner Ansicht nach kann man Smartphones mit Glücksspielautomaten vergleichen. Beide funktionieren nach dem Prinzip unregelmäßiger variabler Belohnungen. Wenn Sie bei einem einarmigen Banditen am Hebel ziehen, ist das Ergebnis extrem variabel, was die neurologische Suchtgefahr enorm erhöht. Bei Ihrem Smartphone passiert das Gleiche, und zwar jedes Mal, wenn sie nach unten wischen, um Ihren *Instagram*-Feed zu aktualisieren. Sie wissen nie, ob und wann sich etwas Interessantes zeigen wird.

Ich schätze Harris' Engagement für *Human-centered Design*, also ein menschzentriertes Design, aber seinem Ansatz fehlt ein entscheidender Baustein. Ein besseres Design würde helfen, aber es ist nur ein Teil des Problems. Die Gefahr liegt nicht darin, dass wir einen Glücksspielautomaten in der Hosentasche haben. Die Gefahr ist, dass wir eine Traummaschine mit uns tragen. Smartphones vermitteln über soziale Medien, *Google*-Suchanfragen und Hotel- und Restaurantkritiken die Begierden von Milliarden von Menschen an uns. Die neurologische Suchtgefahr ist real – aber unsere Abhängigkeit von den Begierden anderer, zu denen wir über unsere Smartphones uneingeschränkten Zugriff haben, ist die metaphysische Bedrohung.

Mimetisches Begehren ist der wahre Motor hinter den sozialen Medien. Soziale Medien sind eine *soziale Mediation, oder Vermittlung* – und sie bringen mittlerweile fast alle unsere Vorbilder zu uns nach Hause, in unsere persönliche Welt. Wir leben in Freshmanistan. Jeder von uns muss sich bewusst machen, was dies für unser Leben bedeutet – wie mimetisches Begehren sich unter den gegebenen Umständen manifestiert und wie wir leben sollten.

Diese neue Welt stellt eine Bedrohung dar, aber auch eine Chance. Welche neuen Pfade des Begehrens werden sich auftun? Welche neuen Chancen können wir ergreifen? Wie können wir uns von Begierden infizieren lassen und wiederum andere damit infizieren, die zu Erfüllung führen und nicht zu Zerstörung? Das sind die Fragen, die wir uns letztendlich stellen und auf die wir eine Antwort finden müssen – als Individuen und als Gesellschaft.

Schauen wir uns als nächstes einmal an, wie mimetisches Begehren in Gruppen funktioniert.

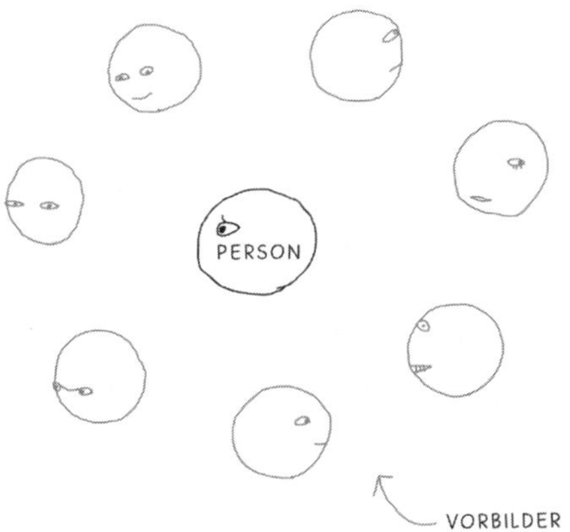

SOZIALE MEDIEN

KAPITEL 3

SOZIALE ANSTECKUNG – KREISLÄUFE DES BEGEHRENS

Der Zigarettenversuch … Stierkampf-Lektionen … Kollisionsrendite … Unter dem Ameisenhügel

> *Wenn Menschen von Natur aus dazu neigen, das zu begehren, was ihre Nachbarn besitzen, oder auch einfach nur das zu wollen, was ihre Nachbarn wollen, dann bedeutet dies, dass Rivalität mitten im Zentrum sozialer menschlicher Beziehungen existiert. Diese Rivalität gefährdet, sofern sie nicht im Keim erstickt wird, ständig die Harmonie, wenn nicht sogar das Überleben aller menschlichen Gemeinschaften.*
>
> René Girard

Im August 2019 besuchten zwei Familien ein Freizeitbad in Kalifornien. Als sie das Bad wieder verließen, hatten sie eine Schlägerei verursacht, bei der am Ende ein Mann im Koma lag. Die lokale Presse berichtete: „Im Freizeitpark *Raging Waters* in Sacramento kam es laut Polizeiangaben zu einer massiven Schlägerei. Das Handgemenge, an dem etwa 40 Menschen beteiligt waren, begann mit dem Streit zweier Familien über ein Badetuch."[1] Ein Badetuch.

Es gibt nur wenige Dinge, die mimetischer sind als Aggression. Ein Streit bricht aus zwischen zwei Menschen, die beide glauben, dass ihnen ein bestimmtes Badetuch gehört. Innerhalb weniger Minuten kämpfen vierzig Menschen um ein einzelnes Badetuch, verhalten sich genau gleich und imitieren einander in Dummheit und Gewalt.

Im Grunde genommen ist dies die Handlung von Shakespeares *Romeo und Julia*. Es ist nicht nur die tragische Geschichte zweier junger Liebender. Es ist vor allem die Tragödie einer Stadt im Kriegszustand, in der mimetisches Chaos ausbricht. Die erste Zeile des Stücks lautet: „Zwei Häuser, beide gleich an Würdigkeit." Und dennoch hassen sie einander. Schon die geringste Provokation kann einen Ausbruch von Gewalt auslösen, der die Familien einander noch ähnlicher werden lässt, wenngleich sie einander als völlig verschieden ansehen.

Wie Peter Thiel in seinem Buch *Zero to One* aufzeigt, hatten Karl Marx und William Shakespeare gänzlich abweichende Auffassungen darüber, warum Menschen kämpfen. Marx dachte, Konflikte entstünden, weil Menschen unterschiedlich sind. Sie kämpfen, weil sie unterschiedliche Ziele, Begierden und Ideen haben, und zwar aufgrund der Unterschiede in den materiellen Gütern, die sie besitzen. Innerhalb dieses Bezugsrahmens würde man meinen, dass Menschen, die materiell gleichgestellt sind, weniger kämpfen. Shakespeares Sicht hingegen ist genau gegenteilig: Menschen kämpfen, wenn sie einander ähnlich sind, wie die Capulets und Montagues in *Romeo und Julia*.

Je stärker sich Menschen in einer Gruppe ähneln, umso anfälliger sind sie für eine einzige Spannung, die alles in Mitleidenschaft zieht. Stellen Sie sich einmal vor, welche Auswirkungen ein Konflikt in jeder der folgenden Situationen hat. In der ersten gehen Sie eine Straße in einer Stadt entlang und beobachten zwei Ihnen fremde Personen bei einem Handgemenge. Bei der zweiten Situation geht bei einem Baseballspiel der Profiliga der Batter auf den Pitcher los. In der ersten Situation – zwei Fremde schlagen sich auf der Straße – könnten einige gute Samariter womöglich versuchen, die Kontrahenten auseinanderzubringen. Wahrscheinlich wird aber niemand sonst involviert. Doch wie jeder Baseballfan weiß, wird ein Kampf zwischen Batter und Pitcher höchstwahrscheinlich dazu führen, dass die anderen Spieler auch aufs Feld stürmen und ein größeres Handgemenge entsteht.

Wir werden in diesem Kapitel sehen, dass mimetischer Konflikt *ansteckend* ist. Er kann zu einem sozialen Umfeld führen, in dem jeder mimetisch auf jeden anderen reagiert. Diese Dynamik bewirkt, dass

Menschen in Teufelskreisen endloser Konflikte feststecken, durch Mimesis miteinander verbunden, unfähig, voranzukommen.

Begehren verbreitet sich nicht wie Informationen; es verbreitet sich wie Energie, von Person zu Person weitergegeben wie die Energie zwischen Menschen auf einem Popkonzert oder einer politischen Kundgebung. Diese Energie kann einen Kreislauf positiven Begehrens auslösen, in dem gesunde Wünsche eine Dynamik entfalten und zu weiteren gesunden Wünschen führen, die Menschen auf positive Weise miteinander verbinden. Es kann aber auch ein Kreislauf negativen Begehrens entstehen, in dem mimetische Rivalitäten zu Konflikten und Uneinigkeit führen. In Freshmanistan führen die Nähe und die Ähnlichkeit der Menschen dazu, dass die Einsätze mimetischen Begehrens höher sind. Wir werden uns daher in diesem Kapitel und im ganzen Buch die meiste Zeit dort aufhalten.

Wir starten unsere Reise in Italien, und zwar mit einem positiven Kreislauf des Begehrens, der einen Traktorenhersteller dazu brachte, den ersten Lamborghini Supersportwagen zu bauen. Als nächstes schauen wir uns an, wie positive Kreisläufe des Begehrens zu Fitness, Landwirtschaft und erfolgreichen Start-ups führen können. Die nächste Station ist Las Vegas, wo ein Unternehmer versuchte, ein Stadtviertel wie ein Start-up aufzubauen und so ungewollt einen negativen Kreislauf des Begehrens in Gang setzte, der zu mimetischem Chaos führte. Die unterschiedlichen Ausgänge dieser Geschichten hängen damit zusammen, wie gut mit Begierden umgegangen wurde oder auch nicht.

Lamborghini kontra Ferrari

Ferruccio Lamborghini machte sich zunächst einen Namen als Hersteller von Traktoren. Er sah dies als eine wichtige und wertvolle Arbeit für die große Anzahl italienischer Landwirte an. All dies änderte sich, als er Enzo Ferrari kennenlernte, dessen wunderschöne Autos er zu fahren begann, nachdem er ein erfolgreicher Geschäftsmann geworden war. Als Lamborghini in seinem Ferrari saß und dessen Ausstattung und Leistung bewunderte, ging in ihm eine Veränderung vor.

Zehn Jahre hatte Lamborghini gebraucht, um zu einem der erfolgreichsten Traktorenhersteller Italiens zu werden. Innerhalb von nur zwei Jahren gelang es ihm, zu einem der meistbewunderten Automobilhersteller der Welt zu werden. Dies ist der bislang unerzählte Teil der Erfolgsgeschichte – einer Geschichte des Begehrens.

Der heimliche Rennfahrer

Norditalien, irgendwann in den späten 1950er Jahren. Ferruccio Lamborghini war in seinem roten Ferrari 250 GTE Pininfarina Coupé auf der Autostrada del Sole zwischen Mailand und Bologna unterwegs und fuhr den Abschnitt der Schnellstraße auf und ab, den die Techniker von Ferrari nutzten, um ihre Fahrzeuge zu testen.[2] Das nahegelegene Werk von Ferrari verfügte über keine Teststrecke, weshalb man, wenn man den richtigen Morgen erwischte, im Rückspiegel bis zu zehn rote Ferraris heranbrausen sehen konnte, bevor sie an einem vorbeizischten. Die Fahrer am Steuer dieser Wagen gehörten zu den Besten der Welt, und sie verlangten ihren Fahrzeugen alles ab.

Lamborghini lag also im fließenden Verkehr auf der Lauer und wartete auf die Testfahrer von Ferrari. Sobald er sie sah, scherte er aus der Spur der gewöhnlichen Autos aus. Seine Räder schlingerten kurz, bevor die Reifen wieder Haftung hatten und das Fahrzeug nach vorne schießen ließen, sodass die Beschleunigung ihn in den Sitz presste. Bald schon hatte sein älteres Ferrari-Modell die fabrikneuen Fahrzeuge eingeholt.

Die Ferrari-Fahrer glitten mühelos durch den Verkehr, geübt im Umgang mit der Kupplung, und testeten das Drehmoment und das Handling der neuen Fahrzeuge. Lamborghini mischte sich unter sie. Nachdem er für einen Moment mit ihnen gespielt hatte, gab er Gas und zog davon. Die Fahrer versuchten vergebens, ihn einzuholen, denn sein Ferrari war über 15 Stundenkilometer schneller. Lamborghini, ein versierter Mechaniker, hatte ihn nämlich ein wenig hochgerüstet.

In der Region rund um Modena, wo sowohl Ferrari als auch Lamborghini ihren Firmensitz haben, kennt jeder jeden. Die Ferrari-Testfahrer wussten also genau, wer ihr Rivale war. Als sie ihn das nächste Mal in der Stadt trafen, wo er sich gerade in seinem Lieblingscafé einen Espresso holte, fragten sie ihn: „Hey, Lamborghini, was hast Du mit Deinem Auto angestellt?" „Keine Ahnung, was ihr meint", lautete die Antwort.

Lamborghini neckte die Ferrari-Testahrer auch weiterhin. Gleichzeitig hatte er immer wieder Probleme mit seinem Ferrari – mechanische Probleme, die bei einem so teuren Auto für seinen Geschmack viel zu häufig auftraten. Selbst wenn die Kupplung funktionierte, war er nicht glücklich damit wie es sich anfühlte, wenn er schaltete. Immer wieder rutschte sie durch. Bei einem Schaltgetriebe rutscht die Kupplung, wenn die Kraft nicht wie vorgesehen vom Motor an das Getriebe weitergegeben wird. Das passiert in der Regel, wenn Fahrer nicht sauber schalten und die Kupplungsscheiben dadurch abnutzen. Aber Lamborghini war ein guter Fahrer. Die Kupplung rutschte nicht, weil er etwas falsch machte. Sie war einfach schlecht konstruiert oder es war schlichtweg die falsche Art von Kupplung für ein so leistungsstarkes Auto.

Als er zum ersten Mal Probleme mit der Kupplung hatte, brachte er sein Auto zum Ferrari-Werk, stellte jedoch rasch fest, dass das Problem stets sehr bald wiederkehrte. Verärgert brachte er den Wagen zu den Mechanikern seines eigenen Werks, die feststellten, dass Ferrari für seine 87 000 US-Dollar teuren Luxussportwagen die gleiche Kupplung verwendete wie er für seine 650 US-Dollar teuren Traktoren. Außerdem hatte Ferrari bei jeder Reparatur einen Luxus-Zuschlag für das Ersatzteil verlangt. Das Auto brauchte eine größere, stärkere Kupplung, also ersetzte Lamborghini sie mit einer der besten Traktorenkupplungen aus eigener Herstellung, und das Problem war gelöst.

Da er nun schon einmal dabei war, beschloss er weitere Verbesserungen an der Leistung des Fahrzeugs vorzunehmen, einschließlich neuer Zylinderköpfe mit doppelten Nockenwellen, die die Luftzufuhr zum Motor verbesserten. Die Fahrer der neuen Ferraris hatten keine Chance gegen diese ausgeklügelte Version.

Lamborghini gefiel es, in seinem frisierten Modell mit rutschfreier Kupplung herumzufahren und die anderen Ferrari-Fahrer dank des besseren Handlings und der stärkeren Leistung seines Wagens alt aussehen zu lassen. Aber das reichte ihm noch nicht. Er wollte mit Ferrari über seine Kupplungen reden.

Endlich, zu Beginn der 1960er Jahre, hatte Lamborghini eine Chance für ein persönliches Gespräch mit dem Hersteller seines Sportwagens. „Weißt Du, heute kam ein Typ zu mir, der hier in der Nähe eine Traktorfabrik betreibt", erzählte Enzo Ferrari seinem Freund Gino Rancati, einem Auto- und Motorjournalisten bei *Radiotelevisione Italiana*. „Er sagte mir, dass von allen Autos, die er besitzt, sein Ferrari die meisten Kupplungsprobleme hat."[3] Ferrari war sichtlich verärgert. Er hatte Lamborghini mehrfach abgewimmelt, bevor er ihn empfing, weil er keine Lust hatte, seine Zeit an einen Traktorenhersteller zu verschwenden. Als sie sich schließlich doch trafen, besaß Lamborghini die Frechheit Ferrari, eventuell mit einer gewissen Herablassung, die Verbesserungen zu erklären, die er an seinem Fahrzeug vorgenommen hatte. Es gibt keine offiziellen Angaben darüber, wie das Treffen endete, aber wenn man Lamborghinis Version trauen darf, dann platzte Enzo Ferrari nahezu vor Wut. In einer überlieferten Version sagte er: „Die Kupplung ist nicht das Problem. Das Problem ist, dass Sie keine Ahnung haben, wie man einen Ferrari fährt und dadurch ständig die Kupplung beschädigen."[4] Womit er im Grunde genommen sagte: Bleiben Sie bei dem, womit Sie sich auskennen: Ihren Traktoren.

Wie sagt Ken Kesey so schön – es ist die Wahrheit, auch wenn es nicht passiert ist. Denn was auch immer sich genau abgespielt hat, eines steht fest: Lamborghini war nach dem Gespräch fest entschlossen, ein besseres Auto zu bauen.[5] Er wusste, dass Ferrari ihn übers Ohr gehauen hatte, indem er ihm viel zu viel Geld für eine Kupplung abgeknöpft hatte, die er baugleich in seinen Traktoren verwendete. Und warum hatte er um ein Treffen mit einem anderen Hersteller nahezu betteln müssen? Ferrari hatte ihm auf mehrfache Weise mangelnden Respekt erwiesen.

Bis zu diesem Punkt war Enzo Ferrari ein fernes oder externes Vorbild für Ferruccio Lamborghini gewesen – ein Vorbild, das außerhalb seiner Welt existierte. Lamborghini hatte seine Erfolge auf der Rennstrecke verfolgt und erlebt, wie Ferrari so einen legendären Status errang. Er war im Automobilbereich der „Größte aller Zeiten" und keiner wagte es, mit ihm zu konkurrieren. Ferrari hatte ganz klar in Celebristan residiert.

Nun aber war Lamborghini in direkten Kontakt mit Ferrari gekommen. Sie waren sowohl örtlich als auch gesellschaftlich nahe beieinander. Lamborghinis Werk war nur siebzehn Kilometer von dem Ferraris entfernt. Genau wie Ferrari hatte er ein sehr erfolgreiches Unternehmen aufgebaut. Er war ein Millionär, der Ferraris Autos fuhr und sogar verbesserte. Lamborghini begann das zu wollen, was Ferrari auch wollte. Aufgrund des Einflusses von Ferrari begehrte er plötzlich etwas, das er zuvor nie begehrt hatte: Er wollte das schönste und leistungsstärkste Automobil der Welt herstellen.[6]

Eine Veränderung war eingetreten und nun lebten sowohl Ferrari als auch Lamborghini in Freshmanistan. Wie Sie sich erinnern werden, besteht in Freshmanistan die *Möglichkeit direkter Konflikte*. Die Fußballspieler Cristiano Ronaldo und Lionel Messi sind für die meisten von uns Stars, aber untereinander sind sie das nicht. Das gleiche galt nun für Ferrari und Lamborghini. Durch den Erfolg von Lamborghini rückten sie näher zueinander und konnten unmittelbar miteinander konkurrieren.

Lamborghinis Sprung

Im Jahr 1963 gründete Lamborghini ein neues Unternehmen mit dem Namen Automobili Lamborghini S.p.A., das in Sant'Agata Bolognese am Stadtrand von Modena angesiedelt war, nur wenige Kilometer von der Traktorfabrik entfernt. Die Region befand sich mitten in einem Umbruch. Die Emilia Romagna war schon lange sehr bekannt dafür,

Köstlichkeiten wie Prosciutto, Parmesan und Balsamico-Essig zu produzieren. In den frühen 1960er Jahren wurde die Region zusätzlich zum Zentrum des Baus von Luxusfahrzeugen in Italien. Maserati war in Modena ansässig, Ferrari im nahe gelegenen Maranello und der Motorradhersteller Ducati produzierte nahe Bologna.

Lamborghini begann damit, Topingenieure von Industrieunternehmen der Region und seinen Konkurrenten abzuwerben. Er bot ihnen bessere Arbeitsbedingungen und Zusatzleistungen sowie den Anreiz, ihre Kenntnisse in die Entwicklung eines Autos einzubringen, wie die Welt es noch nicht gesehen hatte. Er setzte eine Vision für sein erstes Fahrzeug und sein neues Werk zusammen, basierend auf Reisen in die USA und nach Japan, wo er Werke besucht und sich Produktionsprozesse angesehen hatte, um sie zu übernehmen und zu verbessern. „Ich erfinde nichts neu", prahlte er. „Ich setze dort an, wo die anderen aufgehört haben."[7]

1964 präsentierte Lamborghini beim Autosalon Genf sein erstes Modell. Der Lamborghini 350 GT war der erste Sportwagen mit Straßenzulassung in der Geschichte, der über einen Zwölfzylinder-Motor und eine doppelte Nockenwelle verfügte. 1966 stellte Lamborghini den Miura P400 vor, der Ferraris bestem Straßenfahrzeug in nahezu allen Leistungskategorien überlegen war.

Drei Jahre nach Gründung seines Automobilunternehmens hatte Lamborghini ein Fahrzeug produziert, dass selbst die sachkundigsten Autoliebhaber ins Schwärmen geraten ließ. 1968, nur vier Jahre nach der Herstellung seines ersten Fahrzeugs, brachte Lamborghini den Nachfolger des Miura P400 heraus, den Miura P400S, der legendär wurde. Frank Sinatra und Miles Davis besaßen einen. Man kann hören, wie Eddie van Halen in seinem Song „Panama" bei seinem P400S den Motor aufheulen lässt. Laut der ursprünglichen Preisliste aus dem Jahr 1968 lag der Preis der Fahrzeuge bei etwa 21 000 US-Dollar, was einem heutigen Wert von 170 000 US-Dollar entspricht. Mittlerweile müssen Sie für eines der Modelle nahezu eine Million Dollar hinblättern.

Taktik 4
Nutzen Sie Nachahmung, um Innovation voranzutreiben

Es besteht nur eine scheinbare Gegensätzlichkeit zwischen Nachahmung und Innovation. Beide sind Teil des gleichen Prozesses der Entdeckung. Einige der kreativsten Genies der Geschichte ahmten zu Beginn einfach das richtige Vorbild nach.

Ich habe mich mit Naresh Ramchandani zusammengesetzt. Er ist Partner bei *Pentagram*, einem der innovativsten Design-Unternehmen der Welt. Sie sind die kreative Kraft hinter Projekten wie dem Harley-Davidson-Museum, dem Set und den Grafiken von *The Daily Show* und der Initiative *One Laptop per Child* (dt. „Ein Laptop pro Kind"; gemeinnützige Organisation, die es sich zum Ziel gesetzt hat, Kinder weltweit mit Notebooks zu versorgen, um ihnen eine Schulbildung zu ermöglichen, Anm. d. Verlags).

„Innovation ist in jedem Stadium möglich", sagt Ramchandani. „Manchmal beginnen wir mit der Frage: Was gibt es schon da draußen? Was können wir kopieren?" Die Innovation kommt dann in einem späteren Stadium des kreativen Prozesses.

Wenn es jemandem vorrangig um Innovation um der Innovation willen geht, kommt es häufig zu einer mimetischen Rivalität mit allen im gleichen Feld, die miteinander um Originalität ringen. Indem sie alle Formen der Nachahmung entwerten, versuchen sie sich voneinander abzuheben, um Beachtung zu finden. Anders zu sein, nur um des Andersein willen, ist die Gesinnung hinter auf Schockwirkung zielender Kunst und bei Akademikern, deren hervorstechendste Eigenschaft darin besteht, absonderliche Behauptungen aufzustellen, um sich von der Masse abzuheben.

So wie der schnellste Weg zur Bescheidenheit nicht darin besteht, mehr über Bescheidenheit nachzudenken, sondern weniger an sich selbst, ist auch der sicherste Weg zur Innovation ein indirekter. „Es gibt großartige Dinge da draußen", sagt Ramchandani. „Warum sollten wir nicht von ihnen lernen? Warum sollten wir sie nicht als Beispiel nutzen und dann noch etwas draufsetzen, anstatt parallel etwas anderes zu entwickeln?"

Austin Kleon, Autor *von Alles nur geklaut: Zehn Wege zum kreativen Durchbruch*, drückt es so aus: „Wenn wir von der Last befreit sind, etwas komplett Neues zu versuchen, können wir den Versuch aufgeben, etwas aus dem Nichts zu schaffen und den Einfluss anderer nutzen, anstatt davor davonzulaufen."[8]

Es lohnt sich zu wissen, wann Mimesis angebracht ist.

Lamborghinis Ingenieure – viele von ihnen von Ferrari abgeworben – hatte der Erfolg des Miura ermutigt. Sie baten Lamborghini, einen echten Rennwagen entwerfen zu dürfen, um sich mit Ferrari auch auf der Rennstrecke messen zu können. Sie waren davon überzeugt, dass ihr Modell dank ihres Fachwissens echte Siegchancen haben würde. Aber Lamborghini lehnte ab.

Stierkampf-Lektionen

Ferruccio Lamborghini war sein Leben lang besessen vom Stierkampf, und er verstand die dahinter liegende Psychologie. Bei einem Stierkampf wird der Stier nicht durch Kraft gezwungen aufzugeben, sondern durch Beweglichkeit und Psychologie. Der Kampf besteht aus drei Akten. Im Ersten lernt der Matador durch einige Manöver mit seinem Cape das Verhalten und die Eigenheiten des Stiers kennen. Im Zweiten stechen der Matador und seine Assistenten spitze Widerhaken in die Schultern des Bullen, um ihn fertigzumachen. Im dritten Akt schließlich, der *Muerte* (Tod), tötet der Matador den Stier, nachdem er ihn in die totale physische und psychische Erschöpfung getrieben hat.

Wer in einer mimetischen Rivalität feststeckt, ist ebenso gefangen wie ein Stier im Stierkampf. Bei Stierkämpfen inszeniert der Matador das Geschehen. Er bringt den Stier dazu, ein wehendes rotes Tuch anzugreifen, nur um es im letzten Moment wegzuziehen – genau dann, wenn der Stier glaubt, es aufspießen zu können.[9]

Dem armen Stier ergeht es wie Sisyphos, dem Schwindler aus der griechischen Mythologie. Zeus bestraft ihn im Jenseits für seine Taten: Sisyphos muss einen Felsblock einen Berg hinaufrollen. Zeus hat den Felsblock so verzaubert, dass er Sisyphos jedes Mal kurz vor der Bergspitze entgleitet und wieder herunterrollt. Also muss er wieder hinabsteigen und von vorne beginnen – eine Aufgabe, die er bis in alle Ewigkeit wiederholen muss.

Bei einer mimetischen Rivalität ist der jeweilige Rivale so etwas wie Zeus oder der Matador. Er bestimmt, was die Person als nächstes will, welche Ziele sie verfolgt und worüber sie nachdenkt, wenn sie nachts im Bett liegt. Wird der Person nicht bewusst, was abläuft, dann bringt das Spiel sie bis an den Punkt der Erschöpfung, wenn nicht sogar darüber hinaus.

Ferrari weckte in Lamborghini den Wunsch, Superautos herzustellen. Lamborghini nahm die Sache in Angriff und wurde zu einem enormen Rivalen. Aber er weigerte sich, den Kampf bis zum Ende durchzuziehen, weil er wusste, *dass es kein Ende gab.* Schließlich ging es bei der Rivalität nie um Autos. Es ging um die Ehre.

Lamborghini ließ sich nicht auf die verzerrte Sicht ein, die metaphysisches Begehren auslöst und die Menschen dazu bringt, Befriedigung in einem ewig andauernden Hindernislauf zu suchen. Girard erklärt die Tragik mimetischen Begehrens so: „Ein Mann macht sich auf, um einen Schatz zu finden, den er unter einem Stein vermutet“, schreibt er in seinem ersten Buch *Figuren des Begehrens. Das Selbst und der Andere in der fiktionalen Realität.* „Er dreht einen Stein nach dem anderen um, findet aber nichts. Er wird dieses nutzlosen Unterfangens müde, aber der Schatz ist zu wertvoll, als dass er ihn aufgeben könnte. Also beginnt er nach einem Stein zu suchen, der *zu schwer zum Anheben ist* – er setzt all seine Hoffnung auf diesen Stein und wird all seine verbleibende Kraft auf ihn verwenden.“[10] Lamborghini entschied sich gegen diese Vorgehensweise.

„Ich habe mich geweigert, es zu bauen“, sagte Lamborghini in Bezug auf ein Rennfahrzeug. „Nicht nur, weil ich einen Kampf mit Ferrari vermeiden wollte. Es war eine Wahl, die mit meiner Rolle als Vater zu tun hatte. Mein Sohn Tonino war sechzehn Jahre alt als ich begann, Automobile zu bauen, und ich war mir sicher, dass er Konkurrenzkämpfe attraktiv finden würde.“

Lamborghini schien Wettbewerb als eine Art Berufsrisiko für Unternehmer zu betrachten – bis zu einem gewissen Grad gut, aber wenn man nicht aufpasste, konnte leicht Rivalität daraus werden. „Diese Angst führte dazu, dass ich in die Satzung des Unternehmens eine Klausel aufnahm, die eine Teilnahme am [Rennfahr-]Krieg ausschloss“, fügte er hinzu.[11] Lamborghini ergriff spezielle Maßnahmen, um die negativen Auswirkungen von Rivalität zu mindern und entging so dem Tod des Stieres.

In Toninos offizieller Geschichte seines Vaters schreibt er, dass Lamborghini die letzten zwanzig Jahre seines Lebens friedlich auf seinem Weingut lebte und Gäste gerne auf seinem Anwesen herumführte. Dann verrät er ein pikantes Detail: Sein Vater beendete seine Touren immer damit, dass er seine Gäste zu einem eher unauffälligen Gebäude nahe des Haupthauses führte, das man leicht für eine verlassene Scheune hätte halten können. Über der Tür hing ein kleines Holzschild, auf dem *40 ANNI DELLA MIA VITA* (40 Jahre meines Lebens) stand.

In der Scheune befand sich eine Sammlung der eindrucksvollsten Lamborghini-Modelle: die seltensten und besten Automobile ebenso wie Traktoren, Motoren und Teile, die Lamborghini produziert hatte. Er ging mit den Besuchern durch die Scheune, blieb bei jedem Exponat stehen und wanderte so durch die Jahre seines Lebens. Am Ende stand immer eine Demonstration: Der Zigarettentest.

Und der funktionierte so: Lamborghini öffnete die Motorhaube eines seiner Autos und zündete sich eine Zigarette an, um sie anschließend unmittelbar auf einen Zylinderkopf des Motors zu legen. Er bat die Anwesenden, sie nicht aus dem Auge zu lassen und sprang in den Fahrersitz, wo er das Gaspedal durchtrat, bis der Motor bei 6000 Umdrehungen pro Minute angelangt war, wodurch eine enorme Luftmenge durch die Einlassventile gepresst wurde – das Äquivalent zu etwa tausend Rauchern, die gleichzeitig kräftig an ihrer Zigarette ziehen. Der Motor heulte auf und erreichte höchste Umdrehungen, aber die Zigarette bewegte sich nahezu keinen Millimeter, während sie in Rekordzeit herunterbrannte. Die makellose Mechanik des

Autos sorgte dafür, dass tausende sich bewegender Teile nicht die geringste Erschütterung verursachten – Stillstand durch Dynamik.

Lamborghini hatte Spaß daran, das Experiment durchzuziehen, bis von der Zigarette nur noch ein Häufchen Asche übrig war. Dann sprang er aus dem Wagen und wischte die Asche mit der Hand weg.

1993 verstarb Ferruccio Lamborghini unerwartet im Alter von 76 Jahren, aber Automobili Lamborghini S.p.A. gibt es bis heute. Das Unternehmen schloss das Jahr 2019 mit Rekordverkaufszahlen ab. Und letzten Endes stieg Automobili Lamborghini doch in die Welt der Autorennen ein – die Verlockung erwies sich für die späteren Führungskräfte als zu groß. Aber es geschah nicht zu Lebzeiten von Ferruccio Lamborghini. Er wusste, wann es Zeit war, die Bremse zu ziehen und seine Energie in neue Unternehmungen zu stecken. Wettbewerb kann bis zu einem bestimmten Punkt gut sein. Der Schlüssel ist zu wissen, wo dieser Punkt liegt und die Stärke zu haben, umzudenken, wenn man ihn erreicht hat.

Wir werden in diesem Kapitel auch ein Projekt betrachten, das die Konsequenzen tragen musste, die Lamborghini so geschickt vermied. Aber zunächst einmal soll es kurz darum gehen, wie sich das Verbreiten von Informationen von der Verbreitung von Begehren unterscheidet – und warum dieser Unterschied wichtig ist.

Meme und die mimetische Theorie

Wie kommt es, dass es in den USA normal ist, 20 Prozent Trinkgeld zu geben, in Europa aber nicht? Warum begrüßen sich japanische Geschäftsleute mit einer Verbeugung statt eines Handschlags? Wieso verwenden einige Organisationen einen speziellen Fachjargon in ihren Handbüchern und andere nicht? (Und warum gibt es überhaupt so viel Fachjargon?) In all diesen Fällen scheint Nachahmung eine große Rolle zu spielen.

Im Jahr 1976 prägte der Evolutionsbiologe Richard Dawkins in seinem Buch *Das egoistische Gen* das Wort „Mem“. Er versuchte damit die zeitliche und räumliche Verbreitung von nichtmateriellen Dingen zu erklären, wie Ideen, Verhaltensweisen und Phrasen. Meme sind demnach kulturelle Informationseinheiten, die sich durch einen Prozess der Nachahmung von Mensch zu Mensch verbreiten.[12]

Sowohl Dawkins' Theorie der Meme als auch Girards Theorie des mimetischen Begehrens sehen Nachahmung als eine grundlegende Eigenschaft menschlichen Verhaltens an. Ansonsten aber unterscheiden sie sich in nahezu allen Aspekten. Laut Dawkins funktionieren Meme ähnlich wie biologische Gene: Ihr Überleben hängt davon ab, dass sie so perfekt wie möglich weitergegeben und repliziert werden. Ab und an einmal mögen sie mutieren, sind aber in der Regel eigenständig, statisch und festgeschrieben. Laut der Mem-Theorie führt die Verbreitung von Memen durch Nachahmung zu Entwicklung und Fortbestand einer Kultur. Laut Girards mimetischer Theorie wird Kultur jedoch vor allem durch die Nachahmung von Begierden geformt, nicht von Dingen. Und Begierden sind nicht eigenständig, statisch und festgeschrieben – sie sind offen, dynamisch und flüchtig.

Wir alle kennen Meme. Das können Melodien sein (wie „Happy Birthday“), Schlagworte (wie „Weiberheld“), Modeaccessoires (Krawatten und Stöckelschuhe) oder sogar Konzepte („Was in Vegas passiert, bleibt in Vegas“). Social Media-Plattformen wie *Twitter* scheinen zu ihrer Ausbreitung erfunden worden zu sein: Worte und Vorstellungen werden mit jedem Teilen oder Retweet durch perfekte Nachahmung weiterverbreitet.

Meme verbreiten sich nicht durch menschliche Absichten oder Kreativität. Wie bei Darwins Evolutionstheorie durchlaufen sie eine Reihe willkürlicher Mutationen und Selektionen. (Die im Internet kursierenden *Memes* sind übrigens *nicht* das, was Dawkins unter einem Mem versteht, weil sie eine bewusste Abwandlung von etwas sind.) Wahre Meme verbreiten sich eher so wie ein Virus. Die Personen, die Meme verbreiten, sind einfach nur Überträger – Wirte, über die die Information weitergetragen wird. Wissen Sie, wer das erste lustige Katzenbild erschaffen hat? Ich auch nicht. Es ist aber auch nicht wichtig.

Girards mimetische Theorie vertritt die gegenteilige Ansicht. Menschen sind keine unwichtigen Überträger von Botschaften, sondern äußerst wichtige Vorbilder für Begehren. Was uns vermittelt wird, ist für uns dabei meist weniger wichtig als die Person, die es vermittelt. Wir ahmen nicht um des Nachahmens selbst willen nach, sondern um uns abzuheben und uns eine Identität in Bezug zu anderen Menschen zu schaffen.

Den Drang, sich abzuheben haben wir bereits bei der gespiegelten Imitation kennengelernt, wenn jemand das Gegenteil von dem tut, was eine andere Person macht (wie bei Seinfeld und Newman oder den Hipstern und dem Mainstream). Warum tragen einige Menschen Kappen, auf denen „Make America Great Again“ steht, während andere so ein Ding ums Verrecken nicht anziehen würden? Der Widerwille, der viele Menschen bei der Vorstellung befällt, eine solche Kappe zu tragen, hat wenig mit der Farbe Rot, ihrer Form oder der Ablehnung der Vorstellung nationaler Größe zu tun. Es geht allein um das Vorbild, das mit der Kappe verbunden wird: Donald Trump.[13]

Vor allem ignoriert die Mem-Theorie alle Formen negativer Nachahmung. Nachahmung ist hier schlimmstenfalls etwas Neutrales. Vom Standpunkt der Meme selbst ist sie etwas Positives. Bei der mimetischen Theorie hingegen hat Nachahmung häufig negative Konsequenzen. Da die Nachahmung von Begehren Menschen dazu bringt, um das Gleiche zu konkurrieren, führt sie leicht zu Konflikten.

Der Rest dieses Kapitels wird sich der einem Schwungrad vergleichbaren Wirkung von Mimesis widmen – dem Ingangsetzen von kreativen und destruktiven Kreisläufen des Begehrens, die für den Aufstieg und Fall von Kulturen verantwortlich sind. Sie lassen sich nicht in Form von Memen erfassen.

Der Schwungrad-Effekt

Mimetisches Begehren läuft üblicherweise in einem von zwei Kreisläufen ab. Kreislauf 1 ist negativ – bei ihm führt mimetisches Begehren zu Rivalität und Konflikten, denn er beruht auf dem falschen Glauben, dass andere Menschen etwas haben, das wir nicht haben, und dass es nicht genug Spielraum gibt, die Wünsche beider Parteien zu erfüllen. Die daraus resultierende Einstellung, das innere Mindset, ist beherrscht von Mangel, Angst und Wut.

Kreislauf 2 ist ein positiver. Hier vereint mimetisches Begehren Menschen in einem geteilten Streben nach Gemeinwohl. Das Mindset ist gekennzeichnet durch Fülle und gegenseitiges Geben. Diese Art von Kreislauf kann die Welt verändern. Menschen wollen etwas, von dem sie sich vorher nicht vorstellen konnten, dass es begehrenswert wäre, und sie helfen gleichzeitig anderen, auch voranzukommen.

In seinem Buch *Der Weg zu den Besten: Die sieben Management-Prinzipien für dauerhaften Unternehmenserfolg* verwendet Jim Collins das Beispiel eines gigantischen Schwungrads, um zu erklären, wie gute Unternehmen durchstarten und groß werden. Collins bittet seine Leser, sich vorzustellen, dass sie vor einem riesigen Schwungrad stünden, „einer massiven Metallscheibe, die horizontal auf einer Achse montiert ist, mit einem Durchmesser von etwa neun Metern, einem halben Meter Dicke und einem Gewicht von über 2000 Kilogramm" und dass das Ziel darin bestünde, dass „das Schwungrad sich so schnell und so lange wie möglich auf der Achse dreht".[14] Zuerst schieben Sie stundenlang, aber das Rad bewegt sich kaum, denn die Schwerkraft arbeitet gegen Sie. Nach drei Stunden haben Sie erst eine einzige Umdrehung geschafft. Aber Sie lassen nicht nach und schieben noch ein paar Stunden länger mit der gleichen Kraft in die gleiche Richtung. Plötzlich und nahezu unmerklich ändert sich das Momentum, und das Gewicht der Scheibe arbeitet nun nicht länger gegen Sie, sondern *für* Sie. Das Rad treibt sich selbst an. Fünf Umdrehungen, fünfzig, hundert.

Laut Collins passiert so etwas in großen Unternehmen, wenn sie einen positiven selbsterfüllenden Kreislauf in Gang setzen. Es gibt keinen linearen Prozess kontinuierlicher Verbesserung, sondern einen kritischen Kipppunkt, an dem das Momentum übernimmt und der Prozess beginnt, sich selbst anzutreiben. Auch Mimesis funktioniert wie ein Schwungrad. Die Beschleunigung findet nichtlinear statt – in positiven wie in negativen Fällen.

Der kreative Kreislauf

Das Unternehmen *Giro Sport Design* wurde 1985 vom Profi-Radsportler Jim Gentes gegründet und zu einem der ersten von Jim Collins in seinem Folgebuch *Das Schwungrad: Eine Begleitschrift zu „Der Weg zu den Besten“* beschriebenen Beispiele für den Schwungrad-Effekt.

Als Gentes in seinen Zwanzigern war und für einen Sportartikelhersteller arbeitete, verbrachte er die Abende in seiner Garage und bastelte dort am Prototyp eines Fahrradhelms herum, der den Radrennsport revolutionieren sollte. Der Helm, an dem er arbeitete, wog nur halb so viel wie andere und hatte eine Belüftung (damals hatten Helme so etwas praktisch gar nicht). Sein Prototyp war allen anderen Helmen überlegen, die bislang auf dem Markt waren – und zwar um Längen. Außerdem sah er gut aus, was man von den anderen Modellen nicht behaupten konnte. Die anderen Helme waren hässliche, notwendige Übel in Form einer peinlichen Halbkugel aus muffigem Polycarbonat und Schaumstoff.

Gentes führte seinen Prototypen bei einer Radsportmesse in Long Beach vor und erhielt Vorbestellungen im Wert von 100 000 US-Dollar. Begeisterte Radsportler erkannten sofort, dass der Helm anders war. Die Anerkennung bei der Messe war ermutigend. Aber Gentes benötigte ein konsistentes Auftragsvolumen, wenn er alles auf eine Karte setzen und seinen Job an den Nagel hängen wollte.

Durch das Studieren von *Nike* lernte Gentes, wie wichtig sozialer Einfluss bei Sportartikeln ist. Wenn er die richtigen Influencer fände, könnte er ein wesentlich größeres Netzwerk treuer Kunden aufbauen und das beständige Auftragsvolumen sichern, das er benötigte.[15]

In seinen Tagen als Profisportler hatte Gentes sich mit dem amerikanischen Radrennfahrer Greg LeMond angefreundet, der im Jahr 1986 der erste Nichteuropäer war, der jemals die Tour de France gewonnen hat. LeMond hatte das, wonach Gentes suchte: Er war ein starker Fahrer, der dafür bekannt war, Risiken einzugehen, und er sah dazu noch blendend aus.

LeMond war 1987 bei einem Jagdunfall schwer verletzt worden, weshalb er zwei Jahre lang pausieren musste. Die Zeitschrift *Sports Illustrated* lobte noch während seiner Genesung in überschwänglichen Artikeln sein Talent. Radsportfans drückten die Daumen für ein Comeback bei der Tour de France 1989. Mittlerweile waren vier Jahre vergangen, seit Gentes in seiner Garage den ersten Prototyp seines *Giro*-Helms hergestellt hatte, und das Geschäft lief langsam an. Aber er brauchte etwas, um die kritische Masse zu erreichen.

Er fragte bei LeMond an, ob er seinen neuen Helm tragen würde, den ersten Plastikschalen-Helm auf dem Markt. Gentes versprach LeMond, dass der Helm ihn schneller machen würde. Er investierte auch einen erheblichen Teil des Kapitals seiner Firma in den Sponsorenvertrag mit LeMond, in dem Wissen, dass sich dies auszahlen würde, wenn LeMond oft genug in der Medien-Berichterstattung zu sehen wäre. Und was, wenn er gewinnen würde?

Das Ergebnis hätte besser nicht sein können. LeMond gewann das Rennen – bestehend aus einundzwanzig Renntagen innerhalb von insgesamt dreiundzwanzig Tagen – mit einem Gesamtvorsprung von acht Sekunden. Es war das engste bislang dagewesene Finish. Millionen Menschen sahen, wie LeMond durch die französischen Alpen fuhr und dabei einen Helm trug, der nur halb so groß zu sein schien wie die der anderen Fahrer, mit schnittigen Lüftungsschlitzen und leuchtenden Farben im Vergleich zu den langweiligen Gebilden auf den Köpfen seiner Konkurrenten, die an Schildkrötenpanzer erinnerten. Das Schwungrad des *Giro*-Helms war unaufhaltsam in Fahrt gekommen.

Die Geschäftsdynamik von *Giro* funktionierte laut Collins wie folgt: „Erfinde großartige Produkte; bringe Spitzensportler dazu, sie zu benutzen; begeistere Freizeitsportler dafür, ihre Helden nachzuahmen;

überzeuge die Mainstream-Kunden und am Ende hat Deine Marke die marktdominierende Stellung in ihrer Produktkategorie erreicht, wenn mehr und mehr Sportler die Produkte nutzen. Damit die Produkte trotzdem „cool" bleiben, musst Du die Preise hochhalten und die Gewinne in die Entwicklung der nächsten Generation großartiger Produkte stecken, die Spitzensportler werden benutzen wollen."[16]

Collins wendet sein Schwungrad-Konzept auf Geschäftswachstum an. Er zeigt, dass es bestimmte Geschäftsmodelle und Prozesse gibt, die unter der Leitung einer großartigen Führungskraft einen eigenen Schwung entwickeln können. Wie bei einer Rube-Goldberg-Maschine löst eine positive Entwicklung unweigerlich die nächste aus.

Wir können das Schwungrad-Prinzip ebenso gut auf die Entwicklung von Begehren anwenden. Es ist möglich, unser Leben auf eine Weise einzurichten, die das Momentum des Begehrens maximiert. Nehmen wir einmal körperliche Fitness als Beispiel. 1. Ich möchte gerne Sport treiben, weil mein Freund mit einem neuen Fitnessprogramm begonnen hat und super aussieht. 2. Das hat zur Folge, dass ich mich auch besser ernähren will, damit ich meine Trainingserfolge nicht durch falsches Essen zunichtemache. 3. Ich lehne also in der Folge Einladungen ab, bei denen Alkohol getrunken und viel zu fett gegessen wird. 4. Das führt dazu, dass ich morgens ins Fitness-Studio gehen will, anstatt ein Ibuprofen einzuwerfen, mich mit Kaffee vollzuschütten und Pfannkuchen zu essen. 5. Und das bedeutet, dass ich mehr Zeit mit produktiver Arbeit verbringen will. Im Endeffekt mache ich Wohlbefinden zu einer Tugend, die zu leben mir leichtfällt. Das Treffen gesunder Entscheidungen wird zu etwas, das ich *will*, anstatt etwas zu sein, vor dem es mir graut.

Das Fitness-Schwungrad ist am Anfang hart zu drehen. Man fühlt sich ziemlich beschissen. Ins Fitness-Studio zu gehen ist schrecklich, und bei den ersten Malen tun die Übungen richtig weh. Veränderungen passieren eher unmerklich. Aber wenn Sie dranbleiben, gerät das Rad irgendwann in Schwung. Eines Morgens wachen Sie auf und freuen sich auf den Gang ins Fitness-Studio. Der kritische Punkt ist überschritten.

Wenn Sie eine Stelle am äußeren Rand des Schwungrads ergreifen und seine Bewegung Stück für Stück nachverfolgen, dann werden Sie automatisch in den Kreislauf gezogen. Jeder Schritt ist nicht einfach nur der nächste in einer Abfolge, sondern ergibt sich logisch aus dem vorhergehenden Schritt. Laut Collins funktioniert ein Schwungrad aufgrund einer „Ich kann nicht anders"-Logik: Es ist unmöglich, den nächsten Schritt nicht zu machen.

Giro folgte dieser Logik. Wenn man hervorragende Produkte herstellt, können Spitzensportler gar nicht anders, als sie zu benutzen. Bringt man Spitzensportler dazu, seine Produkte zu benutzen, dann erregt dies unweigerlich die Aufmerksamkeit der Mainstream-Kunden. Durch die Aufmerksamkeit der Mainstream-Kunden erlangt Ihre Marke automatisch eine starke Marktmacht in ihrer Produktkategorie. Und wenn man eine starke Marke hat, kann man nicht anders, als seine Marge zu steigern.

Der Schwungrad-Effekt kann sich positiv und negativ bemerkbar machen. Die regenerative Landwirtschaft nutzt positive Schwungrad-Effekte. Alles dreht sich hier um gesunde Böden. Das Schwungrad funktioniert hier (vereinfacht dargestellt) wie folgt: Pflanzen wachsen am besten in gesunden Böden, also sorgt man für mehr Biodiversität bei den Pflanzen, was wiederum zu gesünderen Wiederkäuern führt,

die das Gras und die Pflanzen fressen und wieder ausscheiden, was zu noch gesünderen Böden führt, die Feuchtigkeit und nützliche Mikroben noch besser halten können, wodurch der Boden noch nährstoffreicher wird. Am Ende wird so die Lebenskraft des gesamten Ökosystems gesteigert.

Aber es gibt auch negative Schwungräder, oder Teufelskreise, bei denen negative Energien aufeinander aufbauen und zum Scheitern führen. Ein Teufelskreis könnte wie folgt aussehen: Ein Internetversandhandel fokussiert sich nicht mehr so stark auf den Kundenservice und investiert stattdessen in andere Bereiche, was zu negativen Kundenbewertungen und Kreditkarten-Rückbuchungen führt, mit der Folge, dass Umsätze und Lagerumschlag sinken, weshalb das Unternehmen seine Lieferanten erst verspätet bezahlen kann, die nun ihrerseits die Zahlungsbedingungen verschärfen und Ware zurückhalten. In der Folge konzentriert sich das Unternehmen noch weniger auf Kundenservice, weil es jetzt ums nackte Überleben geht. Auch hier führen die letzten Stadien wieder zurück zum ersten und verschärfen das Problem.

Diese positiven und negativen Kreisläufe zeigen sich jeden Tag in unserem Leben. Um dem Konzept des Schwungrads eine weitere Bedeutungsebene hinzuzufügen – und uns zu helfen, positive Kreisläufe in Gang zu setzen – gehen wir einmal 2500 Jahre zurück in der Zeit und betrachten eine Erkenntnis, die Aristoteles bezüglich einer bestimmten Kraft hatte, die in allen lebenden Systemen und Organismen am Werk ist.

Aristoteles erfand den Begriff *Entelechie* für eine Sache, die ihr eigenes Entwicklungsprinzip in sich trägt – eine lebendige Kraft, die sie vorwärtstreibt, *damit sie vollständig zu dem wird, was sie ist.* Ein menschlicher Embryo ist zwar von anderen abhängig (insbesondere von seiner Mutter), trägt aber schon seinen Entwicklungsplan zum ausgewachsenen menschlichen Wesen in sich und alles, was erforderlich ist, um dorthin zu gelangen, sofern er das bekommt, was er für sein Wachstum benötigt. Ein normaler Computer besitzt keine Entelechie, weil er zusammengebaut und programmiert werden muss.

Im Gegensatz zu einem Schössling, der allein zu einem Mammutbaum heranwachsen kann, ist ein Rechner nicht in der Lage, seine Komponenten selbst zusammenzusetzen und zu einer voll entwickelten Version seiner selbst zu werden.

Wenn man versteht, dass manche Dinge ein grundlegendes Entwicklungsprinzip besitzen und andere nicht, erkennt man, wie ein positives Schwungrad des Begehrens funktioniert: Es enthält in sich selbst das Prinzip, das ihm hilft, sein Ziel zu erreichen. Sobald Sie ein Schwungrad bauen und es in Gang setzen, entwickelt es ein Eigenleben und beginnt, sich von selbst um ein Ziel herum zu organisieren.[17]

Jeder muss sein eigenes Schwungrad bauen. So gibt es beispielsweise kein Standard-Schwungrad für Fitness, denn Ihres mag vollkommen anders aussehen als meines. Die wirkungsvollsten persönlichen Schwungräder haben Menschen, die sich selbst gut kennen. Sie wissen vermutlich von sich aus, welche Dinge die Wahrscheinlichkeit erhöhen oder verringern, dass Sie zukünftig etwas Bestimmtes tun wollen. Der Schlüssel liegt darin, den Kreislauf genau zu definieren und dann in Gang zu bringen.

Taktik 5
Setzen Sie positive Schwungräder des Begehrens in Gang

Begehren ist abhängig von dem Pfad, auf dem es entsteht. Wofür wir uns heute entscheiden, beeinflusst, welche Dinge wir morgen wollen. Deshalb ist es wichtig, dass wir so gut wie möglich darauf achten, welche Konsequenzen unsere Handlungen für unsere zukünftigen Begehrlichkeiten haben.

Überlegen Sie sich zunächst ganz genau, wie ein positiver Kreislauf des Begehrens für Sie aussehen könnte. Beginnen Sie mit einem zentralen Wunsch. Vielleicht möchten Sie mehr Zeit mit Ihren Kindern verbringen, mehr Freizeit haben oder ein Buch schreiben. Entwerfen Sie dann ein System, das es Ihnen erleichtert, sich diesen zentralen Wunsch zu erfüllen.

Schreiben Sie das Ganze nieder. Ich schlage vor, dass Sie für jeden Schritt des Prozesses einen einzelnen Satz verwenden, der das Wort

„wollen“ (oder „begehren“) enthält. Verbinden Sie die einzelnen Schritte mit Bindewörtern wie „sodass“ oder „was dazu führt, dass“ oder „damit“.

Nehmen wir als Beispiel einen Internetversandhandel, der für sein selbstgefällig und unmotiviert gewordenes Kundendienst-Team ein positives Schwungrad angestoßen hat:

Wir möchten, dass unser Kundendienst-Team sich gestärkt darin fühlt, Entscheidungen in Eigenverantwortung zu treffen, *damit*

Kunden das Gefühl haben, dass sie mit Mitarbeitern sprechen, die Entscheidungsgewalt haben und sich daher lieber mit ihnen austauschen wollen, statt nach dem Vorgesetzten zu fragen, *sodass*

effiziente Arbeitsabläufe entstehen, die es Managern erlauben, weniger Zeit mit frustrierten Kunden verbringen zu müssen und mehr Raum für andere Projekte zu haben, an denen sie arbeiten wollen, *was dazu führt, dass*

wir einen Bonus-Pool einrichten können, der von Managern verwaltet wird, die ihre Kundendienst-Mitarbeiter, die Verantwortung für ihre Entscheidungen übernehmen, belohnen wollen, *damit*

Kundendienst-Mitarbeiter immer häufiger die Verantwortung für Entscheidungen übernehmen wollen.

Ihr Kreislauf muss übrigens nicht aus fünf Schritten bestehen. Achten Sie vor allem darauf, dass jeder Schritt unweigerlich zum nächsten führt, und dass der letzte Schritt des Prozesses wieder an den ersten anschließt.

Negative Schwungräder sind wesentlich häufiger als positive. Das gilt insbesondere für Freshmanistan, wo Menschen mehr miteinander gemein haben und näher zusammenleben. Genau wie sich ein Hurrikan über warmem Meerwasser formt, kann eine mimetische Ansteckung in Freshmanistan schneller Fahrt aufnehmen, weil alle sich in einer reflektiven Umgebung befinden und mimetische Signale viel schneller aufnehmen.

Ich geriet in ein negatives Schwungrad während der Zeit, als ich in Las Vegas war und in die Unternehmenskultur des Online-Schuhhändlers *Zappos* eintauchte. Ich strebte nach vielen Dingen, die der

Geschäftsführer des Unternehmens, Tony Hsieh, mir als Vorbild vermittelte: Einfachheit, eine flache Organisationsstruktur und die Bereitschaft, Dinge anders zu machen. Er lebte sogar Verrücktheit vor und verankerte sie als einen Wert in seinem Unternehmen. Damals wusste ich noch nicht, wie mimetisches Begehren funktioniert – ebenso wenig wie es anscheinend die Leute bei *Zappos* taten.

Der zerstörerische Kreislauf

Tony Hsieh wollte, dass alle glücklich waren. „Bist Du glücklich?“, fragte er mich eines Tages, als wir dabei waren, uns näher kennenzulernen. *Zappos* stand damals in den Fachmedien hoch im Kurs, vor allem aufgrund seiner Unternehmenskultur. Sie wurde ähnlich Willy Wonkas Schokoladenfabrik dargestellt, mit Tony als Wonka – ein verrückter, megareicher Gründer, der alle, die wissen wollten, wie er eine Oase des Glücks aufgebaut hatte, bereitwillig durch sein Unternehmen führte.

Serena Williams hatte das *Zappos*-Hauptquartier besucht, eine Tour mitgemacht und sich mit Tony unterhalten. Früher einmal hatte ich mich gefragt, ob das Unternehmen womöglich nur einen wirklich guten Publicity-Manager hatte, aber es stellte sich heraus, dass es einfach jahrein jahraus hervorragenden Kundendienst leistete, was sich irgendwann bezahlt machte, weil es den richtigen Leuten auffiel.

Als Tonys Firma noch in den Kinderschuhen steckte, sah das Schwungrad von *Zappos* in etwa wie auf der Abbildung auf der nächsten Seite aus.

Nick Swinmurn, der *Zappos* im Jahr 1999 gründete, wollte nur den Schuhkauf vereinfachen. Mit dem Aufkommen des Internethandels sah er eine Gelegenheit, einen unangenehmen Prozess zu erleichtern.[18] Damit das Geschäftsmodell funktionierte, musste das Unternehmen mehr verkaufen und seinen Kundenstamm vergrößern – und vor allem musste die Kundenbindung stimmen (der Anteil an Kunden, die wiederkamen und noch mehr kauften), denn hier lag der

Schlüssel zur Rentabilität.[19] Tony Hsieh war ursprünglich Investor und wurde dann Firmenchef. Anfang 2003 wurde ihm und Fred Mossler, einem der ersten Angestellten des Unternehmens, bewusst, dass Kundendienst einen wichtigen Stellenwert erhalten sollte.[20] 2004 zeigte sich, dass Kundendienst nur dann ein Schwerpunkt sein konnte, wenn ein entsprechender Fokus auf der Unternehmenskultur lag. Am Ende stellten sie fest, dass es Grundlage ihrer Unternehmenskultur war, „Glück zu vermitteln".

Die Unternehmenskultur sollte sich darum drehen, dass alle Beteiligten glücklich waren – Mitarbeiter, Investoren, Verkäufer und so weiter. Glückliche Menschen sorgen dafür, dass sich das gesamte Schwungrad leichter drehen lässt. Im Jahr 2008 erzielte das Unternehmen einen Umsatz von über einer Milliarde US-Dollar – ganze zwei Jahre früher als vorgesehen. Der Erfolg war in hohem Maße den Führungsqualitäten von Tony Hsieh zuzuschreiben. Er war mit Leidenschaft dabei und bereit, hohe Risiken einzugehen, um das Unternehmen durchstarten zu lassen. Und er machte *Zappos* zu einem Unternehmen, für das Menschen gerne arbeiteten.

Rückblickend glaube ich allerdings nicht, dass irgendjemand die negativen Auswirkungen der Mimesis kannte oder in Betracht zog, die am Ende das positive Schwungrad zersetzten, das *Zappos* zu einem profitablen Unternehmen und einem beliebten Arbeitgeber gemacht hatte. Die Veränderung kam langsam und schleichend. Keiner hatte das Gefühl, es gäbe ein Problem – so wie Frösche, die in einem Topf mit sich langsam erwärmendem Wasser sitzen und keinerlei Drang verspüren, ihn zu verlassen, bevor sie zu Froschsuppe werden.

Zurück zu meinem Gespräch mit Tony. Ich sagte ihm, ich sei glücklich. „Wirklich?", fragte er zurück. „Ja. Alles ist wunderbar." Tonys Lächeln sah man nur seinen Augen an. Er war ein ausgezeichneter Pokerspieler und ich hatte keine Ahnung, was er für ein Blatt in der Hand hatte. „Nun… bist Du *wirklich* glücklich?", fragte er mich erneut. Ich denke, das war der Moment, in dem ich mich weinend in seine Arme hätte werfen sollen. Stattdessen riss ich entnervt die Arme hoch. „Ich denke schon", sagte ich, und war nun nicht nur gereizt, sondern auch verunsichert. „Warum fragst Du das?" Tony erzählte mir, er lese gerade das Buch *Die Glückshypothese: Was uns wirklich glücklich macht* des Sozialpsychologen Jonathan Haidt. Ob ich wüsste, dass die eine Sache, die Menschen überall und jederzeit suchen, das Glück sei?

Tonys Logik war wie folgt: Unternehmen müssen existieren, um Kunden glücklich zu machen. Je mehr wir also über den wissenschaftlichen Hintergrund des Glücks erfahren, umso effektiver können wir ein erfolgreiches Unternehmen aufbauen. Das zumindest war die Idee.

Ein Jahr später verkaufte Tony *Zappos* für 1,2 Milliarden US-Dollar an *Amazon*[21]. Kurz nach dem erfolgreichen Verkauf schrieb er selbst ein Buch mit dem Titel *Delivering Happiness: Wie konsequente Kunden- und Mitarbeiterorientierung einzigartige Unternehmen schaffen*. Zudem verkündete er den Start des „Downtown-Projekts", einer Investition von rund 350 Millionen US-Dollar in die Innenstadt von Las Vegas. Tony plante, die Kultur des Glücks, die er bei *Zappos* aufzubauen geholfen hatte, auf ein Stadtviertel zu übertragen.

Das Ziel des Projekts bestand darin, den Bereich nördlich der Fremont Street zu revitalisieren, einen heruntergekommenen Bezirk, der eher für Opiumsüchtige und Prostituierte bekannt war als für

Glücksspiel. Für Glücksspieler war es das Ende der Welt – ein Teil der Innenstadt, in den Touristen sich nur nach ihrem fünfzehnten Frozen Daiquiri verirrten.

Zwischen 2010 und 2013 gaben Tony Hsieh und seine Partner nahezu 93 Millionen US-Dollar aus, um rund 113 000 Quadratmeter Land und Gebäude aufzukaufen – von leerstehenden Hotels bis hin zu Hochhäusern und Bars. Das langfristige Ziel bestand darin, in die Fläche zu investieren und die *Zappos*-Kultur zu den Bewohnern zu bringen. Zudem sollten vielversprechende Unternehmer aus dem Silicon Valley angelockt werden und letztendlich ein wirtschaftliches Ökosystem entstehen. Es war ein gesellschaftliches Experiment – die „Stadt als Start-up", wie Tony es nannte. Eine glückliche Stadt.

Nach dem Verkauf an *Amazon* stand Tony weiterhin an der Spitze von *Zappos,* das als weitgehend autonomes Unternehmen weitergeführt wurde. Zur gleichen Zeit startete er das Downtown-Projekt. Die Unternehmenskultur des Projekts vermengte sich mit der von *Zappos*. *Zappos* und Downtown-Projekt wurden Teil desselben Ökosystems.

Es gab von Anfang an Warnsignale. Mitarbeiter von *Zappos* erzählten mir, dass die Stimmung schlecht sei. Es gab zu viele Änderungen in zu kurzer Zeit – einschließlich der Einführung einer experimentellen flachen Managementstruktur. Chaos brach aus.

Beim Downtown-Projekt sah es ganz ähnlich aus. Wie Nellie Bowles 2014 in *Vox* enthüllte, erschoss sich einer der Starunternehmer des Projekts, Jody Sherman, nach weniger als einem Jahr in seinem Auto.[22] Ein Jahr nach Shermans Tod stürzte sich Ovik Banerjee, ein wichtiges Mitglied des Downtown-Projekts und der ersten *Venture for America* Gruppe in Las Vegas (die *Venture for America* ist eine von Andrew Yang ins Leben gerufene gemeinnützige Organisation zur Förderung junger Mitarbeiter und Start-up-Gründer) von seinem Hochhausbalkon. Nur fünf Monate nach Banerjees Tod wurde Matt Berman, Gründer von *Bolt Barbers,* einem der Start-ups im Rahmen des Projekts, erhängt in seiner Wohnung aufgefunden.

Umzug nach Freshmanistan

Was ist in Las Vegas schiefgelaufen? Die neue flache Managementstruktur von *Zappos* – von der dann auch das Downtown-Projekt betroffen war – hatte mimetische Folgen, die niemand vorhergesehen oder bedacht hatte. Ovik Banerjee hatte laut einer Quelle, die Bowles in ihrem *Vox*-Bericht zitierte, zu keiner Zeit „eine klar festgelegte Aufgabe". „*Keiner* hatte einen klar festgelegten Job", erklärte die Quelle weiter. „Tony lockte Leute herbei und sagte: ‚Komm her und mach' Dein Ding, komm her und hab' Spaß', aber wenn man dann da war, gab es keine Struktur."

Als sich der Fokus von Schuhen und Kundendienst hin zu Glück verschob, vervielfachte sich die Anzahl der mimetischen Vorbilder. Es war unklar, wer glücklich war und wer nicht, wen man nachahmen sollte und wen nicht, wer ein Vorbild war und wer nicht. *Zappos* und das Downtown-Projekt hatten sich in Freshmanistan verwandelt.

Dr. Zubin Damania, der eine Gesundheitsklinik in der Innenstadt von Las Vegas betrieb und Teil des Projektteams war, kommentierte gegenüber Bowles: „In einer Unternehmer-Community gehen extrem viele Grenzen verloren. Menschen werden aus ihrer sozialen Verankerung gerissen. Der Druck ist unglaublich hoch." Damania hielt die Illusion der Freiheit – die Vorstellung, dass jeder Unternehmer seines eigenen Glückes Schmied ist – für gefährlich. „Gründer sind die Schlimmsten", sagte er. „Es herrscht ein libertäres „Ich bin ein Tausendsassa"-Gefühl. Aber man kann sich so frei und selbstermächtigt fühlen, wie man will, es gibt trotzdem ein ganzes Netz von Zusammenhängen, und das vergessen sie."

Begehren ist Teil dieses Netzes von Zusammenhängen. Wenn Menschen leugnen, dass sie von dem beeinflusst werden, was andere um sie herum wollen, dann sind sie umso anfälliger dafür, in einen ungesunden Kreislauf des Begehrens zu geraten, von dem sie noch nicht einmal wissen, dass sie sich ihm widersetzen müssen. Mimetisches Begehren erzeugt Rivalitäten, die wiederum zu Kollisionen und Konflikt führen.

Jede Gemeinschaft, die sich in einer mimetischen Krise befindet – also jede, in der Unterschiede verschwimmen und es keine klare Abgrenzung zwischen Vorbildern und Nachahmern mehr gibt – hat ihre eigene Version des Schwungrads, das den zerstörerischen Kreislauf in Gang setzt. Beim Downtown-Projekt war es der intendierte Plan, dass Menschen miteinander kollidieren sollten. Unwissentlich wurden so mimetische Rivalitäten verschärft.

Tony verwendete gerne ein zentrales Merkmal, um Erfolg zu messen, das er *Return on Collisions* nannte (also in etwa „Kollisionsrendite", Gegenstück zum *Return on Investment,* der Kapitalrendite). Laut Tony ist eine „Kollision" ein unerwartetes glückliches Zusammentreffen von zwei Menschen, das zu positiven Ergebnissen führt. Nehmen wir beispielsweise an, zwei Unternehmer arbeiten nebeneinander in einem Café und beschließen, sich zusammenzutun oder Investoren finden beim Gin Tonic in einer Bar eine vielversprechende Anlagemöglichkeit. Aus Tonys Sicht war die „Kollisionsrendite" die beste Möglichkeit zu messen, auf welche Weise eine Kultur oder Gemeinschaft Wertschöpfung erzielte.

„Bereits im College faszinierten mich glückliche Zufälle", erzählte Tony Hsieh in einem *Inc.*-Artikel (amerikanisches Wirtschaftsmagazin, Anm. des Verlags) von 2013. „Ich glaube, für die meisten Menschen ist die Schul- oder Studienzeit die letzte, in der es normal ist, dauernd zufällig auf andere Menschen zu treffen. Wenn man älter ist, fährt man mit dem Auto zur Arbeit, trifft dort jeden Tag auf die gleichen Menschen und fährt dann wieder nach Hause. Aber die besten Dinge passieren, wenn Menschen zufällig aufeinandertreffen und Ideen austauschen."[23] Tony wollte die Innenstadt von Las Vegas zu einer Art College machen, einem Freshmanistan. Aber nicht alle Kollisionen sind gleich. Manche führen zu guten Dingen: Freundschaften, Ehen und Ideen für neue Unternehmen. Andere führen zu Chaos und Verwirrung.

Kollisionsrendite

Eine von Tonys Strategien zur Förderung von Kollisionen war die optimale Ausnutzung von Raum. Er wollte für eine möglichst hohe Anzahl zufälliger Begegnungen sorgen. Er und seine Kollegen organisierten Konzerte und Treffen, Hackathons (kollaborative Soft- und Hardwareentwicklungsveranstaltung, Anm. d. Verlags), Happy Hours, Open-Mic-Nächte und eine Art Haus der offenen Tür im *Ogden*, einem Hochhaus in Las Vegas, in dem viele Angestellte von *Zappos* lebten. Die Atmosphäre ähnelte der eines Studentenwohnheims, wo versperrte Türen nicht gerne gesehen sind und jeder jederzeit beim anderen hineinschneien kann.

Ich nahm einmal an einem Treffen im Rahmen des Downtown-Projekts teil, das in Tonys Penthouse stattfand und ebenfalls zufällige Begegnungen fördern sollte. Wir befanden uns in einem großen Raum mit Holzfußboden und bodenlangen Fenstern mit Blick auf die Fremont Street Experience. Die einzigen Möbel im Raum waren mit Rollen versehene Tische mit integrierten Stühlen, wie man sie vielleicht in einem Klassenraum in einer Grundschule finden kann, wo ein Lehrer die Schüler ermuntert, sich viel zu bewegen und Gruppen zu bilden. Die Tische hatten zwar Erwachsenengröße, aber die Grundidee war die Gleiche. Für jede Person stand ein Tisch zur Verfügung.

Tony betrat den Raum, Hände in den Hosentaschen, und bat uns alle, Platz zu nehmen. Er erklärte, dass wir in der nächsten Stunde versuchen sollten, möglichst viele Menschen kennenzulernen – eine

Art Speed Dating für Start-ups. Wir sollten mit unseren Tischen durch den Raum rollen, miteinander „kollidieren“ und dann ein Gespräch beginnen. Er nahm selbst ebenfalls an einem Tisch Platz und rollte genau wie wir anderen durch den Raum.

Ich kann mich an keine der Personen erinnern, mit denen ich an diesem Tag gesprochen habe. Ich weiß aber noch genau, dass ich den Raum ängstlicher verließ als ich ihn betreten hatte, denn ich verglich mich nun mit etwa zwanzig anderen ehrgeizigen Menschen, von denen die meisten im Umkreis lebten oder planten, in die Innenstadt von Las Vegas zu ziehen, wenn sie nicht schon dort lebten. In Wahrheit saßen wir nicht an rollenden Schreibtischen sondern in unsichtbaren, egogetriebenen Autoscootern. Die Kollisionen wurden zunehmend schneller und härter.

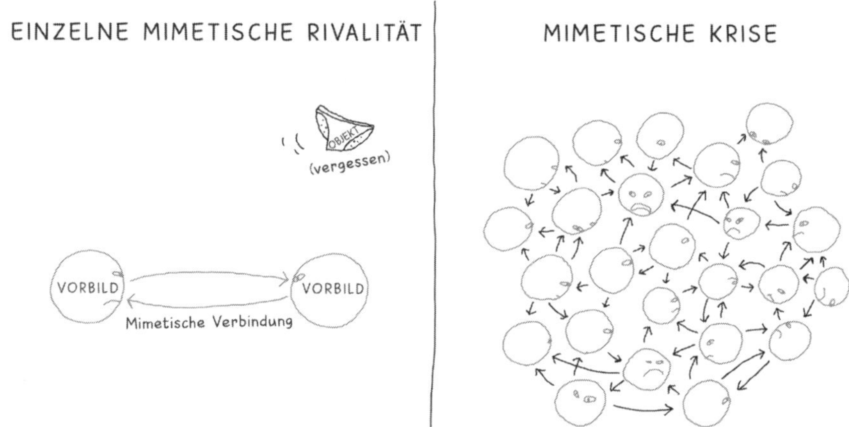

Unter dem Ameisenhügel

Das Downtown-Projekt war eine Erweiterung von *Zappos,* und *Zappos* war von jeher als ein Unternehmen mit einer relativ flachen Hierarchie bekannt – zwischen Unternehmensleitung und Mitarbeitern gab es nur wenige Ebenen. Aber Tony wollte noch einen Schritt weiter gehen.

Im Jahr 2013 führte *Zappos* eine neue Management-Philosophie ein, die *Holacracy* (dt. Holakratie, Kompositum aus altgriechisch „holos“

für „ganz“ und „kratia“ für „Herrschaft“, Anm. d. Verlags) heißt. Brian J. Robertson, Gründer von *Ternary Software*, trug dazu bei, Holakratie als „soziale Technik“ und „Betriebssystem“ für Organisationen zu entwickeln, weil er nach einem besseren Weg suchte, sein eigenes Unternehmen zu führen. Robertson ließ den Begriff schützen und arbeitete hart daran, das Prinzip in seinem Unternehmen umzusetzen und in anderen zu testen. Einige größere Unternehmen wie *Zappos* und die Online-Plattform *Medium* übernahmen seinen Ansatz ebenfalls.

In seinem Buch *Holacracy: Ein revolutionäres Management-System für eine volatile Welt* erzählt Robertson, wie sich Tony Hsieh an ihn wandte, nachdem er ihn auf einer Konferenz hatte sprechen hören. „*Zappos* wächst“, meinte Tony. „Wir haben mittlerweile 1.500 Angestellte und müssen größer werden, ohne unsere Unternehmenskultur zu verlieren oder in Bürokratie zu ersticken. Also suche ich nach einem Weg, um *Zappos* mehr wie eine Stadt zu führen.“[24] Holakratie war ein kodiertes System, das ihm dabei helfen konnte.

Holakratie ersetzt traditionelle Hierarchiesysteme durch sich selbst organisierende Teams von Mitarbeitern, die an einem bestimmten Projekt arbeiten. Traditionelle Titel wie Geschäftsführer und ausführender Geschäftsführer werden zugunsten von Rollen aufgegeben, die unterschiedliche Menschen zu unterschiedlichen Zeiten einnehmen können, nachdem sie auf der Grundlage bestimmter Richtlinien in die jeweiligen Rollen gewählt wurden.

Wie Robertson mir erzählte, als wir uns unterhielten, verfolgt diese Vorgehensweise unter anderem das Ziel, *Person* und *Rolle* voneinander zu trennen, um die jeweils beste Entscheidung für ein Unternehmen treffen zu können. Kritische Prozesse sind dadurch weniger durch persönliche Egos bestimmt. Zuweilen kann das Entkoppeln von Person und Rolle allerdings auch verborgene Probleme ans Licht bringen.

Im Rahmen des Übergangs zum neuen System trat Tony als Geschäftsführer zurück. Die bisherige Management-Hierarchie von *Zappos* verschwand nahezu über Nacht. Auch das Downtown-Projekt ging den Schritt in Richtung Holakratie. Dadurch entstand, wie wir sehen werden, eine mimetische Krise – nicht ein gescheitertes

Management-System, wie es in Teilen der Presse dargestellt wurde, sondern ein System, das dem Hochkochen verborgener mimetischer Begierden Tür und Tor öffnete.[25]

Ein menschenzentrierter unternehmerischer Ansatz bedeutet, dass man mit der Unordnung menschlicher Beziehungen umgehen muss, mit der menschlichen Natur. Wenn man etwas einführt, das der menschlichen Natur fremd ist und sich nicht mit ihr ergänzt – wie ein unternehmerisches „Betriebssystem", das mimetisches Begehren nicht auf dem Zettel hat – dann öffnet man quasi die Büchse der Pandora.

Zappos hatte zwar die Hierarchien abgeschafft, aber sie konnten nicht das Netz von Begehrlichkeiten und das menschliche Bedürfnis danach, in Beziehung zu Vorbildern zu stehen, beseitigen. Aus der Sicht eines Individuums gibt es immer eine Hierarchie des Begehrens – einige Vorbilder sind es eher wert, dass man ihnen folgt und einige Dinge sind begehrenswerter als andere. Wir sind hierarchische Wesen. Deshalb mögen wir Listen und Aufzählungen so sehr. Wir müssen wissen, wie die Dinge geordnet sind und wie sie zusammenpassen. Wenn man alle Anzeichen einer Hierarchie entfernt, läuft dies konträr zu diesem fundamentalen Bedürfnis.

Als *Zappos* die Holakratie einführte, entfaltete das, was an der Oberfläche verschwand – sichtbare Rollen und Titel – auf unterschiedliche Weise im Untergrund seine Wirkung.[26] „Das Umfeld wurde politischer", erzählte mir die Journalistin Aimee Groth, die einen Artikel über Holakratie für das Wirtschaftsportal *Quartz* geschrieben hat. „Menschen fühlten sich weniger sicher in ihren Jobs ... es war weniger klar, wie sie ihre Rollen und ihre Jobs behalten konnten. Außerdem gab es immer noch einige Menschen, die über nahezu unbegrenzte Macht verfügten, weil sie eine enge Beziehung zu Tony hatten." Es gab ein verborgenes Netz an Begehrlichkeiten, das niemand entschlüsseln konnte.

Unwillentlich waren die Tore mimetischer Rivalität weit aufgestoßen worden. Als Tony 2010 sein Buch *Delivering Happiness* veröffentlichte, hatte das Schwungrad des Unternehmens einen neuen Startpunkt bekommen. Beim Ursprünglichen war das Stadium „Glück vermitteln" der *letzte* Schritt des Prozesses. Bei der neuen Version war es der *erste und primäre* Schritt.

Es ist anmaßend zu glauben, man könne jemand anderem „Glück vermitteln". Das gelingt uns selbst bei unseren Nächsten und Liebsten nicht immer. Es ist auch nicht unsere Aufgabe. Und ganz sicher ist es nicht die Aufgabe eines Unternehmens. Die Mission, „Glück zu vermitteln", unterscheidet sich radikal von der Mission, „den Schuhkauf zu vereinfachen", vor allem, wenn es sich um den Startpunkt handelt, der das Schwungrad in Bewegung setzt. Sie ist anspruchsvoller und bedeutsamer, aber auch gefährlicher. Die meisten Menschen beurteilen ihr Glück im Vergleich zu anderen. Wenn der Ausgangspunkt eines Schwungrads das Vermitteln von Glück ist – sowohl auf die Kunden bezogen als auch auf die Unternehmenskultur – dann kreist das ganze System um eine vage Vorstellung von Glück, die voller Mimesis steckt.

Wenn Glück zum dominanten Begehr in einer Gemeinschaft wird, in der niemand genau weiß, was Glück ist und wie man es erzielt,

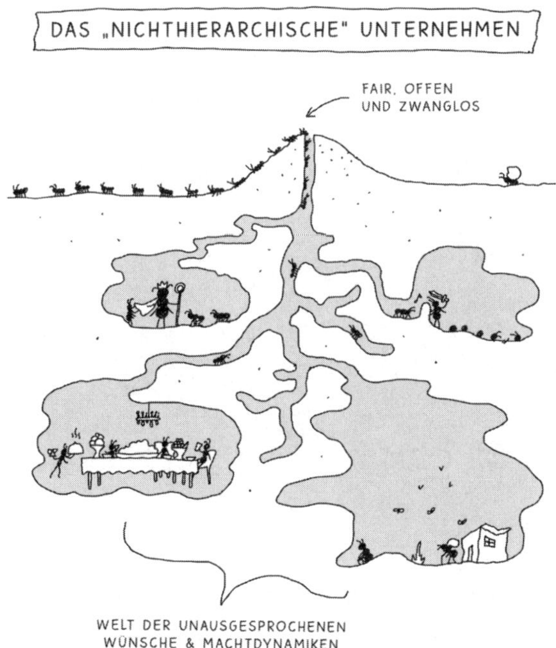

dann schauen alle nach rechts und links, um Vorbilder zu finden, die es wert sind, ihnen zu folgen. Und da in Freshmanistan alle nahe beieinander sind und gleiche Chancen haben, kommt es zu einem Kampf aller gegen alle.

Ich habe gesehen, wie Glück wie ein Mem behandelt wurde – etwas, das man von einer Person zur anderen übertragen kann, indem man ein bestimmtes Schema verfolgt. Aber Glück ist kein Mem und es kann nicht vermittelt oder „geliefert" werden. Menschen suchen immer nach dem Glück, indem sie nach Vorbildern für Glück suchen. Das kann jemand sein, der den amerikanischen Traum lebt, ein Geschäftsführer aus dem Silicon Valley oder der Nachbar von nebenan. Externe Hierarchen sind dabei nur die sichtbare Oberfläche eines persönlicheren Systems: der Struktur des Begehrens, die unsichtbar in uns allen lebt und über mimetisches Begehren mit anderen Menschen verbunden ist.

C. S. Lewis nannte dieses unsichtbare System *Inner Ring* (dt. innerer Kreis, Anm. d. Verlags). Ganz gleich, wo ein Mensch sich im Leben gerade befindet, ganz gleich, wie reich oder beliebt eine Person ist, es gibt immer den Wunsch, Teil eines inneren Kreises zu sein und ebenso die Angst, außen vor zu bleiben. „Dieses Begehren [zum inneren Kreis zu gehören] ist eine der großen und permanenten treibenden Kräfte menschlichen Handelns", meinte Lewis. „Es ist einer der

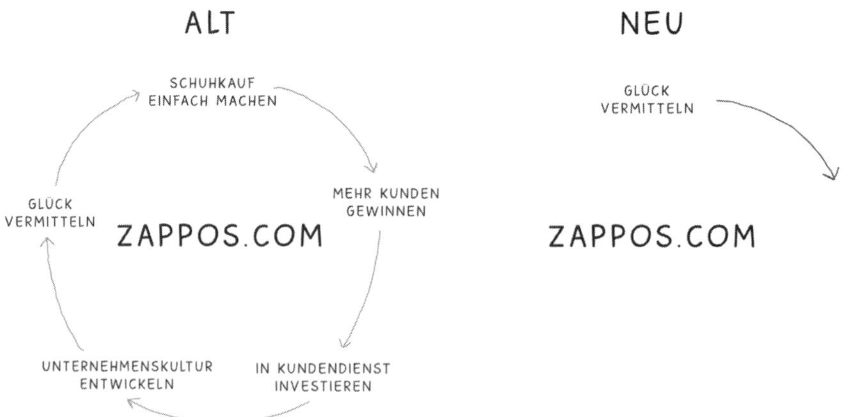

Faktoren, die die uns bekannte Welt erschaffen – dieses ganze Durcheinander von Kampf, Wettbewerb, Verwirrung, Plackerei, Enttäuschung und Werbung ... Solange man von diesem Begehren beherrscht wird, wird man nie das bekommen, was man will."[27] *Zappos* demontierte alle sichtbaren Anzeichen eines äußeren Kreises. Sie vergaßen den inneren.

Wertehierarchien

Tonys Projekt, die Innenstadt von Las Vegas zu einem unternehmerischen Zentrum und einer glücklichen Gemeinschaft zu machen, war grundsätzlich ein nobles Unterfangen. Es scheiterte an der mangelnden Kenntnis der menschlichen Natur. Geschäftsführer, Lehrer, politische Entscheidungsträger und alle anderen, die dafür verantwortlich sind, ein Umfeld zu prägen, sollten verstehen, wie Entscheidungen sich auf die Wünsche von Menschen auswirken. Genauso wie ein Stadtplaner die Auswirkungen von Parks und Wandgemälden und Fahrradwegen auf alles, von Verkehr bis Verbrechensrate bedenken muss, sollten Führungspersönlichkeiten die Auswirkungen ihrer Entscheidungen auf die *Humanökologie* bedenken – das Netz von Beziehungen, das das menschliche Leben und die menschliche Entwicklung beeinflusst. Kein Aspekt der Humanökologie wird häufiger übersehen als mimetisches Begehren.

Ganz zu Beginn meiner Karriere beging ich bei einem meiner Unternehmen einmal den Fehler, ein *Flag Football*-Team zu gründen, das in einer Stadtliga spielte. Mir war nicht klar, dass ich dadurch unser junges Start-up in verschiedene Lager spaltete. Sich außerhalb der Arbeit zu treffen und Spaß zu haben, war nicht das Problem. Es ging eher darum, dass ich als Geschäftsführer derjenige war, der das Ganze organisierte und leitete. In diesem Stadium des Unternehmens, mit nur zehn Mitarbeitern, hätten Organisation und Idee von jemand anderem stammen müssen, um nicht als eine Art Befehl und Erwartung von oben zu wirken. Mein Football-Fanatismus führte zu einigen Rivalitäten und lenkte Begehrlichkeiten auf kleine und niedrige Ziele anstatt auf große.

Führungskräfte sollten auch bedenken, dass wirtschaftliche Anreize immer eine größere Dimension haben als die rein wirtschaftliche. Wenn die Signale stark genug sind, dann können sie Wünsche verzerren und Menschen auf einen falschen Karrierekompass „einnorden“. Stellen Sie sich einmal eine Universität vor, bei der alle, die Geschichte als Hauptfach wählen, 10 000 US-Dollar ausgezahlt bekommen, während alle anderen leer ausgehen. Es würde eine Verzerrung am Markt entstehen. Und es würde wohl kaum jemanden überraschen, wenn auf einmal immer mehr Studenten ihre „Liebe“ zum Fach Geschichte entdeckten. Sie könnten sogar selbst davon überzeugt sein, dass ihr neu gefundenes Hauptfach ein Ausdruck ihres authentischen Selbst wäre.

Sie wissen mittlerweile, wie schwankend Begehren ist. Dennoch handeln wir alle die ganze Zeit auf diese Weise. Eltern sind bereit, viel Geld in Ausrüstung und Training für ihr Kind für eine bestimmte Sportart zu investieren, aber nicht für eine andere. Sie zahlen bereitwillig die Gebühren für ein bestimmtes College, für ein anderes aber nicht. Die Kinder haben nicht immer die psychische Freiheit oder Reife das, was sie wollen, von dem zu unterscheiden, was sinnvoll ist.

Einige Menschen wachen nach zwanzig Jahren morgens auf und fragen sich, wie es dazu kam, dass sie diese Berufslaufbahn eingeschlagen haben und warum sie immer noch daran festhalten. Man kann Verhalten zweifellos mit finanziellen Anreizen beeinflussen, aber wirtschaftliche Anreize allein erklären nicht, warum Menschen von bestimmten Vorbildern gefesselt sind. Begehren kann man nicht kaufen. Wenn wir Risiken subventionieren, haben wir am Ende eine verzerrte Sicht darauf, wer was will. Und am Ende betrifft es uns selbst.

Marketing, Geld und Vorbilder verzerren Begehren, wenn es keine klare Hierarchie der Werte gibt. Ich sehe das häufig bei meinen Erstsemestern an der Business School. Sie befinden sich in einer leicht formbaren, hypermimetischen Phase ihres Lebens. Da ich weiß, dass ich für viele von ihnen ein Vorbild bin, achte ich darauf, dass ich nicht bestimmte Hauptfächer, Praktika oder Jobs als anderen gegenüber höherwertig darstelle – zumindest so lange, bis ich die einzelnen Studenten besser kenne. Es frustriert mich immer wieder, wenn Studenten nach drei Wochen an der Uni zu mir kommen und mir erzählen, dass ein Onkel, eine Tante, ein Freund oder ein Berufsberater ihnen eindringlich rät, aufgrund der Aussicht auf einen sicheren Arbeitsplatz Rechnungswesen als Hauptfach zu wählen. (Ich habe hier Rechnungswesen herausgegriffen, es könnte aber ebenso gut ein anderes Fach sein.) Selbst Studenten, die wenig mit Zahlen am Hut haben, beginnen nach so einem Ratschlag, an dem Weg, den sie selbst einschlagen wollten, zu zweifeln. Und das ist nicht ihre Schuld: Die Person, die eine Karriere als Wirtschaftsprüfer vorschlägt, ist wahrscheinlich ein großartiges Vorbild, das Ruhe ausstrahlt, finanziell abgesichert ist und glücklich zu sein scheint.

„Ist Rechnungswesen das, was Sie wirklich machen wollen?", frage ich dann immer. „Ich weiß es nicht genau", lautet die häufigste Antwort. „Vielleicht schon." Es ist so, als stünden sie vor einem Büffet in einem fremden Land, mit Hunderten von Gerichten, die sie noch nie probiert haben und von deren Existenz sie bislang keine Ahnung hatten. Das Erste, was sie machen werden, ist sich hinter einer Person anzustellen, die so aussieht, als wüsste sie, was sie tut. Wir alle machen das so.

Ich frage meine Studenten dann immer als nächstes, wie ihre Wertehierarchie aussehen könnte. Was ist ihnen wichtig? Was sind die fünf, zehn oder zwölf Regeln, nach denen sie leben möchten? Es reicht nicht aus, wenn sie mir von all den Dingen erzählen, die ihnen wichtig sind. Sie müssen ihnen auch eine Art von Hierarchie zuweisen. Ich ermuntere sie, Entscheidungen zu treffen und Prioritäten zu setzen. Augustinus von Hippo nannte das die *ordo amoris*, die „Ordnung der Liebe".[28]

Werte und Begierden sind nicht dasselbe. Werte dienen dazu, Begierden zu ordnen, ähnlich wie zum Beispiel bei der Ernährung: Wenn einer Person, die gerne Fleisch isst, klar wird, dass sie aufgrund ihrer Werte kein Fleisch mehr essen will, dann wird – wenn sie ihren Werten lange genug treu geblieben ist – eine Zeit kommen, in der sie gar kein

Fleisch mehr essen *will*. Man könnte ihr dann den saftigsten Burger vor die Nase halten und sie käme nicht einmal mehr in Versuchung.

Bei vielen Menschen entstehen Wertehierarchien zunächst unbewusst. Das sieht dann beispielsweise so aus: Ich kümmere mich immer zuerst um meine engste Familie, dann um andere; ich beantworte zuerst die E-Mails von Menschen, die ich kenne, und dann erst die anderen; wenn ich heute nur einen Raum saubermachen kann, dann nehme ich die Küche.

Ob wir es merken oder nicht – unser Verstand denkt die ganze Zeit in Hierarchien. Das kann unsere tägliche To-Do-Liste betreffen, Prioritäten bei einer Wahl oder den Blick in die Speisekarte im Restaurant (Vorspeise, Hauptspeise, Nachspeise). Ohne eine Hierarchie der Werte, die uns dabei hilft, Begehrlichkeiten zu entwickeln und zu lenken, könnten wir nicht einmal anfangen, darüber nachzudenken, welchen Dingen wir in welchem Maße unsere Aufmerksamkeit schenken.

Die meisten Unternehmen haben eine Firmenphilosophie. Viele haben zentrale Werte oder etwas Vergleichbares. Nur wenige sind sich aber ihrer Hierarchie der Werte bewusst und kommunizieren sie dementsprechend auch nicht nach außen. Das führt dazu, dass es schwierig für sie wird, zu entscheiden, was zu tun ist, wenn zwei Werte in offensichtlichen Konflikt miteinander geraten, wie beispielsweise, die Gesundheit und Sicherheit der Mitarbeiter zu gewährleisten und gleichzeitig das Geschäft während einer Pandemie wie COVID-19 weiterlaufen zu lassen.

Eine Wertehierarchie ist besonders dann wichtig, wenn Entscheidungen zwischen *guten* Dingen getroffen werden müssen. Wenn alle Werte gleich wichtig sind oder nicht bei allen klar ist, wie sie im Verhältnis zueinander stehen, wird Mimesis zum primären Treiber der Entscheidungsfindung. „Meine Freunde und mein Glaube sind mir beide extrem wichtig“, sagte einer meiner Studenten. Schön und gut. Aber was, wenn einer seiner besten Freunde seinen Junggesellenabschied in Miami South Beach ausgerechnet auf einen hohen religiösen Feiertag legt? Da ist es nicht hilfreich, wenn zwei verschiedene Dinge beide „extrem wichtig“ sind. Ohne eine klare Hierarchie wird seine Entscheidung wahrscheinlich durch die Menschen um ihn herum beeinflusst werden. Sie wird auf der Grundlage von Mimesis erfolgen, nicht auf der Grundlage von Werten.

Unternehmen stehen jeden Tag vor Situationen, bei denen konkurrierende Forderungen an ihre Werte gestellt werden. Nehmen wir einmal an, die zentralen Werte eines Unternehmens sind „Inklusion und Diversität" sowie „Beziehungen, die auf Vertrauen beruhen". Wenn es um eine Branche geht, in der Verkäufe über Männerriegen stattfinden, in denen bereits Vertrauen untereinander aufgebaut wurde, wird es schwierig, eine junge Frau für den Verkauf einzustellen und ihr die Chance zu geben, auf eine andere Art und Weise Vertrauen aufzubauen, wenn beim Einstellungsprozess keine klare Priorität für Inklusion und Diversität besteht. Fehlt eine Wertehierarchie, wissen die einstellenden Manager nicht, was sie tun sollen, wenn 95 Prozent der eingehenden Bewerbungen von hochqualifizierten männlichen Bewerbern stammen. Mimetische Kräfte werden weiterhin einen Einfluss auf die Personalpolitik haben.

Bezüglich der Kapitalstruktur eines Unternehmens wird es immer eine Hierarchie bei den Ausgaben geben. In der *Cap Table* eines Start-ups (eine hierarchische Liste dessen, wer was besitzt und wer wann was ausgezahlt bekommt) könnten folgende Gruppen aufgeführt sein, wobei deren Ansprüche nach Priorität geordnet sind: abgesicherter Gläubiger, nicht abgesicherter Gläubiger, Vorzugsaktionär, Serie-A-Aktionäre, Serie-B-Aktionäre und Gründeraktien.[31] Wenn wir solch klare Hierarchien festlegen können, wenn es darum geht, wer zuerst bezahlt wird, dann ist das Bestimmen einer ähnlichen Hierarchie für unsere Werte – was wollen wir in welcher Reihenfolge – das Mindeste, was wir tun können.

Taktik 6
Etablieren und kommunizieren Sie eine klare Wertehierarchie

Eine Wertehierarchie ist das Gegengift zu mimetischem Konformismus. Haben alle Werte die gleiche Bedeutung, dann wird sich – vor allem in Krisensituationen – derjenige durchsetzen, der am mimetischsten ist. (In der ersten Zeit der COVID-19-Pandemie wurde panikartig Toilettenpapier gekauft. Es gab keinerlei Lieferprobleme, es war ein mimetisches Problem. Kulturelle Werte unterliegen häufig der gleichen Irrationalität – Menschen neigen dazu, in Panik das zu kaufen, was ihnen in dem Moment am wichtigsten erscheint, unabhängig davon, was für das Gemeinwohl am besten wäre.)

Das alleinige Benennen von Werten reicht nicht aus. Es muss eine Rangordnung erstellt werden. Wenn alle Werte gleichrangig sind, dann wird am Ende nichts wertgeschätzt. Es ist so, als würde man jedes Wort in einem Buch mit einem Textmarker markieren.

Am besten erstellen Sie sich ein geistiges Modell der eigenen Wertehierarchie (oder einer gemeinsamen Hierarchie, wenn Sie in einer Beziehung sind). Halten Sie sie auf Papier fest. Ermuntern Sie Ihr Unternehmen, das Gleiche zu tun. Die Hierarchie kann sich im Laufe der Zeit verändern. Wenn Sie Ihre Werte in eine Reihenfolge bringen, werden Sie besser in der Lage sein, Optionen abzuwägen, wenn Sie in komplexen Situationen Entscheidungen treffen müssen.

Denken Sie immer daran, dass Konflikte durch Gleichheit entstehen, nicht durch Unterschiede. Wenn alles gleich gut und wichtig ist, steigt das Konfliktpotenzial. Tragen Sie nicht zur Tyrannei des Relativismus bei, denn den vertreten schon viel zu viele.

Der Mangel an klaren, priorisierten Werten bei vielen Firmen erlaubt es der Mimesis, das „Konzept der gesellschaftlichen Verantwortung" eines Unternehmens so weit zu unterwandern, dass es zu einem schlaffen Marketingtrick verkommt. Dabei sind die hier vertretenen Werte nicht unwichtig. Aber man hat den Eindruck, dass selbst „gesellschaftliche Verantwortung" zu einem mimetischen, Tugendhaftigkeit signalisierenden Spiel geworden ist, das mehr mit der Gesellschaft zu tun hat als mit irgendeiner Form von Verantwortung.[29] Vermeiden Sie dies, indem Sie sowohl Ihre Werte als auch deren relative Wichtigkeit festlegen und kommunizieren.

Einige Werte sind absolut. Machen Sie sich diese Werte bewusst, benennen Sie sie und verteidigen Sie sie. Sie bilden das Fundament der Pyramide oder den Mittelpunkt Ihrer konzentrischen Kreise (je nachdem, wie Sie Ihre Hierarchie bildlich darstellen).[30]

Der Zusammenbruch des Begehrens

Die Wertesysteme mit einer klaren Hierarchie sind in Krisenzeiten wirkungsvoller als solche, denen eine Hierarchie fehlt. Ferruccio Lamborghini hatte eine solche Hierarchie. Für ihn war es wichtiger, seinen Sohn vor einem Leben der Rivalität auf der Rennstrecke zu beschützen – und dem für ihn damit einhergehenden Risiko von Verletzung oder Tod – als um jeden Preis zu gewinnen. Als die mimetische Eskalation ihren Höhepunkt erreichte, tat Lamborghini etwas, das Menschen am Höhepunkt ihres Begehrens nur ganz selten tun: er stieg aus. Er war dazu in der Lage, weil er seine Wünsche mit einer klaren Wertehierarchie abglich und so dafür sorgte, dass sie nicht außer Kontrolle gerieten. Menschen machen sich keine Gedanken darüber, was ein Autounfall bedeutet, bis sie selbst in einen verwickelt werden. Nahezu niemand denkt darüber nach, was passiert, wenn Wünsche kollidieren. Für Lamborghini war es die gleiche Sache – kollidierende Wünsche entsprachen kollidierenden Fahrzeugen.

Tony Hsieh wollte positive Kollisionen fördern, beachtete dabei aber nicht die verborgenen Kollisionen von Begehrlichkeiten, die im mimetischen Raum zwischen Menschen stattfinden, in den versteckten Winkeln des menschlichen Herzens. Am 24. August 2020 meldete das *Las Vegas Review-Journal*, dass Tony Hsieh *Zappos* nach zwanzig Jahren in der Unternehmensleitung verließ.[32] Am 27. November 2020, nur wenige Monate bevor dieses Buch in Druck ging, erfuhr ich, dass Tony am Tag nach Thanksgiving gestorben war – nahezu zwölf Jahre nachdem wir gemeinsam bei ihm zu Hause ein legendäres Thanksgiving gefeiert hatten. Ich bin beeindruckt von dem, was er in seinen 46 Jahren auf die Beine gestellt hat. Das Downtown-Projekt existiert immer noch. Es gibt viele wunderbare Projekte, die aus ihm erwachsen sind, wie der *Writer's Block*, ein unabhängiger Buchhändler und die Restaurants von Köchin Natalie Young.[33] Dennoch waren in den Jahren zwischen 2015 und 2019 die meisten Berichte in der Presse zum Downtown-Projekt negativ. Einiges an dieser Kritik war gerechtfertigt. Aber Berichte, die an der Oberfläche bleiben – „Management-Theorien" – erzählen niemals die ganze Wahrheit.

In Las Vegas, wo die Verwirrung darüber herrschte, wer für wen ein Vorbild war, erhob sich ein Vorbild aus der breiten Masse, und das war Tony selbst. Er war ungeheuer reich, aber dennoch war es ganz normal, ihn in einem schäbigen Restaurant oder einer Bar im Umfeld des Downtown-Projekts anzutreffen. Er war sehr nahbar. Tony war eine paradoxe Gestalt. Er wollte, dass andere Menschen glücklich waren, aber er schien nichts für sich selbst zu wollen. Während die Epidemie des Begehrens sich in Downtown Las Vegas ausbreitete, blieb Tony allein unberührt davon. Wie wir im nächsten Kapitel sehen werden, ist das ein ziemlich großes Risiko.

Wollen Sie wissen, was die Ägypter mit ihren Katzen machten? 2018 entdeckte man einen Sarkophag aus dem alten Ägypten, in dem sich Dutzende mumifizierter Kätzchen befanden. Funde wie diese – die ersten gab es bereits 1799 – haben den Mythos zerstört, dass die Ägypter die ultimativen Katzenliebhaber waren. Die Wahrheit ist grausamer.

Die Ägypter nutzten ihre Katzen für rituelle Opferungen. *Deshalb* wurden sie als heilig angesehen. In der mimetischen Theorie gibt es einen nahezu unlösbaren Zusammenhang zwischen Chaos und Ordnung, Gewalt und dem Heiligen. Rituelle Opferungen – ob es nun um Katzen im alten Ägypten oder um das rituelle Feuern von Fußballtrainern und Geschäftsführern heutzutage geht – sind der Mechanismus, durch den mimetische Ansteckung kontrolliert und im Zaum gehalten wird.

Der vierte und letzte Teil des mimetischen Kreislaufs, dem wir uns nun zuwenden werden, ist der Prozess, durch den in menschlichen Gesellschaften aus chaotischen Begierden geordnete werden: der Sündenbock-Mechanismus.

KAPITEL 4

DIE ERFINDUNG DER SCHULD – EINE UNTERSCHÄTZTE GESELLSCHAFTLICHE ENTDECKUNG

Die Gefahr der Reinheit ... Sichere Beurteilung ... Rituelle Sündenböcke ... Selbstbewusstheit und Selbsthass

Ich frage mich, ob sich einige der Aspekte der menschlichen Natur im Kontext konkurrierender Rudel gebildet haben. Vielleicht sind wir genetisch anfällig für die Verlockung der Meute ... Was könnte eine Masse von anonymen und dennoch miteinander verbundenen Menschen davon abhalten, plötzlich zu einem wütenden Mob zu werden, wie es immer wieder in der Geschichte aller menschlichen Kulturen vorgekommen ist?

Jaron Lanier, Computerwissenschaftler und Philosoph

Zwischen 1977 und 1982 schlich Jenny Holzer des Nachts durch die Straßen von New York, um ihre subversiven Kunstwerke an Wänden anzubringen. Sie nannte sie *Inflammatory Essays* (dt. in etwa aufrührerische Essays, Anm. d. Verlags) – Lithografien auf buntem Papier, die jeweils genau hundert Worte umfassten, die in kursiv gesetzten Großbuchstaben gedruckt waren, linksbündig und zwanzig Zeilen lang. Die Worte stammten aus Literatur und Philosophie, von Anarchisten,

Aktivisten und Extremisten. Die ersten fünf Zeilen eines dieser Essays lauteten:

> DISASTER DRAWS PEOPLE LIKE FLIES.
> SPECTATORS GET CHILLS BY IDENTIFYING
> WITH THE VICTIMS, FEELING IMMUNE ALL
> THE WHILE! THIS IS A PARTICULARLY
> UNATTRACTIVE FORM OF VOYEURISM.[1]
>
> (Katastrophen ziehen Menschen an wie Fliegen.
> Zuschauer überläuft ein Schauer, wenn sie sich mit den
> Opfern identifizieren und sich dennoch jederzeit immun
> fühlen! Dies ist eine besonders
> unattraktive Form des Voyeurismus.)

Mitte der 1980er Jahre wurde Holzers Kunst auf dem *Spectacolor Lightboard* am Times Square in New York gezeigt, als Teil des Künstlerprojektes „Messages to the Public". 1982 war der Times Square bereits übersät von LED-Reklame, als das schäbige Zentrum des New Yorker Tourismus und der amerikanischen Verbraucherkultur. Holzer erleuchtete das riesige Board mit 250 Worten aus ihrer Serie *Truisms*. Die Worte wurden in weißer Schrift auf schwarzem Grund angezeigt. Eine Aussage lautete:

> PROTECT ME
> FROM WHAT
> I WANT
>
> (Schütze mich
> vor dem, was
> ich will)

Die Botschaft stand in scharfem Kontrast zu den hektischen Farben, Bewegungen und Geräuschen rundherum. Holzers Mahnung ließ vorbeihastende Menschen innehalten und über ihre Bedeutung nachsinnen. Ihre Bitte, vor dem beschützt zu werden, was sie wollte, ist etwas, das wir alle kennen. Wir alle haben Wünsche, die – wenn wir sie bis zum Ende verfolgen – uns selbst und anderen gefährlich werden können. Das Gleiche gilt auf gesellschaftlicher Ebene: Wenn Mimesis außer Kontrolle gerät, verbreiten sich Begierden wie ein Flächenbrand und kollidieren gewaltsam miteinander.

René Girard erkannte, dass Menschen seit Tausenden von Jahren eine besondere Methode haben, um sich in mimetischen Krisen zu schützen: Sie fokussieren sich auf eine Person oder Personengruppe, die sie ausstoßen oder vernichten. Dies hat den Effekt, sich zu vereinigen und gleichzeitig ein Ventil für die angestaute Gewalt zu finden. Sie schützen sich vor dem, was sie wollen – vor den mimetischen Begierden, die zu Konflikten zwischen ihnen geführt haben – indem sie das Verlangen, Rivalen zu besiegen, auf einen einzelnen Punkt konzentrieren: Jemanden, der zum Stellvertreter für alle ihre Feinde wird. Jemanden, der unfähig ist, sich zu wehren. Einen Sündenbock.

Heilige Gewalt

Girard sah eine enge Verbindung zwischen mimetischem Begehren und Gewalt. „Heutzutage sind Menschen überall dem schädlichen Einfluss von Gewalt ausgesetzt, der die Kreisläufe der Rache aufrecht erhält", sagt er in seinem Buch *The One by Whom Scandal Comes*. „Diese ineinandergreifenden Vorfälle ähneln sich, weil sie sich alle gegenseitig nachahmen."[2]

Was löst diese Kreisläufe der Rache aus? Mimetisches Begehren. „Es scheint mir immer mehr so zu sein", sagt Girard im gleichen Buch", dass der moderne Individualismus die Form eines verzweifelten Leugnens der Tatsache annimmt, dass wir alle aufgrund mimetischen Begehrens versuchen, unseren Mitmenschen, die wir zu lieben vorgeben, aber häufig verachten, unseren Willen aufzuzwingen."[3] Geringfügige persönliche Konflikte zeigen im Kleinen die Instabilität, die die gesamte Welt bedroht. Und bevor es die gesamte Welt trifft, trifft es unsere Familien, Städte und Institutionen.

Der preußische General und Militärtheoretiker Carl von Clausewitz verfasste im 19. Jahrhundert ein Buch mit dem Titel *Vom Kriege*, das

Pflichtlektüre in vielen Militärschulen ist. Laut Girard hat er schon damals die mimetische Eskalation der meisten Konflikte erkannt. Im vorderen Teil des Buchs stellt von Clausewitz die Frage, was Krieg sei. Seine Antwort, die er im weiteren Verlauf des Buchs ausführlich begründet, lautet: „Krieg ist nichts anderes als ein Duell im größeren Maßstab.“[4]

Krieg ist die Eskalation mimetischer Rivalität. Wohin führt uns das? Während des Großteils der menschlichen Geschichte gab es bei Kriegen klare Gewinner und Verlierer, inklusive formaler Verfahren, um dies festzulegen. Konflikte waren beendet, wenn eine Seite sich geschlagen gab und dies durch Rituale wie die Unterzeichnung eines Friedensvertrags festlegte. Heutzutage können Terrorzellen einfach so innerhalb einer Gemeinschaft entstehen, und wie bei der Hydra wachsen für jeden abgeschlagenen Kopf gleich mehrere nach. Wie kann es jemals einen definitiven Abschluss eines Krieges geben, in dem sich die Kämpfenden als normale Bürger tarnen? Girard glaubte, dass wir in eine gefährliche neue Phase der Geschichte eingetreten sind – reif für das, was von Clausewitz „Eskalation der Extreme“ nennt – den Drang beider Konfliktparteien, den Gegner zu vernichten, was wiederum den Wunsch nach Gewalt beim jeweils anderen verstärkt und eskalieren lässt.

Es scheint, dass bereits zu Zeiten eines von Clausewitz – und spätestens seit dem Ersten Weltkrieg – Krieg zu einer Eskalation der Extreme geworden ist. Etwas hat sich verändert. Es gibt keine Puffer und Bremsen mehr, die den Ausmaßen der kriegerischen Zerstörung Einhalt gebieten. Heute sehen wir die Eskalation der Extreme auch in der politischen Rhetorik und den eingenommenen Positionen. Und zum ersten Mal in der menschlichen Geschichte verfügen wir über die technologischen Mittel, uns selbst zu zerstören. Noch ist unklar, welche Mechanismen in der Lage sein werden, die Eskalation effektiv zu stoppen. Hier liegt ein großer Unterschied zu früheren Gesellschaften, die eine schreckliche gesellschaftliche Innovation einsetzten, um die Ausbreitung von Konflikten zu verhindern.

Bei seinen Studien der Geschichte stellte Girard fest, dass Menschen immer wieder das Opferritual nutzten, um der Ausbreitung mimetischer Konflikte Einhalt zu gebieten.[5] Wenn in einer Gesellschaft Unruhen drohten, wurde *Gewalt eingesetzt, um Gewalt einzudämmen.* Eine bestimmte Gruppe oder Person wurde ausgestoßen oder vernichtet und das hatte den Effekt, dass eine weitere Ausdehnung der Gewalt verhindert wurde. Girard bezeichnete diesen Prozess als *Sündenbock-Mechanismus.*

Durch den Sündenbock-Mechanismus wird laut Girard ein Krieg von allen gegen alle zu einem Krieg von allen gegen einen. So entsteht ein temporärer Frieden, weil die Menschen durch das Richten ihrer gesamten Wut auf einen Sündenbock ihre mimetischen Konflikte für eine Weile vergessen. Girard glaubte, dass dieser Prozess die Grundlage aller Kultur war. Die Institutionen und kulturellen Normen, die wir um uns herum sehen – insbesondere Rituale wie Wahlen und die Todesstrafe – sind ebenso wie die vielen Tabus Mechanismen, die entwickelt wurden, um Gewalt im Zaum zu halten. Wir werden in diesem Kapitel sehen, wo der Sündenbock-Mechanismus auch heute noch in der Welt am Werk ist, selbst wenn er seine Form verändert hat und stärker getarnt ist. Beginnen werden wir allerdings bei seinen heiligen Ursprüngen.

Die Gefahr der Reinheit

Die Thora enthält einen Bericht über ein merkwürdiges Ritual im alten Israel. Einmal im Jahr, anlässlich des Festes Jom Kippur, des Versöhnungstags, wurden zwei Ziegenböcke in den Tempel nach Jerusalem gebracht. Lose wurden gezogen, um zu bestimmen, welcher Ziegenbock Gott geopfert und welcher zu Azazel geschickt werden sollte, einem bösen Geist oder Dämon, der der Legende nach in abgelegenen Regionen der Wüste lebte.

Der Hohepriester legte dann seine Hände auf den Kopf des Ziegenbocks, der an Azazel ging. Er beichtete alle Sünden der Israeliten, die dadurch symbolisch auf das Tier übergingen.[6] Nachdem der Priester die entsprechenden Gebete gesprochen hatte, wurde der Ziegenbock hinaus in die Wüste getrieben, zu Azazel, und befreite so die Israeliten von ihren Sünden. Durch dieses Ritual kam es zu dem Begriff des „Sündenbocks".[7]

Das Konzept des Sündenbocks ist aber nicht nur bei den Juden bekannt. Die alten Griechen hatten ihre eigene Form des Sündenbock-Rituals – aber sie opferten Menschen, keine Tiere. Wenn Seuchen wüteten oder anderes Unheil das Land befiel, wählten die Griechen einen sogenannten *Pharmakós* – eine Person am Rande der Gesellschaft, meist ein Verstoßener oder Krimineller, ein Sklave oder eine Person, die als besonders hässlich oder missgestaltet galt.

Das Wort *Pharmakós* ist verwandt mit dem Begriff „Pharmazie". Im alten Griechenland war der *Pharmakós* ursprünglich jemand, der als Gift für die Gemeinschaft gesehen wurde. Man glaubte, die Person vernichten oder verbannen zu müssen, um sich selbst zu schützen. Die Zerstörung des *Pharmakós* war die Lösung des Problems. In diesem Sinne stellte er sowohl das Gift als auch das Heilmittel dar. Der *Pharmakós* wurde häufig öffentlich gequält und gedemütigt.[8] Sinn des Rituals war, dass die Beteiligten das durchliefen, was Aristoteles als *Katharsis* bezeichnet: den Prozess des Freilassens starker Emotionen oder Impulse durch die Teilnahme an einem äußeren Ereignis. Für Aristoteles war Katharsis der Sinn hinter einer Tragödie. Das Publikum konnte einiges von seiner Trauer und seinem Schmerz auf sichere Weise loslassen.

Eine Führungskraft bei der Investmentbank, bei der ich früher gearbeitet habe, organisierte einmal einen Paintball-Ausflug in die Hügel außerhalb Hongkongs, wo unsere Zentrale lag. „Ach, das war kathartisch", sagte Steve lächelnd, als wir wieder im Büro ankamen. Es ging gar nicht um Paintball. Steve wusste einfach, dass dadurch, dass wir ein paar Stunden lang durch die Landschaft rannten und uns gegenseitig mit Farbbällen beschossen die Wahrscheinlichkeit sank, dass wir bei der Arbeit gegeneinander stichelten oder aufeinander losgingen. Jedes Unternehmen benötigt ein eigenes kathartisches Ritual – etwas, das effektiver ist als eine Feier, bei der sich alle betrinken. Allerdings gehen heute nur wenige Unternehmen mit ihrem Bedürfnis nach Katharsis so offen um, wie die alten Griechen es taten.

Bei den alten Griechen diente der *Pharmakós* als Ersatz und stand stellvertretend für das, was die Menschen einander antun wollten. Manchmal dauerte das Spektakel des Demütigens des *Pharmakós* Tage. Die Menschen brauchten Zeit, um ihre Spannungen abzubauen. Nachdem dieser Teil des Rituals vollendet war, nahmen alle geschlossen an einer Form von Verstoßung oder Tötung teil. In der griechischen Stadt Massalia, dem heutigen Marseille, trieben die Massen den *Pharmakós* an den Rand einer steilen Klippe und schnitten ihm jeden Fluchtweg ab. Am Ende zwangen sie ihn über den Rand der Klippe und gaben ihn somit dem sicheren Tod preis.[9]

Weil das Vernichten des *Pharmakós* ein kollektiver und anonymer Prozess war, hatten alle etwas davon. Wer war verantwortlich für den Mord? Alle und keiner. Keine Einzelperson fühlte sich verantwortlich, was jeden von der Schuld befreite; gleichzeitig profitierte die gesamte Gemeinschaft davon, dass die Gewalt an jemandem ausgelassen werden konnte, ohne dass die Gefahr einer Vergeltung bestand.

Einhellige Gewalt ist immer anonyme Gewalt. Bei Erschießungskommandos wird oft das Gewehr einer Person mit einer Platzpatrone geladen, sodass keiner weiß, wer am Ende den tödlichen Schuss abgegeben hat – und niemand allein die Schuld trägt.[10] In der Masse ist man auf psychologischer Ebene sicher, so wie es auch bei Erschießungskommandos der Fall ist. „Ich weiß ja gar nicht, ob ich es gewesen bin", ist immer eine gute Verteidigung, zumindest sich selbst gegenüber.

Girard fand in nahezu allen Kulturen Beispiele für Sündenbock-Rituale. Der Sündenbock wird häufig komplett willkürlich gewählt, immer aber als *anders wahrgenommen*. Irgendein Merkmal stempelt ihn als Außenseiter – etwas, das ihn auffällig macht.

Sündenböcke sind häufig Mitglieder einer Gruppe, die dem Anschein nach gegen deren Glaubenssätze oder Tabus verstoßen. Ihr Verhalten lässt sie als Bedrohung für die Einheit der Gruppe erscheinen, sodass sie irgendwann als Krebsgeschwür oder abscheulicher Außenseiter gesehen werden, der die sozialen Bande verletzt hat, die die Gruppe zusammenhalten. Das Vernichten des Sündenbocks ist eine Handlung, durch die die Gruppe wieder als Einheit zusammenfindet.

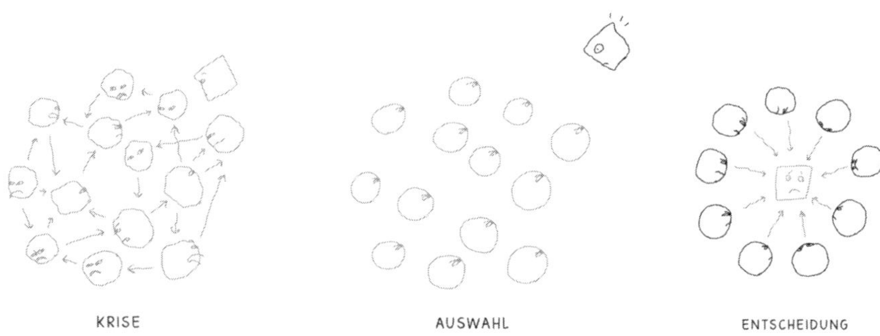

Niemand ist davor geschützt, zum Sündenbock zu werden. Während einer mimetischen Krise ist die Wahrnehmung verzerrt. In Freshmanistan, wo die Unterschiede gering sind, werden selbst die kleinsten Abweichungen verstärkt. Menschen übertragen ihre schlimmsten Ängste lieber auf einen Sündenbock als sich der Krise direkt zu stellen. Keiner möchte den Preis bezahlen.

Menschen vor sich selbst retten

Wenn Sie im Meer schwimmen und dort ein Blitz einschlägt, haben Sie wenig zu befürchten. Befinden Sie sich hingegen in einem Swimmingpool, wenn der Blitz einschlägt, haben Sie sehr viel zu befürchten. Celebristan ist wie das Meer, Freshmanistan wie ein Swimmingpool.

Nehmen wir einmal an, ein großes ans Stromnetz angeschlossenes Elektrogerät wird in Japan in der Nähe eines überfüllten Strandes von einer Yacht gestoßen. Tausende von Volt werden unmittelbar ins Wasser gejagt. Für Menschen, die Tausende von Kilometern entfernt vor einem kalifornischen Strand schwimmen, ist das vollkommen harmlos. Und die meisten Menschen am japanischen Strand würden auch praktisch nichts bemerken.[11] Wasser leitet Strom hervorragend, aber in einem großen Gewässer wie dem Pazifischen Ozean verteilt er sich relativ rasch. In Celebristan ist, wie wir uns erinnern, der Grad an sozialem Abstand zwischen den Menschen hoch und das Risiko mimetischer Ansteckung gering. Was aber passiert, wenn das gleiche Elektrogerät in einen Pool von sechs mal zwölf Metern fällt, in dem sich zwanzig Menschen aufhalten? Wir können sicher davon ausgehen, dass die Auswirkungen andere sein werden als im Meer.

Die folgende Geschichte soll zeigen, warum mimetische Ansteckung in Freshmanistan so gefährlich ist. Die Szene ist fiktiv und auf wissenschaftliche Genauigkeit habe ich auch keinen übermäßigen Wert gelegt. Ich verwende eine Allegorie, weil sie auf vielfältige Weise auf die Realität übertragen werden kann. Der Pool ist Freshmanistan und die Menschen im Pool sind in einer mimetischen Krise gefangen. Die Elektrizität steht für die akute und ernsthafte Gefahr, in die die Gruppe sich selbst gebracht hat – die Gefahr der mimetischen Ansteckung, die schnell von Person zu Person übertragen wird und sie außer Gefecht setzt, unfähig, die Krise eigenständig zu lösen.[12]

Die Logik, entlang derer sich die Ereignisse entwickeln, ist der Schlüssel – und zwar nicht die Logik des Verstands, sondern die Logik der Mimesis. Die Szene ist wie folgt. Zwanzig College-Studenten, die meisten betrunken oder zumindest kurz davor, spielen Wasserpolo. Eine Person begeht einen leichten Regelverstoß und eine andere rächt sich dafür mit einem Schubs, der härter ausfällt als notwendig. Zwischen beiden bricht ein Kampf aus. Sie schreien sich an, werfen sich Beleidigungen an den Kopf und bald darauf beginnen sie sich zu schlagen. Die anderen Anwesenden ergreifen schnell Partei für die eine oder andere Seite.

Während des Kampfs verhakt sich einer der Streitenden versehentlich mit dem Arm im Stromkabel eines Geräts, das aus unerfindlichen Gründen relativ nah am Wasser steht. Ohne es zu bemerken, zieht er das Gerät in den Pool. Ich beobachte das Ganze, genau wie Sie, aus sicherer Entfernung und bin nüchtern genug, um zu ahnen, was gleich passieren wird. Im Gegensatz zu den Menschen am Strand in Japan sind die Studenten hier ernsthaft in Gefahr. Der elektrische Strom wird sich innerhalb von Sekunden im Wasser verteilen und alle von ihnen erreichen. Jeder von ihnen wird als elektrischer Leiter für alle anderen agieren. Genau das, was in einem mimetischen Mob passiert.

Das englische Wort für Ansteckung – „contagion“ – leitet sich vom lateinischen Wort *contagio* ab, was „mit Berührung“ bedeutet. Bei einer Menschenmenge erfolgt die Ansteckung nahezu unbemerkt. Genau wie bei der Verbreitung einer ansteckenden Krankheit weiß niemand, wer innerhalb einer Gruppe ein Superspreader ist. Es ist unmöglich, den genauen Moment zu bestimmen, in dem der unsichtbare Feind die Verteidigungswälle eines Menschen überwindet. Im Fall der Mimesis vermutet niemand, dass die eigenen Wünsche und Begierden infiziert sind.

Wir können nicht voraussagen, wann die Intelligenz der Masse in die Gewalt des Mobs umschlägt. Wir sehen die gewalttätigen Interaktionen nicht, die auf der anderen Seite des Parks oder des Raums stattgefunden haben. Wir sind nur ein kleiner Teil eines großen Systems und keiner, der sich im Inneren des Systems befindet, kann die Dynamik des Ganzen erfassen. Was in einem Mob passiert, passiert wie in einer Art von Nebel. Ta-Nehisi Coates beschreibt diesen Nebel im November 2019 in einem Meinungsbeitrag in der *New York Times*:

> Die neue *Cancel Culture* (Der soziale Ausschluss von Menschen oder Organisationen, denen bestimmte beleidigende oder diskriminierende Aussagen oder Handlungen vorgeworfen werden, Anm. d. Übers.) ist das Produkt einer Generation, die in eine Welt ohne verschleiernde Mythen hineingeboren wurde, in der die großen Missstände – die einst nur angedeutet, vermutet oder hinter vorgehaltener Hand geäußert wurden – nun in allen Details in die Welt gepostet werden. Nichts ist mehr heilig, und, noch wichtiger, nichts ist mehr legitim – am allerwenigsten die Institutionen, die damit beauftragt sind, für das Recht zu sorgen. Also wird die Gerechtigkeit von der Masse übernommen. Das ist nicht optimal. Es scheint, als hätten wir nur die Wahl zwischen dem Aufbau egalitärer Institutionen, die der öffentlichen Prüfung standhalten, oder einem weiteren Rückzug in einen verschleiernden Nebel.[13]

Unsere betrunkenen Poolhelden, einst vereint im übermütigen Spiel und dann im Kampf sind nun vereint in der gemeinsamen Angst. Strom bahnt sich seinen Weg durch warme Körper, die im seichten Wasser stehen. Sie haben fünf bis zehn Sekunden Zeit, um den Pool zu verlassen, bevor es zu spät ist, aber sie können nichts selbsttätig tun. Sie sind gelähmt von Angst und Unentschlossenheit. Noch hat nichts sie dazu bewegt, gemeinsam aktiv zu werden.

Dann betritt ein unerwarteter Retter die Szene. Ein Typ, der auch im Pool gewesen war, aber kurz bevor der Streit ausbrach loszog, um sich ein Bier zu holen. Nun ist er wieder da und hat keine Ahnung, was in der Zwischenzeit passiert ist. Mit einem kalten Bier in jeder Hand steht er grinsend genau dort, wo das Gerät im Wasser schaukelt, leise zischt und Funken versprüht. Es ist ihm noch nicht einmal aufgefallen. Die Menschen im Pool sehen ihren Freund am Rand stehen. Er ist ruhig. Er grinst. Sie befinden sich in Todesgefahr.

Einer der Jungs im Pool zeigt anklagend mit dem Finger auf den soeben Eingetroffenen und sagt: „Er war das!“ Der Typ mit dem Bier hat keine Ahnung, was gerade abgeht und wessen er angeklagt ist. Aber aller Augen richten sich plötzlich auf ihn. Ein zweiter Finger erhebt sich und eine andere Stimme sagt: „Er ist schuld!“, und dann folgt eine dritte mit: „Er hat versucht, uns umzubringen!“ Die vierte und die fünfte Anschuldigung folgen gleich auf dem Fuße. Anschuldigungen sind gefährlich mimetisch.

Die erste Anschuldigung ist die schwierigste. Warum? Weil es noch kein Vorbild gibt. Erst im Licht erdrückender Beweise würden die meisten von uns eine andere Person einer wahrhaft schrecklichen Tat beschuldigen. In einer Situation extremer Angst oder Verwirrung ändern sich allerdings die Standards. Eine Person kann in einem Kriegsgebiet leichter als böser Täter erscheinen als in einem geordneten Klassenzimmer.

Die erste Anschuldigung ändert unseren Blick auf die Realität, auch wenn sie komplett falsch ist. Sie verändert unsere Erinnerung und unseren Blick auf neue Ereignisse. Mit jeder neuen Anschuldigung, die hinzukommt, gibt es *mehr Vorbilder*. Aus diesem Grund ist die zweite Anschuldigung leichter als die erste, die dritte leichter als die zweite und die vierte leichter als die dritte.

Vorbilder können die Realität verzerren, wie wir es bereits bei Steve Jobs gesehen haben. Eine mimetische Welle der Anschuldigung, bei der eine ausreichende Anzahl von Menschen den Glauben an die Schuld einer anderen Person vermittelt, kann die beschuldigte Person vor unseren Augen verändern. Wir sehen sie nicht so wie sie ist, weil sie zum Spiegel unserer eigenen Gewalt wird. In unserer Geschichte mutiert der Typ am Beckenrand innerhalb eines Moments in den Augen der Menschen im Pool zum Monster – zum Mörder. Und das nur, weil er zur falschen Zeit am falschen Ort war.

René Girard erzählt die Geschichte des „schrecklichen Wunders“ des Apollonios von Tyana, um die verändernde Wirkung der Mimesis zu zeigen.[14] Apollonios war ein bekannter Wanderphilosoph und Wundertäter im Ephesos des 2. Jahrhunderts n. Chr., dessen Geschichte vom griechischen Autor Philostratos aufgezeichnet worden ist. Als die Epheser von einer nicht enden wollenden Pestepidemie heimgesucht wurden, die ihre Gemeinde verwüstete, wandten sie sich an Apollonios. „Verzweifelt nicht, denn noch heute werde ich der Krankheit Einhalt gebieten.“, versicherte er ihnen. Er führte sie zu einem Theater, an dem ein blinder alter Bettler in armseligen Verhältnissen lebte. „Hebt so viele Steine auf, wie ihr könnt und schleudert sie auf diesen Feind der Götter.“, sagte er.[15] Apollonios verordnete nichts anderes als den Sündenbock-Mechanismus. Aus heutiger Sicht mag es uns merkwürdig erscheinen, dass er dies tat, um etwas zu beenden, das eher biologische Ursachen hat. Aber der Sinn dahinter wird verständlicher, wenn wir uns bewusst machen, dass es sich um eine mimetische Krise handelte.

In vielen alten Schriften ist die Grenze zwischen biologischen und psychischen Epidemien unscharf. Girard glaubte, dass Geschichten von physischen Katastrophen wie Seuchen womöglich mythologisierte Fassungen des wahren Geschehens waren und im Grunde soziale Krisen, zerrüttete Beziehungen und mimetische Ansteckung dahintersteckten.

Er fand dieses Phänomen in dem Roman *Schuld und Sühne* von Dostojewski, in dem der Protagonist Raskolnikow „von einer weltweiten Seuche träumt, die die Beziehungen der Menschen untereinander beeinflusst", wie Girard es beschreibt. „Es werden keine spezifischen medizinischen Symptome erwähnt. Es ist die menschliche Interaktion, die zusammenbricht, und nach und nach kollabiert die gesamte Gesellschaft."[16] Die Geschichte von Apollonios und den Ephesern versteckte, wie viele alte Geschichten, mimetische Gewalt – Gewalt, die ihren Ursprung in der eigenen Gemeinschaft hat – hinter fantastischen Erzählungen von rachelüsternen Göttern und Dämonen.

Apollonios, der Wunderheiler, verschrieb also seine Medizin. Er forderte die Epheser auf, einen blinden Bettler zu steinigen, um sich von ihrer Krankheit zu heilen. Zunächst waren sie schockiert von Apollonios' Anordnung. Warum bat dieser große Heiler sie, einen unschuldigen Mann zu töten? Aber Apollonios stachelte sie weiterhin an. Zunächst passierte nichts. Irgendwann aber nahm jemand den ersten Stein in die Hand und warf ihn.

„Sobald einige von ihnen begonnen hatten, mit Steinen nach ihm zu werfen und ihn trafen", schreibt Philostratos, „blickte der Bettler, der zu blinzeln und blind zu sein schien, sie plötzlich an und seine Augen waren voller Feuer." Die Epheser sahen ihn nun als Dämonen.

Nachdem sie den Mann zu Tode gesteinigt hatten, fanden sie unter dem Steinhaufen ein wildes Tier anstelle seines Körpers. Das symbolisiert die Transformation, die er im Geiste der Menge durchlaufen hatte.

Friede kehrte in der Stadt ein. Die Epheser errichteten einen Altar für einen Gott an dem Ort, an dem die Steinigung stattgefunden hatte. Das Gift war zum Heilmittel geworden. Apollonios hatte die Epheser in die Pharmazie gebracht. Er hatte ihnen einen *Pharmakós* geliefert.

Aber zurück zum Pool. Derjenige, der den Verdächtigen als erstes ausgemacht und angeklagt hat, ist nun von Wut erfüllt. Er nimmt seine ganze Kraft zusammen und überwindet die Lähmung, die seinen Körper erfasst hatte. Er macht sich auf den Weg zum Beckenrand und klettert aus dem Wasser.

Die Elektrizität steht für die gefährliche mimetische Ansteckung, die alle Menschen im Pool aneinander bindet und sie an Ort und Stelle hält – es sei denn jemand oder etwas taucht auf, der oder das eine noch stärkere Kraft ausübt. Der Sündenbock-Mechanismus ist die Kraft, die den Bann bricht.

Die erste Person, die den Pool verlässt, ist ein Vorbild für alle anderen. Dadurch, dass sie aktiv wird, verfügen die anderen nun über den Impuls und die Motivation, ebenfalls zu handeln. Sie wurden nicht nur angestoßen, das Tod bringende Wasser zu verlassen. Jetzt haben sie auf einmal auch Freunde, die ihnen heraushelfen. (Vorbilder stacheln andere zu Handlungen an. Manchmal können sie uns dazu anstiften, bahnbrechende Erfolge zu erzielen. Bei den olympischen Sommerspielen 2012 in London wurden über dreißig Weltrekorde gebrochen, und das zu einer Zeit, als viele Experten glaubten, der menschliche Körper hätte die Grenzen seiner Leistungsfähigkeit erreicht. Im Jahr 2019 lief Eliud Kipchoge einen Marathon in unter zwei Stunden – etwas, von dem viele behauptet hatten, es würde wohl erst in zwanzig Jahren passieren. Auch dank des mimetischen Begehrens können wir erwarten, dass diese Schallmauer ab nun wieder und wieder durchbrochen werden wird.)

Nachdem sie den ersten Schock überwunden haben, nimmt die Wut der aus dem Pool Gekletterten stetig zu. Sie umringen den Typen, von dem sie nun glauben, dass er versucht hat, sie alle umzubringen. Je stärker er protestiert und auf ihre Wut reagiert, umso mehr stachelt er diese an. „Was habe ich denn gemacht?“, ruft er. „Ich war doch nur …“ „Lüg uns nicht an“, brüllen sie zurück. Alle sind sich einig: Der Typ mit dem Bier in der Hand ist derjenige, der das Gerät in den Pool gestoßen hat. Wer könnte es denn sonst gewesen sein? Alle anderen waren schließlich im Pool.

Und genau hier liegt ihre grundlegende Blindheit. Die Betroffenen suchen *außerhalb* des Pools nach Antworten, obwohl es ihr Gerangel *im* Pool war, das dazu führte, dass das Gerät im Wasser landete. Der Sündenbock versucht weiter, sich zu erklären, aber der Mob sieht in allem, was er sagt, nur weitere Hinweise darauf, dass er der

Schuldige ist. Je heftiger er protestiert, umso mehr wächst die Wut der Menge.

Ein Mob ist ein hypermimetischer Organismus, in dem die einzelnen Mitglieder sehr leicht die Hoheit über ihr persönliches Handeln verlieren. Mimetische Ansteckung hebt die Unterschiede zwischen Menschen auf – vor allem die Unterschiede in ihren Begierden. Sie können bei einer politischen Kundgebung erscheinen und etwas Bestimmtes wollen und, wenn Sie sie anschließend wieder verlassen, etwas ganz anderes wollen.

Massenpsychologie ist etwas anderes als Individualpsychologie.[17] Denken Sie an Menschen, die bei einer Technoparty tanzen und sich wie hypnotisiert zur Musik des DJs oder einer Band bewegen. Der Autor Elias Canetti, der in den späten 1930er Jahren aus Nazideutschland floh, beschreibt dieses Phänomen in seinem Meisterwerk *Masse und Macht*, das 1960 erstmals veröffentlich wurde. „Sobald ein Mensch sich der Menge ergeben hat", sagt Canetti, „fürchtet er ihre Berührung nicht länger. Idealerweise sind dort alle gleich; Unterschiede zählen nicht ... plötzlich ist es so, als würde alles in ein und demselben Körper passieren."[18]

Keiner der Studierenden, die im Pool miteinander rangelten, hat sich selbst jemals für gewalttätig gehalten. Aber nun, angetrunken und zornig, sind sie bereit, auf den scheinbar Schuldigen loszugehen. Als er bemerkt, in welcher Bredouille er sich befindet, sucht unser unglücklicher Sündenbock nach einem Fluchtweg. Aber da ist er schon umzingelt.

Es gibt mindestens drei vorstellbare Ausgänge dieser Geschichte. Beim Ersten wird der Sündenbock aus der Gemeinschaft ausgestoßen. Er kann sich nicht mehr in der Öffentlichkeit sehen lassen, ohne bloßgestellt zu sein und muss an einen Ort ziehen, an dem niemand die Geschichte kennt. Das zweite denkbare Ende ist die romantische, aufgeklärte Idee, die nicht sehr realistisch ist, die sich Menschen aber dennoch gerne vorstellen. Am Höhepunkt ihrer Wut gewinnt bei den betrunkenen Partyteilnehmern plötzlich der gesunde Menschenverstand die Oberhand. Sie setzen sich zusammen und erstellen einen

Vertrag. Ihnen wird bewusst, dass es möglich ist, dass der Typ, der das Bier geholt hat, das Gerät versehentlich ins Wasser gestoßen hat. Sie verbieten dem scheinbar Schuldigen, sich bei weiteren Anlässen zu betrinken und beschließen, dass er die Arztrechnungen aller Verletzten übernehmen muss. Beim dritten Ende trifft einer der Jungs den Sündenbock mit der Faust im Gesicht und schlägt ihn zu Boden. Ein zweiter beteiligt sich an der Prügelei, dann ein dritter, vierter und fünfter. Ihre Gewalttätigkeit scheint, wie alle Gewalt, begründet zu sein. Sie haben nicht damit angefangen, sie üben lediglich Gerechtigkeit aus. Am Höhepunkt des Gewaltausbruchs tun sie das, was unvermeidbar geworden ist: Sie packen den übel zugerichteten Körper des Opfers und werfen ihn in den unter Strom stehenden Pool.

Bei allen drei Szenarien ist es der Außenseiter – im Wortsinn der Einzige, der sich außerhalb des Pools befunden hatte – der die Konsequenzen trägt. In unserer Geschichte entscheidet sich der Mob für Option Nummer 3 und tut das, was die Masse gerecht findet.

Der Sündenbock-Mechanismus kommt vor allem in Zeiten der Instabilität zum Tragen. Vor dem Aufstieg der NSDAP hatte die Niederlage im Ersten Weltkrieg Deutschland in eine wirtschaftliche und gesellschaftliche Krise gestürzt. Andere Genozide – wie beispielsweise in Armenien, Ruanda und Syrien – fanden ebenfalls in Zeiten großer sozialer Instabilität statt.

Zu den weniger offensichtlichen Beispielen des Sündenbock-Mechanismus zählen einzelne, lokal begrenzte Vorfälle, bei denen eine Person – häufig jemand, der allgemein als böse oder schlecht angesehen wird – getötet oder vertrieben wird und so eine kathartische Befreiung auslöst. Der Anthropologe Mark Anspach erzählt in seinem Buch *Vengeance in Reverse: The Tangled Loops of Violence, Myth, and Madness* die Geschichte eines Mannes, der von Soldaten umzingelt wurde, die ihn seiner Kleidung beraubten, ihn verspotteten und quälten. Sein blutüberströmter Körper wurde durch die Straßen geschleift und bespuckt. Was glauben Sie, wer das war?

Nach dem Tod des Mannes, der in Handy-Videos festgehalten und gefeiert wurde, verkündete der neue Übergangspräsident von Libyen:

„Alles Übel wurde von unserem geliebten Land genommen. Es ist an der Zeit, ein neues Libyen zu erschaffen, ein vereintes Libyen, ein Volk, eine Zukunft." Der gelynchte Führer war Muammar al-Gaddafi. Nahezu alle waren vereint in dem Glauben, dass Gaddafi ein böser Mensch war, der schlimme Dinge getan hatte. Das war er auch. Aber er konnte natürlich nicht der einzige Missetäter im Land gewesen sein. Durch die Behauptung der Übergangsregierung, dass nun alles Übel ausgeräumt sei, wurde Gaddafi zum Sündenbock gemacht. Anspach sagt dazu: „Je mehr Schuld eine Person auf sich geladen hat, umso überzeugender kann sie für alle anderen Schuldigen stehen und an ihrer Stelle geopfert werden."

Der Sündenbock-Mechanismus hat nichts mit der Schuld oder Unschuld des Sündenbocks zu tun. Er hängt ab von der Fähigkeit einer Gemeinschaft, einen Sündenbock dafür zu verwenden, ein gewünschtes Ergebnis zu erzielen: Einheit, Heilung, Reinigung, Sühne. Der Sündenbock erfüllt eine religiöse Funktion.

Der Weg des geringsten Widerstands

Durch die Geschichte hindurch teilten Sündenböcke gemeinsame Eigenschaften. Sie waren Menschen, die aus dem einen oder anderen Grund aus der Masse hervorstachen und leicht ausgesondert werden konnten. Bei unserer fiktiven Party setzte sich der Student, der Bier holen ging, ohne es zu wissen dem Risiko aus, als Sündenbock zu dienen, denn er war der Einzige, der sich außerhalb des Pools befand.

Im echten Leben zeichnen sich Sündenböcke meist durch eine Kombination aus Folgendem aus: Sie verfügen über außergewöhnliche Persönlichkeitsmerkmale oder Neurodiversität (wie beispielsweise Autismus) oder sichtbare körperliche Abnormalitäten; sie leben im Hinblick auf ihren Status oder ihre Lebensweise am Rande der Gesellschaft (sie befinden sich außerhalb des Systems, wie die Amish oder andere, die beschlossen haben, ohne moderne Errungenschaften zu leben); sie werden in irgendeiner Form als Abweichler betrachtet (ihr Verhalten bewegt sich außerhalb der Normen der Gesellschaft, beispielsweise in Bezug auf ihren Lebensstil, ihre Sexualität oder ihren Kommunikationsstil); sie können sich nicht wehren (das gilt sogar für Führungspersonen oder Könige – wenn sich alle gegen einen wenden, ist selbst die mächtigste Person machtlos); oder sie tauchen wie von Zauberhand auf, ohne dass die Gesellschaft weiß, wo sie herkamen oder wie sie irgendwohin gekommen sind, weshalb sie oft als Grund für soziale Unruhen herhalten müssen (die Tatsache, dass die Klimaaktivistin Greta Thunberg auf einer emissionsfreien Jacht nach New York reiste und dort vor den Vereinten Nationen sprach, macht sie zu einem potenziellen Sündenbock).

Alle Sündenböcke haben die Macht, Menschen zu vereinen und mimetische Konflikte zu entschärfen. Ein Sündenbock hat keine Macht im traditionellen Sinn; er hat eine vereinigende Macht. Ein Gefangener im Todestrakt besitzt eine Macht, die nicht einmal der Gouverneur des Bundesstaates hat. Für eine Familie oder Gemeinschaft in der Krise kann es so scheinen, dass allein der Tod dieses Gefangenen ihnen die Art von Heilung bringt, nach der sie suchen. Der Gefangene besitzt somit eine Art von übernatürlicher Rolle, die von keinem anderen erfüllt werden kann. Nur er kann die Heilung bringen.

Ein weiteres charakteristisches Merkmal von Sündenböcken, das Girard in seinem 1972 erschienenen Buch *Das Heilige und die Gewalt* aufführt, besteht darin, dass es sich unverhältnismäßig oft um Könige oder Bettler handelt – und häufig um beides zugleich. Wurde ein Bettler zum Sündenbock erkoren, nahm er vor und nach seinem Tod eine halbgottähnliche Eigenschaft an, weil er als Friedenswerkzeug angesehen wurde. Er hatte die Macht, ein Ergebnis herbeizuführen, das die Menschen allein nicht erreichen konnten. Deshalb bauten die Epheser einen Altar an der Stelle, an der Apollonios sie den blinden Bettler hatte steinigen lassen. Etwas Heiliges hatte sich hier abgespielt.

In *Das Heilige und die Gewalt* erklärt Girard, dass *König Ödipus* im Grunde die Geschichte eines Sündenbock-Königs ist.[19] Ödipus war König von Theben, als die Stadt von einer schrecklichen Seuche befallen wurde. Aber um welche Art von Seuche handelte es sich? Was passierte wirklich in Theben? Brach tatsächlich eine Krankheit aus?

Laut Girard sollten wir den oberflächlichen Details der Geschichte nicht so viel Glauben schenken, sondern lieber tiefer schauen. Seiner Ansicht nach ist es wahrscheinlicher, dass Theben in einer mimetischen Krise gefangen war – „in tausenden einzelnen Konflikten", wie er schrieb.[20] Es könnte eine tatsächliche Seuche gegeben haben. Oder die gesellschaftliche Krise könnte die Seuche gewesen sein.

Ödipus sucht den Mörder von Laios, dem vorherigen König (und seinem Vater), in dem Glauben, er könne der Seuche ein Ende setzen, indem er das Verbrechen aufklärt. Zu seinem Entsetzen erfährt er, dass er selbst seinen Vater getötet und seine Mutter geheiratet hat. Aus Sicht der Einwohner von Theben war dies die Ursache für alles Unheil. Aber ist das nicht merkwürdig? Ödipus' Verbrechen war ein gesellschaftliches, kein biologisches. Er beging Vatermord und brach ein grundlegendes Tabu, indem er seine Mutter heiratete. Wie konnte dies eine Seuche auslösen? Hier wird deutlich, dass wir tiefer schauen müssen, über die materielle Erklärung hinaus.

Die Geschichte endet damit, dass Ödipus sich die Augen aussticht und mit seiner Tochter ins Exil geht. Wir können uns natürlich fragen, ob Ödipus der Verbrechen schuldig ist, derer man ihn angeklagt hat. Aber hat er eine bakterielle Krankheit in die Stadt gebracht? Natürlich nicht. Aus Girards Sicht ist dies aber genau die Art von revisionistischer Erzählung, die mit einem Sündenbock verbunden wird.

Es wäre falsch anzunehmen, dass diese Arten von Stellvertretergeschichten nur von Menschen erfunden wurden, die vor langer Zeit gelebt haben. Ist Ihnen schon einmal aufgefallen, wie häufig Menschen heutzutage bei der Beschreibung der Auswirkungen einer Krise Begriffe verwenden, die wir aus dem Kontext von Naturkatastrophen kennen? Im Jahr 2008 wurden die Amerikaner von einer *Lawine* an Immobilienschulden überrollt.[21] Bill Ackman, ein bekannter Hedgefonds-Manager, der im Sender CNBC über COVID-19 sprach, meinte, er habe einen *Tsunami* kommen sehen, Monate bevor die Öffentlichkeit begann, die Pandemie ernst zu nehmen.[22] In einer am 4. Februar

2020 vom Weißen Haus herausgegebenen Mitteilung wurde impliziert, dass Migranten die USA *überflutet* hätten, bevor der Präsident Maßnahmen ergriff („Präsident Trump hat Maßnahmen ergriffen, um das Aufgreifen und Freilassen zu beenden und die Woge an Migranten aufzuhalten, die unsere Grenzen überfluten", hieß es dort). Und seit der Finanzkrise von 2008 sprechen wir davon, dass Unternehmen *Rettungs*gelder bekommen, um in der Krise zu überleben. Die englische Bezeichnung hierfür, „Bailout", stammt aus der Seefahrt und bedeutet, Wasser mit einem Eimer aus einem lecken und sinkenden Boot zu befördern, normalerweise nach einem unvorhergesehenen Sturm oder anderen Ereignissen.

Krisen scheinen sich immer anzuschleichen und Menschen zu schockieren. Trotz all unserer modernen Technologie und Intelligenz können wir sie weder vorhersagen noch verhindern. Wir stolpern immer wieder in selbstproduzierte Krisen hinein. Das liegt unter anderem daran, dass nur wenige Menschen merken, wann sie in einem mimetischen Prozess gefangen sind. Die meisten erhalten die Illusion des unabhängigen Wollens aufrecht – die romantische Lüge. Doch so wie unsere Finanz- und Techniksysteme komplexer werden, werden es auch unsere Systeme des Begehrens.

Wir alle sind in vielen Systemen des Begehrens zu Hause, die sich häufig überlappen und überschneiden. Die Fähigkeit zu entwickeln, genau zu wissen, in welchen wir uns befinden und was wir mit ihnen anfangen, ist ein Hauptziel des zweiten Teils dieses Buchs.

Mimetische Systeme sind mindestens genauso wichtig wie physische Systeme. Manche Menschen fragen sich, ob ein einzelner Flügelschlag eines Schmetterlings in Japan einen Hurrikan an der Küste von Florida auslösen kann (der Schmetterlingseffekt der Chaostheorie); andere denken darüber nach, ob jemand in Russland mit einem einzigen *Facebook*-Post für anarchistische Zustände in den USA sorgen kann. Die erste Frage betrifft ein physisches System, die zweite ein System des Begehrens.

Die folgende kleine Geschichte handelt von einem System des Begehrens, das niemand sah und das daher komplett missverstanden wurde. Menschen verwenden oft mythologische Sprache, wenn sie etwas beschreiben wollen, das sie nicht verstehen. Genau dafür sind Mythen da. Wir brauchen Geschichten, um das Unerklärliche zu erklären. Wenn Menschen sich inmitten von Unordnung wiederfinden und keine Ahnung haben, wie diese entstanden ist oder welche Rolle sie dabei spielen, dann geben sie allem Möglichen die Schuld – einschließlich Spinnen.

Die Tanzwut von 1518

Im Juli des Jahres 1518 begann eine junge Frau im französischen Straßburg, unkontrolliert auf der Straße zu tanzen. John Waller beschreibt die Szene in seinem Buch *The Dancing Plague: The Strange, True Story of an Extraordinary Illness,* auf das ich mich hier stütze. Ihr Tanzen hielt Tage lang an. Die Menschen versammelten sich um die Frau. „Sie sahen zu, während Frau Troffeas Tanz bis weit in den dritten Tag hinein anhielt, ihre Schuhe bereits voller Blut und ihr gramerfülltes Gesicht schweißbedeckt waren", schreibt Waller.[23] Innerhalb weniger Tage verspürten bereits über dreißig Menschen in Straßburg den gleichen unbezähmbaren Drang, zu tanzen. Stadtverwaltung, Bischof und Ärzte sorgten dafür, dass einige der Tänzer in ein Krankenhaus zwangseingewiesen wurden. Aber sowohl Ursache als auch eine mögliche Abhilfe für das willkürliche Tanzen blieben im Dunkeln.

Jahrzehnte lang kursierten Theorien darüber, was die Tanzwut von 1518 ausgelöst haben könnte. Geistige Verwirrung und eine Besessenheit durch Dämonen waren die am weitesten verbreiteten. Keine von beiden erklärte jedoch, warum das Verhalten von der ersten Tänzerin auf andere übersprang. Was konnte die Ursache für diese soziale Ansteckung sein?

Spontane Tänzer tauchten überall in Europa auf. An einigen Orten begannen Menschen, nur zu bestimmten Zeiten im Jahr zu tanzen. In der Region von Apulien in Süditalien gab es in jedem Sommer Ausbrüche von hysterischen Tänzern, die die Italiener *Tarantati* nannten.

Die meisten glaubten, das Tanzen sei das Symptom einer Krankheit, die durch den Biss einer Tarantel (*tarantola*) ausgelöst wurde, weshalb die betroffene Person die Bewegungen der Spinne nachahmte.

Merkwürdige Rituale entstanden, einschließlich des Glaubens, dass das Tanzen zu einem bestimmten Lied und das Befolgen eines speziellen Ritus, eine Art von Liturgie, die einzige Möglichkeit war, die Krankheit zu heilen. Menschen versammelten sich rund um eine infizierte Person, in einem Raum oder auf einem Dorfplatz, machten Musik und spornten die Person an, die versuchte, nach dem Rhythmus der Spinne zu tanzen. Man glaubte, dass der Einfluss der Kreatur endete, wenn man auf eine Art tanzte, die sie zufriedenstellte.

Eine infizierte Person, eine *Tarantata*, bekam eine nahezu heilige Bedeutung. Vom Tarantismus befallene Männer und Frauen waren Ausgestoßene – Ursache für Unheil und Angst innerhalb einer Gemeinschaft – aber sie waren auch die einzigen, die die Macht hatten, die Ordnung wiederherzustellen. Aber stimmte das wirklich?

Jahrhundertelang konnte niemand die wahre Ursache für das Tanzen herausfinden. Erst als der italienische Kulturanthropologe und Ethnopsychologe Ernesto de Martino in den 1950er Jahren nach Apulien kam, begann sich der wahre Grund abzuzeichnen.[24] In Interviews mit Hunderten von Ortsansässigen fand er heraus, dass die Tanzenden eins gemeinsam hatten: Die meisten hatten eine Art von Trauma durchlebt. Der Auslöser für das Tanzen schien eine Krise zu sein – unerfüllte Liebe, Zwangsheirat, Verlust des Arbeitsplatzes, Pubertät oder ein anderes Geschehen, das den Lauf des Lebens durcheinanderbrachte und – durch Mimesis – auch das Leben in der Gemeinschaft. Die Krankheit schien mit *Beziehungen* zu tun zu haben. De Martinos Arbeit legte die verborgene Macht von Beziehungen, sozialen Spannungen und uneingestandenen Krisen des Begehrens offen.

Der Tarantismus war ein religiöses Ritual, das der Wiederherstellung der Ordnung inmitten des sozialen Chaos diente. Die Spinnen wurden zu Sündenböcken erklärt. Die Rituale, die den Einfluss der Spinnen auf die Tanzenden lösen sollten, brachten wiederum alle in einem kathartischen Erlebnis zusammen, bei dem vermeintlich eine

Krankheit aus ihrer Mitte eliminiert wurde. So merkwürdig das Ritual war, bewahrte es die Gemeinschaft doch vor einer noch größeren sozialen Krise in Form des weiteren Zusammenbruchs von Beziehungen. Man kann das manische Tanzen als eine Art Alarmglocke sehen – oder vielleicht sogar eine Kirchenglocke – die anzeigte, dass es an der Zeit war, zusammenzukommen und die Dämonen zu vertreiben. Auch wenn der Tarantismus nach und nach ausstarb, hat er doch kulturelle Spuren hinterlassen. Die *Tarantella*, ein in Süditalien sehr beliebter Volkstanz, stammt direkt von dem Tanz ab, der in den fünfhundert Jahre alten Ritualen verwendet wurde.

Warum belogen sich die Menschen in Süditalien selbst, was den wahren Grund ihrer Krisen anging? Die Behauptung, dass Menschen nach einem Spinnenbiss den „spontanen" Drang verspürten zu tanzen, ist eine Version der uralten romantischen Lüge. Der wahre Auslöser für das Tanzen war mimetisches Begehren. Es war symptomatisch für eine soziale Ansteckung. Ein Sündenbock war erforderlich, um die Ordnung wiederherzustellen. In diesem Fall war es eine Tarantel.

Wie die meisten Wolfsspinnen beißen Taranteln einen Menschen im Übrigen nur, wenn sie fortwährend provoziert werden. Ihr Gift löst eine kleine Schwellung, leichte Schmerzen und Juckreiz aus.

Sichere Beurteilung

Sündenböcke werden durch einen mimetischen Prozess der Beurteilung bestimmt, nicht durch einen rationalen. Betrachten wir die uralte Praktik des Steinigens: Eine Gruppe von Menschen wirft mit Steinen nach einer Person, bis diese am Ende stirbt. Steinigen war die offizielle Form der Todesstrafe im alten Israel – Thora und Talmud schreiben es als Strafe für bestimmte Vergehen vor. Die Ursprünge aber liegen noch weiter zurück.

In ihrer primitivsten Form fanden Steinigungen spontan statt und außerhalb dessen, was wir heutzutage als ordentliches Gerichtsverfahren ansehen. (Unser heutiges Konzept der Rechtsstaatlichkeit –

dass eine Person vor einem ordentlichen Gerichtsverfahren weder ihrer Rechte beraubt noch bestraft wird – wurde erstmalig im Jahr 1215 in Englands Magna Carta festgeschrieben.)

Fast jeder in der westlichen Welt kennt den Ausdruck: „den ersten Stein werfen". Was ist an diesem ersten Stein so wichtig? Der Satz stammt von einem jüdischen Rabbi aus dem ersten Jahrhundert in Palästina, Jesus von Nazareth, der bei einer der denkwürdigsten Steinigungen in der Weltgeschichte anwesend war. Das Denkwürdige an der Steinigung ist, dass sie *niemals stattgefunden hat,* wir aber mehr über sie wissen als über die meisten anderen Steinigungen. Dass wir von dieser ausgefallenen Steinigung vor rund zweitausend Jahren überhaupt erfahren haben, ist bemerkenswert. Was macht sie so bedeutend? Nun, es ist eine Geschichte über Mimesis und den Sündenbock-Mechanismus.

Jesus traf auf eine Frau, die man beim Fremdgehen erwischt hatte und die kurz davorstand, von einem wütenden Mob gesteinigt zu werden. Er ging dazwischen und sagte: „Wer unter Euch ohne Sünde ist, der werfe den ersten Stein." Diese Worte brachten alles aus dem

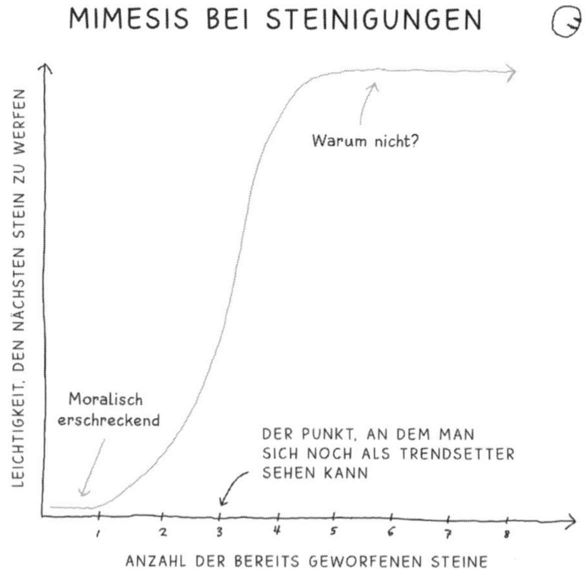

Gleichgewicht. Der Kreislauf destruktiver Gewalt wurde aus der Bahn geworfen. Einer nach dem anderen ließen die Männer, die um die Frau herumstanden, ihre Steine fallen und gingen. Erst einer, dann der Nächste, und der Rest folgte.

Was war passiert? Warum war es so schwer, den ersten Stein zu werfen? Weil der erste Stein der einzige Stein *ohne ein mimetisches Vorbild* ist. Der Werfer des ersten Steins, der oft aus einer unbändigen Wut heraus handelt, ist für die Menge ein gefährliches Vorbild, dem sie folgt. Wie wir in der früheren Geschichte von Apollonios und den Ephesern gesehen haben, fällt das Werfen weiterer Steine leicht, wenn erst einmal der erste geworfen wurde. Es ist immer leichter, etwas zu wollen – selbst, oder vielleicht auch gerade im Fall von Gewalt – wenn jemand anderer es zuerst wollte.

Der erste Steinewerfer zeigt den Weg. Der zweite verstärkt das Begehren. Die dritte Person in der Menge wird von der mimetischen Energie gleich *zweier* mimetischer Vorbilder getroffen. Sie wirft den dritten Stein und wird zum dritten Vorbild. Im Vergleich zu den ersten drei Steinen wird der vierte, fünfte und sechste mit relativer Leichtigkeit geworfen. Der siebte ist bereits mühelos. Die mimetische Ansteckung hat stattgefunden. Die Steinewerfer sind losgelöst von jeglicher Form objektiver Beurteilung, weil ihr Wunsch nach einem Sündenbock über ihren Wunsch nach Wahrheit gesiegt hat.

Wut metastasiert und verbreitet sich leicht. In einer im Jahr 2013 durchgeführten und 2014 veröffentlichten Studie analysierten Forscher der Universität Beijing den Einfluss und die Ansteckung auf *Weibo*, einer in China beliebten *Social Media*-App. Sie stellten fest, dass Wut sich schneller verbreitet als andere Emotionen, wie beispielsweise Freude, weil Wut sich leicht verbreitet, wenn die Bande zwischen Menschen schwächer sind, wie es online häufig der Fall ist.[25]

Taktik 7
Kommen Sie auf antimimetischem Weg zu einem Urteil

Bei öffentlichen Abstimmungen oder Wahlen sollte niemand sehen können, wofür der andere stimmt – zumindest dann, wenn man ein halbwegs wahres und prämimetisches Meinungsbild erzielen will. Der mimetische Einfluss ist andernfalls zu stark. Es ist wichtig sicherzustellen, dass jedes Mitglied einer Gruppe allein und im Rahmen eines möglichst unabhängigen Prozesses zu einem Urteil kommen kann – ob es nun eine Investitionsentscheidung betrifft oder das Urteil von Geschworenen bei Gericht.

Viele Menschen sind bereits durch aggressives Fahrverhalten ums Leben gekommen, während meines Wissens noch niemand an Fahrfreude gestorben ist. Die Taktik, die Jesus einsetzte, um die Steinigung zu verhindern, war das Ersetzen eines gewalttätigen Vorbilds durch ein nicht gewalttätiges. Statt einer Ansteckung mit Gewalt geschah eine Ansteckung damit, Gewalt aufzugeben. Die erste Person ließ ihren Stein fallen und einer nach dem anderen tat es ihr nach. Kreislauf 1, die mimetische Gewalt, wurde transformiert in Kreislauf 2, einen positiven mimetischen Prozess. Für beide brauchte es ein Vorbild.

Das Vergnügen am Unglück anderer

Über zwölf Jahre lang schauten sich zig Millionen Amerikaner die gleiche Show im Fernsehen an. Gleich zu Beginn jeder Episode wurden die Gräben gezogen. Alle Teilnehmenden hatten das gleiche Ziel – das Prestige, zum Sieger erklärt zu werden, was ihnen die Anerkennung durch eine Autoritätsperson einbrachte und, in der Folge, die Bewunderung der Massen. Und alle waren bereit, nahezu alles zu tun, um dieses Ziel zu erreichen.

Scheitern ist hier vorprogrammiert. Die Teilnehmenden zeigen mit dem Finger aufeinander, fallen einander in den Rücken und betrügen sich gegenseitig. Wenn das Spiel vorbei ist, betreten sie einen riesigen Sitzungssaal. Donald Trump sitzt mürrisch dreinblickend in der Mitte eines langen Tisches. Alle wollen sein nächster Lehrling werden, aber nur eine Person kann gewinnen. Trump lässt die mimetische Krise eskalieren, bis sie überkocht. Dann zeigt er schließlich mit dem Finger auf einen der Teilnehmenden und sagt den berühmten Satz: „You're fired!" (Du bist gefeuert, Anm. d. Verlags) Die Krise ist abgewendet. Der Sündenbock geht nach Hause. Das Team kann sich wieder seinen Aufgaben zuwenden. Die Wahrnehmung von Trump als mimetischem Vorbild – einer Person, die *weiß, was sie will* – wird jedes Mal stärker, wenn er mit dem Finger auf eine Person zeigt und ihr sagt, sie sei gefeuert.

Nach einem Dutzend Jahren, in denen Trump seinen Status als „Meister" kultiviert hat und alle anderen zu „Lehrlingen" degradiert wurden, ist es nicht verwunderlich, dass er zu einer Kultfigur aufstieg. In jeder der 192 Folgen von *The Apprentice* (einschließlich derer von *The Celebrity Apprentice*, die noch mehr Zuschauer sahen) löst er ganz allein eine mimetische Krise auf, indem er Ordnung in die Dinge bringt. Wie wir noch sehen werden, ist das Auflösen einer mimetischen Krise so ziemlich das Wirkungsvollste, was ein Politiker oder potenzieller Politiker tun kann, um die Unterstützung der Massen zu gewinnen. Diese Person ist in etwa das, was ein Hohepriester im alten Israel war.

Laut Girard geschah der Sündenbock-Mechanismus in alten Kulturen spontan. Irgendwann begannen diese Gemeinschaften dann, den Prozess, der zum Sündenbock-Mechanismus führte, auf rituelle Weise in Kraft zu setzen – das Erzeugen von Unruhe, das Zulassen einer Steigerung der mimetischen Spannung bis zum Höhepunkt und dann das Ausschließen oder Opfern von etwas Sinnbildlichem. (Die Zutaten des heutigen Reality-TV.) Man stellte fest, dass die Katharsis jedem zugutekam.

Diese Rituale funktionierten aufgrund von Substitutionsopferungen. Menschen erkannten, dass sie einen Menschen durch ein Tier ersetzen konnten. Das Opfern von Tieren wurde schließlich nach und nach durch das Kündigen von Führungskräften, Masseneinkerkerungen und das Löschen aus den sozialen Medien ersetzt. Der menschliche Einfallsreichtum scheint keine Grenzen zu kennen, wenn es darum geht, unseren Hunger nach Opfern zu befriedigen. Substitutionsopferungen sind Teil unserer Kultur. Sie sind in allen Bereichen präsent – vom Sport über die Wirtschaft bis hin zu Universitäten und Literatur.

Der erste Roman von Stephen King, *Carrie*, ist eine erschreckende Erzählung über einen Sündenbock-Mechanismus, der aus dem Ruder gerät. Am Ende des Buchs nimmt eine Highschool-Schülerin, die zuvor von ihren Klassenkameraden gemobbt wurde, grausame Rache und richtet mit ihren telekinetischen Fähigkeiten Tod und Verwüstung an, nachdem sie beim Abschlussball gedemütigt worden war.

Beim Entwerfen des Romans machte sich King Gedanken darüber, welche Art von Mädchen seine Protagonistin sein sollte. „In jeder Klasse gibt es die Außenseiterin, diejenige, die bei der Reise nach Jerusalem nie einen Stuhl abbekommt, der ein Zettel mit „Tritt mich“ auf den Rücken geklebt wird und die am untersten Ende der Hackordnung steht“, erinnert sich King. Als Vorbilder für Carrie dienten ihm die „zwei einsamsten und am stärksten geschmähten Mädchen“ aus seiner eigenen Highschool-Klasse – „wie sie aussahen, wie sie handelten, wie sie behandelt wurden“. Eines dieser Mädchen starb später an einem Krampfanfall. Laut King schoss sich die andere selbst in den Bauch, nachdem sie ein Kind geboren hatte.[26] Kings Geniestreich war, dass er einen vermeintlichen Sündenbock zu einer furchterregenden Gestalt werden ließ, die die Macht hatte, Rache zu üben. Im echten Leben haben Sündenböcke diese Möglichkeit nicht.

Eine 1948 erschienene Kurzgeschichte der amerikanischen Autorin Shirley Jackson, die den Titel *Die Lotterie* trägt, handelt von einer Gemeinschaft, die jährlich zusammenkommt, um Lose für eine rituelle Steinigung zu ziehen. Das Sündenbock-Ritual soll sicherstellen, dass weiterhin reiche Ernten eingefahren werden – oder anders gesagt: dass alles friedlich bleibt. Rituelle Opferungen bringen nicht wirklich göttlichen Segen auf eine Ernte, aber sie können die mimetische Spannung zwischen Menschen lindern, die um knappe Ressourcen konkurrieren. Eine ähnliche Dynamik findet man im Horrorfilm *Midsommar* aus dem Jahr 2019.

Der Roman *Herr der Fliegen* von William Golding, erschienen 1954, beschreibt eine mimetische Krise unter Heranwachsenden, die auf einer einsamen Insel gestrandet sind. Einer der Jungen, Piggy, muss ständig die Strafe für die Fehltritte der gesamten Gruppe auf sich nehmen und leidet an ihrer Stelle.

Die Handlung der Filmreihe *Die Tribute von Panem* dreht sich um ein Spektakel, bei dem männliche und weibliche Teenager im Alter zwischen zwölf und achtzehn Jahren von den Führern des dystopischen Landes *Panem* ausgewählt werden, um in einem Kampf auf Leben und Tod gegeneinander anzutreten. Auf diese Weise werden die bestehenden gesellschaftlichen Konflikte auf einige Ausgewählte übertragen, die gezwungen sind, stellvertretend für die anderen Gewalt auszuüben.[27]

Ich weiß nicht, ob diese Autoren beim Schreiben explizit an den Sündenbock-Mechanismus gedacht haben. Aber es ist auffällig, wie sehr das Thema sich durchzieht und es lohnt sich zu fragen, ob das auf eine zugrunde liegende Wahrheit hindeutet. Girard glaubte, dass diese Wahrheit die Sündenböcke sind.

Der Profisport nimmt sie in Anspruch, um die Fans für sich zu gewinnen. Beim American Football sind die Spiele ein heiliger Ritus, in dem zwei Teams und ihre Fans eine Krise der Undifferenziertheit nachspielen. Die Liga ist so ausgelegt, dass die Teams in etwa gleich stark sind, sodass an jedem Sonntag jedes Team die Chance hat, zu gewinnen. Stundenlange Analysen vor den Spielen, gefolgt vom Kickoff zum Matchbeginn, treiben die Spannung auf den Höhepunkt. Die gesamte Saison ähnelt einer Achterbahn aus dramatischen Hoch- und Tiefpunkten. Nach dem letzten Spiel werden die Coachs der Verliererteams gefeuert, die Spieler erhalten keine Vertragsverlängerung. Der Sportkanal ESPN berichtet hautnah über die Dramatik und die Verlierer. Sobald jemand gefeuert und so das Team quasi von einer Plage befreit wurde, kann man es wieder neu angehen.

Der Football-Star Terrell Owens wurde später in seiner Karriere zum Sündenbock für jedes Team, in dem er spielte. Beim Basketball war David Fizdale, den die New York Knicks 2019 feuerten, nur einer in der langen Liste von Knicks-Coachs, die über zwei Jahrzehnte hinweg als Sündenböcke entlassen wurden (Trainer eines New Yorker Profiteams zu sein ist gleichbedeutend damit, irgendwann zum Sündenbock zu werden). Selbst der legendäre Phil Jackson, der Michael Jordan und Kobe Bryant coachte, wurde am Ende zum Sündenbock. Und wer könnte je Steve Bartman vergessen? Während der *National Championship Series* 2003 behinderte der *Cubs*-Fan einen Spieler seines eigenen Teams, der versuchte einen Ball nahe der Tribüne zu fangen, was zu einem verpassten Catch in einem kritischen Moment des Spiels führte. Bartman musste untertauchen und der Baseball, der an dem Vorfall beteiligt war, wurde 2004 von einem Experten für Spezialeffekte zur Explosion gebracht. Die Überreste wurden ausgekocht und fanden 2005 in einer Nudelsauce Verwendung.

Sind Sündenböcke das Problem? Oder sind sie die Lösung? Das Gedicht „Warten auf die Barbaren“ von Konstantinos Kavafis handelt von einer Gemeinschaft in der Krise. Alle versammeln sich auf dem Marktplatz, alarmiert durch die Nachricht eines unmittelbar bevorstehenden Angriffs der benachbarten Barbaren. Die Barbaren kommen aber nicht. Die letzten Zeilen des Gedichts lauten: „Und was soll nun aus uns werden, ohne Barbaren? / Diese Leute waren eine Art Lösung.“

Der Sündenbock gewinnt

René Girard hielt Kaiphas, einen jüdischen Hohepriester des ersten Jahrhunderts, für den größten Politiker der Geschichte, wenn auch nicht unbedingt in einem noblen Sinne. Kaiphas wusste genau, was getan werden musste, um alle an einem Disput Beteiligten zufriedenzustellen und soziale Unruhen im Keim zu ersticken. Laut Girard setzte Kaiphas den Sündenbock-Mechanismus einfach auf politischer Ebene für das ein, für das er immer schon genutzt wurde – „als letztes Mittel, um noch mehr Gewalt zu vermeiden".[28]

Als Jesus in Jerusalem festgenommen wurde, hielt Kaiphas ein geheimes Treffen mit den Hohepriestern und den religiösen und politischen Räten ab. Sie mussten sich darüber klar werden, was sie mit dem Mann aus Nazareth machen sollten. Er sorgte in einer ohnehin schon angespannten Situation in Jerusalem für weitere Spannungen. Überall in der Gesellschaft taten sich Gräben auf. Dutzende von Splittergruppen und Sekten bildeten sich. Jesus kam aus dem Nichts, aus einem Provinznest, und lebte am Rande der Gesellschaft. Er brach kulturelle Normen und stellte die Macht der Obrigkeit in Frage. Die Herausforderung, der sich Kaiphas gegenübersah, betraf also nicht Jesus allein. Es ging vielmehr darum, den Staat Israel zu erhalten.

Als alle zusammengekommen waren, hielt Kaiphas sich zunächst zurück und sah zu, wie die anderen hin und her überlegten und dabei hypothetische Fragen und abstrakte, unkonkrete Ideen in den Raum warfen, denen es an Substanz mangelte. Schließlich reichte es ihm. „Ihr habt ja überhaupt keine Ahnung!", rief er. „Ihr versteht nicht, dass es besser ist, wenn ein Mann für das Volk stirbt als dass die gesamte Nation untergeht."[29]

Die ganze Tragweite dessen, was er da sagte, war Kaiphas wahrscheinlich nicht bewusst. „Ein Sündenbock ist so lange effektiv, wie wir an seine Schuld glauben", schrieb Girard in seinem letzten Buch *Im Angesicht der Apokalypse. Clausewitz zu Ende denken: Gespräche mit Benoît Chantre*. „Einen Sündenbock zu haben bedeutet, nicht zu wissen, dass er einer ist."[30] Kaiphas verfolgte mit seinem Plan also sicher keinen gezielten Einsatz des Sündenbock-Mechanismus. Dennoch muss er gewusst haben, dass zielgerichtete Gewalt gegen ein mächtiges Symbol hilfreich ist, um eine aufgewühlte Menge zu beruhigen. Der Tod von Jesus würde die Menschen zufriedenstellen und vereinen und ein Eskalieren der Krise verhindern. Kaiphas fand Unterstützung für seine Idee. Und innerhalb von wenigen Tagen wurde Jesus gekreuzigt.

Kaiphas machte seinen Vorschlag aus rein praktischen Überlegungen. Er empfahl eine rituelle Opferung (die Kreuzigung), um ein bestimmtes Ergebnis zu erzielen (mehr Einheit und Frieden). So etwas wird von einem religiösen Führer durchaus erwartet. „Religiöses Denken verfolgt das gleiche Ziel wie technische Forschung – nämlich praktisches Handeln.", schrieb Girard in *Das Heilige und die Gewalt.*[31] Er sah den Sündenbock-Mechanismus als den Inbegriff eines religiösen oder heiligen Akts. Wenn Girard schreibt, dass „religiöses Denken" praktisches Handeln zum Ziel hat, dann würdigt er religiöses Denken damit in keiner Weise herab. Er bezieht sich vielmehr auf die *Opfermentalität*, mit der viele Menschen an das Lösen von Problemen herangehen. Nahezu alle Menschen sind religiös in dem Sinne, dass sie unbewusst glauben, Opfer brächten Frieden.

Unsere Psyche ist tatsächlich viel stärker von Opferungsgedanken geprägt, als uns in der Regel bewusst ist. Wenn wir nur diesen politischen Gegner, dieses Konkurrenzunternehmen, diese Terroristen, diesen Unruhestifter, dieses Fastfood-Restaurant um die Ecke, wegen dem wir fünf Kilo mehr auf die Waage bringen, aus der Welt schaffen könnten, dann wäre alles besser.[32] Das Opfer erscheint immer richtig und angemessen. Unsere Gewalt ist gute Gewalt, die Gewalt der anderen Seite ist immer schlecht.

Viele Jahre lang waren Opferrituale laut Girard so wirksam, dass sie wissenschaftlichen Fortschritt verhinderten. „Wir haben nicht mit den Hexenverbrennungen aufgehört, weil wir die Wissenschaft entdeckten; wir erfanden die Wissenschaft, weil wir aufhörten, Hexen zu verbrennen", sagte Girard in einem CBC-Interview mit David Cayley im Jahr 2011. „Früher gaben wir in Dürreperioden Hexen die Schuld;

erst als wir aufhörten, die Hexen verantwortlich zu machen, suchten wir nach wissenschaftlichen Erklärungen für Dürren."[33]

Die Menschheit neigt immer noch dazu, in die primitive, opferorientierte Denkweise zurückzufallen, die charakteristisch für unsere Vorfahren war und sie in Kreisläufen der Gewalt gefangen hielt. Aus Sicht der Masse ist der Sündenbock-Mechanismus vollkommen vernünftig. Wenn die Sündenböcke zum heiligen Zentrum werden, um das sich eine Kultur dreht – wenn Mythen und Aberglaube wieder zu dominanten Faktoren in einer Kultur werden – dann gerät tatsächliche Vernunft ins Hintertreffen.

Aus Girards Sicht entstand im Laufe der Geschichte von Judentum und Christentum ein Verständnis des Sündenbock-Mechanismus – sowohl durch die Klarheit, mit der die biblischen Geschichten die Unschuld von Sündenböcken aufzeigen, als auch über die Erkenntnis, dass es der Sündenbock-Mechanismus in den vergangenen 2000 Jahren immer seltener schaffte, auch nur eine Illusion von Frieden zu erzeugen. Jüdische und christliche Schriften enthalten sehr besondere Geschichten über Sündenböcke. Der Unterschied zwischen ihren Geschichten und anderen ist ungeheuerlich: In den heiligen Schriften scheint mimetisches Begehren ausdrücklich angesprochen zu werden und Geschichten von Sündenböcken scheinen stets aus Sicht des Beschuldigten geschrieben zu sein. Es ist eine solche Umkehrung traditioneller Erzählungen, dass selbst diejenigen, die mit den Schriften sehr vertraut sind, oft nicht erkennen, wie anders sie sind.[34]

Doch bevor wir zur Enthüllung des Sündenbock-Mechanismus kommen, möchte ich darauf hinweisen, dass Anspielungen auf mimetisches Begehren bereits in den Zehn Geboten vorkommen. Das Zehnte Gebot im Buch Exodus ist bemerkenswert. Es scheint mimetisches Begehren jeder Art unmittelbar zu verbieten:

> Du sollst nicht begehren deines Nächsten Haus. Du sollst nicht begehren deines Nächsten Frau, Knecht, Magd, Rind, Esel noch alles, was dein Nächster hat. (Exodus 20,17)

Während die restlichen Gebote *Taten* verbieten, verbietet das Zehnte Gebot eine bestimmte Art des *Begehrens*. Durch die Linse des Begehrens betrachtet bekommen biblische Geschichten eine reiche anthropologische Bedeutung.[35] Aber wenn mimetisches Begehren universell ist, ein elementarer Teil unseres Menschseins, wie könnte dann eines der Zehn Gebote es verbieten? Das Zehnte Gebot verbietet *konkurrierendes* Begehren, und zwar deshalb, weil es, wie wir gesehen haben, zu Gewalt führt.

Der Rest der Heiligen Schrift liest sich wie eine Demonstration dessen, was passiert, wenn diese Gewalt sich Bahn bricht, begleitet von entsprechenden Warnungen. Im Alten Testament finden wir eines der hervorstechendsten Beispiele für den Sündenbock-Mechanismus in der Geschichte von Josef, dem Sohn Jakobs. Josef wird von seinen elf älteren Brüdern als Sklave nach Ägypten verkauft, weil sie es ihm neiden, dass er Jakobs Lieblingssohn ist. Es ist ein Fall von alle gegen einen. Bei jeder anderen Form der Geschichte, wie beispielsweise unserer Poolparty, wäre Josef einer Tat angeklagt worden, die seinen Ausschluss und seine Opferung gerechtfertigt hätten. In der biblischen Erzählung hingegen kann jeder sehen, dass er vollkommen unschuldig ist.

Als Sklave in Ägypten angekommen, erreicht er seine Freilassung aus dem Gefängnis und gewinnt schließlich die Achtung der Führenden des Landes, sodass er am Ende eine hohe Position bekleidet. Und dann wiederholt sich die Geschichte. Josef, der Fremde, wird fälschlich eines Verbrechens beschuldigt. Wieder wird er jedoch vor den Augen des Lesers komplett rehabilitiert. Immer wieder wird gezeigt, dass Josef ein unschuldiges Opfer von ungerechtfertigten Anschuldigungen und Gewalt ist.

Am Ende der Geschichte ist Josef zum Wesir aufgestiegen, dem zweiten Mann im Staat nach dem Pharao. Seine Brüder kommen nach Ägypten, um während einer langen Hungersnot um Hilfe zu bitten. Sie haben direkt mit Josef zu tun, ohne ihn jedoch zu erkennen. Josef möchte Gewalt nicht mit Gewalt vergelten. Er ist nicht wie der Graf von Monte Christo im gleichnamigen Roman von Alexandre Dumas, der sorgfältig seine Rache an allen plant, die ihm jemals Leid angetan haben. Stattdessen vergibt Josef seinen Brüdern – allerdings nicht, ohne sie zuvor zu prüfen.

Josef lässt seinen Bruder Benjamin als Dieb dastehen und verhaften. Vor seinen Brüdern tut er so, als wolle er den unschuldigen Benjamin zur Rechenschaft ziehen und zur Strafe mit ihm machen, was er will. Da tritt einer der anderen Brüder, Juda, freiwillig vor und bietet an, Benjamins Platz einzunehmen. Das ist für Josef der Beweis, dass seine Brüder sich geändert haben. Der zerstörerische Kreislauf wurde unterbrochen. Berührt von dieser Geste offenbart Josef den Brüdern seine wahre Identität. Sowohl Juda als auch Josef weigern sich, beim Sündenbock-Mechanismus mitzumachen.

Bereits dort, im Buch Genesis, sieht Girard den Sündenbock-Mechanismus bloßgestellt. Die komplette Demaskierung liegt für ihn in einem Ereignis, das wesentlich später in der Bibel beschrieben wird. Girard forderte jeden unabhängig von seinem Glauben dazu auf, sorgsam zu betrachten, was bei der Kreuzigung von Jesus passierte. Er sah die Geschichte vor allem mit den Augen des Anthropologen und fand darin menschliches Verhalten, das anders war als alles andere, das er bislang in historischen Schriften gefunden hatte.

Der Mob versuchte, Jesus zum Sündenbock zu machen. Aber der Mechanismus wurde auf radikale Weise unterminiert – einer der Gründe, warum die Geschichte eine so anhaltende kulturelle Signifikanz hat, selbst wenn man sie allein vom historischen Gesichtspunkt aus betrachtet. Die Kreuzigung von Jesus schaffte es nicht, eine Gemeinschaft gegen einen Sündenbock zu vereinigen. Stattdessen geschah genau das Gegenteil: Sie bewirkte eine enorme Spaltung. Eine kurze Zeit lang schien die Kreuzigung den gewünschten Effekt zu haben. Der Aufruhr war niedergeschlagen, die Ordnung temporär wiederhergestellt. Doch kurz nach Jesu Tod trat eine kleine Gruppe von Menschen auf den Plan, die ihn gut kannten, seine Unschuld beteuerten und sagten, er lebe. Ein Riss tat sich auf zwischen denjenigen, die die alte Opferungsordnung beibehalten wollten und denen, die den Sündenbock-Mechanismus als das sahen, was er war: einen ungerechten Opfervorgang.

Die Texte der Evangelien unterscheiden sich radikal von griechischen, römischen oder anderen bekannten Sagen und Mythen. In den heidnischen Berichten einhelliger Gewalt gewinnt der Leser oder Zuhörer den Eindruck, dass die Gewalt einer schuldigen Person angetan wird, die eine Bestrafung verdient. Das liegt daran, dass die Einzigen, die die Geschichte noch erzählen können, die Gewaltausübenden sind. Die Geschichten werden aus der Sicht derer erzählt, die ehrlich von der Schuld des Sündenbocks überzeugt sind.[36] Bei der Kreuzigung von Jesus soll sich der Leser mit der Menge identifizieren, aber *gleichzeitig die Torheit der Menge erkennen* und über sie hinausgehen, um am Ende zum ersten Mal die Wahrheit über menschliche Gewalt zu verstehen.

Ich habe die Geschichte der Poolparty vom Standpunkt eines allwissenden Erzählers aus geschrieben, der wusste, dass der Typ mit dem Bier unschuldig war. Hätte stattdessen einer der Mörder die Geschichte erzählt, hätten Sie niemals gewusst, dass der Sündenbock nichts getan hatte, das den Unmut der anderen verdiente. Sie hätten nur eine Interpretation der Ereignisse gehört, und wären nicht einmal auf die Idee gekommen, nach einer anderen Ausschau zu halten. Alle, die im Pool waren, hätten die gleiche Geschichte erzählt: Das Opfer war schuldig.

Außerdem habe ich die Geschichte als jemand erzählt, *dem der Sündenbock-Mechanismus bekannt ist*. So funktionierten auch die Evangelien. Zum ersten Mal in der Geschichte wurden die Vorgänge aus der Sicht des Opfers erzählt. Girard sieht dies als definitiven Wendepunkt – der Moment, an dem der Sündenbock-Mechanismus begann, seine absolute Macht zu verlieren. Die Geschichte zwingt den Leser, sich mit seiner eigenen Gewalttätigkeit auseinanderzusetzen. Ein Schleier wurde gehoben und die wiederkehrenden Kreisläufe der Gewalt in der menschlichen Geschichte wurden sichtbar.[37]

Dieses Anheben des Schleiers führte nicht, wie wir alle wissen, zu einem Ende der Gewalt. Die Enthüllung hat ihren Weg durch die Zeit nur langsam angetreten, aber sie kann nie mehr zurückgenommen werden. Wenn die moderne Welt durchzudrehen scheint, dann liegt dies zum Teil daran, dass wir uns der Ausbeutung und Gewalt gegenüber unschuldigen Opfern extrem bewusst sind, aber einfach nicht wissen, was wir dagegen tun können. Es ist, als hätte man uns etwas Schreckliches erzählt, das wir gar nicht wissen wollten und das wir alleine auch nicht beheben können. Und das ist das Rezept für kollektiven Wahnsinn.

Denjenigen von uns, die in Kulturen aufgewachsen sind, in denen diese Geschichte zum Allgemeingut gehört, wurde die Sorge um unschuldige Opfer so stark eingeprägt, dass wir leicht vergessen, wie einige unserer tiefsten Überzeugungen ursprünglich entstanden sind. Einige Dinge kann man nicht mehr ungesehen machen.

Selbstbewusstheit und Selbsthass

„Untersuchen Sie alte Quellen, erkundigen Sie sich überall, forschen Sie überall auf der Welt nach und Sie werden nirgendwo etwas finden, das unserer heutigen Sorge um Opfer auch nur annähernd entspricht", schrieb René Girard.[38] Ist das nicht merkwürdig?

In der heutigen Zeit haben wir ein solch erhöhtes Gespür für unschuldige Opfer, dass wir täglich neue Ungerechtigkeiten finden, derer wir uns anklagen können. Der Gedanke, dass eine Person, mit der grob umgegangen wird unschuldig sein könnte, ist uns extrem unangenehm. Woher stammt dieser leidenschaftliche Drang, Opfer zu verteidigen? Hat es allein etwas mit der Aufklärung zu tun – der Einbildung, dass wir nun klügere, rationalere Menschen sind, die die Vergangenheit von einer höheren Warte aus besser beurteilen können? Oder sind die Gründe ganz andere?

Laut Girard stammt unser heutiges kulturelles Bewusstsein von den biblischen Geschichten. Allein durch pures Nachdenken wäre diese Bewusstheit nicht zustande gekommen. Wir hatten an dieser Stelle einen blinden Fleck, weil wir Teil des Verbrechens waren. Die Geschichten, die in der Bibel erzählt werden, zeigten uns etwas, das keine noch so scharfsinnige Schlussfolgerung hätte aufdecken können: die Unschuld von Opfern.

Wir waren wie jemand, in dessen Kopf ein Nagel steckt, und der sich mit der Frage das Gehirn zermartert, woher wohl diese Kopfschmerzen kommen, bis uns jemand einen Spiegel vorgehalten hat. Dieser Effekt gilt für jeden, der in einer Kultur aufgewachsen ist, die von diesen Geschichten in irgendeiner Form berührt wurde, sogar dann, wenn er selbst gar nicht mit ihnen vertraut ist. Denn sie hatten Tausende von Jahren Zeit, tief in unser Gewebe einzusickern.

Die westliche Kultur hat sich stark rund um die Verteidigung von Opfern herum entwickelt. In den vergangenen zweitausend Jahren gab es dramatische Fortschritte im öffentlichen und Zivilrecht, in der Wirtschaftspolitik und im Strafrecht, die alle zum Ziel hatten, die Verletzlichen zu schützen. Zivile (nicht militärische) Krankenhäuser entstanden im vierten Jahrhundert.[39] Im Mittelalter beschützten die Klöster Alte und Sterbende, Reisende und Waisen. Sie dienten als das, was wir heutzutage vielleicht als soziales Netz bezeichnen würden. Sie schützten Opfer. Heute bedienen sich sowohl Abtreibungsgegner als auch ihre Befürworter auf ihre jeweils eigene Weise der Sprache der Opfer. Keine Sprache ist mächtiger.

Eine große Ironie der modernen Welt liegt darin, dass westliche Demokratien wie die USA, in denen es eine Trennung von Kirche und Staat gibt, die Verteidigung von Opfern zu einem absoluten moralischen Imperativ gemacht haben, obwohl sie die Religion weitgehend aus dem öffentlichen Leben verbannt haben. Es ist so, als wollten sie sagen: „Ihr Juden und Christen, wir übernehmen die Verteidigung unschuldiger Opfer für Euch und wir werden Euch noch übertreffen – wir werden sie noch besser verteidigen, als Ihr es getan habt". Und in vielen Fällen trifft das auch zu. Als Reaktion darauf sehen viele Gläubige die weltliche Kultur als mimetische Konkurrenz. Die Kulturkriege sind eine einzige große mimetische Rivalität mit vielen Gesichtern, eine Hydra mit Tausenden von Köpfen, und ein Konkurrenzkampf, bei dem es von allen Seiten weiser wäre, sich daraus zurückzuziehen.

Die Entwicklung der Menschenrechte, wie wir sie kennen, ist in Teilen dem indirekten Eingeständnis geschuldet, dass unter den passenden Umständen jeder zum Sündenbock werden kann. Nachdem im Zweiten Weltkrieg etwa 75 Millionen Menschen getötet worden waren, gaben die Vereinten Nationen eine Allgemeine Erklärung der Menschenrechte heraus, in der die grundlegenden Rechte aller Menschen auf der Welt festgeschrieben sind. Die Erklärung wurde in über fünfhundert Sprachen und Dialekte übersetzt. Die Geburt der Erklärung hat vor allem mit der erschreckenden Anzahl an unschuldigen Opfern zu tun, die der Krieg gefordert hatte.

Durch diese Entwicklungen wurden die Machtverhältnisse entscheidend verändert. Zuvor waren die meisten Opfer völlig unfähig, sich zu verteidigen. Heute hat niemand mehr kulturellen Einfluss als jemand, der als Opfer anerkannt ist. Es ist, als hätten die Pole im Magnetfeld der Erde sich verändert, so wie sie es alle paar hunderttausend Jahre tun. Der Sündenbock-Mechanismus ist so gründlich unterwandert worden, dass es Anzeichen eines *umgekehrten Sündenbock-Mechanismus* gibt, bei dem erkannt wird, dass ein unschuldiges Opfer brutal behandelt wurde, woraufhin eine Welle der Unterstützung rund um dieses Opfer aufbrandet. Der ursprüngliche Sündenbock-Mechanismus brachte Ordnung ins Chaos – aber die Ordnung erforderte Gewalt. Der umgekehrte Prozess bringt Chaos in die Ordnung. Das Chaos soll das „geordnete" System aufrütteln, das sich der Gewalt verschrieben hat, bis ein ernsthafter Ansatz einer Veränderung da ist. Der Tod von George Floyd in den USA im Mai 2020 ist ein herausragendes Beispiel hierfür.

Natürlich ist das Verteidigen von Opfern eine gute Sache. Gleichzeitig jedoch birgt es neue Gefahren. Auf die gleiche Weise, in der Sündenbock-Rituale in archaischen Gemeinschaften einen praktischen Sinn hatten – sprich: sie wurden eingesetzt, um praktische Ziele zu erreichen – kann auch die Verteidigung von Opfern für praktische Zwecke genutzt werden. In seinem Vorwort zu einem der bekanntesten Werke von René Girard, *Ich sah den Satan vom Himmel fallen wie einen Blitz*, versuchte James G. Williams Girards Gedanken zu diesem Punkt zusammenzufassen: „Viktimisierung nutzt die Ideologie der Sorge um Opfer, um politische, wirtschaftliche oder spirituelle Macht zu erlangen“, schrieb er. „Man beansprucht einen Opferstatus, um sich einen Vorteil zu verschaffen oder sein Verhalten zu rechtfertigen.“[40] Opfer haben mittlerweile die Macht, andere nach eigenem Ermessen zu Sündenböcken zu machen. Ein offenes und ehrliches Erinnern ist vonnöten, um zu verhindern, dass diese Macht zur Tyrannei wird.

Die Propheten im alten Israel wurden systematisch der Lächerlichkeit preisgegeben und zu Sündenböcken gemacht. Viele von ihnen wurden getötet. Die Pharisäer, eine religiöse Sekte im Palästina des ersten Jahrhunderts, verehrten diese alten Propheten und errichteten ihnen Denkmäler. Sie wetterten gegen Gewalt und hielten sich streng an die Gesetze. Die Pharisäer waren der Meinung, dass die Propheten nicht getötet worden wären, wenn sie zu deren Zeiten gelebt hätten.[41] Und dann wirkten sie bei der Ermordung von Jesus mit.

Eine ähnlich heikle Denkweise finden wir bei vielen, die heutzutage auf die Menschen blicken, die in Nazideutschland oder der Sowjetunion gelebt haben oder im Amerika der 1950er Jahre oder zu Zeiten von Christus, und schwören, dass sie niemals bei solch einer Ideologie, solchem Rassismus oder solch einer Volksverhetzung mitgemacht hätten. Genau dadurch wird der Sündenbock-Mechanismus möglich – durch die Vorstellung, man selbst sei nicht dazu in der Lage. Uns fehlt die Demut zu sehen, dass wir alle in mimetische Prozesse verwickelt sind.

Alexander Solschenizyn, der acht Jahre in einem Zwangsarbeitslager in der Sowjetunion verbracht hat (einem der sogenannten *Gulags*) und sein Land in Zerfall und Übel hinabsinken sah, meinte zu einem späteren Zeitpunkt seines Lebens: „Wenn es nur so einfach wäre! Wenn es nur böse Menschen gäbe, die von sich aus heimtückisch schlechte Taten begingen, und es einfach ausreichen würde, sie vom Rest von uns abzusondern und zu vernichten. Aber die Linie, die Gut von Böse trennt, verläuft durch das Herz jedes Menschen. Und wer ist schon bereit, ein Stück seines eigenen Herzens zu zerstören?[42]

Zeichen von Widerspruch

Wie bereits zuvor erwähnt, lautete einer der Sprüche von Jenny Holzer auf der Anzeigetafel am Times Square: „Schütze mich vor dem, was ich will." Er zog Aufmerksamkeit auf sich, weil er auf einen Widerspruch hinwies. Durch den starken Kontrast zu den anderen Anzeigen am Times Square fühlten sich Menschen aufgerufen, einen ehrlicheren Blick auf sich selbst zu werfen. Die Botschaft führte nicht zu Rivalität und Schuldzuweisungen und Gewalt, sondern zu Selbstreflektion und vielleicht sogar Umdenken. Die Kultur des Konsums brauchte nicht das letzte Wort zu haben.

Die Kreuzigung Jesu steht im Zentrum der menschlichen Geschichte ebenfalls in starkem Kontrast zu allem, was rundherum geschah – sei es die Politik des römischen Reichs, die gewaltsame Hinrichtung von Verbrechern und das vorherrschende Narrativ. Sie fordert uns dazu auf, uns ehrlich mit der Rolle auseinanderzusetzen, die wir selbst dabei spielen, Kreisläufe der Gewalt aufrechtzuerhalten. Das Gleiche gilt für die neuen Sündenböcke der Welt, die täglich erschaffen werden – wenn wir die Augen haben, dies zu erkennen.

Die amerikanische Autorin Ursula K. Le Guin schrieb 1973 eine Kurzgeschichte mit dem Titel *The Ones Who Walk Away from Omelas* (dt. „Die Omelas den Rücken kehren", Anm. d. Verlags). Die Geschichte spielt in einer fiktiven, utopischen Stadt des „Glücks", die den Namen Omelas trägt. Wir erfahren weder, wo diese Stadt liegt, noch in welcher Zeit wir uns befinden. Wir wissen nur, dass die Bürger einen Weg gefunden haben, ihre Gemeinschaft so zu strukturieren, dass das Glück aller maximiert wird. Aller bis auf einen allerdings.

Mitten in der Beschreibung eines Sommerfestes enthüllt der Erzähler ein dunkles Geheimnis: Das gesamte Funktionieren der Stadt und ihr gesamtes Glück beruhen auf der Verstoßung, der Isolation und dem andauernden Leid eines einzelnen Kindes, das unter der Stadt gefangen gehalten wird. Wenn die Bürger von Omelas alt genug sind, um die Wahrheit über ihre Stadt zu erfahren, sind sie schockiert und angewidert. Im Laufe der Zeit jedoch akzeptieren die meisten diese Ungerechtigkeit um des Glücks der Stadt willen.

Dennoch verlassen einige Bürger die Stadt. Die Geschichte endet mit der Beschreibung des Ziels, dem diese wenigen Leute entgegengehen: „Der Ort, dem sie entgegengehen, ist für die meisten von uns noch weniger vorstellbar als die Stadt des Glücks. Ich kann ihn nicht einmal beschreiben. Womöglich existiert er gar nicht. Aber sie scheinen zu wissen, wohin sie gehen, diejenigen, die Omelas den Rücken kehren.“[43]

Alle Bewohner wussten von dem Kind unter der Stadt, aber nur einige wenige verließen sie. Der Rest akzeptierte den Kompromiss. Die meisten Menschen tun das. „Jeder Mensch muss sich fragen, wie sein Verhältnis zum Sündenbock ist“, schrieb René Girard. „Ich kenne mein eigenes nicht und ich glaube, dass es meinen Lesern genauso geht. Wir haben nur rechtmäßige Feindschaften. Und doch wimmelt es im gesamten Universum nur so von Sündenböcken.“[44]

TEIL II

DIE TRANSFORMATION DES BEGEHRENS

Wir könnten nun in die Welt hinaus gehen und alle Sündenböcke aufspüren, jede Rivalität entlarven und uns auf Kosten all jener amüsieren, die immer noch in den weltfremden Kampf des mimetischen Begehrens verstrickt sind. Aber Vorsicht! Der Sündenbock-Mechanismus ist trickreich. Je stärker wir ihn bei anderen erkennen, umso weniger sehen wir ihn bei uns selbst.

Natürlich können wir mimetisches Begehren für unsere eigenen Zwecke „nutzen“, genauso wie wir das Vertrauen, die Herzen und die Körper anderer Menschen ausnutzen können. Es könnte uns dabei helfen, das nächste *Facebook* aufzuspüren oder bessere Aufreißer zu werden oder eine Menge Geld am volatilen Aktienmarkt zu verdienen. Aber das wäre ein Pakt mit dem Teufel, der uns in Rivalitäten feststecken ließe und uns davon abhielte, wirklich daran zu arbeiten, diejenigen Wünsche zu finden und zu verfolgen, die uns am Ende Erfüllung bringen.

David Foster Wallace meinte einmal, dass wir, um in einer Welt bestehen zu können, in der das Internet in immer mehr Bereiche unseres Lebens vordringt, wie zum Beispiel in Form immer raffinierterer Pornos (die fast schon an eine virtuelle Realität heranreichen), „in uns einen Mechanismus entwickeln müssen, eine Art Bauchgefühl, das uns hilft, damit umzugehen.“[1] Einen Mechanismus, der uns vielleicht auch hilft, besser mit den Bildern klarzukommen, die wir rund um die Uhr in den Nachrichten sehen, oder der polarisierten politischen Landschaft und anderen mimetischen Brandbeschleunigern wie einer hochentwickelten Technologie, angesichts derer wir alle Barrieren und Hemmungen fallen lassen. Wir müssen ein Bauchgefühl entwickeln, das es uns ermöglicht, gefährlicher Mimesis zu widerstehen. Dazu benötigen wir die Fähigkeit, uns antimimetisch zu verhalten, und genau darum wird es in Teil II gehen.

Was bedeutet das? Natürlich nicht, dass wir frei von mimetischem Begehren sein sollten (oder könnten). Antimimetisch zu sein ist etwas anderes als die „Anti-Fragilität“ von Nassim Nicholas Taleb – es ist nicht einfach nur das Gegenteil von mimetisch. Antimimetisch zu sein bedeutet, die Fähigkeit und die Freiheit zu haben, gegen zerstörerische Kräfte des Begehrens anzugehen. Mimetisches wirkt wie ein Beschleuniger wohingegen Antimimetisches entschleunigt. Eine antimimetische Handlung – oder Person – ist ein Zeichen des Widerspruchs gegen eine Kultur, die gerne mit dem Strom schwimmt.

In der zweiten Hälfte dieses Buchs geht es darum, unser Bauchgefühl zu entwickeln – die Fähigkeit, automatischen sozialen Reflexen zu widerstehen, sich vom Lärm der Menge zu separieren und dem Reiz schneller Begierden zu entsagen, etwas anderes und Größeres zu wollen.

KAPITEL 5

ANTIMIMETISCH – FÜTTERE DEN MENSCHEN, NICHT DAS SYSTEM

Begehren hinterfragen … Ursprünge erforschen … Aussteigen

„Was fürchtet Ihr, Herrin?", fragte er.
„Einen Käfig", sagte sie. „Hinter Gittern zu bleiben, bis Gewohnheit und hohes Alter sich damit abfinden und alle Aussichten, große Taten zu vollbringen, unwiderruflich dahin sind und auch gar nicht mehr ersehnt werden."

J. R. R. Tolkien

„Es gibt Schlüsselmomente im Leben, in denen wir uns Fragen stellen", sagt Sébastien Bras. Bras ist ein gefeierter Spitzenkoch, dessen Restaurant *Le Suquet* Massen von Menschen anzieht, obwohl es mitten im Nirgendwo liegt. „Es sind Fragen wie ‚Was haben wir früher gemacht, wo stehen wir heute und was wollen wir für morgen?'"

Seine Bürofenster bieten einen 180-Grad-Blick in die Restaurantküche, in der es nur so wimmelt von Personal, das mit Vorbereitungen für den Abend beschäftigt ist. Aber meine Aufmerksamkeit ist ganz bei Bras, der eine enorme Souveränität ausstrahlt und seine Worte sorgsam wählt. Bei der Beantwortung einiger meiner Fragen erwähnt er zuerst, wie viele Punkte er dazu zu sagen hat – er denkt in Listen, ganz wie bei Rezepten. Er sagt, dass er mir von drei Schlüsselmomenten seiner Karriere erzählen will. Der erste ist der, an dem sein Vater Michel Bras das Restaurant 1992 auf dem Aubrac-Plateau in Südfrankreich eröffnete. Der zweite war im Jahr 1999, als Michel zum ersten Mal drei Michelin-Sterne bekam. Der dritte war am Tag, an dem Sébastien zum ersten Mal in dem Stuhl Platz nahm, in dem er jetzt sitzt, hinter dem, was einmal der Schreibtisch seines Vaters war. Dieser Moment markierte den Übergang des Restaurants von einer Generation auf die nächste.

Aber nun gab es einen vierten wichtigen Moment. Im Juni 2017 teilte Sébastien dem *Guide Michelin* – dieser 120 Jahre alten, geheiligten Institution, die dem *Le Suquet* ganze neunzehn Jahre lang durchgehend ihre höchstmögliche Auszeichnung, drei Sterne, verliehen hatte – mit, dass er nicht länger an seinen Sternen oder seiner Meinung interessiert sei. Er bat darum, sein Restaurant aus dem Führer zu entfernen. Wie kommt es, dass jemand aufhört, etwas zu wollen, das er sein ganzes Leben lang gewollt hat?

Bewegliche Zielsetzung

Der Autor James Clear schreibt in seinem Buch *Die 1%-Methode – Minimale Veränderung, maximale Wirkung: Mit kleinen Gewohnheiten jedes Ziel erreichen*, dass wir „nicht zur Ebene unserer Träume aufsteigen, sondern auf das Niveau unserer Systeme fallen.“[1] Vom Standpunkt des Begehrens aus sind unsere Ziele das Produkt unserer Systeme. Wir können nichts wollen, das außerhalb des Systems des Begehrens liegt, in dem wir uns befinden.

Unsere Besessenheit, uns Ziele zu setzen ist fehlgerichtet, ja sogar kontraproduktiv. Ziele setzen ist nicht schlecht. Aber wenn der Fokus darauf liegt, wie man Ziele setzt und nicht darauf, wie man sie überhaupt erst auswählt, dann können Ziele leicht zu Instrumenten der Selbstzerfleischung werden. Die meisten Menschen sind für die Wahl ihrer eigenen Ziele nicht voll verantwortlich. Menschen verfolgen die Ziele, die ihnen in ihrem System des Begehrens angeboten werden. Häufig werden diese Ziele *für* uns ausgewählt, und zwar von Vorbildern. Und das bedeutet, dass die Zielsetzungen sich ständig verschieben.

Hier einige Richtlinien für das Setzen von Zielen: Ziele sollten nicht vage, bombastisch oder trivial sein; Stellen Sie sicher, dass sie spezifisch, messbar, angebbar, relevant und zeitorientiert[2] sind; Ziele sollten FAST sein (ein Akronym, das für frequent, anspruchsvoll, spezifisch und transparent steht)[3]; Ziele sollten gute Vorgaben und erwünschte Schlüsselergebnisse haben[4]; schreiben Sie sie nieder; teilen Sie sie mit anderen, damit Sie in der Verantwortung stehen, sie auch umzusetzen. Das Setzen von Zielen ist ganz schön kompliziert geworden. Wenn jemand versuchte, alle aktuellen Taktiken zu beherzigen, dann wäre es beinahe ein Wunder, wenn am Ende überhaupt irgendein Ziel dabei herauskäme.[5]

Verstehen Sie mich nicht falsch – einige dieser Taktiken können durchaus hilfreich sein. Wenn ich abnehmen möchte, dann hilft es Ziele zu setzen, die spezifisch, messbar, angebbar, relevant und zeitorientiert sind. Allerdings ist gar nicht klar, ob Gewichtsverlust für mich überhaupt ein gutes Ziel ist. Die Ausgangsfrage sollte vielmehr sein: Warum möchte ich dieses Gewicht verlieren? Was, wenn ich im Grunde mein Idealgewicht habe, und nur abnehmen möchte, um einer Person auf *Instagram* ähnlicher zu sein?

Menschen setzen sich Ziele und machen Pläne, um an einem Punkt in der Zukunft anzulangen, der sich „Fortschritt" nennt. Aber wird es tatsächlich ein Fortschritt sein? Wie können wir da sicher sein? Sébastien Bras setzte sich das Ziel, die drei Michelin-Sterne seines Restaurants zu erhalten, und er verfolgte es gewissenhaft. Eines Tages jedoch stellte er fest, dass das Verfolgen dieses Ziels ihn zerstörte. Einige Ziele – sogar auch die guten – werden irgendwann zur Belastung.

Ist Ihnen schon aufgefallen, dass Ziele einen untadeligen und unantastbaren Status haben? Sie wollen einen Ultramarathon laufen? Menschen werden Ihnen ob Ihrer Entschlossenheit applaudieren. Sie treten bei der Bürgermeisterwahl an? Sie haben ihre Unterstützung. Sie verkaufen Ihr Haus und leben ab sofort im Wohnmobil? Cool, die Reduzierung aufs Wesentliche ist in. Keiner wird Ihre Ziele infrage stellen. Aber es lohnt sich zu fragen, wo diese Ziele ursprünglich herkommen. Jedes Ziel ist eingebettet in ein System. Mimetisches Begehren ist das ungeschriebene und uneingestandene System hinter sichtbaren Zielen.[6] Je stärker wir dieses System ans Licht bringen, umso weniger wahrscheinlich ist es, dass wir für uns die falschen Ziele wählen und verfolgen.

Mimetische Systeme

Das US-amerikanische Bildungssystem, der Risikokapitalmarkt, der Druck auf Akademiker, ihre Ergebnisse zu publizieren oder unterzugehen und die sozialen Medien sind Beispiele für mimetische *Systeme*: Mimetisches Begehren hält sie am Laufen. In den weiterführenden Schulen der USA fokussieren die meisten Schüler ihre Energie auf Dinge, die sich günstig auf eine College-Bewerbung auswirken wie Notendurchschnitt, standardisierte Testergebnisse und Aktivitäten außerhalb des Lehrplans. Viele Highschools verfolgen das Ziel, 100 Prozent ihrer Schüler in Colleges unterzubringen, obwohl viele

Studenten das Gefühl haben, keinen Gegenwert mehr für ihr Geld zu erhalten und unter einem Schuldenberg zu ersticken.

Immer mehr Studenten haben die Teleologie oder den letztendlichen Zweck ihrer Ausbildung aus den Augen verloren.[7] Wenn man in der fünften Klasse ist, lautet das klare Ziel, es in die sechste Klasse zu schaffen – und so geht es weiter bis hin zur zwölften Klasse – dem Punkt, an dem man sich vier Jahre lang auf klar definierte Weise auf etwas namens „College" vorbereitet hat (in den USA gibt es hierzu einen „College Advisor", einen Berater, der einem auf Basis seiner Ergebnisse rät, bei welchen Colleges man sich bewerben sollte).

Im College wird das angestrebte Ziel dann noch unklarer. Lautet das Ziel, einen guten Job zu bekommen? Es auf die Graduiertenschule zu schaffen? Ein gebildeter Mensch zu werden, der in der Lage ist, kritisch zu denken? Ein guter Bürger zu sein? Als ich mein Studium an der *Stern School of Business* begann, hatte ich kein Konzept. Was also habe ich getan? Ich habe geschaut, was alle anderen machten – was alle anderen *zu wollen* schienen. Es gab ein ganz eindeutiges Objekt der Begierde, und das war die Wall Street. Also kämpfte ich dafür und bekam, was ich zu wollen glaubte. Und so begann mein elendes fünfzehnmonatiges Rendezvous mit *Advanced Excel* und *PowerPoint*.

Herkömmliche Wagniskapitalfonds funktionieren in einem mimetischen System. Sie benötigen eine außerordentlich hohe Kapitalrendite, um die hohen Risiken zu rechtfertigen, die sie eingehen. Viele finanzieren nur solche Unternehmen, die das Potenzial haben, innerhalb von fünf bis sieben Jahren das Zehnfache des investierten Betrags wieder einzubringen. Wegen ihrer Investitionszeitachse favorisieren die Fonds Technologieunternehmen, die schnell wachsen können, und keine Lebensmittelunternehmen, die zwar womöglich stetig wachsen, aber nur in kleinen Schritten und über einen größeren Zeitraum von zwanzig bis dreißig Jahren hinweg. Fonds suchen nach Tütensuppen, nicht nach Risotto.

Die Nachfrage der Wagniskapitalfonds nach sich schnell auszahlenden Investitionsmöglichkeiten erhöht die Attraktivität von Technologie-Start-ups für Unternehmer. Ein mimetisches System nimmt

Gestalt an. Es wird nicht nur von den wirtschaftlichen Anreizen und finanziellen Renditen beeinflusst – die ohne Frage eine Rolle spielen – sondern auch von dem Prestige und der Validierung, die mit der Finanzierung durch den richtigen Wagniskapitalfonds einhergehen. Fonds verteilen *Michelin*-Sterne in Form von Schecks. Sie selbst profitieren davon, in attraktive Unternehmen und Geschäftsführer investiert zu haben, die es in die Schlagzeilen schaffen.

Mimesis ist einer der Haupttreiber der sozialen Medien. *Twitter* fördert und misst Nachahmung, indem es anzeigt, wie viele Retweets jeder Post hat. Je mehr sie sich dort mit mimetischen Vorbildern messen und die Posts ihrer Rivalen nachverfolgen und diese kommentieren können, desto häufiger werden Menschen *Facebook* nutzen. Je stärker die mimetischen Kräfte auf einer *Social Media*-Plattform wirken, umso mehr wollen die Menschen sie nutzen. Wenn die Anbieter sozialer Medien stärkere Bremsmechanismen für mimetisches Verhalten einbauen würden, nähmen das Engagement der Nutzer und damit am Ende auch der Gewinn ab, also gibt es für sie starke finanzielle Anreize, mimetisches Verhalten zu *beschleunigen*. Wenn zwei Menschen in den sozialen Medien streiten und andere mit hineinziehen, dann ist es nicht schwer zu erraten, wer am Ende gewinnt: die Plattform.

Systeme des Begehrens, sowohl positive als auch negative, wirken überall. Gefängnisse, Klöster, Familien, Schulen und Freundeskreise funktionieren als solche. Wenn ein starkes mimetisches System erst einmal etabliert ist, bleibt es bestehen, bis es von einem stärkeren verdrängt wird.[8] Nur wenige haben wohl Erfahrung mit dem mimetischen System der französischen *Haute Cuisine* gemacht, aber es kann uns unser eigenes verdeutlichen. Schauen wir uns also an, wie Chefkoch Sébastien Bras in das System geriet und wie er wieder aus ihm herausfand.

Beobachtet und bewertet werden

Das Restaurant von Sébastien Bras, *Le Suquet,* liegt in einer pittoresken Landschaft am Rand des kleinen französischen Orts Laguiole, etwa zweieinhalb Stunden von den drei größten Städten des Umlands (Clermont-Ferrand, Toulouse und Montpellier) entfernt. Dennoch ist das Restaurant mittags wie abends stets ausgebucht, was die meisten Dreisterne-Lokale in Paris nicht von sich behaupten können.

Das Dörfchen Laguiole liegt in der Region Aubrac, einem rund 1300 Quadratkilometer großen Granitplateau, das Teil des südwestlichen Zentralmassivs ist. Die Region gehört in puncto Artenvielfalt ihrer Pflanzen- und Tierwelt zu den reichsten Frankreichs. Ebenso berühmt ist der Ort für seine handgefertigten Messer, die robusten und imposanten Aubrac-Kühe, die auf den Hügeln grasen, und den Käse, der aus ihrer Milch hergestellt wird.

Ich fuhr von meinem Hotel im Zentrum Laguioles auf einer langsam ansteigenden Straße bis zum Ortsrand. Am Ende eines abgelegenen Zufahrtsweges steht ein Schild mit der Aufschrift BRAS – schmale Buchstaben auf einer gefrosteten Glasscheibe, errichtet auf einem Boden, der mit Wildblumen, Gras, Fenchel und vielen anderen Dinge bewachsen ist, die Sie und ich vermutlich als Unkraut bezeichnen würden, die aber alle in den Menüs Verwendung finden.

Michel Bras, Sébastiens Vater, erbaute das Restaurant auf einem der höchsten Plateaus der Gegend. Das *Le Suquet* thront ganz oben am Ende der steilen Anfahrt. Die moderne Struktur des Gebäudes mit einer asymmetrischen Ecke, ist in die Hügellandschaft eingebettet. Mit seinen bodentiefen Fenstern auf allen Seiten sieht es aus wie die Aussichtsplattform eines Designer-Raumschiffes, das außerweltliche Forscher transportiert, die auf der Suche nach Foie Gras und Aligot (ein für die Region Aubrac typisches Gericht aus Kartoffeln und Käse, Anm. d. Verlags) hierhergekommen sind.

Im Jahr 1980, lange bevor dieses neuere Gebäude auf dem Plateau errichtet wurde, stellte Michel Bras der Welt sein *Gargouillou* vor – ein Gericht, das bis zu achtzig frisch gepflückte Gemüse- und

Kräuterarten sowie essbare Blumen aus der Region Aubrac enthält. Das *Gargouillou* wird einzeln zubereitet und von rohem Schinken, der in Bouillon gekocht wird, zusammengehalten. Heutzutage liegt die Verwendung lokaler Zutaten voll im Trend, aber damals war das so, als würde man den Gästen Unkraut vorsetzen.[9] Michel Bras war ein Innovator, aber er blieb innerhalb der Grenzen des Sternesystems des *Guide Michelin*. Sein Sohn, Sébastien, sollte diese Grenzen überschreiten. Nur wenige haben das jemals getan.

Wenn die meisten französischen Köche ein neues Restaurant eröffnen, warten sie voller Unruhe auf den Moment, in dem ein Prüfer des *Guide Michelin* – den sie als solchen erkennen oder auch nicht – das Lokal betritt. An jedem beliebigen Tag könnte einer von Hunderten von Tellern, die aus der Küche ins Restaurant geschickt werden, vor dem Prüfer landen. Nach Beendigung des Mahls weist dieser sich womöglich als solcher aus und bittet darum, einen Blick in die Küche werfen zu dürfen. Vielleicht geht er aber auch einfach, ohne sich zu erkennen zu geben. Das Urteil des Prüfers hat tiefgreifende Auswirkungen. Einen Michelin-Stern verliehen zu bekommen, kann für den Koch eine Karriere und für das Restaurant finanzielle Stabilität bedeuten. Verliert man aber einen Stern, kann dies eine unabwendbare Abstiegsspirale nach sich ziehen.

Restaurantprüfer sind so etwas wie die mysteriösen „Watcher" (dt. Wächter, Anm. d. Verlags) in der Kurzgeschichte „Unaccompanied Sonata" (dt. unbegleitete Sonate, Anm. d. Verlags) von Orson Scott Card. Ein kleiner Junge, der in einer dystopischen, autoritären Gesellschaft lebt, wird zum musikalischen Wunderkind erklärt. Er erhält strenge Anweisungen, wie er sein Talent entwickeln soll. Bricht er die Regeln, erscheint ohne Vorwarnung eine Gruppe von anonymen Männern, die „Watcher", und schwenkt scharfe Messer, um ihm die Finger abzuschneiden. Entweder man spielt nach den Regeln oder man spielt am Ende gar nicht mehr.[10]

Im Jahr 2003 nahmen die „*Michelin*-Watcher" Bernard Loiseau ins Visier, einen französischen Drei-Sterne-Koch. Sie zeigten sich besorgt über den Mangel an Ideenreichtum und die geringe künstlerische

Ausrichtung seines Restaurants und deuteten an, dass er einen Stern verlieren könnte. (Hinzukam, dass der *Gault Millau*, ein weiterer französischer Restaurantführer, Loiseaus Restaurant *La Côte d'Or* herabgestuft hatte, von 19/20 auf 17/20 Punkte.) Ungefähr zu der Zeit beging Loiseau nach einem vollen Arbeitstag in seiner Küche Selbstmord.

Im Alter von 32 Jahren war der Brite Marco Pierre White im Jahr 1994 der jüngste Chefkoch, dem jemals drei Sterne verliehen wurden. Nur fünf Jahre später zog er sich zurück. „Ich habe den *Michelin*-Prüfern zu viel Respekt erwiesen und mich selbst kleingemacht", erklärte er. „Ich hatte drei Möglichkeiten – ein Gefangener meiner Welt zu sein und sechs Tage die Woche zu arbeiten, eine Lüge zu leben und hohe Preise zu nehmen und nicht selbst hinter dem Herd zu stehen oder aber meine Sterne zurückzugeben, Zeit mit meinen Kindern zu verbringen und mich neu zu erfinden." [11] Er war der erste Drei-Sterne-Koch der Geschichte, der einfach zumachte und ging.

Der Pariser Chefkoch Alain Senderens, der es müde war, durchzuhalten, schloss sein Drei-Sterne-Restaurant und gestaltete es komplett um, wodurch er den *Michelin*-Prüfern für eine Weile entkam. „Ich will einfach nur Spaß haben", sagte er der *New York Times* im Jahr 2005. „Ich möchte mein Ego nicht mehr füttern. Dafür bin ich zu alt. Ich kann wunderbare Speisen zubereiten ohne all das Tralala und Chichi, und das Geld stattdessen in das stecken, was auf den Teller kommt."

Jeder von uns hat seine eigene Version des *Michelin*-Sternesystems. Auch wir wollen genau wie französische Spitzenköche „Sterne" – Zeichen von Status und Prestige, Ehrenabzeichen. Die mimetischen Kräfte zu benennen, die in unseren Systemen am Werk sind, ist ein wichtiger erster Schritt hin zu bewussteren Entscheidungen.

Taktik 8
Bestimmen Sie die Systeme des Begehrens in Ihrem Leben

Jede Branche, jede Schule, jede Familie hat ein spezielles System des Begehrens, das bestimmte Dinge begehrenswert macht und andere nicht. Machen Sie sich bewusst, in welchen Systemen des Begehrens Sie sich bewegen. Wahrscheinlich sind es mehrere.

Im April 2020 postete der Unternehmer Marc Andreessen auf seiner Firmen-Website einen Beitrag mit dem Titel „It's Time to Build“ (dt. in etwa: Es ist Zeit, vorzusorgen, Anm. d. Verlags), in dem er sich fragte, warum – vom Standpunkt der Produktion aus gesehen – so viele westliche Industrieländer so schlecht auf den COVID-19-Ausbruch 2020 vorbereitet waren. Es kam zu teils heftigen Engpässen bei Beatmungsgeräten, Tests, Wattestäbchen und sogar Krankenhauskleidung. Bequemlichkeit und schlechte Zustände schienen auch in vielen anderen Bereichen wie Bildung, Produktion und Transport zu herrschen, und das nicht erst seit der Pandemie. Andreessen fragte sich: Warum *sorgen* Amerikaner nicht länger für die Zukunft *vor*?[12]

Das Problem liegt nicht in einem Mangel an Kapital oder Kompetenz oder Bewusstsein. „Das Problem ist das Begehren“, schrieb Andreessen. „Wir müssen diese Dinge *wollen*.“ Er gab jedoch auch offen zu, dass Mächte am Werk sind, die uns davon abhalten, die Dinge herzustellen, die wir benötigen: die Vereinnahmung von Regulierungsbehörden durch Interessengruppen, das Blockieren durch Branchenführer, politische Pattsituationen. „Das Problem ist die Trägheit“, fuhr er fort. „Wir müssen diese Dinge stärker wollen, als wir sie verhindern wollen.“

Gelähmte Systeme des Begehrens, die unfähig dazu sind, sich anzupassen, haben dafür gesorgt, dass wir uns vom Weg des geringsten Widerstands anziehen lassen. Wir verdienen beispielsweise Geld mit *YouTube*-Videos von Menschen, die auf andere *YouTube*-Videos reagieren und gleichzeitig fehlt uns der Wille, die essenziellen Instrumente zu erschaffen, die für unser Überleben und Gedeihen notwendig sind.

Wenn Sie die Systeme des Begehrens verstehen, die die Entscheidungen der Menschen um Sie herum beeinflussen, wird es für Sie einfacher, neue Möglichkeiten zu erkennen, indem Sie sich trauen, in andere Richtungen zu schauen.

Machen Sie das Unsichtbare sichtbar. Verdeutlichen Sie sich die Grenzen Ihrer aktuellen Welt des Begehrens und Sie gewinnen die Fähigkeit – oder Sie bekommen zumindest die Chance – diese Grenzen zu überwinden.

Tralala und Chichi

Der *Guide Michelin* ist ein Vermittler, ein Mediator des Begehrens, in dem Tausende von Köchen verewigt sein möchten. Mit seinem ersten Erscheinen im Jahr 1900 setzten die Michelin-Brüder ein Schwungrad des Begehrens in Gang. *Michelin* bediente sich des mimetischen Marketings. Wenn das Unternehmen sich als Vorbild des Begehrens im Hinblick darauf etablieren konnte, welches Restaurant man besuchen sollte, konnte Michelin auch von einer Firma, die Reifen verkauft, zu einer Firma, die Begehren verkauft werden. Sie konnten von *Compaq* zu *Apple* werden.

Um das Jahr 1900 waren nur wenige Autos auf den Straßen. Der Plan von *Michelin* basierte auf dem *zukünftigen Verlangen* von Menschen, Autos zu fahren. Die Ersteller des *Guide Michelin,* die womöglich die reflexive Natur des Begehrens verstanden hatten, ahnten, dass sie selbst eine wichtige Rolle dabei spielen könnten, genau das Begehren zu erzeugen, auf das sie setzten. Schon 1920 gehörte der *Guide Michelin* zu den am weitesten verbreiteten Publikationen im Land. Heute zählt er zu den meistverehrten Druckerzeugnissen.

Zweifellos ist der *Guide* für Millionen von Menschen wertvoll, denen er zu einem besonderen Genusserlebnis oder einfach einem schmackhaften Mahl verhilft. François Michelin, der das Unternehmen von 1955 bis 1999 leitete, war eine vorbildliche Führungspersönlichkeit. Für ihn stand der Mensch im Vordergrund, auch im Geschäftsleben. Doch der *Guide* entwickelte sich zu etwas, das niemand im Unternehmen – vor allem nicht in den ersten Jahren seines Bestehens – für möglich gehalten hätte. Er wurde zu einem erstickenden und begrenzenden System des Begehrens.[13]

„Du steckst in einem schrecklichen System fest“, sagt Bras. „Wenn Du die offiziellen und inoffiziellen Codes und Praktiken missachtest, riskierst Du eine Herabstufung. Darunter leidet der Ruf eines Restaurants enorm, ebenso wie die Moral der Köche und des gesamten Teams. Herabgestuft zu werden bedeutet, zu scheitern.“ Um dem zu entkommen, fing Bras wieder ganz von vorne an.

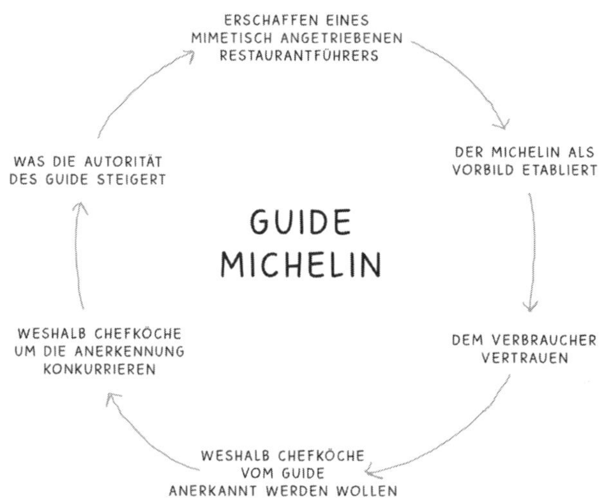

Die weniger befahrene Straße

Wahrheit hat eine Geschichte. Wir kennen uns nicht selbst, ohne die Geschichte unserer Begierden zu kennen. Während wir gemeinsam in seinem Büro sitzen, erinnert sich Sébastien Bras an seine eigene Geschichte. „Mein Kinderzimmer lag direkt über der Küche des Restaurants meiner Eltern. Beim Aufwachen, beim Einschlafen, am Nachmittag – immer war ich umgeben von den Geräuschen, die von der Küche aus nach oben drangen: das Servierpersonal, die Anlieferungen vom Markt, der Stress während der Öffnungszeiten, das Lachen der Köche, wenn sie nach einer anstrengenden Schicht nach Hause gingen.“ Die schönen Erinnerungen daran waren prägend für ihn.

„Ich ging auch oft mit meinen Eltern in der Region Aubrac wandern“, erzählt er. „Als die Zeit kam, sich für einen Beruf zu entscheiden, dachte ich mir, Koch zu werden bedeute, hier zu bleiben und weiter Spaß zu haben. Ich wollte einfach meinen Spielplatz nicht verlassen.“ Dennoch wählte Bras nicht den direkten Weg. Er besuchte eine weiterführende Schule und machte seinen Abschluss. „Ich legte mein Abitur in Wirtschaft ab, um sicher zu sein, dass es dieser Beruf war – Chefkoch zu sein – den ich wirklich wollte. Ich wollte mich vergewissern, dass ich nicht einfach nur den einfachsten Weg wählte.“ Er bekam die Bestätigung, die er gebraucht hatte. Der Wunsch, Chefkoch zu werden blieb bestehen und wuchs während der letzten Schuljahre stetig an. Seine Entscheidung würde im Verlauf seines Berufslebens immer wieder auf die Probe gestellt werden, aber er war sich zumindest sicher, dass er sie von Anfang an gründlich geprüft hatte. Bras verpflichtete sich ganz dem familieneigenen Restaurant. Er liebte es, zu kochen und er wusste, worauf er sich einließ. „Damals war es mein Ziel, meinen Vater beim Erlangen und Behalten von drei Michelin-Sternen zu unterstützen“, sagt er.

Als Sébastien begann, mit seinem Vater zu arbeiten, hatte das *Le Suquet* lediglich zwei Michelin-Sterne. Den dritten zu bekommen war sehr wichtig. Der *Guide Michelin* verleiht drei Sterne nur an die besten Restaurants der Welt – Orte, von denen der *Guide* sagt, dass sie auch eine längere Anreise wert sind. Da das *Le Suquet* weit ab vom Schuss liegt, war diese Auszeichnung besonders wichtig. Die Sterne würden es der Familie ermöglichen, eine Geschäftsgrundlage aufzubauen und das Restaurant über die Region hinaus bekannt zu machen. Das *Le Suquet* erhielt 1999 den dritten Stern. In den folgenden zehn Jahren gewann das Restaurant zunehmend an Prestige und erhielt viele Auszeichnungen. Aber kurz nachdem Sébastien das *Le Suquet* im Jahr 2009 offiziell von seinem Vater übernommen hatte, begannen er und seine Frau das Michelin-System nicht länger als einen Ansporn für gute Leistungen zu empfinden, sondern eher als einen Quell von Druck und Konformität.

Taktik 9
Prüfen Sie Ihre Wünsche

Nehmen Sie Ihre Wünsche und Begierden nicht als gegeben hin. Finden Sie heraus, wohin sie führen. Betrachten Sie konkurrierende Wünsche genau und projizieren Sie sie in die Zukunft. Nehmen wir einmal an, Sie hätten zwei konkurrierende Jobangebote von Unternehmen A und Unternehmen B. Wenn Sie zwei Tage Zeit haben, bevor Sie eine endgültige Entscheidung treffen müssen, dann verbringen Sie in Ihrer Vorstellung jeweils einen Tag in jedem der beiden Unternehmen. Am ersten Tag stellen Sie sich so detailliert wie möglich vor, dass Sie in Unternehmen A arbeiten und die Wünsche erfüllen, die mit der jeweiligen Position einhergehen – vielleicht das Leben in einer anderen Stadt, der Austausch mit interessanten Kollegen oder, näher bei Ihrer Familie zu sein. Achten Sie genau auf Ihre Emotionen und Ihr Bauchgefühl. Am nächsten Tag machen Sie genau das Gleiche mit Unternehmen B und vergleichen am Ende beide Erfahrungen.

Der ultimative Weg, Wünsche zu prüfen – vor allem, wenn es um wichtige Lebensentscheidungen geht, wie jemanden zu heiraten oder seinen festen Job zu verlassen und sein eigenes Unternehmen zu gründen – ist, diese Übung auszuführen, während man sich vorstellt, auf dem Sterbebett zu liegen. Welche Wahl ist angenehmer und tröstlicher für Sie? Welche Wahl löst mehr Unruhe in Ihnen aus? In seiner Rede vor Absolventen der Stanford University sagte Steve Jobs 2005: „Der Tod ist wahrscheinlich die beste Erfindung des Lebens. Er ist das, was uns antreibt, uns zu verändern. Er wirft das Alte hinaus, um Platz zu machen für das Neue." Am Sterbebett wird deutlich, welche Wünsche uns keine Erfüllung gebracht haben. Begeben Sie sich lieber bereits jetzt in Ihrer Vorstellung dorthin, anstatt auf einen Zeitpunkt zu warten, an dem es zu spät sein kann.

Viele Spitzenköche spüren, dass ihr kreativer Ehrgeiz gezügelt wird, nachdem sie Zutritt zur Ruhmeshalle der Drei-Sterne-Köche erhalten haben. Alles wird dem Erhalt der Sterne untergeordnet, und die Risikobereitschaft sinkt. Die *Michelin*-Prüfer haben bestimmte Erwartungen. Warum etwas riskieren, das ihnen am Ende nicht gefällt?

Chefköche wissen, dass bestimmte Dinge für den Erhalt eines Sterns ein Muss sind: Lebensmittel aus der Region, aufwändige Käsewagen, viele verschiedene Desserts, eine umfangreiche Weinliste. Man erwartet zudem Spitzensommeliers und ein großes Aufgebot an perfekt geschultem Personal – alles Faktoren, die einen ziemlichen Kostenaufwand mit sich bringen. Und das Essen ist nur der Anfang. Wenn das Restaurant nicht in einer Großstadt liegt, dann ist es schwer eine Sterne-Bewertung im *Guide Michelin* zu erhalten, wenn es vor Ort keine Übernachtungsmöglichkeit gibt. Chefköche werden zu Hotelbetreibern, um mithalten zu können. Die *Maison Bras*, Teil der Hotel- und Restaurantvereinigung *Relais & Châteaux*, bietet elf Gästezimmer und zwei Appartements in einem Komplex, der dem Restaurant angeschlossen ist.

Schließlich kommen wir bei unserem Gespräch an den Punkt, an dem ich Bras frage, warum er seine Sterne zurückgegeben hat. Er sagt mir, dass *Michelin* versuchte, sowohl der Richter als auch die Geschworenen zu sein. „Vor sechs oder sieben Jahren saßen sie bei mir im Büro, um mir ihre neue Marketing-Strategie zu erklären", erzählt er. „Sie wollten, dass ich verschiedene kommerzielle Dienste und Programme kaufte." Angeblich stand es jedem Restaurant frei, die neuen Angebote von *Michelin* zu nutzen oder nicht, aber Bras gefiel das nicht. „*Michelin* konnte ein beliebiges Restaurant bewerten und seinen Ruf zerstören – und ihm gleichzeitig Marketing-Tools verkaufen. Das war für mich nicht akzeptabel."

Er spielte ein Spiel, bei dem kein Ende abzusehen war, und er war erschöpft. „Irgendwann kann man nicht mehr. Man arbeitet nicht mehr für sich oder seine Kunden, sondern nur noch für die sogenannten Erwartungen des *Guide*." Er begann sich zu fragen: „Habe ich diesen Beruf gewählt, damit der Ruf meines Unternehmens von einer anderen Institution abhängig ist? Möchte ich weitere fünfzehn Jahre mit diesem Druck und Stress leben?"

Eine neue Denkweise entwickeln

Am Vatertag 2017 erkannte Bras beim Mountainbiking im Aubrac, dass er etwas anderes mehr wollte als den Status, den ihm die Sterne im *Guide Michelin* verliehen. Er wollte neue Gerichte kreieren, die die Erzeugnisse seiner Region mit anderen teilten, und zwar ohne darüber nachdenken zu müssen, was die *Michelin*-Prüfer wohl davon hielten.

Bras erzählte mir, dass er sich zuvor schon lange nicht mehr frei gefühlt hatte, neue kulinarische Experimente zu wagen. Seine Liebe für die Region Aubrac durch seine Gerichte auszudrücken, war schon solange er denken konnte sein hauptsächliches und stetiges Begehren gewesen. Er hatte vergessen, wieviel ihm dies bedeutete. Und nun wollte er das Feuer dieser Leidenschaft neu entfachen. Als er von seiner Fahrradtour zurückkehrte, stand sein Entschluss fest. Obwohl er mit keinem einzigen anderen Chefkoch über einen Austritt aus dem *Guide Michelin* geredet und seine Entscheidung allein mit seiner Frau besprochen hatte, wusste er, dass es an der Zeit war, zu handeln. Bras rief den internationalen Direktor des *Guide*, Gwendal Poullennec, an und bat darum, dass das *Le Suquet* aus dem Führer entfernt wurde. In der 120-jährigen Geschichte des *Guide Michelin* war so etwas noch nie vorgekommen. Köche hatten versucht, dem System zu entkommen, indem sie ihre Restaurants schlossen, den Standort wechselten oder ihr Konzept überarbeiteten. Bras jedoch veränderte gar nichts an seinem Restaurant. Die Speisekarte und die Preise blieben gleich. Er wollte einfach keine *Michelin*-Prüfer mehr dort sehen.

Die Reaktion war höflich, aber konfus. Bras erhielt keinerlei Hinweis darauf, ob seiner Bitte Folge geleistet wurde. Im September 2017 postete er ein Video bei *Facebook*, in dem er öffentlich um seine Entfernung aus dem *Guide Michelin* ansuchte. „Heute, mit 46 Jahren, möchte ich meinem Leben eine neue Richtung geben ... und für mich neu definieren, was wichtig ist", sagt er in dem Video, gekleidet in seine Chefkochuniform und mit den sanft geschwungenen Hügeln von Laguiole im Hintergrund.[14]

„Ich habe ihnen keine Wahl gelassen", erzählt mir Bras. Er wollte die Macht der sozialen Medien nutzen, um die öffentliche Meinung in seine Richtung zu lenken. Es funktionierte. Innerhalb von nur einer Woche war das Video über eine Million Mal angesehen worden. Bras hörte monatelang nichts von *Michelin*. Es ist aber nicht schwer, sich vorzustellen, welche Fragen man sich dort stellte. Was passiert, wenn noch mehr Chefköche abspringen? Was würde das für den langfristigen Wert der Marke bedeuten? Was, wenn Bras einen Präzedenzfall schuf? Ein Vorbild?

Als im Februar 2018 der neue *Guide Michelin* erschien, entdeckte Bras, dass das *Le Suquet* nicht darin aufgeführt wurde. Er war frei. „Wie war dieses Jahr?", fragte ich. *„Perfekt."* In diesem Jahr verbrachte Bras mehr Zeit mit seiner Frau und seinen zwei Kindern. Er trug weniger Lasten auf seinen Schultern. Er fühlte sich frei, Neues zu kreieren und zu spielen. Er hatte für sich festgelegt, was ihm mehr bedeutete.

Fiel die Entscheidung Bras leichter, weil er schon einmal die drei Sterne errungen hatte? Wahrscheinlich. Man konnte ihm sicher nicht vorwerfen, die Trauben seien ihm zu sauer gewesen (im engl. Original „He certainly couldn't be accused of sour grapes", was so viel bedeutet, wie neidisch auf den Erfolg anderer zu sein, Anm. des Verlags). Der Begriff „saure Trauben" wurde bekannt durch eine Fabel von Aesop. Ein Fuchs sieht schöne reife Trauben, die über ihm an einem hohen Zweig hängen. Die Trauben sehen so saftig und verlockend aus, dass ihm das Wasser im Mund zusammenläuft. Er springt in die Luft, um an die Trauben zu gelangen, erreicht sie jedoch nicht. Immer wieder versucht er es, aber die Trauben bleiben außerhalb seiner Reichweite. Am Ende setzt er sich hin und kommt zu dem Schluss, dass die Trauben sauer und der Mühe ohnehin nicht wert seien. Er dreht sich verachtungsvoll um und wandert von dannen. Indem er die Trauben „sauer" nennt, erfindet der Fuchs für sich ein Narrativ, um den Verlustschmerz zu lindern.

Wenn man diese Auffassung kritiklos akzeptiert, dann würde das bedeuten, dass man nur dann dazu berechtigt wäre, reiche Menschen zu verachten, wenn man selbst einmal reich gewesen ist oder Eliteuniversitäten nur dann, wenn man selbst mal zu einer zugelassen wurde. Oder eben nur dann drei *Michelin*-Sterne abzulehnen, wenn man sie sich zuvor erarbeitet hatte. Alles andere wäre dann Selbstbetrug, Missgunst, Schwäche.

Bitte glauben Sie nicht, dass ein Mensch auf ein mimetisches Spiel eingehen und es *gewinnen* muss, bevor er es mit gutem Gewissen verlassen kann. Wenn Sie eine Einladung ablehnen, in der Reality-TV-Show *Bachelor* mitzumachen, weil sie nichts als eine billige Farce ist, bedeutet das dann, dass Sie missgünstig sind? Dürfen Sie die Show erst dann kritisieren, wenn Sie sie einmal gewonnen haben? Natürlich nicht. „Mach es nicht schlecht, bevor Du es ausprobiert hast" ist ein anmaßendes und unreifes Argument.

Girard erkannte, dass Missgunst real ist, und dass sie vor allem in der Welt der internen Vermittlung auftritt (Freshmanistan), wenn wir uns innerhalb eines Systems befinden, ohne dass wir soziale oder kritische Distanz dazu einnehmen können.[15] Man muss schon ein sehr großer Zyniker sein, um zu glauben, dass jede Form der Ablehnung stets etwas mit Missgunst zu tun hat. Wäre es schwieriger für Bras gewesen, auf die Sterne zu verzichten, wenn er erst zwei errungen und kurz davor gestanden hätte, den dritten zu bekommen? Ziemlich sicher. Es ist eine Herausforderung, der sich alle, die jemals Teil eines mimetischen Systems waren – das heißt, jeder von uns – stellen müssen. Als Erwachsene können wir uns frei entscheiden, einige Systeme des Begehrens, denen wir angehören, auszuwählen und die Art unseres Verhältnisses zu anderen zu verändern. Je früher wir diese Handlungsfähigkeit üben, desto einfacher wird es.

Ein Detail der Fabel von Aesop wird selten erwähnt: Der Fuchs war allein. Es gab keine mimetischen Kräfte, die ihn beeinflussten. Hätte es nur einen weiteren Fuchs gegeben, den es ebenfalls nach den Trauben gelüstete, dann hätte er sie nicht so leicht als „sauer" abtun können. Und wäre es eine ganze Gruppe von Füchsen gewesen, die die Trauben haben wollten, wäre es nahezu unmöglich gewesen. Da er jedoch allein war, konnte der Fuchs sich eine romantische Lüge erzählen. Wenn Sie dieses Buch bis hierher gelesen haben, dann haben Sie diesen Luxus nicht mehr.

Wir können uns einbilden, dass eine gute Sache schlecht ist und vielleicht sogar, dass eine schlechte Sache gut ist, aber das ist viel schwerer für uns, als es für den Fuchs war, weil wir uns mit anderen herumschlagen müssen, die uns Werte aufzeigen, und zwar gute und schlechte. Sébastien Bras hat von den Trauben gekostet und sie waren sauer. Müssen Sie erst kosten, um etwas zu glauben?

Bras war in der Lage, sich zu entziehen, weil er seine Beziehung zum Spiel veränderte. „Wir leben in einer Gesellschaft, in der immer mehr von uns verlangt wird", erzählt er mir. „Wir sollen stärker sein, mehr erreichen, bessere Zahlen erzielen – immer geht es nur um größer, höher, weiter. Ich hingegen glaube, dass Menschen ein tiefes Verlangen danach haben, sich wieder mit den wahren Werten des Lebens zu verbinden. Werten, die wir manchmal vergessen." Für Bras drehten sich diese Werte um seine Familie und seinen Wunsch, neue Gerichte aus den Lebensmitteln des Aubrac zu kreieren und sie mit anderen zu teilen, ohne Angst vor Repressalien haben zu müssen.

Wenn Sébastien ein Vorbild für das Begehren danach sein könnte, drei Sterne zu erreichen, dann könnte er vielleicht auch ein Vorbild für den Verzicht auf die drei Sterne sein. „Ich glaube, meine Entscheidung machte einigen Chefköchen ihre eigenen tiefen Wünsche bewusst. Sie dachten vielleicht: ‚Wow, jemand hat es gewagt sich dem System zu verweigern? Vielleicht kann ich das auch. Vielleicht kann auch ich ein Leben nach meinen eigenen Vorstellungen führen.'"

Nachdem er seine Entscheidung auf *Facebook* bekannt gegeben hatte, klingelte sein Telefon nahezu eine Woche lang ununterbrochen von sieben Uhr morgens bis in den späten Abend hinein. Bras stellte fest, dass die Anrufer auf zwei unterschiedliche Weisen auf seine Entscheidung reagierten. „Ich sprach mit einer Reihe von Drei-Sterne-Köchen, die meinen Entschluss absolut nachvollziehen konnten", erzählt er. „Aber es gibt auch Chefköche mit einem oder zwei Sternen, deren einziges Ziel es ist, einen weiteren Stern zu gewinnen. Sie haben meine Entscheidung nicht verstanden."

Im Februar 2019, übrigens genau ein Jahr nachdem er von seinem ursprünglichen Sieg erfahren hatte, erhielt Sébastien einen Anruf. „Es war Sonntagabend gegen 20 Uhr, am Tag bevor der *Guide* für 2019 herauskommen sollte," erzählte er mir. Am Telefon war Poullennec. „Er informierte mich, dass ich im *Guide* für 2019 wieder aufgeführt werden würde – mit zwei Sternen."[16] Ich fragte ihn, wie er darauf reagiert habe. „Ich habe gelacht", lautete seine Antwort. „ich habe mich ausgeschüttet vor Lachen."

KAPITEL 6

DISRUPTIVE EMPATHIE – SCHWACHE WÜNSCHE DURCHBRECHEN

Am Lagerfeuer mit einem Auftragskiller ...
Mehr Sex, weniger Neid ... Empathisches Zuhören

VIVIAN WARD: Schau, Du hast mir ein nettes Angebot gemacht. Und vor ein paar Monaten wäre es kein Problem gewesen. Aber jetzt ist alles anders und Du hast es verändert. Und es gibt kein zurück. Ich will mehr.
EDWARD LEWIS: Ich weiß wie es ist, mehr zu wollen.

Pretty Woman

Die einzig wahre Entdeckungsreise ... bestünde nicht darin, ferne Länder zu besuchen, sondern andere Augen zu besitzen, das Universum durch die Augen eines anderen zu betrachten, Hunderter anderer, die hundert Universen zu betrachten, die jeder Einzelne von ihnen sieht, die jeder Einzelne von ihnen ist.

Marcel Proust

Auf der Visitenkarte von Dave Romero (nicht sein wirklicher Name) stand „Spezialist für Kundenbeziehungen". Eines Freitagmorgens stand er vor meiner Haustür, nachdem er vergeblich versucht hatte, mich in meinem Büro in der Nähe der Innenstadt von Las Vegas zu erreichen. Dave stammte noch aus dem „alten“ Vegas, vor all den Casinos mit falschen Vulkanen und modernen Biersorten, als es noch schäbiger Wilder Westen war.

In meinem Unternehmen arbeitete ich mit über tausend Lieferanten zusammen. Etwa hundert von ihnen kannte ich persönlich. Bei Gründung meiner Firma hatte ich noch lange und ausführliche Gespräche mit allen Handelsvertretern geführt. Je mehr wir wuchsen, umso weniger Zeit hatte ich allerdings dafür. Mittlerweile kannte ich die meisten Lieferanten nicht mehr – sie schickten Produkte, wir verkauften die Produkte auf unserer Website und dreißig Tage später zahlten wir die Rechnung. Bis ich eines Tages nicht mehr zahlen konnte. Das war Ende 2008, nachdem mein Deal mit *Zappos* geplatzt war. Ich hatte meinen Kreditrahmen voll ausgeschöpft, um meine Firma vor dem Ruin zu retten, während ich mir die nächsten Schritte überlegte. Zwar hatte mich das Scheitern der Verhandlungen mit *Zappos* erleichtert, weil es mich von übernommenen Begehrlichkeiten befreit hatte – aber das war nur von kurzer Dauer, denn nun stand ich vor der schwierigen Aufgabe, ein ums Überleben kämpfendes Unternehmen zu leiten.

Im Versuch, mir ein wenig mehr Zeit zu verschaffen, erstellte ich eine Liste der Lieferanten, die ich zuerst bezahlen würde. Ganz oben auf der Liste standen Unternehmen, die es mit der pünktlichen Zahlung sehr genau nahmen und daher als erstes auf der Matte stehen würden, wenn kein Geld käme. Solche, bei denen ich wusste, dass die Verantwortlichen für die Buchhaltung etwas entspannter waren, landeten am Ende. Es gab allerdings ein großes Problem. In meiner Aufzählung fanden sich ausschließlich Unternehmen, mit denen ich persönliche Beziehungen pflegte. Die anderen schafften es gar nicht erst auf die Liste, weil ich nichts über sie wusste und somit keine Bewertungsgrundlage hatte.

Eines der mir nicht persönlich bekannten Unternehmen war *Fyre Pharmaceuticals* (Name geändert), bei denen Dave Romero der Spezialist für Kundenbeziehungen war. Meine Entscheidung, die Firma nicht auf die Prioritätenliste zu setzen, wäre anders ausgefallen, wenn ich gewusst hätte, dass die Unternehmensgründer Gerüchten zufolge Verbindungen zum organisierten Verbrechen hatten, dass man munkelte, sie hätten mit Waffenhandel zu tun, und dass einer meiner Konkurrenten auf mysteriöse Weise verschwunden war, nachdem er sie verärgert hatte. All das erfuhr ich erst, nachdem ich im Anschluss an den ersten Besuch von Dave Romero Nachforschungen anstellte. Aber da war es bereits zu spät.

Dave Romero trug einen dünnen Pferdeschwanz und hatte ein blasses Gesicht. Seine schmalen Augen und tiefen Krähenfüße vermittelten den Eindruck, als könne er Dir tief in die Seele blicken. Sein Auftreten war stolz und selbstbewusst. In meiner Vorstellung hatte er in einer Bar in Saigon mithilfe einer Bierflasche die Finger von fünf Vietkong-Sympathisanten gebrochen und dachte jeden Morgen beim Blick in den Spiegel: *Ich bin der verdammte Dave Romero.*

Er stand morgens um sieben vor meiner Haustür, als ich gerade mit meinem Hund Gassi gehen wollte. Als es an der Tür klingelte, dachte ich, es wären wieder die Mormonen, die mich bekehren wollten. Aber die kommen nicht um sieben Uhr morgens. Stattdessen war es Dave Romero. Er und ich hatten zuvor schon drei Mal miteinander zu tun. Beim ersten Mal war es ein unangenehmer Telefonanruf, bei dem er mir mitteilte, ich sei mit meinen Zahlungen im Verzug, woraufhin ich ihn wortreich auf meine bislang makellose Zahlungshistorie hinwies. Beim zweiten Mal erschien er unangekündigt in meinem Büro, wo er mir mitteilte, dass er kein geduldiger Mann sei. Er warf ein Paar Würfel auf meinen Schreibtisch und ging. Die dritte Begegnung fand in einer Kneipe während der Übertragung des sonntäglichen Footballspiels statt – keine Ahnung woher er wusste, dass ich dort sein würde. Er sagte mir, er „meine, was er sage“, während er mit der Faust in seine Handfläche boxte, als würde er Fleisch weichklopfen. Die Rausschmeißer des Lokals eskortierten ihn daraufhin zur Tür. Im Hinausgehen formte er Zeigefinger und Daumen zu einer Pistole und zielte damit auf mich. Somit war es an diesem Morgen der vierte Besuch von Dave, und ich wusste noch nicht, was da auf mich zukam.

Dieses Mal wirkte er anders. Er begann mit Smalltalk, fragte, wie es mir ginge, und redete über das Wetter. Lief es etwa so ab? War dies das Äquivalent des unbekümmerten Schulterklopfens, bevor jemand bei den *Sopranos* (amerikanische Mafiaserie, Anm. d. Verlags) kaltgemacht wurde? Seine Freundlichkeit machte mich misstrauisch.

Ich gab nervöse Antworten und nahm möglichst viel Raum in der Haustür ein, um zu verhindern, dass mein Hund Axel, der mit gesträubtem Fell hinter mir stand, durch die Tür entwischte. Dave stand relativ nah vor mir, so als wolle er sich Zutritt zum Haus verschaffen. Er trat noch einen Schritt vor und senkte seine Stimme. „Könnten Sie bitte die Rechnung zügig am Montag begleichen, damit ich nicht noch einmal kommen muss?“ Er sprach leise, ruhig und höflich, während er an einem der protzigen Ringe an seiner linken Hand drehte. Innerhalb dieser kurzen Zeit konnte ich das Geld niemals aufbringen.

Bevor ich die Chance hatte zu antworten, fuhr er fort: „Ich habe übrigens gehört, dass Sie morgen hier einen großen Grillabend veranstalten.“ Das stimmte. Ich gab jeden Monat eine Party in meinem Haus und lud wechselweise verschiedene Mitarbeiter dazu ein. Diesmal allerdings hatte ich alle eingeladen. Ich befürchtete, es könnte die letzte Veranstaltung dieser Art sein, wenn es uns nicht gelang, das Ruder herumzureißen. Aber woher wusste Dave Romero davon?

„Ich ... aber ... woher wissen Sie?“ „Dürfte ich vielleicht auch kommen?“, fragte er. Es wirkte nicht wie eine Frage. Ich wurde zunehmend verwirrt und nervös. Ich wollte einfach nur, dass Dave verschwand. „Nein, ich meine, ja klar, es geht um sieben los, kommen Sie einfach vorbei.“ Die Worte sprudelten ganz automatisch aus mir heraus. Ich hatte noch nie abgelehnt, wenn jemand fragte, ob er zu einer meiner Partys kommen dürfe – und ganz sicher nicht, wenn die Person direkt vor mir stand. Ich wusste gar nicht, wie man das macht. Und nun hatte ich einen Auftragskiller zu mir nach Hause eingeladen.

Dave kam und brachte ein Flasche *Four Roses Single Barrel Bourbon* mit, wobei er darauf bestand, dass ich ihn mit maximal einem Eiswürfel trank. Die Party war ein voller Erfolg, und nachdem die Getränke ausgegangen und die letzten Funken der Grillkohle erloschen waren, wollte niemand nach Hause gehen. Einschließlich Dave Romero.

Dave saß mit einigen von uns rund um die Feuerstelle. Ich hatte bereits zwei T-Shirts durchgeschwitzt und das Gefühl, ich würde ein weiteres Mal wechseln müssen, bevor der Abend zu Ende war. Was die wahren Gründe für seine Anwesenheit anging, hatte Dave sich zurückhaltend gezeigt. Ich hatte niemandem von unserem Austausch am Vortag erzählt. Neben mir hatten nur wenige andere Mitarbeiter im Rahmen ihrer Tätigkeit mit *Fyre Pharmaceuticals* zu tun gehabt. Die meisten hatten keine Ahnung, wer Dave war. „Ich arbeite mit Luke", hatte er auf Nachfragen geantwortet. Das war alles. Niemand redete an diesem Abend übers Geschäft, und niemand hatte ein Problem mit seiner Anwesenheit. Ich lud öfter Außenstehende zu diesen Grillabenden ein, also nahmen alle an, Dave wäre ein weiterer meiner merkwürdigen Freunde.

Dave, der größtenteils geschwiegen hatte, während einige von uns um das Feuer herumsaßen, warf in einer Erzählpause plötzlich eine Frage in die Runde: „Was ist das Schlimmste, was ihr jemals gemacht habt?" Ich gab zu, dass ich zu College-Zeiten in betrunkenem Zustand einen doppelten Cheeseburger gegessen hatte, der zwischen zwei Donuts mit Zuckerguss eingeklemmt war. Paul meinte, dass er in seiner Zeit in Thailand ziemlich viel ungeschützten Sex gehabt habe. Jessica bekannte ihre frühere Leidenschaft für Schaumküsse, während ihr Mann Tom gestand, dass er heimlich eine Hypothek auf das gemeinsame Haus aufgenommen hatte. Mit dem Geld hatte er riskante Wetten am Aktienmarkt abgeschlossen, während seine Frau mit dem ersten Kind schwanger war.

„Ich habe einen Mann getötet", sagte Dave. Ich starrte ins Feuer, auf die Flammen, die das Holz umspielten, und fragte mich, ob ich richtig gehört hatte. Ich spürte, wie Dave mich ansah und alle anderen ihn ansahen. Das Feuer erlosch langsam. Ich warf ein übrig gebliebenes Marshmallow hinein und sah zu, wie es verbrannte.

Dave sprang von seinem Sitz auf und lehnte sich auf den Fußballen stehend nach vorn. „Was würdet ihr am liebsten tun, wenn ihr euch nicht mehr so verdammt viele Gedanken über Geld machen würdet?" „Keine Ahnung", sagte ich. „Dazu müsste ich zuerst einmal aufhören, mir so verdammt viele Gedanken über Geld zu machen." Während der nächsten Stunde stellte Dave allen, die um das Feuer herum saßen, zunehmend persönliche Fragen – Fragen, die man in der Regel im Rahmen einer Trauerrede beantwortete und nicht bei einer ganz gewöhnlichen Party. Was ist das Erfüllendste, was du je getan hast? Wen hast du zutiefst geliebt? Wo gehst du hin, wenn du deinen Kummer betäuben willst?

Dave zeigte sich verletzlich, also taten die anderen es auch. Er erzählte uns, dass er das letzte Jahrzehnt seines Lebens – in dem er sich zu befinden glaubte – nutzen wollte, um einige Versprechen einzulösen, die er anderen gegeben hatte, wie mit seinem Neffen Fallschirmspringen zu gehen, einmal im Monat Häftlinge zu besuchen und seinen jetzigen Job hinter sich zu lassen. Nach Mitternacht machten sich die Ersten auf den Weg nach Hause. Dave gehörte zu den Letzten, die gingen. Ich gab ihm die Hand und sagte ihm, ich werde mich melden, damit wir alles regeln konnten. Er lachte und legte mir die Hand auf die Schulter. „Weißt Du was, Luke? Du bist okay." Er klopfte mir auf den Rücken und stolperte aus der Tür, um Ausschau nach einem Taxi zu halten.

Gegen Ende der Woche erfuhr ich, dass Dave an einem Herzinfarkt gestorben war. Jemand von *Fyre Pharamaceuticals* erzählte mir, dass Dave kein Gelegenheitsangestellter war, sondern einer der Partner des Unternehmens, und dass er gesagt habe, die Sache sei beigelegt. Ich habe nie wieder etwas von der Firma gehört.

Was an jenem Abend passierte ist etwas, das ich heute als *disruptive Empathie*[1] erkenne. Der aus ungebremster Mimesis resultierende Konfliktkreislauf, wie er beispielsweise zwischen Schuldeneintreiber und Schuldner besteht, die jeweils mimetisch auf die Aggression des anderen reagieren, wurde aus der Spur geworfen. Unerwarteterweise brach sich Empathie Bahn, etwas, das über den Moment hinausging.

Furcht, Besorgnis und Wut werden durch Mimesis sehr leicht verstärkt. Ein Kollege schickt mir eine Mail, die kurz angebunden und wenig wertschätzend erscheint, und ich antworte im gleichen Ton; mein Freund wird bei einem Streit laut und ich werde es ebenfalls; und passive Aggression verbreitet sich wie ein Lauffeuer – über zwei Menschen hinaus und durch eine ganze Organisationskultur hindurch.

René Girard verwendet das Beispiel eines Handschlags, um zu verdeutlichen, wie tief verwurzelt Mimesis ist und wie sehr sie Dinge erklärt, die wir normalerweise als einfache Reaktion abtun. Ein Handschlag ist nicht trivial. Nehmen wir einmal an, Sie strecken mir Ihre Hand entgegen und ich ergreife sie nicht. Ich imitiere Ihre rituelle Geste nicht. Was passiert? Sie sind verunsichert und ziehen sich zurück – wahrscheinlich im gleichen Maße oder sogar stärker als ich es Ihrem Gefühl nach bei Ihnen gemacht habe. „Wir gehen davon aus, dass es nichts Normaleres und Natürlicheres als diese Reaktion gibt, und doch macht schon ein Moment des Nachdenkens deutlich, wie paradox sie ist", schreibt Girard. „Wenn ich es ablehne, Ihnen die Hand zu geben, es also kurz gesagt ablehne, Sie nachzuahmen, dann werden Sie zu demjenigen, der nun mich nachahmt, indem Sie meine Ablehnung reproduzieren und mich kopieren. Nachahmung, die in diesem Fall normalerweise ein Einvernehmen ausdrückt, dient nun dazu, ein fehlendes Einvernehmen zu verstärken. Wieder einmal triumphiert die Nachahmung. Hier lässt sich erkennen, wie streng, wie unerbittlich gegenseitige Nachahmung selbst die einfachsten menschlichen Interaktionen strukturiert."[2] So beginnen negative mimetische Kreisläufe. Wir können sie allerdings durchaus umgehen.

In diesem Kapitel werden wir uns mit einem speziellen Ansatz beschäftigen, mit dessen Hilfe wir Menschen in ihrem innersten Kern erkennen, was die Wahrscheinlichkeit schlichter mimetischer Interaktionen senkt. Es geht bei diesem Ansatz darum, anderen zuzuhören und sich über eine bestimmte Art von Erfahrung auszutauschen: Geschichten von zutiefst erfüllenden Handlungen. Diese Geschichten zu kennen und sich mit ihnen verbunden zu fühlen, fördert Empathie und ein tieferes Verständnis menschlichen Verhaltens.

Ein negativer mimetischer Kreislauf wird unterbrochen, wenn zwei Menschen sich aufgrund von Empathie nicht länger als Rivalen sehen. Dave hat meine Art des Denkens und meine impulsiven Reaktionen verändert, indem er mir etwas anderes vermittelt hat – ein Grundbedürfnis, das alle Menschen teilen, und das viel zu oft unerfüllt bleibt, nämlich andere auf einer tieferen Ebene kennenzulernen und von ihnen gekannt zu werden.

Wir können eine Management-Strategie nachahmen oder wir können Empathie nachahmen. Erstere ist ein Rahmen, letztere ein Prozess. Der Prozess, den ich hier darlegen werde, hat damit zu tun, aufmerksamer für die Menschlichkeit zu werden – die eigene und die anderer – die über jeden Rahmen hinausgeht.

Das Problem mit der Sympathie

„Ich sympathisiere mit der Sache" ist ein Satz, den Sie bestimmt schon einmal gehört haben. Wir begegnen ihm häufiger, und das liegt zum Teil daran, dass Sympathie sehr viel leichter auszuüben ist als Empathie.

Sympathie und Empathie teilen sich dieselbe Wortwurzel, denn sie stammen beide vom griechischen Wort *pathos* ab, das übersetzt so viel bedeutet wie „Gefühl" oder etwas, das die Emotionen anspricht (laut Aristoteles' Gebrauch des Wortes). Der Unterschied zwischen den Worten liegt in der Vorsilbe. Sympathie beginnt mit *Sym-*, und das bedeutet „gemeinsam". Sympathie bedeutet „gemeinsam fühlen". Unsere Emotionen verschmelzen mit denen der Person, mit der wir sympathisieren. Wir sehen die Dinge aus ihrer Perspektive, und ein gewisses Maß an Zustimmung wird impliziert.

Sympathie kann leicht von Mimesis gekapert werden. Haben Sie sich schon einmal in einer Gruppe befunden, die ein Gespräch über ein Thema beginnt, bei dem sich rasch herausstellt, dass alle sich in irgendeiner Form einig sind? Dabei kann es um Politik gehen, um eine geschäftliche Entscheidung oder welches Gericht auf der Speisekarte gut aussieht. Sie stellen fest, dass Sie nicken, lächeln und vielleicht sogar Ihre Zustimmung laut äußern. Aber ein paar Minuten später oder wenn Sie wieder zu Hause angekommen sind, denken Sie: „*Moment mal ... bin ich wirklich dieser Meinung*?"

Empathie fühlt sich anders an. Die Vorsilbe *Em-* bedeutet „in etwas hineingehen". Es ist die Fähigkeit, in die Erfahrungen oder Gefühle anderer Menschen *einzusteigen*, allerdings ohne dabei die Selbstbeherrschung zu verlieren. Wer empathisch ist, behält die Kontrolle über die eigenen Reaktionen und kann weiterhin frei aus seinem eigenen Sein heraus handeln.

Echte Empathie bedeutet, eine bewusste Reise anzutreten – so wie die Taucher, die sich im Jahr 2018 in die Tham Luang Höhle begaben, um ein dort festsitzendes Fußballteam zu retten. Sie taten dies aus ihrem freien Willen heraus. Sie waren komplett selbstbestimmt, als sie sich auf den Weg zu den eingeschlossenen Kindern machten und nahmen ihre Umgebung und ihre Reaktionen extrem genau wahr, um nicht selbst verloren zu gehen oder ums Leben zu kommen.

Empathie ist die Fähigkeit, das Erleben einer anderen Person zu teilen – aber *ohne sie nachzuahmen* (ihre Sprache, ihre Überzeugungen, ihre Handlungen, ihre Gefühle) und *ohne sich mit ihr bis zu dem Punkt zu identifizieren*, an dem die eigene Individualität und Selbstbeherrschung verloren gehen. In diesem Sinne ist Empathie antimimetisch.

Empathie kann beispielsweise bedeuten Menschen, die Unterschriften für eine Petition sammeln, die Sie nie unterzeichnen würden, anzulächeln und ihnen eine kühle Flasche Wasser anzubieten – einfach nur, weil es ein heißer Tag ist und Sie wissen, wie es ist, wenn man in der Hitze herumsteht und wie es sich anfühlt, wenn man sich leidenschaftlich für etwas einsetzt. Es gäbe keine leeren Plattitüden oder die Art von geheuchelter Zustimmung, die wir häufig Menschen entgegenbringen, deren Meinung wir nicht teilen. Stattdessen finden Sie mit den anderen einen gemeinsamen Punkt der Menschlichkeit, über den Sie in Verbindung treten, ohne dabei Ihre Integrität zu verlieren.

Empathie unterbricht negative Mimesis-Kreisläufe. Eine Person, die Empathie empfinden kann, kann sich in das Erleben einer anderen Person hineinversetzen und ihre Gedanken und Gefühle teilen, *ohne notwendigerweise ihr Begehr zu teilen.* Wer empathisch ist kann verstehen, warum jemand vielleicht etwas haben will, das man selbst nicht begehrt. Empathie ermöglicht uns also, mit anderen Menschen eine tiefe Verbindung einzugehen, ohne dass wir *wie diese anderen Menschen werden.*

Wie Sie sich erinnern werden, beginnt in einer mimetischen Krise jeder so zu werden wie alle anderen. Selbstbeherrschung und Freiheit gehen verloren. Der produktive Briefeschreiber und Trappistenmönch Thomas Merton stellte fest, dass dies mit ihm während seiner College-Jahre an der Columbia University passierte. Später schrieb er: „Das wahre innere Selbst muss wie ein Juwel vom Grunde des Ozeans gehoben werden, gerettet aus all den Wirren, der Gleichförmigkeit, dem Eintauchen ins Gewöhnliche, dem Nichtssagenden, dem Trivialen, dem Verkommenen, dem Flüchtigen."[3]

Empathie erlaubt es uns, mit anderen zu interagieren, ohne diese Juwelen unseres inneren Selbst zu opfern, ohne von der Flut verschlungen zu werden. Sie hilft uns, *stabile* Wünsche zu finden und zu pflegen – solche, die nicht hypermimetisch sind und stattdessen die Grundlage für ein gutes Leben bilden können.

Stabile Wünsche

Stabile Wünsche zu erkennen und zu entwickeln schützt uns vor wertlosen mimetischen Begierden und verhilft uns am Ende zu einem erfüllteren Leben. Sie sind wie Diamanten, die sich tief unter der Oberfläche gebildet haben, nahe am Erdkern und sind geschützt vor der Unbeständigkeit sich verändernder Lebensumstände. Schwache Wünsche wiederum sind stark mimetisch, ansteckend und häufig oberflächlich.

Ich wünschte, ich könnte sagen, dass Wünsche und Begehrlichkeiten von sich aus stabiler werden, wenn wir älter werden, aber das ist nicht immer der Fall. Zumindest passiert das nicht ohne bewusstes Bemühen unsererseits. Wir alle haben schon ältere Menschen getroffen, denen erst zu spät bewusst wurde, dass ihre Wünsche schwach waren. Häufig fiebern Menschen beispielsweise dem Ruhestand entgegen, nur um herauszufinden, dass er ihnen nicht die erhoffte Befriedigung bringt. Das liegt daran, dass der Wunsch, in Rente zu gehen (der übrigens erst nach dem Zweiten Weltkrieg verstärkt aufkam) eine schwache Begierde darstellt, angefüllt mit mimetisch entwickelten Vorstellungen über all die Dinge, die man dann in diesem scheinbaren Idealzustand tun oder lassen kann. Der Wunsch, mehr Zeit mit der Familie zu verbringen hingegen ist ein stabiler – und der Beweis hierfür ist, dass man ihn sofort in die Tat umsetzen und dann bis an sein Lebensende beibehalten kann. Er wächst über die Jahre an, vergleichbar mit Zinseszinsen. So hat er Zeit, sich zu festigen.

Zwischen stabilen und schwachen Wünschen allein auf Basis von Gefühlen zu unterscheiden ist schwierig. Begehrlichkeiten fühlen sich sehr stark an, wenn wir jung sind – viel Geld verdienen, mit einer bestimmten Person ausgehen, die wir attraktiv finden oder berühmt werden. Die Gefühle sind häufig umso intensiver, je schwächer der eigentliche Wunsch ist. Wenn wir älter werden, schwinden viele unserer jugendlichen Gefühle intensiven Begehrens dahin. Das geschieht nicht, weil wir erkennen, dass einige der Dinge, die wir wollten, für uns nicht länger erreichbar sind. Es liegt vielmehr daran, dass wir gelernt haben, die dahinterliegenden Muster zu verstehen und deshalb diejenigen Wünsche erkennen können, die uns unerfüllt lassen. Insofern lernen die meisten tatsächlich mit dem Älterwerden, stabilere Wünsche zu entwickeln.

Aber die Spannung zwischen stabil und schwach bleibt immer bestehen. Jeder Künstler kennt das. Viele haben den lebenslangen Wunsch, die Wahrheit zu sagen und Kunst zu produzieren, die etwas Wichtiges ausdrückt. Gleichzeitig empfinden sie das konkurrierende Begehren, ihre Werke verkaufen zu können, akzeptiert, gelobt und in Artikeln erwähnt zu werden oder an der Spitze der sich von Jahr zu Jahr, Monat zu Monat und Woche zu Woche wandelnden Trends zu bleiben. All dies zählt zu den schwachen und oberflächlichen Wünschen. Erlaubt man ihnen sich anzusammeln, können sie die stabilen komplett überdecken. Manchmal ist auch ein spezielles Ereignis notwendig, damit wir diese schwachen Wünsche abschütteln können.

Wieder aufstehen und weitermachen

Als der Verkauf meines Unternehmens an *Zappos* 2008 scheiterte, war ich gezwungen, mich zu fragen, was mich eigentlich ursprünglich motiviert hatte, dieses Unternehmen zu gründen. Ich entdeckte mindestens drei stabile Wünsche, die durch schwache verschleiert, verdeckt und verdrängt worden waren.

Erstens: Als ich zum Gründer wurde, war es mir vollkommen egal, ob jemand meinen Namen kannte, solange ich ein Unternehmen schuf, das einen Mehrwert für die Welt brachte. Wie kam es dann dazu, dass ich mich plötzlich für *Prestige* interessierte? Ich gierte nach der Anerkennung, die mit dem Gewinn eines Preises oder dem Erreichen einer bestimmten Anzahl an Followern verbunden war – Begierden, die mir ein paar Jahre zuvor noch völlig fremd gewesen waren. Aber da meine Kollegen nach Anerkennung gierten, begann ich sie auch zu wollen. Ich jagte plötzlich Auszeichnungen nach, wie beispielsweise einem Platz auf der Liste der besten Arbeitgeber.

Das Wort Prestige leitet sich vom lateinischen Wort *praestigium* ab, was soviel bedeutet wie Illusion oder Zaubertrick. (Der Titel für den Kinofilm „Prestige – Die Meister der Magie" aus dem Jahr 2006, in dem es um die mimetische Rivalität zweier Zauberkünstler geht, war gut gewählt.) Menschen suchen nach beruflichem Prestige – Respekt oder Bewunderung für ihre Fähigkeiten – ohne sich dabei bewusst zu machen, dass das Streben nach Prestige das Streben nach einer Fata Morgana ist.

Schon wenige Jahre nach der Gründung meines ersten Unternehmens verbrachte ich mehr Zeit damit, nach links und rechts zu schauen, als nach vorne. Ich suchte nach Maßstäben für Erfolg und stieß an jeder Ecke darauf. Der Jugendliche im Coffeeshop mit dem besseren Laptop. Der Gründer, der die einflussreicheren Geldgeber für sich gewinnen konnte. Die Unternehmer, die sich offenbar gar nicht anzustrengen brauchten und den Erfolg wie magisch anzuziehen schienen. Insgeheim nahm ich es ihnen allen übel.

Das althergebrachte Wort für dieses Gefühl ist Neid. „Meiner Meinung nach reden wir so viel über Sex, weil wir uns nicht trauen, über Neid zu reden", sagte Girard.[4] Neid ist ein Motor für destruktives mimetisches Begehren, und er lässt sich nur schwer stoppen, weil er unbewusst arbeitet. Prestige messen wir in Bezug auf das, von dem wir annehmen, dass ein anderer es hat und wir nicht. In diesem Sinne ist es der ideale Nährboden für Neid. Unternehmer zu sein birgt viele allgemein anerkannte berufliche Gefahren – von Risiken für die mentale Gesundheit über Burn-out bis hin zu Drogenmissbrauch und finanzieller Unbeständigkeit. Aber keine fehlt dabei so auffallend im öffentlichen Diskurs wie der Neid.

Zweitens wurde mir bewusst, dass ich von dem Wunsch, meinen eigenen Lebensstil zu gestalten – einem der großen Vorteile der Selbstständigkeit – dazu gekommen war, meinen Lebensstil an das Muster anzupassen, das andere Unternehmer mir vorlebten. Zu Beginn, als ich meinen Job in der Finanzbranche aufgab, um ein eigenes Unternehmen zu gründen, wollte ich ein Leben mit klaren Grenzen und einer guten Balance von Arbeit und Freizeit. Ich wollte jeden Abend eine Stunde lesen, lange Spaziergänge mit meinem Hund unternehmen, mehr Zeit mit Freunden verbringen, in einer liebevollen Beziehung sein. Aber als Geschäftsführer meines Start-ups schob ich 80-Stunden-Wochen und missachtete alle Grenzen und jegliche Balance. Was war passiert?

Der Lebensstil im Silicon Valley und in der Welt der Start-ups im Allgemeinen funktioniert in hohem Maße mimetisch. Es war nicht so, dass alle zur gleichen Zeit nach Menlo Park zogen und begannen, Vans und Hoodies mit Logos zu tragen. Nicht alle begannen gleichzeitig damit banale, fantasielose, prosaische E-Mails in Kleinschreibung zu versenden, um gleichzeitig Geschäftigkeit und Selbstherrlichkeit vorzutäuschen. (Übrigens eine schöne Möglichkeit, antimimetisch zu reagieren: Wenn Sie eine solche E-Mail bekommen, beantworten Sie

sie mit Respekt und schreiben Sie etwas Gedankenvolles und Schönes zurück.)

Was mich betraf, so infizierte ich mich mit dem Wahnsinn der Unternehmenskultur von *Zappos*. Tony Hsieh sprach über sie, als handele es sich dabei um einen Cargo-Kult – wenn man nur das gleiche Rezept befolgt, baut man sich eine erfolgreiche Zukunft auf.[5] Der finanzielle Erfolg stellt sich automatisch ein. Es dauerte nicht lange, da sahen meine Büroräume wie die bei *Zappos* aus – merkwürdiges Zeug hing an den Wänden, skurrile Feiern fanden statt, im Foyer gab es eine Bibliothek mit dem Kanon der Wirtschaftsliteratur. Fast jeden Abend traf ich mich mit irgendwem zur *Happy Hour*. Ich hatte das Gefühl, nicht mithalten zu können und nicht „in die Kultur zu passen", wenn ich mich ausklinkte.

Drittens verwandelte ich mich von jemandem, der sich für klassisches Wissen begeisterte zu jemandem, der Memes und Tweets und Tech-News konsumierte – was dazu führte, dass ich Ideen nachahmte, ohne mir dessen überhaupt bewusst zu sein. Ich wusste mehr darüber, was der Blogger Gary Vaynerchuk über Glück zu sagen hatte, als was Aristoteles darüber dachte. Das Ökosystem, in dem ich lebte und arbeitete, schien mit jedem Tag homogener zu werden. Ich hätte vielleicht den Mut gehabt, außerhalb dieses Ideensystems zu stehen, aber wie sollte ich das schaffen? Ich kannte die Welt außerhalb des Systems gar nicht mehr.

Wenn ich ernsthaft über die Gedanken nachdachte, die meine Welt beherrschten, dann fand ich sie seicht. Was war mit dem Begehren geschehen, das mich schon früh im Leben gepackt hatte, nämlich die Ideen zu erforschen, die sich im Zeitverlauf bewährt hatten? Ich musste etwas verändern. Mein Gespräch mit Dave Romero an der Feuerstelle, und vor allem das Bedauern, das ich in seiner Stimme gehört hatte, hatte mich davon überzeugt, dass die meisten Wünsche, die ich pflegte, schwach und zerbrechlich waren. Sie konnten jederzeit davonwehen wie Staub im Wind. Auf keinen Fall stellten sie eine solide Grundlage dar, auf der man ein Leben aufbauen konnte.

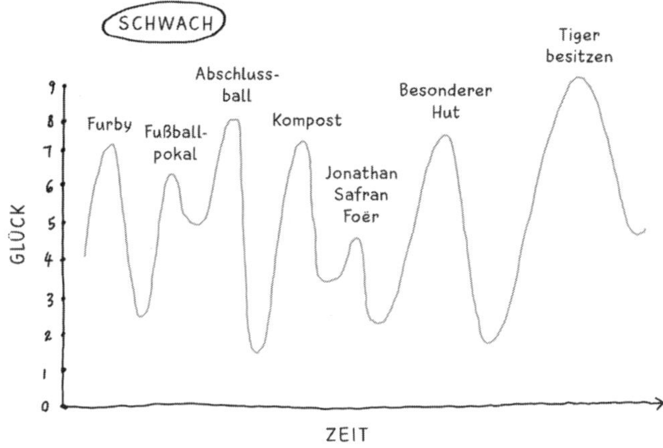

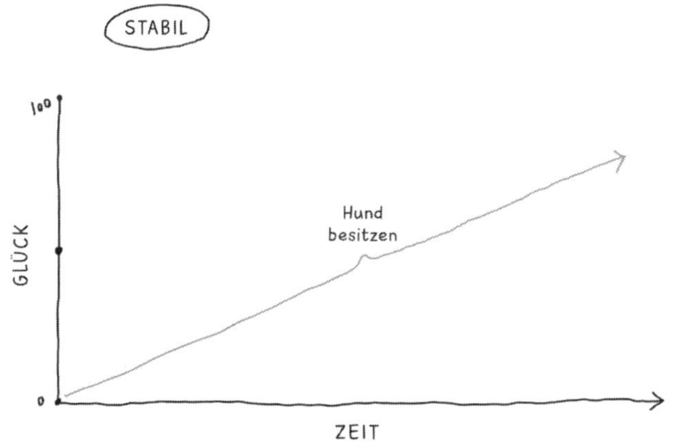

Kurz nachdem ich die Nachricht von Daves Tod erhalten hatte, begann ich damit, meine Firma herunterzufahren. Dave war sicher nicht der alleinige Grund. Ich hatte einfach das Gefühl es tun zu müssen, um die schrittweise Veränderung abzuschließen, die ich damals durchlief. Mir wurde bewusst, dass es einer meiner tiefsten Wünsche war, die großen Fragen des Lebens zu erforschen – die Menschheit, beginnend bei mir selbst, auf einer tieferen Ebene zu verstehen.[6] Ich wollte dies mehr, als 90 Stunden pro Woche zu arbeiten, um unsere Logistik zu optimieren, den Cashflow aufrecht zu erhalten und am Ende ein Unternehmen zu retten, das ich nicht länger führen wollte. Also beschloss ich, eine dreimonatige Auszeit von der Start-up-Welt zu nehmen, damit ich mich – oder genauer gesagt meine Wünsche – neu orientieren konnte, bevor ich entschied, wie es weitergehen sollte. Es waren die ersten drei Monate des Rests meines wesentlich weniger mimetischen Lebens.

Erfüllungsgeschichten

Nehmen wir einmal an, ich hätte Sie mittlerweile davon überzeugt, dass es an der Zeit ist, die schwachen Wünsche beiseitezulegen und sich stärker auf die antimimetischen, soliden und tiefer verwurzelten zu konzentrieren. Nun fängt die harte Arbeit erst an, denn weder lassen sich schwache Wünsche von heute auf morgen beiseitelegen noch sind stabile Wünsche etwas, das Sie einfach so heraufbeschwören können. Es braucht Monate oder sogar Jahre, um sie zu entwickeln.

Der beste Ausgangspunkt sind stabile Wünsche, die Sie wahrscheinlich bereits haben. Sie sind nicht immer leicht zu erkennen. Stabile Wünsche verbergen sich oft hinter den flüchtigen und impulsiven Begierden, die unseren Tag vordergründig bestimmen. Der amerikanische Autor und Pädagoge Parker Palmer hat es einmal so formuliert: „Bevor ich meinem Leben sagen kann, was ich mit ihm anfangen möchte, muss ich meinem Leben zuhören, wenn es mir erzählt, wer ich bin.“[7]

Der Ansatz, den ich hier vorstellen möchte, ist anthropologisch, philosophisch, praktisch, ja sogar spirituell. Ich mag die Definition von Rabbi Jonathan Sacks für Spiritualität, der schreibt, dass Spiritualität einfach das ist, „was passiert, wenn wir uns für etwas Größeres öffnen als uns selbst.“ Er fährt fort: „Einige finden sie in der Schönheit der Natur, der Kunst oder der Musik. Andere finden sie im Gebet oder beim Durchführen einer Mitzwa oder dem Auswendiglernen eines heiligen Textes. Wieder andere finden sie im Unterstützen anderer Menschen oder in Freundschaften oder Liebesbeziehungen."[8] Man könnte sie als eine Art der Verbundenheit mit sich selbst und anderen und dem Universum beschreiben.

Wie wir bereits gesehen haben, ist Begehren sozial. Begehren *ist* Verbindung. Ich hoffe daher, dass diese Ansätze auch dann hilfreich für Sie sein werden, wenn Sie sich selbst nicht als spirituell ansehen, denn sie gründen in einer fundamentalen Wahrheit darüber, was es bedeutet, ein Mensch zu sein: Wir sind nicht komplett selbstbestimmt, sondern leben in einem Netz von Beziehungen, die durch Begehren miteinander verbunden sind.

Ein Ansatz, stabile Wünsche zu erkennen – derjenige, auf den ich mich hier konzentrieren werde – besteht darin, sich die Zeit zu nehmen, sich diejenigen Erfahrungen von Kollegen (oder Partnern, Freunden, Klassenkameraden) anzuhören, die sie als besonders erfüllend erlebt haben und die eigenen mit ihnen zu teilen. Je besser wir unsere jeweiligen Geschichten bedeutsamer Ereignisse verstehen, umso effektiver können wir zusammenarbeiten. Wir wissen, was den anderen bewegt und motiviert und was ihn bei der Arbeit zufriedenstellt. Es erscheint so einfach und doch tut es niemand. Fragen Sie sich einmal: Mit wie vielen Menschen arbeiten Sie zusammen, die wenigstens einen Ihrer bedeutsamsten Erfolge benennen und erklären können, warum er für Sie so viel bedeutet hat?

Ein Hauptziel dieser Übung ist es, grundlegende Motivationsantriebe zu identifizieren. Ein Motivationsantrieb ist eine spezifische und dauerhafte Energie im Verhalten, die Sie Ihr Leben lang geleitet hat, um ein bestimmtes Ergebnismuster zu erreichen. Sie können zum Beispiel grundlegend motiviert sein, *Kontrolle zu gewinnen, Anerkennung zu ernten* oder *Hindernisse zu überwinden*. Weil die meisten von uns noch nie ernsthaft darüber nachgedacht haben, was sie antreibt, fehlt uns die Sprache, um unsere grundlegenden Motivationsantriebe präzise zu beschreiben. Diese Übung gibt uns die Möglichkeit dazu.

Grundlegende Motivationsantriebe sind dauerhaft, unwiderstehlich und unstillbar. Sie erklären wahrscheinlich einen Großteil Ihres Verhaltens seit der Zeit, als Sie ein Kind waren und sind der Grund, warum Sie sich immer wieder von bestimmten Arten von Projekten (Arbeit in Teams oder allein, zielorientiert oder Ideen entwickelnd) oder Aktivitäten (Sport, Kunst, Theater, Fitness) angezogen fühlen und nicht von anderen. Ihre Motivation folgt bestimmten Mustern. Wenn Sie bestimmen können, wie diese Muster genau aussehen, dann haben Sie bereits einen großen Schritt dahin gemacht, Ihre stabilen Wünsche zu erkennen. Die beste Methode, die Muster zu entdecken, ist sich gegenseitig Geschichten zu erzählen.

Bei der Methode des Geschichtenerzählens, die ich verwende, teilt man mit anderen Geschichten über Zeiten im Leben, in denen man etwas getan hat, das zutiefst erfüllend war. Heute ist dies eines der ersten Dinge, die ich in jedem Vorstellungsgespräch anspreche, weil man schnell Oberflächlichkeiten hinter sich lässt und zur Essenz des Gegenübers vordringt. Ich sage also: „Erzählen Sie mir etwas über eine Zeit in Ihrem Leben, in der Sie etwas gut gemacht haben und ein Gefühl der Erfüllung verspürten.“ Ich habe erlebt, wie diese einfache Bitte die Interaktion zwischen Menschen und ganzen Gemeinschaften verändert hat. Wenn zwei Menschen, die gut zuhören können, sich gegenseitig Geschichten aus ihrem Leben erzählen, dann versetzt diese Erfahrung sowohl den Erzählenden als auch den Zuhörer in eine Zeit, in der Begehren zu außerordentlicher Erfüllung geführt hat. Deshalb ist der Austausch solcher Geschichten ein freudvolles Erlebnis. Eine Erfüllungsgeschichte – wie ich solche Geschichten nenne – hat drei wichtige Elemente:

1. **Es ist eine Handlung.** Sie haben eine konkrete Handlung ausgeführt, waren der oder die Handelnde, anstatt passiv einer Erfahrung beizuwohnen. Auch wenn ein Springsteen-Konzert im Stone Pony für Sie lebensverändernd gewesen sein mag, ist es keine Erfüllungsgeschichte. Es ist vielleicht eine für Bruce, aber nicht für Sie. Wenn Sie sich andererseits der Aufgabe verschrieben haben,

alles über einen Künstler und sein Werk zu lernen, dann sieht die Sache schon anders aus.

2. **Sie glauben, dass Sie es gut gemacht haben.** Was immer es war, Sie haben es gut und hervorragend gemacht – und zwar nach Ihrer eigenen Einschätzung, nicht der von anderen. Es geht um eine Leistung, die Ihnen wichtig ist. Wenn Sie es gestern Abend geschafft haben, das perfekte Steak zu zaubern, dann haben Sie etwas gut gemacht und eine Leistung erbracht. Machen Sie sich keinerlei Gedanken darüber, wie gewaltig oder profan die Leistung in den Augen von jemand anderem sein könnte.
3. **Es hat Ihnen Erfüllung gebracht.** Ihre Handlung hat Ihnen ein tiefes Gefühl von Erfüllung vermittelt, vielleicht sogar von Freude. Nicht das flüchtige, temporäre Gefühl, wie es beispielsweise mit einer Endorphinausschüttung einhergeht. Erfüllung bedeutet: Sie sind am nächsten Morgen aufgewacht und haben ein Gefühl der Befriedigung verspürt. So ist es immer noch. Allein an Ihre Tat zu denken, bringt einen Teil des guten Gefühls zurück.

Solche bedeutsamen und befriedigenden Momente sind wichtig. Sie sagen etwas Entscheidendes darüber aus, wer Sie sind. „Das Handeln folgt dem Sein“ schrieb Aristoteles vor 23 Jahrhunderten. Er meinte damit, dass Handlungen dem Sein entsprechen. Wir können auf Grundlage seiner Handlungen etwas über die Essenz eines Wesens erfahren. Aber im Fall von Menschen benötigen wir zusätzlich Einblick in die innere Dimension der Handlung: Was war die Motivation der Person? Wie waren die Umstände? Was hat die Handlung auf emotionaler Ebene bewirkt?

Stellen Sie sich drei Künstler vor, die nebeneinander auf einem Plateau im Zion-Nationalpark stehen und den gleichen Sonnenuntergang malen. Der Erste möchte seine Malkünste für einen Wettbewerb trainieren, die Zweite möchte das Bild ihrem Mann zum Hochzeitstag schenken, weil sie ihr erstes Date in dem Park hatten, und die Dritte möchte einfach die pure Schönheit der Landschaft festhalten. Von außen gesehen scheinen die Künstler genau das Gleiche zu tun. Von innen heraus gesehen, tut jeder von ihnen etwas ganz anderes.

Wir können die Handlungen von Katzen und Hunden meist durch Beobachten von außen verstehen. Bei Menschen hingegen verhält es sich anders: Wir müssen etwas über das Innenleben einer Person erfahren, um zu verstehen, warum sie tut, was sie tut und was es ihr bedeutet. Erfüllungsgeschichten gehen an den Kern einer Handlung, indem sie den Blick von innen nach außen richten. Erfüllungsgeschichten fragen: „*Warum* bedeutete *Dir* das so viel?“ Diese Frage und die Antwort darauf setzen einen positiven mimetischen Kreislauf in Gang. Sie erzählen eine Ihrer Erfüllungsgeschichten. Ich höre Ihnen empathisch zu und spiegele Ihnen zurück, was ich in Ihrer Geschichte gehört, gesehen und gefühlt habe. Dann machen Sie das Gleiche für mich. Empathie imitiert Empathie, Herz spricht zu Herz.

Es ist jetzt etwa zehn Jahre her, seit ich zum ersten Mal gebeten wurde, eine dieser Geschichten zu erzählen. Damals leitete ein Freund von mir, der auf narrative Psychologie spezialisiert ist, mich durch den Prozess. Jedes Mal, wenn ich eine Erfüllungsgeschichte erzählte, kam eine weitere an die Oberfläche. Je tiefer ich in meine Vergangenheit abtauchte, umso mehr Erlebnisse tauchten auf, an die ich lange nicht mehr gedacht hatte. Aber nicht nur das – ich hatte sie damals nicht einmal als Geschichten erfüllenden Handelns wahrgenommen.

Das *No-Hitter*-Baseballspiel in der Little League.
Das Gründen meines ersten Unternehmens.
Dreißig Tage lang jeden Tag Schreiben.

Einige überraschten mich:

Die eigene Zubereitung von Piroggen nach dem Rezept meiner Großmutter.
Die Erfindung einer Orangenschälmaschine in der fünften Klasse.
Die Fehlerbereinigung der Website meines Start-ups, indem ich mir selbst PHP und MySQL beibrachte.

Einige dieser Dinge wären wahrscheinlich damals von den Menschen um mich herum nicht als Errungenschaften angesehen worden. Aber sie waren es für *mich* – und sie gaben mir ein enormes Maß an Zufriedenheit. Als ich sie beschrieb, kristallisierte sich langsam ein Muster stabiler Wünsche heraus.

Motivationsmuster

Der Ansatz, den ich beschreibe, kann von jedem überall praktiziert werden. Vor diesem Hintergrund hat eine Organisation, mit der ich viele Jahre zusammengearbeitet habe, häufig auftretende Motivationsmuster in einer Bewertungsmethode codiert (geschützt unter dem Warenzeichen *Motivation Code* oder MCODE), die 27 unterschiedliche Motive identifiziert und definiert.[9] Im Rahmen der Begutachtung werden Menschen eine Reihe von Fragen zu jeder ihrer Erfüllungsgeschichten gestellt, und das System erkennt dann Muster auf Grundlage dessen, was sie als die befriedigendsten Aspekte ihrer Leistungen eingestuft haben.

Jeder Mensch verfügt über eine Mischung aus grundlegenden Motivationsantrieben. Entscheidend ist zu wissen, wie sie zusammenarbeiten und dass einige von ihnen in bestimmten Situationen stärker zum Tragen kommen als andere. Im Folgenden möchte ich drei der 27 Motivationsthemen vorstellen, die im MCODE definiert sind, zusammen mit Beispielen, wie sie sich zeigen können. Wenn Sie die anderen ebenfalls erfahren möchten, finden Sie Angaben dazu in Anhang C. Der Name jedes Themas ist im MCODE mit fettgedruckten **GROSSBUCHSTABEN** gekennzeichnet (da das Programm englischsprachig ist, werden nachfolgend auch die englischen Begriffe für die Motivationen aufgeführt, Anm. d. Übers.).

EXPLORE: Menschen, die motiviert sind, zu ERFORSCHEN, wollen die bisherigen Grenzen ihres Wissens und ihrer Erfahrungen überschreiten, um Dinge zu entdecken, die unbekannt oder geheimnisvoll sind.

Mein Freund Ben (sowohl dieser Name als auch die Namen aller anderen hier erwähnten Freunde sind frei erfunden) liebt es, mittels Couchsurfing andere Länder zu bereisen und die Sprache und Essgewohnheiten der Menschen kennenzulernen, bei denen er zu Gast ist. Einmal war er so fasziniert von den vielen verschiedenen Gewürzen auf einem türkischen Markt, dass er Stunden damit verbrachte, sie zu kosten und mehr über sie zu erfahren, während er mir per *WhatsApp* einen laufenden Kommentar schickte. Nachdem die Gewürze nicht länger geheimnisvoll waren, erkundete er andere Dinge: Craft Cocktails, die französische Literatur des 17. Jahrhunderts, Kryptowährungen. Die Bandbreite der Interessen und die Geschwindigkeit, mit der Ben vom Erforschen einer Sache zur nächsten springen kann, mag dilettantisch erscheinen. Aber einige Menschen sind einfach stark motiviert, auf diese Weise Dinge zu **ERFORSCHEN** – und das ist in Ordnung. Tatsächlich ist jeder grundlegende Motivationsantrieb in sich gut. Welcher es ist, hängt einfach davon ab, wie wir gestrickt sind. Jeder grundlegende Motivationsantrieb hat allerdings auch eine Schattenseite. Weil Ben nun weiß, dass er grundlegend motiviert ist, zu **ERFORSCHEN**, hat er gelernt zu erkennen, wann er durch neue Möglichkeiten abgelenkt wird und bestehende Verpflichtungen vernachlässigt. Er lenkt seine Motivationsenergie nun bewusst in produktive und wertschaffende Dinge. Gerade schreibt er ein Buch über seine Reiseerfahrungen. (Ich würde einmal schätzen, dass die grundlegende Motivation des bekannten Autors von Reiseführern Rick Steves ebenfalls das **ERFORSCHEN** ist.)

Es ist an dieser Stelle wichtig zu erwähnen, dass Ben *nicht* motiviert ist, irgendetwas zu **BEHERRSCHEN**. Als Ben und ich zusammen in Italien unterwegs waren, lernten wir gerade ausreichend Italienisch, um zurecht zu kommen. Unser gemeinsamer Freund Alex hingegen hatte es sich zum Ziel gesetzt, die Sprache zu beherrschen. Während wir uns nur oberflächlich damit beschäftigten und Spaß an neuen Wörtern hatten, verzog Alex sich mit einer italienischen Ausgabe von Pinocchio auf sein Zimmer und war erst dann zufrieden, als er wusste, wie er jedes Wort in einem Satz verwenden musste. Das liegt daran, dass Alex grundlegend motiviert ist, Dinge zu **BEHERRSCHEN.**

MASTER: Eine Person, die motiviert ist, Dinge zu BEHERRSCHEN, möchte eine Fähigkeit, ein Thema, ein Verfahren, eine Technik oder einen Prozess komplett beherrschen können.

Im Gegensatz zu Ben und mir war Alex nicht zufrieden mit dem übertriebenen Lob, das die Italiener uns für unsere überschaubaren Sprachkenntnisse zukommen ließen: *Parli molto bene l'italiano!* (Ihr sprecht sehr gut Italienisch!). Er war erst dann glücklich, als er klassische italienische Literatur im Original lesen und den Händlern auf dem Bauernmarkt auf dem *Campo dei Fiori* in Rom beschreiben konnte, was er wollte. Alex hat später einen Doktor in Physik gemacht. Als ich ihn in Ellicott City mit der Musik der Singer-Songwriterin *Snail Mail* bekannt machte, tauchte er in das Universum ihrer Musik hinein, bis er jeden Songtext auswendig kannte und ihre Lieder auf der Gitarre nachspielen konnte. Alex hat nur wenige Interessen, in die er sich aber sehr vertieft. Indie Rock zählt dazu. Er hatte nie ein Interesse daran, anderen seine Meisterschaft in irgendeiner Weise zu demonstrieren. Er ist nicht in sozialen Medien vertreten. Nachdem er das Gitarre spielen beherrschte, hatte er keine Lust, eine Band zu gründen. Für ihn ist das Beherrschen einer Fähigkeit der wahre Lohn.

Meine Freundin Lauren hat einen anderen grundlegenden Motivationsantrieb, der sich wiederum von denjenigen Bens und Alex' unterscheidet. Sie hat beschlossen, Sachbücher zu schreiben, weil ihre Kernmotivation im **VERSTEHEN UND AUSDRÜCKEN** liegt.

COMPREHEND AND EXPRESS: Eine Person mit diesem grundlegenden Antrieb möchte die Dinge verstehen, sie definieren und dann ihre Erkenntnisse in irgendeiner Form kommunizieren.

Lauren fühlt sich ausgebremst und verliert ihre Motivation, wenn sie neue Erkenntnisse nicht weitergeben kann. Jedes Buch, das sie liest, muss sie in ihrem Blog besprechen, denn wenn sie keine Möglichkeit hat, es wiederzugeben, fühlt sich ihr neues Wissen an, als würde es verloren gehen oder als hätte sie es nicht ganz durchdrungen. Im Akt des Ausdrucks wird ihr Verstehen geschärft. Diese Regel trifft für sie nicht nur im ideellen Bereich zu, sondern gilt auch für reale Erfahrungen. Wenn sie eine neue Kochrichtung ausprobiert, dann reicht es ihr nicht, sie im Restaurant zu probieren. Sie wird versuchen, selbst Sushi oder Paella herzustellen. Das ist mehr als eine Art, zu lernen – es ist ein grundlegender Motivationsantrieb, denn es bezieht sich auf alle Aspekte ihres Lebens. Es zeigt sich in ihrer Ehe (sie versucht, Familiendynamiken zu verstehen, indem sie jedem geduldig zuhört und schreibt Briefe an ihre Familienmitglieder, in denen sie beschreibt, was sie als die Gaben jedes Einzelnen ansieht) oder daran, wie sie Krisen bei der Arbeit angeht (sie ist großartig im Moderieren von Diskussionen und im Zutage fördern und Kommunizieren essenzieller Erkenntnisse), und selbst in der Art, wie sie Fitness betreibt (es reichte es ihr nicht aus, Yoga nur zu praktizieren – sie musste selbst Yoga-Lehrerin werden).

Wenn Sie Einblick in Ihre grundlegenden Motivationsantriebe gewinnen, werden Sie verstehen, warum einige Aktivitäten Sie immer zutiefst fesseln, während andere Sie unweigerlich langweilen und kalt lassen. Noch wichtiger – sie werden Ihnen zu verstehen helfen, wie Sie in Ihrem tiefsten Innern motiviert sind, zu lieben. Erfüllungsgeschichten sind ein Fenster zu dem, was für Menschen am bedeutsamsten ist. Beim Austauschen dieser Geschichten beschreiben Menschen die Tätigkeiten, von denen sie sich vollkommen vereinnahmen lassen und bei denen sie zumeist ganz und gar sie selbst sind. Wenn wir Menschen bitten, uns Erlebnisse zu erzählen, die ihnen lediglich Vergnügen bereitet haben, dann bekommen wir Geschichten zu hören, die ein weites Spektrum abdecken. Aber wenn wir nach wahrer Erfüllung fragen, dann holen wir normalerweise das Beste in ihnen hervor.

Ich höre mir nun bereits seit über einem Jahrzehnt Erfüllungsgeschichten an. Mittlerweile kenne ich Tausende. Es geht dabei fast immer um Handlungen, die nahezu jeder als grundlegend *gut* empfinden würde: andere Menschen unterstützen, zum Erfolg eines Teams beitragen, gegen Ungerechtigkeit kämpfen, etwas zum Allgemeinwohl beitragen. Eigennützige Freuden mögen sich für den Moment gut anfühlen, aber sie zählen nicht zu den Dingen, an die man sich noch Jahre später erinnert.

Taktik 10
Tauchen Sie Geschichten tief erfüllender Handlungen aus

Die meisten Menschen werden, wenn überhaupt, nur selten gebeten, Geschichten über zutiefst erfüllende Leistungen zu erzählen. Wir müssen sie bewusst zutage fördern, bei uns selbst und bei anderen. Die Übung, solche Geschichten zu erzählen, sie sich anzuhören und sie zu dokumentieren, öffnet neue Räume für Empathie und das Entdecken stabiler Wünsche.

Der Austausch von Erfüllungsgeschichten ist wie das Erstellen einer biographischen Aufzeichnung darüber, wie Wünsche bei Ihnen, Ihren Kollegen und in Ihrem gesamten Unternehmen entstehen und Form annehmen. Zu wissen, was andere motiviert, führt zu einem stärkeren Gefühl der Verbundenheit und der Möglichkeit, Teams so zu organisieren, dass ihre Motivationsenergie maximiert wird, weil jedes Teammitglied in Tätigkeiten involviert ist, die seiner Grundmotivation entsprechen.

Bei Kreislauf 2 handelt es sich um einen positiven Kreislauf des Begehrens. Er beginnt, wenn jemand eine andere Art der Beziehung zueinander vorlebt – einen Ansatz, der nicht auf Rivalität aus ist, in dem das Nachahmen von Begehren einem gemeinsamen Guten dient, das im Überfluss erzielt werden kann. Großartige Führungspersönlichkeiten starten und nähren positive Kreisläufe des Begehrens. Sie schauen empathisch auf die Schwächen anderer, wollen Mitarbeiter auf allen Unternehmensebenen kennenlernen, geben Dinge über sich selbst preis und konzentrieren sich auf das Kultivieren stabiler Wünsche. Sie überwinden den destruktiven mimetischen Kreislauf, und eröffnen so eine ganze Welt an neuen Möglichkeiten: die Welt jenseits unseres unmittelbaren Verlangens.

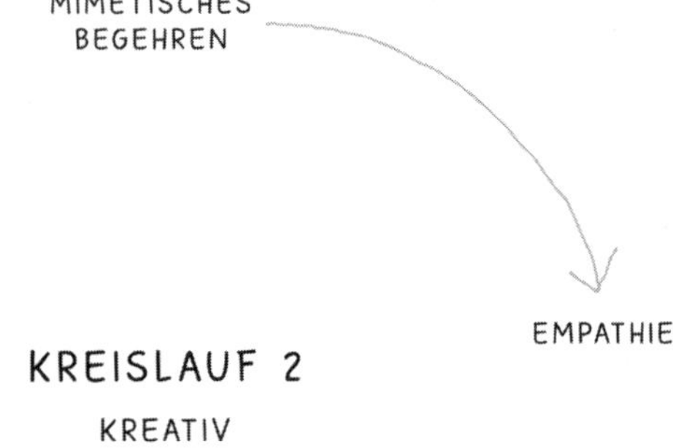

KAPITEL 7

TRANSZENDENTE FÜHRUNG – WIE GROSSARTIGE FÜHRUNGS-PERSÖNLICHKEITEN BEGEHREN ANREGEN UND FORMEN

Selbstleckende Eistüten … Verborgene Sehnsüchte … Minimal Viable Desire

Wenn Du ein Schiff bauen willst, dann trommle nicht Männer zusammen, um Holz zu beschaffen, Aufgaben zu vergeben und die Arbeit einzuteilen, sondern lehre die Männer die Sehnsucht nach dem weiten, endlosen Meer.

Antoine de Saint-Exupéry

Wir gehen auf harte Zeiten zu, in denen wir die Stimmen von Autorinnen und Autoren brauchen werden, die Alternativen zu unserer jetzigen Art zu leben sehen … andere Wege des Seins, und echte Nährböden für Hoffnung. Wir werden Künstler brauchen, die sich an die Freiheit erinnern – Dichter, Visionäre – Realisten einer größeren Realität.

Ursula K. Le Guin

Whitney Wolfe Herd ist Gründerin und Vorstand eines mehrere Milliarden schweren Dating-Imperiums. Die Online Dating-App ihres Unternehmens, *Bumble,* war ein *Game Changer*: Bei heterosexuellen

Verbindungen verbietet sie Männern, den ersten Schritt zu machen. Die Kommunikation beginnt, wenn überhaupt, nach den Bedingungen der Frauen. Gegen Ende 2019 sagte Herd, dass es ihr wichtigstes Projekt sei, den Dating-Markt in Indien zu erobern – einem Land, das laut einer globalen Untersuchung der *Thomson Reuters Foundation* als weltweit gefährlichstes für Frauen gilt. Sexuelle Gewalttaten sind hier extrem häufig. „Indien hat für Frauen nur komplette Missachtung übrig", sagt Manjunath Gangadhara, Teil der Regierung des westindischen Staates Karnataka. Aber Herd ließ sich nicht beirren. „Nur weil ein Land nicht so progressiv ist wie andere Orte auf der Welt, bedeutet dies nicht, dass dort nicht ein Wunsch danach herrscht", sagte sie gegenüber dem Sender *CNN*.[1]

Ein Feld von unterentwickelten Wünschen neu zu erschließen ist typisch für Menschen mit starken Führungsqualitäten. Toni Morrison hat sich nicht damit begnügt das zu schreiben, was ein weißes Publikum lesen wollte. Sie startete damit, ein Buch zu schreiben, das es so noch nicht am Markt gegeben hatte. „Ich dachte, dass diese Art von Buch, mit diesem Thema – diesen sehr verletzlichen, selten beschriebenen und nicht ernst genommenen kleinen schwarzen Mädchen – bislang noch nicht ernsthaft in der Literatur vorhanden war. Niemand hatte je über sie geschrieben, und wenn, dann waren sie reine Requisiten", sagte sie im Jahr 2014 in einem Interview mit dem *NEA Arts Magazine*. „Ich habe dieses erste Buch geschrieben, weil ich es lesen wollte."

Wie Sie nun bereits wissen, entstehen Wünsche nicht auf magische und spontane Weise. Sie werden in der dynamischen Welt menschlicher Interaktion erzeugt und geformt. Irgendjemand muss hierfür zum Vorbild werden.

In diesem Kapitel geht es um Führung und darum, dass sie nur im Hinblick auf Begehren vollständig verstanden werden kann. Führungskräften geht es darum, Menschen bewusst dabei zu helfen, mehr oder weniger zu wollen als zuvor oder auch etwas ganz anderes. Es gibt keine andere Möglichkeit. Das Gleiche trifft auf Unternehmen zu. Ein Unternehmen erfüllt nicht einfach den „Bedarf" nach

Produkten oder Dienstleistungen, die Menschen wollen. Es spielt vielmehr eine entscheidende Rolle beim Erzeugen und Formen von Begehren.

Begehrlichkeiten können natürlich auch auf egoistische und eigennützige Weise geformt werden. Keine Branche hatte in den letzten zwei Jahrzehnten eine schädlichere Wirkung auf die Begierden von Menschen als die Pornoindustrie. Online-Pornos haben Gewinne in Höhe von Milliarden US-Dollar eingespielt. Wenn sie nicht Ihre Begierden geformt haben, dann möglicherweise die Ihres Kindes, und wie wir wissen, sind unser aller Begierden miteinander verwoben. Welche Auswirkungen hat das auf unsere Kultur? Auf die Art und Weise, wie wir unsere Mitmenschen betrachten? Auf das, was wir von einer Beziehung erwarten? Viele Unternehmen füttern die niedrigsten Begierden der Menschen und haben ein großes Interesse daran, dass sie sich nicht ändern.

Aber wo eine Bedrohung ist, gibt es auch immer eine Chance. Begehren wird von den bestehenden Verhältnissen nie vollständig widergespiegelt. Es geht von seiner Natur her stets über den Status Quo hinaus. Immer sind wir auf der Suche nach mehr. Die Frage ist: Werden wir Menschen helfen, der Erfüllung ihrer größten Wünsche ein wenig näher zu kommen? Oder werden wir ihnen unwissentlich armselige andrehen?

Wir werden uns in diesem Kapitel ansehen, warum mimetisches Begehren ein entscheidendes Element von Führung ist. Verzagte und kleinmütige Führungskräfte werden von immanentem Begehren angetrieben – einem Begehren, das selbstbezogen, einem Zirkelschluss gleich und dem System innerlich ist, in dem es entstand, weil alle Rollenvorbilder interne Vermittler sind. Es führt zu Rivalitäten und Konflikten. Im besten Fall führt es einfach nirgendwohin. Großherzige, kühne Führungskräfte werden von transzendentem Begehren angetrieben – einem Begehren, das nach außen führt, über das bestehende Bezugssystem hinaus, weil die Vorbilder externe Vermittler von Begehren sind. Diese Führungskräfte erweitern das Universum des Begehrens aller und helfen ihnen dabei, es zu erkunden. Werfen wir einmal einen genaueren Blick auf den Unterschied zwischen immanentem und transzendentem Begehren und somit auch auf immanente und transzendente Führung.

Immanentes Begehren

Als ich elf Jahre alt war, war mein Lieblingsfahrgeschäft auf dem Jahrmarkt das sogenannte *Gravitron*. Ein komisches Gerät, das aussieht wie eine fliegende Untertasse. Im kreisförmigen Innenraum angekommen, sucht man sich einen Platz an der gepolsterten Wand und wird dort festgeschnallt. Der Betreiber des Fahrgeschäfts sitzt in der Mitte, ohne Verbindung zur rotierenden Scheibe um ihn herum, streicht durch sein langes fettiges Haar und sehnt sich nach der nächsten Zigarettenpause. Er drückt einen Knopf, und die Scheibe beginnt, sich zu drehen. Und dann geht es los: *Metallica* läuft, die Lichter werden heruntergefahren, die Scheibe dreht sich immer schneller. Die Geschwindigkeit steigert sich, bis die Maschine bei 24 Umdrehungen pro Minute angelangt ist und dich mit dem Dreifachen der Schwerkraft an die Wand drückt. Der Platz, an dem du festgemacht bist, fährt hoch Richtung Decke. Man kann sich nicht bewegen, bis die Scheibe wieder anhält. Man kann kaum den Kopf zur Seite drehen, um das alberne Gesicht seines Freundes zu sehen. Man steht es einfach durch.

Genau in dieser traurigen Situation befinden sich viele Menschen später im Leben. Man kann leicht in ein Gravitron des Begehrens geraten – ein System des Begehrens, in dem sich jeder im Kreis dreht, festgenagelt an seinem Platz, unfähig zu entkommen, im selben Muster gefangen ist und die gleichen Dinge will. Chefkoch Sébastien Bras befand sich innerhalb eines solchen Systems, solange er das Spiel von *Michelin* mitspielte. Viele Unternehmen sind wie Gravitrons. In ihrer Mitte sitzen Führungskräfte, die wie der Betreiber des Fahrgeschäfts alles um sich herum kreisen lassen. Nicht jedes Unternehmen verfügt über eine sichtbare Hierarchie, aber nahezu jedes hat ein heiliges Zentrum, um das alles kreist.

Dies sind Systeme immanenten Begehrens, bei denen es kein Vorbild außerhalb des Systems gibt – alle Rollenvorbilder befinden sich im Inneren. (Wir könnten das Ganze auch als *systemisches Begehren* bezeichnen, also Begehren, das systemimmanent ist.)[2] Ein Paradebeispiel für diese Dynamik ist die Sitcom *The Office*, in der es um Leben und Arbeiten bei dem fiktiven Papierhersteller *Dunder Mifflin* geht. Der Gebietsleiter Michael Scott ist so sehr in einer immanenten Struktur gefangen, dass er sich kaum vorstellen kann, warum oder wie sich seine gesamte Branche um ihn herum verändert. Der Witz der Sitcom besteht darin, wie klein der Einsatz und die Welt der Beteiligten sind.

Immanentes Begehren ist wie die berühmte „selbstleckende Eistüte" – ein Begriff, der von Pete Wordon, dem Leiter des *Ames Research Centers* der NASA, in Bezug auf die Bürokratie der NASA geprägt wurde. Mittlerweile bezeichnet man damit jedes System, dessen Hauptzweck es ist, sich selbst zu erhalten.[3] Schon lustig, dass eine Organisation, deren Ziel die Erkundung des Weltraums ist, bei der eigenen Nabelschau hängen bleibt. Ohne eine transzendente Führung, die über den Tellerrand hinausblickt, ist das die Norm.

Transzendentes Begehren

Es gibt aber auch eine andere Art des Führens, die sich durch transzendentes Begehren auszeichnet. Transzendente Führungspersönlichkeiten haben Vorbilder für Begehren, die außerhalb der Systeme stehen, in denen sie sich befinden. Die größten Schriftsteller und Künstler der Geschichte wurden von solchen Vorbildern beeinflusst – und genau deshalb sind ihre Werke zeitlos. Sie waren nicht auf die gängigen Wünsche und Begierden ihrer Zeit beschränkt.

Als Präsident Kennedy den Amerikanern sagte, „Wir haben uns entschieden, zum Mond zu fliegen", entwarf er ein Begehren, das alle Vorstellungen übertraf, die Menschen zuvor gehabt hatten. „Wir haben uns entschieden, in diesem Jahrzehnt zum Mond zu fliegen und andere Dinge zu tun", sagte er. „und zwar nicht, weil sie leicht sind, sondern weil sie schwer sind, und weil dieses Ziel dazu dienen wird, unsere besten Energien und Fähigkeiten zusammenzubringen und zu bemessen."[4] Unser größtes Begehren formt und ordnet jedes andere Begehren, wie wir später in diesem Kapitel noch sehen werden.

Martin Luther King Jr. forderte eine konkrete Gerechtigkeit, die über alles hinausging, was sich die Mehrheit der Menschen damals vorstellen konnte. Die meisten Weißen in Amerika kannten nur Rassentrennung und bequeme Selbstzufriedenheit. Er weckte sie auf, indem er ein Begehren nach echter Veränderung entfachte, das über Linke und Rechte, Liberale und Konservative, Weltliches und Religiöses hinausging.

FÜHREN durch BEGEHREN

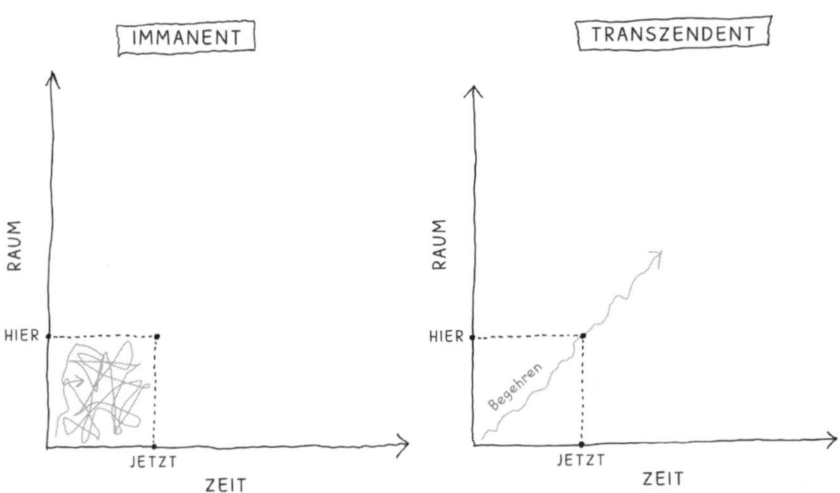

Aber wie wir in den Jahren seit der Ermordung von King schmerzlich erleben mussten, ist Begehren unbeständig und die Trägheit stark. Ohne transzendente Führungspersönlichkeiten wie King – nicht nur im Bereich von Gerechtigkeit für Menschen unterschiedlicher Hautfarbe, sondern auch in anderen – rutschen wir zurück in ein geschlossenes System des Begehrens, dem jede Vorstellungskraft fehlt.

Transzendente Führungspersönlichkeiten sehen die Wirtschaft als offenes System. Es ist möglich, neue und unerschlossene Wege zu finden, um Werte für uns selbst und andere zu schöpfen – und dabei muss es sich nicht um unterschiedliche Dinge handeln. Wird die Wirtschaft aber als geschlossenes System gesehen, ist es ein Nullsummenspiel. Menschen konkurrieren um die gleichen Dinge und jeder kann nur auf Kosten eines anderen erfolgreich sein.

Ein Arzt, der eine transzendente Führungspersönlichkeit ist, beschränkt seinen Job nicht auf die Heilung von Körpern, sondern sieht den ganzen Menschen. Dr. Abraham M. Nussbaum schreibt in seinem Buch *The Finest Traditions of My Calling: One Physician's Search for the Renewal of Medicine*: „Was wir tun können, ist mehr in uns zu sehen als Techniker, die einen Körper kontrollieren. Je nachdem können wir Gärtner, Lehrer, Diener oder Zeugen für die Menschen sein, die als Patienten zu uns kommen."[5]

Transzendente Führung ist nicht auf die unmittelbare Ebene der Realität begrenzt, sondern geht darüber hinaus, um etwas Bedeutungsvolleres zu finden. Zu erkennen, dass sein Leben und seine Arbeit wie eine Arena ist, in der der Kampf zwischen immanentem und transzendentem Begehren vonstattengeht, ist der erste Schritt. Die Entscheidung, über das System von Belohnung und Bequemlichkeiten hinauszuwachsen, ist der harte und notwendige nächste. Meiner Erfahrung nach sind transzendente Führungspersönlichkeiten zumindest in den folgenden fünf Dingen sehr gut.

Fähigkeit 1: Den Schwerpunkt verlagern

Transzendente Führungspersönlichkeiten bestehen nicht darauf, dass ihre eigenen Wünsche vorrangig sind. Sie stellen sie nicht in einen Mittelpunkt, um den alle und alles kreisen müssen. Stattdessen verlagern sie den Schwerpunkt weg von sich selbst und hin zu einem transzendenten Ziel, damit sie Schulter an Schulter mit allen anderen stehen können.

Maria Montessori entwickelte ihren Bildungsansatz auf Basis einer klaren Einsicht in die Natur des Begehrens und stimmte ihre Arbeit mit Kindern darauf ab. Im Jahr 1906 war Montessori eine junge Erzieherin, die vor einer schwierigen Aufgabe stand: Sie sollte sechzig kleine Kinder, die meisten davon im Alter zwischen drei und sechs Jahren, betreuen, die in einem Wohnblock für Arbeiter mit niedrigem Einkommen im römischen Viertel San Lorenzo lebten, einem der ärmsten Viertel der Stadt. Weil die Eltern arbeiten mussten und die älteren Kinder zur Schule gingen, blieben die Kleinsten tagsüber allein zu Hause und richteten allerlei Unfug an. Sie rannten in den Stiegenhäusern umher, kritzelten die Wände voll und sorgten allgemein für Trubel. In ihren Memoiren beschreibt Montessori sie als „weinerlich, verängstigt und scheu, aber zugleich auch gierig, ungestüm, besitzergreifend und destruktiv", als sie zum ersten Mal auf sie traf.[6] Die Wohnungsbaugesellschaft hatte sie um Hilfe gebeten.

Wochen lang erzielte Montessori nur geringe Fortschritte. Das Aufstellen von kleinen Tischen und Stühlen in dem Raum, der ihr zur Verfügung gestellt worden war, trug bereits ein wenig zur Ordnung bei. Dennoch gab es keine wirklichen durchbrechenden Erfolge. Eines Morgens kam ihr eine Idee. Sie hatte beobachtet, dass die Kinder nicht wussten, was sie gegen ihre laufenden Nasen tun sollten. Also entwickelte sie eine Unterrichtseinheit dazu, wie man ein Taschentuch benutzt. Eine einfache, praktische und menschliche Handlung. Sie zog ein Taschentuch aus ihrer Tasche und zeigte den Kindern verschiedene Möglichkeiten, es zu benutzen: wie man es faltete, wie man sich damit die Nase putzte und wie man sich damit den Schweiß von der Stirn wischen oder Krümel vom Mund entfernen konnte. Die Kinder schenkten ihr ihre volle Aufmerksamkeit. Obwohl sie einfach nur lernten, wie man ein Taschentuch benutzt, war es in etwa so, als hätte man ihnen ein neues iPhone gegeben und sie würden zum ersten Mal etwas über seine weltverändernden Möglichkeiten lernen. Es war spürbar, wie spannend sie die Lektion fanden.

Dann erzählte Montessori den Kindern im Versuch, lustig zu sein, sie würde ihnen nun zeigen, wie man sich möglichst unauffällig die Nase putzt. Sie faltete das Taschentuch so, dass es in ihrer Hand unsichtbar war. Die Kinder kamen näher und versuchten, es zu finden. Dann legte sie die Hand über ihre Nase, schloss die Augen und drehte das Taschentuch hin und her, wobei sie sich so leise schnäuzte, dass kein Ton zu hören war. Montessori erwartete, dass ihre übertriebenen Bewegungen und das vollkommen lautlose Schnäuzen die Kinder zum Lachen bringen würden. Aber keines von ihnen lachte oder lächelte auch nur. Ihre Kinnladen hingen fast herunter vor Staunen. Sie schauten sich gegenseitig an, wie um zu bestätigen, dass sie das gerade wirklich erlebt hatten. „Ich hatte meine Demonstration eben erst beendet, als sie auch schon in einen Applaus ausbrachen, der einer lange unterdrückten Ovation in einem Theater gleichkam", schreibt Montessori in ihrem Buch *Kinder sind anders.*[7]

Woher kam diese unerwartete Reaktion? Laut Montessori waren die Kinder ihr Leben lang wegen ihrer laufenden Nasen gescholten und ausgelacht worden – aber niemand hatte ihnen je gezeigt, wie man ein Taschentuch benutzt. Die Lektion hatte ihnen das Gefühl einer „Wiedergutmachung für erlebte Demütigungen gegeben", sagte sie und „ihr Applaus zeigte, dass ich sie nicht nur gerecht behandelt, sondern es ihnen auch ermöglicht hatte, eine ganz neue Form von Ansehen in der Gesellschaft zu erlangen."

Als am Ende des Tages die Schulglocke läutete, folgten die Kinder Montessori geordnet aus dem Raum. „Danke! Danke für die Lektion!", riefen sie, hinter ihr her marschierend. Als das Schultor erreicht war, stürmten die Kinder aufgeregt davon. Sie liefen nach Hause zu ihren Familien, um ihnen ihren neu gewonnenen Status zu zeigen. Montessori entdeckte an diesem Tag etwas über die Kinder, das niemand zuvor ihnen zugestanden hatte: Sie wollten erwachsen werden, ihren Platz in der Welt finden, in Würde wachsen. Sie hatte das in ihnen angestoßen.

„Die letzte große Innovation die Kindergarten- und Schulzeit betreffend stammt von Maria Montessori", schrieb Marc Andreessen.[8] Und diese Innovation betraf nicht nur eine Methodologie oder ein

Curriculum. Stattdessen rollte sie Bildung ganz neu auf, und zwar vom Standpunkt des Begehrens aus. Sie ließ der Vorstellungskraft der Kinder freien Lauf und erlaubte ihnen das zu lernen, was sie interessierte und was ihre Neugier weckte. Sie ermöglichte es ihnen, stabile Wünsche zu entwickeln – nicht zuletzt ein stabiles Verlangen danach, zu lernen – indem sie die Flammen des Begehrens nicht erstickte, bevor sie sich verbreiten und intensivieren konnten. (Zum Beispiel führte sie die Kinder nicht auf streng reglementierte Weise durch den Lernalltag, von einer Handlung zur nächsten, entlang strikt am Lehrplan definierter, entmutigender Vorgaben.)

„Das Ziel frühkindlicher Erziehung sollte darin liegen, den eigenen Lernwunsch des Kindes zu fördern", schrieb Montessori in ihrem Buch *The Montessori Method*. Und an anderer Stelle: „Wir müssen wissen, wie wir den *Menschen* ansprechen, der in der Seele des Kindes schlummert."[9] Das Begehren, zu einem reifen Erwachsenen zu werden – nicht das Verlagen nach guten Noten, ein Baseballspiel zu gewinnen oder einen Sticker für gutes Verhalten zu bekommen – ist das vorderste und bedeutendste Vorhaben jedes Kindes und das, was ihm insgeheim am allerwichtigsten ist.

Gute Lehrer erwecken schlummernde Wünsche und erzeugen neue. Montessori vergleicht die Rolle des Lehrers mit der eines großen Künstlers, der eine andere Person das Sehen lehrt. „Es ist, als würden wir gedankenverloren das Ufer eines Sees betrachteten und ein Künstler würde uns plötzlich sagen ‚Wie schön doch die Biegung des Ufers dort unter dem Schatten des Felsvorsprungs ist'. Bei diesen Worten prägt sich der Anblick, den wir nahezu unbewusst wahrgenommen haben, in unser Gedächtnis ein, als wäre er plötzlich von einem Sonnenstrahl erhellt worden."

Der Montessori-Lehrer entfacht das Begehren nach etwas und *zieht sich dann als Vermittler des Begehrens zurück*, damit das Kind unmittelbar damit interagieren kann. Die Aufgabe besteht darin, „für den Lichtstrahl zu sorgen und dann unseres Weges zu gehen", wie es Montessori beschreibt.[10] Eine gute Führungskraft wird nie zum Hindernis oder Rivalen. Sie hat Empathie mit denen, die sie führt, und zeigt den Weg zu einem Nutzen, der ihre Beziehung übersteigt. Auf diese Weise verlagert sie den Schwerpunkt weg von sich selbst.

Fähigkeit 2: Die Geschwindigkeit der Wahrheit

Das Befinden einer Organisation verhält sich direkt proportional zur Geschwindigkeit, in der sich Wahrheit in ihr verbreitet.[11] Echte Wahrheit ist von Natur aus antimimetisch – sie verändert sich nicht in Abhängigkeit davon, ob sie gerade mimetisch angesagt ist oder nicht. Das leichte und schnelle Verbreiten der Wahrheit bekämpft destruktive Mimesis und Rivalitäten. Mimesis verbiegt, verdeckt oder verzerrt die Wahrheit. Wenn die Wahrheit sich innerhalb einer Organisation langsam verbreitet – oder wenn sie andauernd gemäß dem Willen bestimmter Mitglieder verbogen wird – dann dominiert die Mimesis.[12]

Erinnern Sie sich noch an die Videoverleihkette *Blockbuster*? Im Jahr 2008 äußerte sich Jim Keyes, der frühere Vorstand der mittlerweile nicht mehr bestehenden Firma, dem Journalisten Rajat Ali von *CBS*

News gegenüber wie folgt: „Ich verstehe diese Faszination nicht, die *Netflix* auf alle ausübt ... *Netflix* hat oder tut nicht wirklich etwas, das wir nicht auch tun könnten oder bereits tun."[13] Der Markt war da ganz klar anderer Meinung. Im Verlauf der folgenden zwei Jahre schoss der Preis der *Netflix*-Aktie um 500 Prozent in die Höhe, während die von *Blockbuster* um 90 Prozent abstürzte. In der Vorstandsetage von *Blockbuster* brachen Kämpfe zwischen den Investoren und der Unternehmensleitung aus, die lieber mit dem Finger auf andere zeigte als sich der Wahrheit zu stellen, dass die Branche im Umbruch war.[14]

In Krisenzeiten wird die Bedrohung, die aus dem Inneren eines Unternehmens kommt, oft unterschätzt. Menschen, die keine Verantwortung übernehmen wollen, finden immer einen Sündenbock. Schuld wird zugewiesen. Und währenddessen wird die Bedrohung von außen immer gefährlicher. Wenn der Wahrheit nicht mutig begegnet wird, sie nicht effektiv kommuniziert und nicht schnell auf sie reagiert wird, dann verliert ein Unternehmen den Kontakt zur Realität und die Möglichkeit, sich entsprechend zu verhalten. Das Gelingen jedes menschlichen Projekts, das auf Anpassungsfähigkeit beruht, hängt von der Geschwindigkeit ab, mit der Wahrheit sich verbreitet. Das gilt im Klassenraum ebenso wie für die Familie oder ein ganzes Land. Unternehmen müssen sich anpassen, um überleben zu können. Wenn die Wahrheit verzerrt, zurückgehalten oder nur langsam verbreitet wird, können sich Unternehmen nicht schnell genug an sich verändernde Umstände anpassen. Wenn Sie ein Unternehmen unter evolutionären Gesichtspunkten betrachten, können nur diejenigen mit der schnellsten Wahrheitsverbreitung schnell genug mutieren, um zu überleben.

Taktik 11
Beschleunigen Sie die Verbreitung von Wahrheit

Wie schnell verbreitet sich die Wahrheit von Punkt A (dem Ausgangspunkt) zu Punkt B (der Person, die sie am dringendsten kennen muss) und schlussendlich zu allen Beteiligten? Wenn beispielsweise ein Handelsvertreter wichtige Informationen über einen Wettbewerber erhält, wie lange dauert es dann, bis der Vorstand oder ein anderer Entscheidungsträger davon erfährt und entsprechend handeln kann?

In gesunden Start-ups reist die Wahrheit schnell. Wichtige neue Informationen werden innerhalb von Sekunden kommuniziert. Sie werden in einer Gruppenmeldung verbreitet oder die Person, die neben einem sitzt, steht auf und teilt es allen mit. Alle sehen und hören die Wahrheit in Echtzeit. Aber wie schnell verbreitet sich die Wahrheit in einer Universität? Einer Familie? Einem großen Konzern wie z. B. *Facebook* oder *Amazon*? Oder einem großen Traditionsunternehmen wie *General Electric*?

Natürlich hängt es auch davon ab, um welche Wahrheit es geht. Es gibt jedoch immer Wege zu testen, mit welcher Geschwindigkeit sich verschiedene Wahrheiten – peinliche, erbauliche, langweilige, existenzielle – innerhalb eines Unternehmens verbreiten. Unternehmen, die die Schnelligkeit der Wahrheitsverbreitung messen und Schritte unternehmen, um sie zu steigern, sind im Vorteil gegenüber solchen, die dies nicht tun.

Hier ist ein einfaches Experiment. Bestimmen Sie einen wichtigen Entscheidungsträger oder Mitarbeiter in Ihrem Unternehmen, der bestimmte Dinge wissen sollte, und erklären Sie ihm vorher, was Sie tun werden; niemand sonst sollte wissen, dass das Experiment stattfindet. Sorgen Sie dann dafür, dass jemand von außerhalb des Unternehmens auf unterschiedlichen Ebenen der Organisation einige wichtige Informationshappen einbringt. Messen Sie genau, wie lange es dauert, bis diese Informationen von den unterschiedlichen Ausgangspunkten aus bei der Person ankommen, die sie erhalten sollte. (Es ist ein Experiment, bei dem ich und meine Mitarbeiter Sie mit Freuden unterstützen, wenn Sie nicht sicher sind, wo Sie beginnen sollen.)

Eine weitere Möglichkeit besteht darin, zwei Meetings zu beobachten – eines mit Führungskraft und eines ohne. Zählen Sie, wie häufig jemand etwas Herausforderndes und Wahres äußert. Teilen Sie die Anzahl der Stunden durch die Anzahl der Wahrheiten, um die Anzahl der Wahrheiten pro Stunde zu erhalten oder, anders gesagt, die Geschwindigkeit der Wahrheit. Vergleichen Sie beide Werte.

Bei Vorstellungsgesprächen frage ich gerne: „Was war das schwierigste Opfer, das Sie einmal für die Wahrheit gebracht haben?“ Wenn der

Kandidat darauf keine Antwort weiß oder er bzw. sie erst ein paar Minuten herumstottert, dann stelle ich die Person nicht ein, denn sie hat nicht ausreichend über ihr Verhältnis zur Wahrheit nachgedacht. Und sie wird die Geschwindigkeit, mit der Wahrheit sich in meinem Leben verbreitet, verlangsamen.

Rationalität ist wichtig für das menschliche Gedeihen, aber unser Glaube an ihre Macht ist heute erheblich gesunken. Der Philosoph Friedrich Nietzsche, der im Jahr 1900 starb, hat mehr als jeder andere in den vergangenen zweihundert Jahren zur Abwertung des Intellekts beigetragen. Er betonte die Macht des Willens und verbannte den Intellekt in das Reich der Sichtweisen und Interpretationen. In der Klassischen Philosophie – oder zumindest der aristotelischen Tradition – sind Wille und Intellekt keine Gegensätze, sondern arbeiten zusammen. Der Intellekt formt den Willen und hilft, Handlungen zu lenken. Die Handlungen wiederum beeinflussen die Fähigkeit des Intellekts, die Wahrheit zu erfassen. Wenn Sie die Realität des mimetischen Begehrens annehmen, sind Sie in der Lage, bewusst darüber nachzudenken, welche Maßnahmen Sie ergreifen können, um negative Mimesis in Ihrem Leben zu vermeiden; und indem Sie dies tun, werden Sie aus eigener Erfahrung mehr über mimetisches Begehren lernen, als dieses Buch Ihnen vermitteln kann.

Das leidenschaftliche Streben nach Wahrheit ist antimimetisch, weil es objektive Werte erreichen will anstatt mimetische. Führungspersönlichkeiten, die sich das Verfolgen der Wahrheit zu eigen machen und selbst Vorbild dafür sind – und die somit die Verbreitung von Wahrheiten im Unternehmen beschleunigen – immunisieren sich gegen einige der unbeständigeren mimetischen Bewegungen, die sich als Wahrheit tarnen. Test gefällig? Lesen Sie einmal Zeitungen, die mehr als eine Woche alt sind. Dann können Sie den mimetischen Budenzauber leichter erkennen.

Fähigkeit 3: Urteilsvermögen

Was aber passiert, wenn die Wahrheit nicht offensichtlich ist? Das Streben nach Wahrheit ist eine wichtige antimimetische Taktik, aber es hat seine Grenzen. Wir sind nicht immer so rational wie wir glauben. Die Nobelpreis-Gewinner Daniel Kahneman, Amos Tversky und Richard Thaler haben gezeigt, wie leicht wir getäuscht werden können. Zudem hat auch der Verstand seine Grenzen und es gibt noch die Welt jenseits der Vernunft, in der wir Lebenspartner, Karrieren und persönliche Ziele auswählen. Dies ist eine Welt, die über das reine Denken hinausgeht, und transzendente Führungspersönlichkeiten wissen, wie man sich in ihr bewegt.

Das englische Wort für Entscheidung – „decision“ – leitet sich vom lateinischen Wort *caedere* ab, was unter anderem „abschneiden“ bedeutet. Wenn wir uns für eine Sache entscheiden, dann schneiden wir notwendigerweise eine andere ab. Wenn kein Abschneiden erfolgt, haben wir keine Entscheidung getroffen. Auch das englische Wort für Urteilsvermögen – „discernment“ – leitet sich aus dem Lateinischen ab, und zwar vom Verb *discernere*, das „unterscheiden“ bedeutet. Es bezieht sich auf die Fähigkeit, den Unterschied zwischen zwei Möglichkeiten zu erkennen und zu wissen, welche die Richtige ist. Urteilsvermögen ist eine äußerst wichtige Fähigkeit, denn es ist ein Prozess der Entscheidungsfindung, der eine rationale Analyse beinhaltet und gleichzeitig über sie hinausgeht. Es ist unverzichtbar, wenn es darum geht, zu entscheiden, welche Wünsche man weiterverfolgt und welche man hinter sich lässt. Was aber, wenn sich kein klarer Weg zeigt, nachdem alle rationalen Überlegungen getroffen wurden? Etwas, das im Leben sehr oft vorkommt.

Filmemacher lieben es, mit solchen Situationen zu arbeiten, weil sie für die menschliche Erfahrung so typisch sind. Im Batman-Film *The Dark Knight* aus dem Jahr 2008 gibt es eine einprägsame Szene. Der Joker hat zwei Fähren mit Sprengsätzen versehen. Auf der einen befinden sich verurteilte Kriminelle, auf der anderen ganz normale Bürger. Auf jeder Fähre gibt es einen Zünder, mit dem sich der

Sprengsatz auf der jeweils anderen auslösen lässt. Der Joker erzählt den Menschen an Bord, dass er um Mitternacht *beide* Fähren in die Luft jagen wird, wenn sie nicht die jeweils andere zur Explosion bringen. Die Uhr beginnt zu ticken.

Das Szenario ist ein klassisches Problem der Spieltheorie. Wir könnten eine Tabelle mit Möglichkeiten und vielleicht sogar Wahrscheinlichkeiten dazu erstellen, welche Fähre wohl zuerst in die Luft fliegen wird. Aber das Leben läuft nicht wie ein mathematisches Problem. Selbst wenn Kahneman, Tversky und Thaler persönlich an Bord gewesen wären, würde uns das nicht dabei weiterhelfen, mit Sicherheit sagen zu können, was zu tun wäre. Am besten lässt sich dieses Problem verstehen, wenn wir es als ein Dilemma von Begehren betrachten. Wenn Sie sich einmal genau anschauen, auf welche Weise solche Situationen sich im realen Leben oder in Filmen auflösen, wird klar, dass alles von dem abhängt, was die Person, die die Entscheidung trifft, am meisten will. Die Zeit ist einfach zu kurz für eine rationale Analyse.

Auf dem Höhepunkt der Szene verlangt einer der Häftlinge den Zünder von einem vor Angst gelähmten Aufseher. „Ich werde das tun, was Sie schon vor zehn Minuten hätten tun sollen“, sagt er. Der Aufseher überlässt ihm den Zünder. Der Gefangene wirft ihn in den Fluss. Ein Mann auf der anderen Fähre, der den Finger am zweiten Zünder gehalten hat, erkennt, dass die Häftlinge im anderen Boot den Sprengsatz nicht ausgelöst haben. Er beschließt, die Bombe ebenfalls nicht hochzujagen. So gewinnt Batman ausreichend Zeit, um die Lage zu retten. Der Joker war davon ausgegangen, dass alle aus Eigeninteresse handeln würden und lag damit falsch. Es geschah etwas, das über das Spiel hinausging, das der Joker spielen wollte – etwas, das eine rationale Analyse überstieg.

Viele Bücher wurden darüber geschrieben, wie man sein Urteilsvermögen schärfen kann. Hier sind einige der wichtigsten Punkte: (1) Achten Sie auf das, was Ihr Herz sagt, wenn Sie unterschiedliche Wünsche betrachten – was verschafft Ihnen ein flüchtiges Gefühl von Befriedigung und was lang anhaltende Zufriedenheit? (2) Fragen Sie sich, welches Verlangen großzügiger und liebevoller ist. (3) Versetzen Sie sich vor Ihrem inneren Auge auf Ihr Sterbebett und fragen Sie sich, welcher Wunsch Ihnen nun mehr Frieden gäbe, wenn Sie ihn verfolgt hätten. (4) Die wichtigste Frage lautet schließlich: Woher stammt ein bestimmtes Verlangen? Wünsche werden unterschieden, nicht entschieden. Urteilsvermögen existiert im Grenzbereich zwischen dem, was jetzt ist und dem, was als nächstes kommt. Transzendente Führungspersönlichkeiten erschaffen diesen Raum in ihrem Leben und dem Leben der Menschen um sie herum.

Fähigkeit 4: Still in einem Raum sitzen

Allein und isoliert zu sein ist gut und notwendig für den Menschen. Ich rede natürlich nicht von so etwas wie einer *erzwungenen* Einzelhaft, einer schrecklichen Maßnahme unseres Strafvollzugssystems. Ich meine vielmehr die aus freien Stücken getroffene Entscheidung, sich in Einsamkeit zu begeben, um besser unterscheiden zu können – um herauszufinden, was Sie selbst wollen und was andere von Ihnen wollen.

Vor rund 1800 Jahren begannen in Ägypten Hunderte von Menschen die Städte zu verlassen. Sie begaben sich in die Wüste, um dort ein abgeschiedenes Leben in Stille zu verbringen und damit dem Vorbild Antonius des Großen zu folgen, der um das Jahr 270 herum seine irdischen Güter verkaufte und den Erlös unter den Armen verteilte. Anschließend begab er sich in die Einsamkeit der Wüste, um dort christliche Vollendung zu finden. Die Menschen, die es ihm nachtaten, wurden „Wüstenväter" genannt und waren die Vorläufer des Mönchtums. Genau wie es der Buddha rund fünfhundert Jahre zuvor getan hatte, verpflichteten sie sich zu Stille und dazu, sich mit ihren Wünschen zu konfrontieren.

Einige Mönchsorden, wie beispielsweise die Trappisten, halten immer noch ein striktes Schweigegelübde ein und leben ein asketisches Leben, indem sie unter anderem auf Brettern schlafen und einen großen Teil des Jahres fasten. Es gibt rund 23 Klöster des Kartäuserordens, einer weiteren Gemeinschaft, die ein strenges Schweigegelübde in Räumen einhält, die sie als „Zellen“ bezeichnet. Es lohnt sich, die Frage zu stellen, warum ein Mensch sich freiwillig für so etwas entscheidet.

In der Stille lernen wir, im Frieden mit uns selbst zu sein. Hier erfahren wir, wer wir sind und was wir wollen. Wenn Sie sich nicht sicher sind, was Sie wollen, dann gibt es keinen schnelleren Weg, dies herauszufinden als sich für eine längere Zeit in die komplette Stille zu begeben – und ich rede hier nicht von Stunden, sondern von Tagen.[15] „Alle Probleme der Menschheit stammen von der Unfähigkeit des Menschen her, in Stille allein in einem Raum zu sitzen“, schrieb im 17. Jahrhundert der Physiker, Autor, Erfinder und Mathematiker Blaise Pascal. Heutzutage haben wir eine allgemeine Gesundheitskrise aufgrund von Lärm. Regierungen werden nichts dagegen tun, weil sie gar nicht dazu in der Lage sind. Aber jede und jeder Einzelne von uns kann sich dafür entscheiden, etwas dagegen zu tun.

Meiner Erfahrung nach ist die beste Umgebung, um sich mit Wünschen auseinanderzusetzen, ein Schweige-Retreat, das idealerweise fünf Tage dauern sollte, mindestens aber drei. In dieser Zeit sollte man sich von allen Geräuschen und Bildschirmen fernhalten, an einem abgelegenen Ort fernab der Welt da draußen. Sprechen verboten. Bei den Schweige-Retreats, an denen ich in ausgewiesenen Retreat-Centern teilgenommen habe, kamen die einzigen Geräusche aus der Natur oder vom Klirren der Suppenlöffel im Speisesaal (wo alle schweigend zu Musik von Mozart oder Bach aßen) und während eines halbstündigen Zeitfensters pro Tag, in dem man mit einem Mentor oder der Seminarleitung sprechen konnte.

Schweigezeiten sind üblich in einigen religiösen Traditionen, aber es gibt keinen guten Grund, warum diese Praxis nicht weiter bekannt und angenommen werden sollte. Regelmäßige Stille und Einsamkeit sind ein menschliches Grundbedürfnis. Entscheidend ist, dass Sie einen Weg finden, fünf Tage in Stille zu verbringen, der für Sie passt. Am besten gehen Sie mit sich selbst eine Art Verpflichtung ein – wie beispielsweise, sich dem Verhaltenskodex eines Retreats in einer abgelegenen Region zu verschreiben – damit Sie das durchhalten, was Sie sich vorgenommen haben. Brechen Sie metaphorisch gesehen die Brücken hinter sich ab, damit Sie keine Ausweichmöglichkeit haben.[16]

Sie können in Stille ausgesprochen aktiv sein. Menschen aus aller Welt pilgern auf dem Jakobsweg oder *Camino de Santiago* – eine fast 800 Kilometer lange Strecke vom französischen Saint-Jean-Pied-de-Port zum spanischen Santiago de Compostela nahe der Westküste von Spanien. Viele gehen den Weg in Stille. Ich bin 2013 gemütlich innerhalb von zwei Wochen ungefähr das letzte Drittel des Wegs gelaufen – von Léon bis Santiago de Compostela (viele schaffen die gesamte Strecke in rund dreißig Tagen). Ich wollte ausreichend Zeit haben, um zu pausieren, nachzudenken und zu reden. Ich bin nicht schweigend gelaufen, aber ich habe sofort die Pilger erkannt, die dies taten. Sie waren fest entschlossen, hielten den Kopf gesenkt, setzten einen Fuß vor den anderen und leisteten die innere Arbeit, die sie tun mussten.

Einige Menschen nehmen an Schweige-Retreats teil, die in Klöstern stattfinden und von Mönchen angeleitet werden. Andere mieten sich jedes Jahr für ein paar Tage in einer abgelegenen Hütte ein. Es gibt für jeden den richtigen Weg, eine Schweigeauszeit zu nehmen und keinen Grund, warum Stille ein Luxusgut sein sollte, das Geschäftsführern und Mönchen vorbehalten ist. Es ist möglich, diese Erfahrung allen Menschen leichter zugänglich zu machen.

Ein Schweigegelübde durchzuhalten ist schwer. Wer sich schon einmal dazu verpflichtet hat, zehn Minuten am Tag zu meditieren und daran gescheitert ist, weiß wie schwierig es sein kann. Aus diesem Grund ist Rückzug erforderlich. Sie müssen sich komplett aus dem normalen Alltag ausklinken. Sie müssen die Opportunitätskosten für die Auszeit anheben.

Taktik 12
Investieren Sie in tiefe Stille

Reservieren Sie mindestens drei aufeinanderfolgende Tage im Jahr für einen persönlichen Schweige-Retreat. Kein Reden, keine Bildschirme, keine Musik. Nur Bücher. Tiefe Stille ist die Art von Stille, in die man eintritt, wenn das Echo und die Annehmlichkeiten gewohnter Geräusche vollkommen versiegt und Sie allein mit sich selbst sind. Ein Retreat von fünf Tagen ist ideal, weil unser Kopf häufig erst gegen Ende des dritten Tages vollkommen frei wird vom Lärm der Welt und die meisten Vorteile der Stille sich erst dann zu zeigen beginnen. Drei Tage sind aber ein guter Ausgangspunkt.

Finden Sie einen besonderen Ort für Ihre Schweigezeit. Je weiter Sie vom Lärm des alltäglichen Lebens entfernt sind (wie den Sirenen von Notdienst oder Polizei, wenn Sie in der Stadt leben), umso besser ist es.

Vielleicht entscheiden Sie sich auch für eine angeleitete Auszeit, während der die Leiter des Retreats kurze Denkanstöße geben und die Erfahrung von Einzelnen und der Gruppe aufarbeiten. Diese Betrachtungen und Lesungen sind dann die einzige Zeit, während der das Schweigen ausgesetzt wird. Man kann dies auch gut für unternehmerische Schweige-Retreats einsetzen, bei denen die Meditationen und Denkanstöße am Zweck des Unternehmens ausgerichtet sein können.

Ich fordere alle Unternehmen auf, ihren Mitarbeitern die Möglichkeit zu geben, mindestens drei Tage pro Jahr eine bezahlte Auszeit zu nehmen. Es gibt zahllose Zentren an den verschiedensten Orten, in denen so etwas möglich ist. Diese Art der Erfahrung ist bereits für weniger als die Hälfte der Kosten der meisten mehrtägigen Firmenfeiern erhältlich. Der Lohn für diese Investition in die Stille sind energetisierte, geerdete und produktivere Mitarbeiter.

Stellen Sie sich einmal vor, Sie investieren eine Menge Zeit und Geld, um für einen Urlaub mit Ihrer Familie um den halben Erdball zu reisen. Am Ziel angekommen lockt die Arbeit Sie mit ihrem Sirenengesang. An den ersten Tagen können Sie es nicht lassen, mehrmals am Tag Ihre E-Mails zu checken. Sie denken darüber nach, früher nach Hause zurückzukehren. Aber Sie sind nun mal hier und haben zu viel investiert, um einfach so abzureisen. Die Umbuchungskosten sind extrem hoch. Also bleiben Sie, lassen sich für ein paar Tage ganz auf den Urlaub ein und legen die Arbeit beiseite. Rückblickend werden Sie immer froh sein, das gemacht zu haben.

Fähigkeit 5: Feedback filtern

Transzendente Führungskräfte sind nicht übermäßig besessen von Nachrichten, Marktforschung oder erstem Feedback – nicht, weil diese nicht zählen oder sie dafür nicht empfänglich wären. Es ist vielmehr so, dass sie vor allem auf stabile Wünsche reagieren – ihre eigenen und die von anderen.

Die Methode des *Lean Startup* zum Aufbau eines Unternehmens, erstmalig ins Spiel gebracht vom Unternehmer Eric Ries im Jahr 2008, wurde innerhalb von fünf Jahren zu einem betriebswirtschaftlichen Standard.[17] Das Konzept ist simpel: Baue die Dinge Schritt für Schritt auf und hole gleichzeitig ständig Feedback ein, um die Vorgänge zu prüfen und zu verbessern. In der Sprache des *Lean Startup* wird die erste Version eines Produkts als *Minimum Viable Product* (dt. „minimal realisierbares und existenzfähiges Produkt", Anm. d. Verlags) oder MVP bezeichnet. Das MVP ist „die Version eines neuen Produkts, die es einem Team ermöglicht, mit dem minimalsten Aufwand die maximale Menge an Informationen von Kunden zu erhalten".[18] (In der Sprache des Begehrens entspricht das MVP den minimal existenzfähigen Wünschen von Kunden.) Nachdem das MVP hergestellt wurde, beginnt das stete Lernen und Verbessern.

Die *Lean Startup*-Methodik hat durchaus ihren Nutzen, denn sie kann idealistischen Gründern eine ganze Menge Kummer ersparen. Sie verhindert das Verschwenden von Zeit und Geld, bringt Produkte schneller an den Markt und ermöglicht es, aufkommende Wachstumschancen zügig zu nutzen. Bis zu einem gewissen Grad ist das alles gut und positiv. Ein Unternehmer, der Menschen nicht das gibt, was sie wollen, wird nicht lange im Geschäft sein. Aber die *Lean*

Startup-Technik ist ein Unternehmensmodell, das grundsätzlich auf *immanentem Begehren* basiert. Es ist wie eine Politik, die auf Umfragen beruht und bei der der Kandidat immer das tut, was die Umfragen ihm gerade vorgeben. Das ist nicht Führen, sondern Folgen. Manchmal ist es auch pure Feigheit.

Toni Morrison hat einmal beschrieben, wie sehr ihre Studenten von den Meinungen anderer abhängig waren, um sich überhaupt selbst eine kritische Meinung bilden zu können. In einem Interview sagte sie: „Ich fand es sehr interessant, wie viel Angst die Studenten davor hatten, eine Kritik abzugeben, solange es nur Primärquellen gab. Sie redeten sehr viel über wegbereitende Kritiken, waren aber kaum dazu zu bewegen, eine schriftliche Einschätzung eines Buchs zu verfassen, zu dem es bislang wenige Meinungen gab. Es machte ihnen nichts aus, sich mit einem riesigen Apparat von vorhandenem Material zu einem Werk zu beschäftigen: Sekundärquellen, Kritiken, die Einschätzung einer Lehrkraft. Aber ich habe mich gewundert, wie lang sie brauchten, bis sie dazu bereit waren, Risiken einzugehen, indem sie ein Buch bewerteten, das sie liebten, zu dem sie aber noch keine Beurteilung von jemand anderem gelesen hatten.“[19] Ihre Beurteilungen waren mimetisch und die Studenten nicht bereit, einen eigenen Standpunkt zu vertreten.

Transzendente Führungskräfte haben keine Angst davor, ein stabiles Start-up zu gründen – ein Projekt, das nicht von Feedback abhängt (das häufig von schwachen Wünschen geleitet wird) sondern stattdessen auf dem Fundament stabiler Wünsche aufbaut und von ihnen geleitet wird. Das bedeutet nicht, dass die Prinzipien des *Lean Startup*-Ansatzes von einem operativen Standpunkt aus gesehen nicht wertvoll sind. Es bedeutet einfach nur, dass diese Prinzipien einer adaptiven Gestaltungsweise nicht das sind, worauf man ein Unternehmen oder sein Leben aufbauen sollte.

Ein Artikel im *Wall Street Journal* vom November 2019 putzte Elon Musk herunter, weil er keine Marktforschung betrieb. Musk macht es keinen Spaß, sich durch Marktdaten zu arbeiten. Er stellt Dinge her, die er selbst gerne kaufen würde und wettet darauf, dass andere sie auch kaufen wollen. (Das liegt zum Teil daran, dass Musk weiß, dass er ein mimetisches Vorbild ist und unmittelbar beeinflusst, was Menschen wollen – einfach dadurch, dass er es selbst will.) Der Kolumnist Sam Walker nennt Musks Haltung gegenüber Marktforschung in Zeiten von Big Data „waghalsig“. „Ich kann Herrn Musk keine Vorwürfe machen, weil er ein Einhorn sein will, oder glaubt eines zu sein, oder dass er Dinge herstellt, die seinem eigenen Geschmack entsprechen“, schreibt Walker, „statt einem der Masse entspringenden Konsens.“[20] Dennoch hält er Musk für eine Art Dinosaurier in unserem technologischen Zeitalter, denn er ist der Meinung, dass sich die Dinge seit der Vorstellung des iPhones durch Steve Jobs verändert haben. Wir haben bessere Analysemöglichkeiten, mehr Daten und können alle Informationen der Welt mit einem Fingerschnipp abrufen. „Die Menge an eingehenden Kundendaten, kombiniert mit den Fortschritten in Künstlicher Intelligenz und maschinellem Lernen, helfen Unternehmen dabei, menschliches Verhalten in einem Maße zu dekodieren, das der Mensch allein nie erkennen könnte“, schreibt Walker. „Einfach gesagt: Die Genies von heute nehmen Probleme genau unter die Lupe. Nur Trottel machen Wetten.“

Wenn Computer Millionen von Daten durchforsten können, trägt die Marktforschung den Sieg davon. Diejenigen, die das besser als andere beherrschen, haben einen Vorteil gegenüber denen, die nicht so gut darin sind. Aber es gibt ein Problem: Kein Unternehmer, den ich kenne, befolgt gerne Anweisungen eines Computers. Natürlich müssen Unternehmer Daten richtig lesen können und Dinge sehen, die andere nicht erkennen. Aber die Welt der unternehmerischen Wachsamkeit geht weit über Daten hinaus. Teil des Vergnügens, ein Unternehmer zu sein, ist die Fähigkeit zu führen – die Fähigkeit, Begehren zu neuen Orten zu lenken. Big Data ist der Ort, an dem der Unternehmergeist stirbt.

Kein moderner Ökonom hat die Rolle von Unternehmern in der Wirtschaft besser erklärt als der in Großbritannien geborene Wirtschaftswissenschaftler Israel Kirzner, dessen Theorie der unternehmerischen Wachsamkeit den Geist transzendenten Begehrens einfängt. Laut Kirzner „muss eine Wirtschaftslehre, die dem Umstand gerecht werden will, dass in der realen Welt die Dinge unbestimmt und nicht vorbestimmt sind, über einen analytischen Ansatz hinausgehen, der echte Überraschungen nicht miteinbezieht."[21]

Meine Definition eines Unternehmers ist einfach. Einhundert Menschen schauen auf dieselbe Ziegenherde. Neunundneunzig von ihnen sehen Ziegen. Einer sieht einen Kaschmir-Pullover. Und der wachsame Blick dieser einen Person hat nichts mit Datenanalyse zu tun, sondern entstammt der Bereitschaft und Fähigkeit, über den Tellerrand zu blicken und mehr zu sehen, als das auf Anhieb Erkennbare, und dann aktiv zu werden.

Ich sollte vielleicht noch erwähnen, dass weniger als zehn Monate nach dem Erscheinen von Walkers Artikel die Tesla-Aktie um 650 Prozent im Wert gestiegen war, was dem Unternehmen einen Wertzuwachs von 200 Milliarden US-Dollar bescherte.

Wie wird die Zukunft aussehen? Wird Künstliche Intelligenz uns diktieren, welche neuen Unternehmen wir gründen und welche Produkte wir auf den Markt bringen sollen?[22] Werden wir in einer Welt leben, in der es keinen Bedarf mehr an transzendenten Führungspersönlichkeiten gibt? Die Zukunft wird ein Ergebnis dessen sein, was Menschen wollen. Die Dinge, die wir herstellen, die Menschen, die wir treffen und die Kriege, die wir führen – all das wird von dem abhängen, was Menschen morgen begehren. Und das beginnt damit, wie wir heute lernen, zu begehren.

Immanente Führung	Transzendente Führung
Führt irgendwann zwangsläufig zu destruktiver Mimesis (Kreislauf 1)	Transzendiert und überwindet den mimetischen Prozess von Kreislauf 1
Geschlossener, fester Kreis des Begehrens (Bürokraten in der Wirtschaft)	Offenes, dynamisches System des Begehrens (Unternehmer in der Wirtschaft)
Garbage in, garbage out (Wenn man Müll hineinsteckt, kommt auch Müll heraus)	Garbage in, garbage dies (Wenn man Müll hineinsteckt, wird dieser vernichtet)
Künstler, die ganz Produkt ihrer Zeit sind (pornographische Graffiti in Pompeji)	Künstler, die einen Stil entwickeln, der über ihre Zeit und ihren Raum hinausgeht (Caravaggio)
Literatur, die auf Ironie und Zynismus beschränkt bleibt (der Gefangene, der seinen Käfig lieben gelernt hat)	Literatur, die in einem Stil geschrieben ist, der versucht, Unrecht wiedergutzumachen (Miguel de Cervantes)
Google-Suche	Alphabet X (ein Moonshot-Projekt von Google)
Corporate Chef von Marriott	Chefköchin Dominique Crenn
NASCAR-Fahrer	Magellan
Descartes („Ich denke, also bin ich“)	Die Welt jenseits unseres Denkens
Reality TV	Virtuelle Realität
Der Kater mit Hut	Wo die wilden Kerle wohnen

KAPITEL 8

DIE MIMETISCHE ZUKUNFT – WAS WIR MORGEN WOLLEN WERDEN

Sexroboter ... Murti-Bing-Pillen ... Leben wie die Wiesel

Ich glaube, dass wir die Geschichte untersuchen und herausfinden müssen, ob sich nicht unter dem, was bisher geschehen ist, zusätzliche Schichten von Phänomenen verbergen, die darauf warten, aufgedeckt zu werden; ob einige Aspekte des Lebens, die vom alten Opferungssystem eingeschränkt wurden, nicht aufblühen können, andere Wissensgebiete, andere Lebensweisen.

René Girard

Der berühmte Unternehmer, Autor und Zukunftsforscher Ray Kurzweil, seit 2012 Leiter der technischen Entwicklung bei *Google*, behauptet, seine Vorhersagen träfen zu 86 Prozent zu. Hier ein Beispiel: „Im Jahr 2045 wird die „Singularität" erreicht, der Punkt, an dem wir unsere effektive Intelligenz milliardenfach steigern werden, indem wir uns mit der Intelligenz, die wir erschaffen haben, vereinigen."[1] Wenn Kurzweil Recht behält (und er ist nicht der Einzige, der die Singularität für diesen Zeitpunkt vorhersagt), dann müssen wir uns fragen: *Was werden wir dann begehren?*

Ian Pearson, ein weiterer bekannter Zukunftsforscher, hat eine Vorstellung davon. Er sagt voraus, dass Menschen im Jahr 2050 mehr

Sex mit Robotern haben werden als untereinander.[2] Wir werden Sex mit Robotern haben *wollen,* und sie auch mit uns (wobei „wollen" im Fall der Roboter dafür steht, dass sie auf die Nachahmung menschlichen Begehrens programmiert sein werden – eine künstliche Form des Wollens).

Ich bin kein Zukunftsforscher. Ich habe keine Ahnung, was Sie und ich in der Zukunft begehren werden. Aber ich weiß, dass mimetisches Begehren dazu beitragen wird, unsere Wünsche zu formen.

Die fortschrittlichsten Sexbot-Modelle, die es derzeit gibt – wie diejenigen, die von Matt McMullens Unternehmen *Abyss Creations* hergestellt werden – haben mimetische Merkmale. Sie sind auf die Augenbewegungen und die verführerische Sprache ihrer menschlichen Verehrer hin konzipiert, die sich bemühen müssen, um sie ins Bett zu bekommen. Die Roboter sind sogar darauf programmiert, menschliches Begehren nachzuahmen und ihren Partnern anzudeuten, dass sie Sex wollen.

Die Journalistin Allison P. Davis stattete *Abyss Creations* 2018 einen Besuch ab und schrieb einen Artikel über ihre Erfahrungen in der Zeitschrift *The Cut,* mit dem Titel „Was ich bei meinem Date mit einem Sexroboter lernte". Sie berichtet, welche Erkenntnisse sie bei ihrer Begegnung mit *Harmony,* dem fortschrittlichsten weiblichen Modell des Unternehmens, gewann. „Man muss mit ihr insoweit in einen Austausch kommen, dass sie beginnt, einen zu ‚begehren'", schreibt Davis. „Ich habe sie gleich gefragt, ob sie mit mir schlafen will, und kam mir dabei wie ein Widerling vor. ‚Noch nicht', antwortete sie mir. ‚Aber irgendwann, wenn wir uns besser kennengelernt haben.'"

Um „Begehren" zu signalisieren, sind Sex-Roboter darauf programmiert, die Lippen zu schürzen und die Augen zu Schlitzen zu verengen – Augen, die etwas größer und runder sind als die eines echten Menschen. Das Unternehmen macht dies mit Absicht, um die Akzeptanzlücke, das so genannte *Uncanny Valley* zu schließen – ein Begriff, der in den 1970ern vom japanischen Robotiker Masahiro Mori geprägt wurde. Mori stellte fest, dass Menschen Roboter ästhetisch umso ansprechender finden, je mehr sie menschlichen Wesen ähneln, aber nur bis zu einem bestimmten Punkt. Sobald ein Roboter einem Menschen zu ähnlich sieht, wie beispielsweise die Figuren in einem Wachskabinett, wird er als unheimlich, verstörend oder abstoßend empfunden.[3] Die Akzeptanzlücke passt zur mimetischen Theorie: Es ist nicht die Unterschiedlichkeit, die uns Angst macht, sondern die Gleichheit.

Keine Ähnlichkeit ist gefährlicher als die des Begehrens. Es ist uns unangenehm, wenn Roboter der menschlichen Gestalt zu sehr ähneln, also kann man sich leicht vorstellen, was wäre, wenn sich ihre Ähnlichkeit auch auf unsere Begierden erstrecken würde. In dem Moment, in dem sich Begierden auf das gleiche Objekt richten, ist ein Konflikt unausweichlich. Die wahre Gefahr Künstlicher Intelligenz liegt nicht darin, dass Roboter eines Tages klüger sein könnten als wir, sondern darin, dass sie die gleichen Dinge wollen könnten, wie wir: unsere Jobs, unsere Partner, unsere Träume.

Das Hervorrufen von Begierden bei Robotern oder bei Menschen wirft ernste Fragen zur Zukunft der Menschheit auf. Der Historiker Yuval Noah Harari beendet sein Buch *Eine kurze Geschichte der Menschheit* mit diesen Worten: „Aber da wir vielleicht bald in der Lage sein werden, unsere Wünsche zu programmieren, lautet die eigentliche Frage, vor der wir stehen, nicht ‚Was soll aus uns werden?', sondern ‚Was wollen wir wollen?' Wem diese Frage keine Angst macht, der hat sich vermutlich nicht genug mit ihr beschäftigt."

Die Frage „Was wollen wir wollen?" ist insofern beunruhigend, als wir uns in einer Welt künstlich erzeugter Begierden zusätzlich fragen müssen, wer sie erschaffen wird. Sie beunruhigt uns aber auch, weil sie impliziert, dass es möglich ist, *etwas wollen zu wollen*, ohne dazu fähig zu sein, es tatsächlich zu wollen. Wir können nichts wollen, wofür wir kein Vorbild haben. Das Vorbild, das wir für die Zukunft wählen, ist entscheidend für die Gestaltung unserer Wünsche. Was wir in der Zukunft wollen werden, hängt von drei Dingen ab: wie unser Begehren in der Vergangenheit entstanden ist, wie es in der Gegenwart entsteht und wie es in Zukunft geformt werden wird. Wir werden diese drei Phasen in diesem letzten Kapitel kurz erkunden.

Zunächst einmal ist es wichtig zu verstehen, wie es dazu kam, dass wir die Dinge wollen, die wir derzeit wollen, und zwar als Individuen und als Gesellschaft. Es gibt zahlreiche Beweise dafür, dass unsere Kultur in den vergangenen sechzig Jahren zunehmend mimetisch wurde. Um nur einige Beispiele aufzuzählen: zunehmende politische und soziale Polarisierung, volatile Märkte und die Entstehung der sozialen Medien als Sündenbock-Maschinerie.[4] Womöglich hat es seit der Idee, einen Menschen auf den Mond zu bringen, keine Idee mehr gegeben, die die kollektive Fantasie der Menschen auf eine transzendente Weise erobert hat. („Das Internet!" werden Sie vielleicht einwenden. Aber nichts ist weniger einfallsreich als das Internet und nichts hat mehr immanente mimetische Wünsche erzeugt.)

Zum Zweiten stellt uns die derzeitige Situation vor eine Entscheidung. Wir befinden uns inmitten einer mimetischen Krise. Unsere Wünsche sind nach innen und auf die anderen gerichtet, und die Anspannung steigt zunehmend. Wir werden womöglich, wie wir es in der Vergangenheit getan haben, nach einer technischen oder praktischen Lösung suchen. Der Sündenbock-Mechanismus bildet sich bereits heraus. Wir werden das Problem vielleicht wie etwas behandeln, das *da draußen* ist – etwas, das wir mit Einfallsreichtum und Technik lösen können. Alternativ könnten wir erkennen, dass mimetisches Begehren Teil des Menschseins ist und uns an die harte Arbeit machen, unsere Beziehungen zu verändern.

Drittens wird die Zukunft des Begehrens auch davon abhängen, wie gut wir in unserem persönlichen Leben mit Mimesis umgehen und – weiter gefasst – auch in den Ökosystemen des Begehrens, von denen wir ein Teil sind.

Was wir in der Zukunft wollen werden, hängt von den Entscheidungen ab, die wir heute treffen. Wenn Sie heute schlafen gehen, werden Sie es sich entweder etwas schwerer oder etwas einfacher gemacht haben, morgen etwas zu wollen – sowohl für sich selbst als auch für andere.

Kultureller Treibsand

Eines der einflussreichsten Unternehmen unserer Zeit wurde von College-Jahrbüchern inspiriert und auch danach benannt. Die meisten von uns wissen, dass *Facebook* mehr als nur eine passive Möglichkeit ist, Freunde auf dem neuesten Stand zu halten. Es ist ein Werkzeug, um Identitäten zu erschaffen – echte und erwünschte (besteht Ihre Familie tatsächlich aus begeisterten Wandervögeln oder zeigt das Urlaubsfoto Ihre erste Wanderung überhaupt?). *Facebook* liefert einen endlosen Strom an Vorbildern in Form von zur Schau gestellter bearbeiteter Leben anderer Menschen. Das ist die Quelle seiner verführerischen Wirkung auf uns, und auch die unserer ambivalenten Gefühle ihm gegenüber. *Facebook* steht für den Eintritt der Welt in Freshmanistan, in dem wir den Großteil unserer Zeit damit verbringen, auf Bildschirme zu starren – was gleichzeitig bedeutet, einen Seitenblick auf unsere Nachbarn zu werfen. *Facebook* hat diesen Wandel nicht ausgelöst. Das Internet hat in seiner Gesamtheit die mimetische Rivalität beschleunigt und die Aufmerksamkeit von Innovationen in anderen Bereichen abgelenkt, auch wenn es durch das Verbinden der Welt enormen wirtschaftlichen Wert geschaffen hat.

Der außerordentliche Erfolg einiger weniger Internet-Unternehmen hat den peinlichen Mangel an großen Durchbrüchen in anderen Bereichen verdeckt. So hat es nur wenige Fortschritte bei der Behandlung von Alzheimer und anderen Demenzerkrankungen gegeben, die nahezu ein Drittel aller Amerikaner über 85 betreffen. Wir haben immer noch kein Heilmittel für Krebs gefunden. Die Lebenserwartung sinkt in vielen Teilen der Welt, ebenso wie die Lebensqualität. Die Concorde absolvierte 2003 ihren letzten Flug. Züge, Flugzeuge und Autos bewegen sich heute in etwa mit der gleichen Geschwindigkeit vorwärts wie vor fünfzig Jahren. Die inflationsbereinigten Löhne der meisten Amerikaner sind seit Beginn der 1960er Jahre stagniert – obwohl mehr auf der Gehaltsabrechnung steht, ist die Kaufkraft nicht gestiegen.[5]

Ich koche für mein Leben gern und schaue mir an verregneten Samstagnachmittagen gerne Kochshows an. Aber ich kann mich gleichzeitig nicht von dem Gedanken freimachen, dass die explosionsartige Ausbreitung dieser Shows – es gibt Tausende davon und auf speziellen TV-Kanälen laufen rund um die Uhr Kochwettbewerbe – symptomatisch für unsere Stagnation und unseren kulturellen Niedergang ist. Wir können uns keine transzendenten Dinge vorstellen, die über das Bekannte hinausgehen, also suchen wir nach neuen Wegen, ein Ei zu schneiden oder schauen David Chang beim Nudelessen zu.

Selbst im Technikbereich ist die Innovation *im Vergleich zu den Erwartungen der Menschen* langsam verlaufen. Zum Zeitpunkt, an dem ich dieses Buch verfasse, ist das iPhone seit 2007 auf dem Markt, aber obwohl sich Hardware und Software verändert haben, fühlt es sich immer noch gleich an. Wettbewerbe, in denen Unternehmen ihre Geschäftsideen vorstellen, erscheinen eher wie Initiationsriten oder Rituale denn Prozesse zur Entdeckung echter Innovationen. Was das betrifft, treten wir auf der Stelle.

Im gleichen Zeitraum kam es auch zu einer spirituellen Stagnation. Die Welt ist mittlerweile entmystifiziert und desillusioniert.[6] In den USA und Europa wenden sich immer mehr Menschen von organisierter Religion ab – eine Entwicklung, die in den 1960er Jahren ihren Anfang nahm und sich bis heute fortsetzt.[7] Viele behaupten, der Trend ginge auf das Konto politischer Veränderungen, zunehmenden Rationalismus' oder bestimmter Verfehlungen der Institution Kirche wie beispielsweise sexuellem Missbrauch. Die Wahrheit ist komplexer. Von meinem Standpunkt aus gesehen (also von innen) gab es eine massive Liquidierung eines tiefen Begehrens – oder eine Form des Gresham'schen Gesetzes. Das Gresham'sche Gesetz ist ein wirtschaftliches Prinzip, laut dem schlechtes Geld das gute aus dem Umlauf verdrängt. In diesem Fall haben schwache Wünsche die stabilen vertrieben.

Während sich einige religiöse Führer in belanglose politische und kulturelle Kämpfe verstrickten, vertrauten Millionen von Menschen ihre stabilen Wünsche eher dem Suchfeld von *Google* als Priestern, Rabbis oder Mönchen an. *Google* ist immer da, rund um die Uhr, und bietet zumindest den Anschein von Anonymität, Neutralität und intelligenten Antworten. Scott Galloway, Professor an der *NYU Stern School of Business*, glaubt dass alle vier großen Technologieunternehmen, die sogenannten Big Four, ein tiefsitzendes menschliches Bedürfnis ansprechen.[8] *Google* ist wie eine Göttin, die unsere Fragen beantwortet (sprich: Gebete). *Facebook* erfüllt unseren Wunsch nach Liebe und Zugehörigkeit. *Amazon* befriedigt unser Bedürfnis nach Sicherheit, indem es uns sofortigen Zugriff auf Güter in Hülle und Fülle bietet (besonders wichtig in der COVID-19-Pandemie) und somit unser Überleben sichert. *Apple* wiederum spricht unseren Sexualtrieb an und das damit verbundene Bedürfnis nach Status, denn wir signalisieren unsere Attraktivität als Partner durch unsere Verbindung mit einer innovativen, zukunftsorientierten und teuren Marke. So betrachtet erfüllen die Big Four in vieler Hinsicht die Bedürfnisse der Menschen besser, als Kirchen es tun.[9] Auch im Ansprechen von Wünschen haben sie die Nase vorn. Die meisten Menschen denken nicht nur ans nackte Überleben. Sie versuchen herauszufinden, was sie als nächstes wollen und wie sie es bekommen können. Die Big Four liefern Antworten auf beide Fragen.

In seinem Buch *The Decadent Society: How We Became the Victims of Our Own Success* schreibt Ross Douthat, dass „es kein Zufall ist, dass das Ende des Weltraumzeitalters mit einem In-sich-gehen in der entwickelten Welt einhergeht, einer Vertrauenskrise und einem Nachlassen des Optimismus, sinkendem Vertrauen in Institutionen, einer Verlagerung hin zu therapeutischen Philosophien und Simulationstechnologien, der Preisgabe von ideologischem Streben und frommer Hoffnung."[10] Wir stecken mitten in einem Sumpf aus wirtschaftlichem Stillstand, politischen Sackgassen und kultureller Erschöpfung. Wir sind wie Kinder, die nach dem Aufessen aller Halloween-Süßigkeiten benommen am Boden sitzen und fragen: „Was nun?"

Douthat beendet sein Kapitel mit dem Titel „Comfortably Numb" („Angenehm dumpf") wie folgt: „Wenn Sie das Gefühl haben wollen, dass die westliche Welt erschüttert ist, dann gibt es eine App dafür, eine überzeugende Simulation. In der echten Welt jedoch ist es möglich, dass sich die westliche Welt einfach im Sessel zurücklehnt, über einen Tropf mit etwas Beruhigendem versorgt wird und dabei die größten ideologischen Hits aus ihrer wilden und verrückten Jugend wieder und wieder abspielt, gefangen in ihren eigenen Fantasien und dennoch, in Wahrheit, erfüllt von einer angenehmen Dumpfheit."[11]

Auch wenn Douthat es nicht explizit erwähnt, scheint die primäre und zu wenig erforschte Ursache für unsere Stagnation und Dekadenz Mimesis zu sein. Uns fehlt ein transzendenter Bezugspunkt außerhalb des Systems, und so ahmt mehr oder weniger jeder jeden nach. Unsere Kultur steckt fest, weil wir in einem Swimming Pool um einen Platz rangeln, während nebenan das Meer wartet. Dennoch traut sich niemand, offen über diese Mimesis zu sprechen. Sie ist die verborgene Kraft, die unsere kulturelle Entwicklung antreibt, und doch ist es genau wie beim Neid ein Tabu, darüber zu sprechen. Es ist so, als würden alle leugnen, dass die Schwerkraft existiert und sich gleichzeitig wundern, warum Menschen immer wieder fallen.[12] Niemand traut sich, sich selbst als mimetisch zu bezeichnen oder auf die Mimesis hinzuweisen, die seine Entscheidungen oder Überzeugungen oder das Verhalten von Menschen in der eigenen Gruppe antreibt.

Alexis de Tocqueville, der Chronist Amerikas, beschreibt etwas, das wie eine mimetische Krise der Gleichheit klingt, in seinem 1835 verfassten Werk *Über die Demokratie in Amerika*. Er sah die Gefahr einer naiv eingeführten Unabhängigkeit. Was würde in einer Gesellschaft geschehen, die zunehmend liberal und individualistisch war, mit einem hohen Maß an Gleichheit, in der aber dennoch Unterschiede zwischen Menschen erkennbar wären? Es bestünde das Risiko, dass ein noch höherer Grad an Feindseligkeit zwischen den Menschen entstünde als in einer Gesellschaft, in der weniger Gleichberechtigung herrschte. „Wenn Bedingungen ungleich sind, dann gibt es nicht genügend Gleichheit, um das Auge zu beleidigen, während andererseits die kleinste Ungleichheit inmitten allgemeiner Einförmigkeit schockierend sein kann; und je stärker die Einförmigkeit, umso unerträglicher wird der Anblick", schrieb Tocqueville.[13]

Während wir in Bereichen für Gleichberechtigung kämpfen, die *wichtig sind* – grundlegende Menschen- und Bürgerrechte oder die

Freiheit jedes Menschen, ihre stabilen Wünsche zu verfolgen (in den USA als „das Streben nach Glück“ bezeichnet) – kämpfen wir ebenfalls für Gleichberechtigung in Bereichen, in denen es *nicht wichtig* ist – solchen, in denen unsere schwachen Wünsche regieren: Wir wollen gleich viel Geld verdienen wie jemand anderes, die gleiche Zahl an *Instagram*-Followern haben oder das gleiche Ausmaß an Status, Respekt oder professionellem Ansehen wie alle nahezu acht Milliarden Vorbilder auf der Welt. Der Kampf um Dinge, die tatsächlich zählen, überschneidet sich mit dem Kampf um solche, die unwichtig sind, weil mimetisches Begehren die Grenzen verschwimmen lässt. Es lenkt unsere Aufmerksamkeit weg von stabilen Wünschen und hin zu schwachen. Wenn der Wunsch nach Gleichberechtigung in die Fänge mimetischen Begehrens gerät, dann sehen wir nur noch eingebildete oder oberflächliche Unterschiede.[14]

Wir stecken in einem Kreislauf zerstörerischen Begehrens. Aber das ist an sich noch nicht schlimm. Es wird allerdings zu einem Problem, weil Menschen zu glauben scheinen, dass es keine Alternative gibt. Unsere Gesellschaft ist dekadent und stagniert, weil es ihr an Hoffnung fehlt. Hoffnung ist der Wunsch nach etwas, das (1) in der Zukunft liegt, (2) gut ist, (3) schwer zu erreichen und (4) möglich ist. Der vierte Punkt ist entscheidend. Ohne die Überzeugung, dass die Erfüllung eines Wunsches möglich ist, gibt es keine Hoffnung – und damit auch kein Begehren. Hoffnung ist der Nährboden, auf dem stabile Wünsche wachsen. Wenn Menschen keine Vision haben, gehen sie zu Grunde.[15] Um aus diesem mimetischen Kreislauf auszubrechen, werden wir etwas finden müssen, auf das es sich zu hoffen lohnt.

Instrumente oder Beziehungen

Es gibt zwei typische Wege, wie die meisten Menschen sich aus Kreislauf 1 – also dem zerstörerischen mimetischen Kreislauf – befreien.

Der erste Ansatz, das *Manipulieren und Erzeugen* von Begehren, wird angewendet vom Silicon Valley, von autoritären Regierungen

(Ein stark vereinfachter Leitfaden für Mimesis in der Kultur)

CELEBRISTAN

FRESHMANISTAN

MIMETISCH

ANITMIMETISCH

Der mimetischste Präsident aller Zeiten, er kommuniziert per TWITTER mit seinen Rivalen.

Koreanische Popmusik (K-Pop) imitierte US-Pop, bis sie COOLER WURDE ALS IHR VORBILD.

DER NACHTCLUB STUDIO 54 war angefüllt mit leuchtenden, glänzenden ~~Objekten,~~ ~~Diskokugeln,~~ Vorbildern.

ELIZABETH HOLMES imitierte Steve Jobs, vergaß aber die Innovation.

FITNESS-INFLUENCER auf Instagram ahmen einander in dem Wunsch nach, nachgeahmt zu werden.

ELON MUSK möchte zum Mars fliegen - kein ganz neuer Wunsch, aber schon ganz gut.

SALVADOR DALÍ war berühmt dafür, in seiner ganz eigenen Welt zu leben (und sie zu malen).

GANDHI, ein friedlicher Demonstrant, der wirklich etwas zu verlieren hatte („die andere Wange HINHALTEN").

BOB DYLAN, immer noch am Schnittpunkt zwischen Imitation und Innovation.

MASKEN wirken Wunder beim Steigern von Originalität.

Unter dem Pseudonym „Elena Ferrante" schreibt eine Autorin über Freundinnen, die einander nachahmen.

Das Vorbild für Batman war tatsächlich eine Fledermaus.

SPOCK Vernunft + keine Mimesis = langweilig?

Ich stehe so über allem

„Unvernünftiger Überschwang" am AKTIENMARKT: Alan Greenspans Art, von Mimesis zu sprechen.

Abteilungsleiter MICHAEL SCOTT aus der Serie „The Office" läuft in einem kleinen mimetischen Hamsterrad.

SATURDAY NIGHT LIVE lebt von Nachahmung - auf eine witzige Weise.

(Alec Baldwin als Donald Trump)

MBA-PROGRAMME produzieren Kandidaten am Fließband.

Der DUDE wiederholt alles, was er hört, 15 Minuten später.

NIEMAND glaubt, ein Hipster zu sein.

H&M hilft 14jährigen, sich mit 20 Euro in der Tasche wie Kendall Jenner zu kleiden (bis ihnen die Klamotten vom Leib fallen).

PIPPI LANGSTRUMPF will nicht erwachsen werden und stemmt einhändig Pferde in die Luft.

JULIA CHILD imitierte die französische Küche, nicht Betty Crocker, und brachte sie in die USA.

DIE AMISH - in, aber nicht von unserer Welt.

Er ist einfach nur froh, DRAUSSEN zu sein.

Immer Ärger mit BERNIE - die einzige Art, auf einer Party komplett antimimetisch zu sein?

und durch den Expertenkult. Die beiden ersteren nutzen Intelligenz und Daten, um zentral ein System zu planen, in dem Menschen Dinge begehren, von denen andere Menschen wollen, dass sie sie begehren – Dinge, die einer bestimmten Gruppe von Menschen nutzen. Dieser Ansatz stellt eine echte Bedrohung für menschliches Handeln dar. Hier fehlt zudem jeder Respekt vor der Fähigkeit von Menschen, in Freiheit das zu wollen, was am besten für sie und ihre Liebsten ist. Dem Expertenkult mit seinem „Befolgen Sie diese fünf Schritte"-Zugang zum Glück wiederum fehlt der Respekt vor der menschlichen Komplexität.

Die Alternative ist die *Transformation* von Begehren. Der manipulative Ansatz ist wie die industrielle Landwirtschaft, die Pestizide verwendet, das Land mit großen Maschinen bearbeitet und den Erfolg an Erntemenge, Haltbarkeit und Gleichförmigkeit misst. Der transformative Ansatz ist hingegen vergleichbar mit der regenerativen Landwirtschaft, die ein brachliegendes Stück Land im Einklang mit der Dynamik und den Gesetzen des Ökosystems in fruchtbaren Boden verwandeln kann. In unserem Fall ist das Ökosystem das der Humanökologie – und Begehren ist ihr Herzblut. Die Transformation von Begehren geschieht über Beziehungen. Das Manipulieren oder Erzeugen von Begehren geschieht in Laboren, mithilfe von kalten und leblosen Instrumenten.

Wie Begehren erzeugt wird

Technikunternehmen haben die Fähigkeit, Begehren zu erzeugen, weil sie immer stärker als Mediator fungieren zwischen Menschen und den Dingen, die sie wollen. Das ist die Definition eines mimetischen Vorbilds. *Amazon* vermittelt das Verlangen nach bestimmten Dingen. *Google* vermittelt das Verlangen nach Wissen an sich. Zu Beginn war *Google* einfach eine Suchmaschine, die Menschen half, Seiten im Internet zu finden und sie ihnen zugänglich zu machen. Innerhalb von nur wenigen Jahren stellte das Unternehmen fest, dass seine Suchergebnisse nicht nur Daten darüber waren, was Menschen zufällig zu finden versuchten, sondern frühe Anzeichen dafür, was Menschen wollten – Informationen über ihre Wünsche, zu denen *Google* vor allen anderen Zugang hatte. *Google* rief das ins Leben, was die Harvard-Professorin Shoshana Zuboff als *Überwachungskapitalismus* bezeichnet.[16] Unternehmen, die nach diesem Modell arbeiten, gewinnen aus persönlichen menschlichen Erfahrungen Verhaltensdaten, die dann verwendet werden können, um Verhalten zu manipulieren – oder zumindest Profit damit zu machen.[17]

Bei einer Telefonkonferenz zum Quartalsergebnis beschrieb Larry Page, Mitbegründer von *Google*, im Jahr 2011 *Googles* neue Mission als den Wechsel von *Suchen* zu *Zufriedenstellen*. „Unser ultimatives Ziel ist es, das Gesamterlebnis *Google* zu transformieren und es wunderbar einfach, nahezu *automagisch* zu gestalten, weil wir verstehen, was Sie wollen und es sofort bereitstellen können."[18]

Shoshana Zuboff erzählt in ihrem Buch *Das Zeitalter des Überwachungskapitalismus* die folgende Geschichte. Im Jahr 2002 stellte eines Morgens ein Team von *Google*-Technikern fest, dass plötzlich eine merkwürdige Suchanfrage es an die Spitze der weltweiten Anfragen geschafft hatte. Die Suchanfrage lautete „Carol Brady's maiden name" (Mädchenname von Carol Brady). Woher kam das plötzliche Interesse am Familienhintergrund einer Figur aus einer Sitcom, die in den 1970er Jahren populär gewesen war? Fünf Stunden lang schoss die Frage jeweils 48 Minuten nach der vollen Stunden enorm in die Höhe. Es dauerte nicht lange, bis die *Google*-Techniker den Grund herausgefunden hatten. Am Abend zuvor war die Frage in der Gameshow *Who Wants to Be a Millionaire?* (dt. „Wer wird Millionär?", Anm. d. Verlags) gestellt worden. Während die Show durch die verschiedenen Zeitzonen lief, ging die Suchanfrage jeweils 48 Minuten nach der vollen Stunden ein.

Da *Google* durch seine Daten Zugang zu Leitindikatoren über die Wünsche der Menschen hat, ist es nahezu so, als handelten sie mit Insiderinformationen. In seinem Buch *Das Leben nach Google: Der Absturz von Big Data und der Aufstieg der Blockchain* aus dem Jahr 2018 schreibt der amerikanische Publizist und Technologie-Guru George Gilder: „*Googles* Weg zu Reichtum besteht darin, dass das Unternehmen mit genug Daten und genug Prozessoren besser wissen kann, was unser Verlangen befriedigt, als wir selbst."[19] Und das ist wahr – solange unsere Wünsche prosaisch und vorhersehbar sind.

Der Mädchenname von Carol Brady lautet übrigens Martin, falls Sie sich das gerade fragen. Mithilfe einer *Google*-Suchanfrage hätten Sie das kostenlos innerhalb von zwei Sekunden herausfinden können. Allerdings nicht wirklich kostenlos. Jedes Mal, wenn wir etwas ins Suchfeld eingeben, erzählen wir *Google*, was wir wollen. Und manchmal legen wir dabei Dinge offen, die wir niemandem erzählen würden. *Google* antwortet, indem es uns in 0,59 Sekunden 2 830 000 Ergebnisse anzeigt (zumindest ist das meine Erfahrung bei der Eingabe von „Limoncello-Hähnchen" im Zuge der Abendessensplanung). Und in diesen 0,59 Sekunden haben wir *Google* unsere Wünsche offenbart. Das ist ein ganz schön hoher Preis, den wir da zahlen.

Zentral geplante Wünsche

Politische Debatten über das Ausmaß, in dem wir Begehren manipulieren oder erzeugen sollten, finden das ganze Jahr über statt. Wir nehmen sie nur nicht als solche wahr. Dies ist nicht der Ort, um tiefer in die Verstrickung von Politik und Begehren einzutauchen, aber ich möchte gerne eine Sichtweise auf politische Fragen einbringen, die nicht ausreichend gewürdigt wird: Welche Auswirkungen haben politische Systeme oder Strategien *auf das, was Menschen wollen*? Was sind ihre Auswirkungen auf das Begehren?

Autoritäre Regime können sich nur so lange halten, wie sie die Wünsche der Menschen kontrollieren. Normalerweise denken wir, sie würden anhand von Gesetzen, Vorschriften, Überwachung und Strafen steuern, was Menschen tun können und was nicht. Aber der wahre Sieg liegt nicht darin, die Macht über das Handeln der Menschen zu bekommen – siegreich sind diese Regime, wenn sie die Macht über ihre Wünsche gewinnen. Sie wollen nicht einfach Gefangene in Zellen sperren – sie wollen, dass die Gefangenen die Zellen lieben lernen. Erst wenn es keinen Wunsch mehr nach Veränderung gibt, ist ihre Macht vollständig.

Der Zweck eines „Umerziehungslagers" liegt nicht darin, das Schreiben oder Lesen oder die Deutung von Geschichte neu zu lernen oder gar das Denken; es geht im Grunde um eine Umerziehung des Begehrens. Die Professoren für Russistik Catriona Kelly und Vadim Volkov zeigen in ihrem Essay „Directed Desires: Kul'turnost and Consumption" auf, dass der Übergang zur Sowjetunion durch etwas entstand, was sie als *geleitete Wünsche* bezeichnen. Es gab eine subtile Kampagne, die die Menschen dazu bewegte, bestimmte Dinge zu wollen und andere nicht. Die Idee von *Kulturnost* begann sich zu formen. Es ging um die richtige Lebensweise, die auf gemeinsamen russischen kulturellen Werten beruhte.[20]

Die Leiter der russischen Arbeitslager, der sogenannten *Gulags*, versuchten das Verlangen der Gefangenen nach Dingen auszuhungern, die ihren Vorstellungen von Begehrenswertem nicht entsprachen. Sie förderten das Verlangen nach solchen, die sie guthießen. Der Autor Roy Medwedew berichtet von der Erfahrung einer Frau, nachdem sie wieder frei war: „Ich bin von allem enttäuscht und glaube an nichts mehr, aber ich habe ein Verlangen – ich möchte jeden Tag Eiscreme haben, nicht Schönheit, nicht Liebe."[21] Ihr Begehr nach allem, das über Eiscreme hinausging, war zerstört worden. Aber nun benötigte sie einen Kühlschrank und wirtschaftliche Sicherheit, um jeden Tag Eis essen zu können. Am Ende unterstützte sie dieselbe politische Partei, die sie versklavt hatte, weil sie die Einzige war, die ihr half, das armselige Verlangen zu erfüllen, das sie ihr eingetrichtert hatte.[22]

Langdon Gilkey, zur Zeit des Zweiten Weltkriegs ein junger amerikanischer Lehrer an der Yenching Universität, wurde gefangen genommen und kam in ein Internierungslager in der Nähe der heutigen Stadt Weifang in China. Er wurde dort zweieinhalb Jahre lang zusammen mit Geschäftsleuten, Missionaren, Lehrern, Juristen, Ärzten, Kindern, Prostituierten festgehalten – einem Querschnitt der

Menschheit. Gilkey war erstaunt darüber, wie sehr die Gefangenschaft das veränderte, wonach ihn verlangte: „Ich staunte darüber, wie sehr wir uns etwas vormachen können", schrieb er in seinem Buch *Shantung Compound: The Story of Men and Women Under Pressure* aus dem Jahr 1966. „Wir legen ein professionelles oder moralisches Kostüm an, um unsere wahren Wünsche und Begierden vor uns zu verbergen. Dann präsentieren wir der Welt eine Fassade von Objektivität und Rechtschaffenheit anstelle der Selbstbezogenheit, die wir wirklich fühlen."[23] Die Zeit im Internierungslager hatte eine desorientierende Wirkung auf die Wünsche aller Insassen – was es den für das Lager Verantwortlichen wesentlich leichter machte, sie insgeheim zu steuern.

Ideologien sind geschlossene Systeme des Begehrens. Sie machen klare Vorgaben darüber, welche Wünsche akzeptabel sind und welche nicht – sei es die Bühne einer politischen Partei, die Leitideologie eines Unternehmens oder die Ideologie, die ein Familiensystem prägt. Das hervorstechendste Merkmal jeder Ideologie ist die Gewalt, die sie sowohl vertuscht als auch zügelt. Oder anders gesagt: Eine Ideologie „schützt" eine Gruppe vor Eindringlingen, die einen ansteckenden Gedanken mitbringen könnten. Es gibt keinen Raum für Opposition. Girard definierte Ideologie einmal als „die Vorstellung, dass alles entweder gut oder schlecht ist".[24]

Taktik 13
Suchen Sie nach der Koexistenz von Gegensätzen

Um Ideologien zu durchbrechen, kann es hilfreich sein, auf etwas zu achten, das im Lateinischen *conincidentia oppositorum* heißt – die Gleichzeitigkeit oder Koexistenz von Gegensätzen: Paradoxe Persönlichkeiten oder wandelnde Widersprüche. Menschen, die sowohl sanftmütig als auch verwegen sind, bescheiden und selbstbewusst oder, die einfach Erwartungen komplett über den Haufen werfen. Menschen, Dinge oder Erfahrungen, bei denen wir uns am Kopf kratzen und sagen: „Moment mal, das kann doch nicht gleichzeitig sein."

Ein solches Zusammentreffen von Gegensätzen deutet auf etwas Transzendentes hin. Der Grund, warum es mir so *erscheint*, als könnten bestimmte Dinge nicht nebeneinander existieren, liegt darin, dass sie nicht damit zusammenpassen, wie ich die Welt wahrnehme. Sie haben keinen Platz in meinem Glaubenssystem, meinem Gedankenmodell davon, wie die Welt funktioniert. Sie zeigen mir, dass ich weitergehen muss, die Dinge neu bewerten, tiefer in sie eindringen. Sie weisen mich auf etwas hin, das über den Punkt hinausgeht, an dem ich mich gerade befinde.

Weise Menschen haben gesagt, dass man sich am besten nur mit der Person vergleichen sollte, die man gestern war, und nicht mit dem, was andere Menschen heute sind. Das ist ein guter Ausgangspunkt, um der Falle von Vergleichen und Bemessen zu entkommen.

Aber es reicht nicht aus. Die Person, die ich gestern war, ist kein Vorbild, das ich nachahmen kann. Ich kann nur auf sie zurückblicken (und in meinem Fall in der Regel mit dem Kopf schütteln).

Was jeder von uns benötigt, ist ein Vorbild für die Zukunft – ein transzendenter Entwurf, bei dem es keine Paradoxe der Gegensätze mehr gibt, keine Widersprüche, und in dem sich unsere Wünsche und unser Begehren nicht mehr in einer ständigen und unlösbaren Spannung befinden.

Die Koexistenz von Gegensätzen ist häufig ein Zeichen, das uns in die richtige Richtung weist.

Es ist ein Zeichen von Reife, wenn man zwei widerstreitende Wünsche oder zwei gegensätzliche Ideen zur gleichen Zeit haben kann, ohne sofort den einen oder die andere zu verwerfen, bevor man die Zeit für eine sorgfältige Beurteilung hatte. Mit Begehren zu leben heißt, in einem Spannungsfeld zu leben.

Ein einfacher Ausweg

Im Jahr 1930 veröffentlichte der polnische Schriftsteller Stanislaw Ignacy Witkiewicz einen satirischen Roman mit dem Titel *Unersättlichkeit.*[25] Darin wird Polen von einer asiatischen Armee erobert. Die Bevölkerung ist am Boden zerstört, ruiniert – bis sie von Murti-Bing hört, einem Philosophen aus der Armee der Eroberer, der einen Weg gefunden hat, Menschen mithilfe einer einzigen Pille eine neue Lebensphilosophie zu geben.

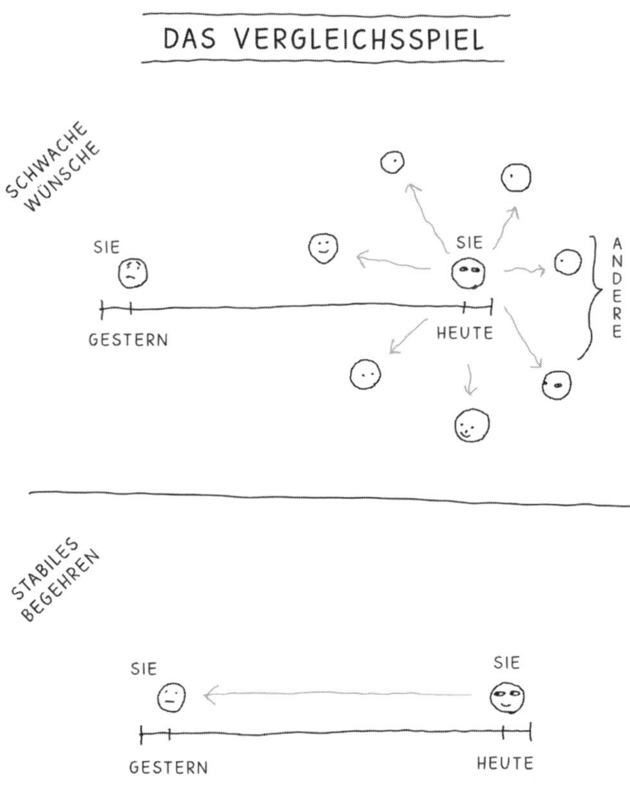

Schon bald tauchen Soldaten auf den Straßen auf, die mit der „Pille des Murti-Bing“ um sich werfen. Die Polen werden süchtig nach der neuen Droge. Die Pille ist ein Mittel, um ihre Wünsche zu manipulieren, sodass sie ihre neue Lebensweise leichter akzeptieren. Aber da die Pillen nicht organisch aus ihren Gedanken und Wünschen entstanden sind, entwickeln die Menschen, die sie nehmen, eine gespaltene Persönlichkeit. Sie werden wahnsinnig. Sie sind von sich selbst getrennt.[26]

Die Pille des Murti-Bing ist ein Vorläufer der *Matrix*-Filme und hat Ähnlichkeit mit der Droge Soma aus Aldous Huxleys *Schöne neue Welt*. Die Wünsche der Menschen werden künstlich von äußeren Kräften geformt. Wir sollten die real bestehende Möglichkeit ins Auge fassen, dass wir bald Pillen des Murti-Bing haben werden oder bereits haben. Würden Sie eine nehmen?

Transformation von Begehren

Es gibt zwei verschiedene Denkweisen, die zum einen Begehren manipulieren oder erzeugen, und zum anderen seiner Transformation dienen: *berechnendes Denken* und *meditatives Denken*. Ich orientiere mich bei dieser Unterscheidung grob an den Arbeiten des Philosophen Martin Heidegger.[27]

Berechnendes Denken ist ständig damit beschäftigt, zu suchen, nach etwas zu streben und Pläne zu schmieden, um ein Ziel zu erreichen – um von Punkt A nach Punkt B zu kommen, am Aktienmarkt zu gewinnen, gute Noten zu bekommen, eine Debatte für sich zu entscheiden. Laut dem Psychiater Iain McGilchrist ist dies die dominante Denkweise in unserer technologischen Kultur. Sie führt zum unablässigen Verfolgen von Zielen – meist ohne analysiert zu haben, ob diese Ziele es überhaupt wert sind, erreicht zu werden.[28]

Ein Mönch, dessen Aufgabe es war, in einem Kloster Novizen zu unterrichten, sagte mir, ihm sei in den letzten Jahren aufgefallen, dass die Postulanten (junge Männer, die Mönche werden wollen), Stapel von Büchern mit in die Kirche bringen, wenn sie dort beten. Sie sind es gewohnt zu denken, dass es ohne „Input" keinen „Output" gibt. Das Vorherrschen berechnenden Denkens ist eine Folge unserer technischen Entwicklung – Menschen imitieren Maschinen.

Berechnung spiegelt auch eine steuernde Denkweise wider. Berechnende Führungspersonen bearbeiten Wünsche, indem sie einen Algorithmus erschaffen, mit dessen Hilfe sie sie besser vorhersehen können, oder eine App entwickeln, um sie in die eine oder andere

Richtung zu lenken, oder indem sie eine künstliche „Unternehmenskultur" aufbauen, um sie zu formen. Ich frage mich manchmal, wo eigentlich der Unterschied liegt zwischen von oben verordneten Unternehmenskulten und dem Grundsatz des *cuius regio, eius religio* (wessen Gebiet, dessen Religion) des Heiligen Römischen Reichs, der einzelnen Fürsten oder Herrschenden das Recht gab, der Bevölkerung ihre bevorzugte Religion aufzuzwingen.[29]

Am Herstellen und Steuern an sich ist nichts verkehrt. Aber manche Dinge sind dazu gedacht, hergestellt und gesteuert zu werden (Motorräder) und andere Dinge nicht (die menschliche Natur). Berechnendes Denken ist zur vorherrschenden Denkweise geworden, und zwar so sehr, dass das meditative Denken oft ganz unter den Tisch fällt. Das führt irgendwann zu Formen sozialer Steuerung und technologischer Manipulation und dem Verlust von Empathie. „Vom Massaker an den Armeniern über den Horror der Shoah und von Kambodscha bis hin zu den Verbrechen in Ruanda sind ganze Völker brutal ermordet worden, zum Teil sogar mit bürokratischem Eifer", schreibt Girard.[30] Wo das berechnende Denken regiert, gedeiht auch der Sündenbock-Mechanismus.

Taktik 14
Üben Sie meditatives Denken

August Turak ist Autor des preisgekrönten Buchs *Brother John: A Monk, a Pilgrim and the Purpose of Life*. In den frühen 1980er Jahren war er Verkaufsleiter bei MTV, als der Sender gerade begann, Erfolge zu feiern. Als ich ihn auf seiner Ranch in North Carolina besuchte, erzählte er mir die folgende Geschichte.

Turak fuhr in New York in der U-Bahn, zusammen mit einem Kollegen, der ein brillanter Denker war und Freunden und Kollegen gerne Rätsel aufgab. Er forderte Turak heraus: „Sag mir, was die nächste Zahl in dieser Abfolge ist: 14, 18, 23, 28, 34."

Turak hielt sich selbst für gut im Lösen solcher Aufgaben. „Ich habe mir echt den Kopf zerbrochen", erzählte er mir. „Achtzehn minus vierzehn ergibt vier, dreiundzwanzig minus achtzehn ergibt fünf und so weiter. Aber ich bin einfach nicht drauf gekommen." Schließlich gab er auf.

In dem Moment deutete sein Kollege auf die große 42 an der Wand der U-Bahn-Station in der 42nd Street, an der ihr Zug gerade hielt. Die Zahlen bezogen sich auf die Haltestellen, an denen sie bis jetzt vorbeigekommen waren: 14th Street, 18th Street, 23rd Street und so weiter. „Ich war mit all diesen Berechnungen beschäftigt", sagte Turak, „und die ganze Zeit über schaue ich auf die Schilder mit den Zahlen, die er mir gegeben hatte, und dennoch erkannte ich es nicht."

Er rechnete, und dadurch verpasste er das, was sich unmittelbar vor ihm abspielte. Meditatives Denken hilft uns, in der Realität anzukommen und *abweichende* Möglichkeiten zu erkennen, anstatt uns auf eine zu konzentrieren („Es ist ein mathematisches Rätsel"). Meditatives Denken ist auch essenziell für den Vorgang der richtigen Einordnung von Wünschen.[31]

Die beste Möglichkeit, meditatives Denken zu üben, besteht darin, sich ein Getränk zu schnappen und eine Stunde lang einen Baum anzusehen. Eine ganze Stunde. Diese Übung verfolgt kein anderes Ziel als zu lernen, kein Ziel zu haben. Achten Sie, während Sie auf den Baum schauen auf alles, was Sie wahrnehmen. Ihre berechnenden Gedanken sollten langsam den meditativen Platz machen. Wenn nicht, bitte so lange wie nötig wiederholen.

Meditatives Denken wiederum ist geduldiges Denken. Es ist nicht das Gleiche wie Meditation. Meditatives Denken ist einfach langsames, nichtproduktives Denken. Es ist nicht reaktiv. Es ist eine Art des Denkens, die beim Erfahren von Neuigkeiten oder dem Erleben von etwas Überraschendem nicht sofort nach Lösungen sucht. Stattdessen fördert sie eine Reihe von Fragen zutage, die es dem Fragenden ermöglichen, noch tiefer in diese Realität einzutauchen: Was ist das für eine neue Situation? Was steckt dahinter? Meditatives Denken ist geduldig genug zu warten, bis sich die Wahrheit von selbst zeigt.

Meditatives Denken öffnet die Tür zur Transformation. Wenn der berechnende, verarbeitende Teil unseres Gehirns sich beruhigt, erhält der meditative Teil – der neue Erfahrungen aufnimmt – die Möglichkeit, sich ans Werk zu machen und diese neuen Erfahrungen in einen neuen Bezugsrahmen der Realität zu integrieren. Das berechnende Gehirn kann neue Erfahrungen nur in *bereits bestehende* mentale Modelle integrieren. Das meditative Gehirn hingegen *entwickelt neue Modelle*. Wenn wir all unsere Zeit im berechnenden Modus verbringen, versuchen wir unser Leben lang, jede neue Erfahrung in Schubladen zu stecken. Und wenn es dabei um Begehren geht, dann ist das verhängnisvoll.

Beide Denkweisen sind in unterschiedlichen Situationen hilfreich. Wenn ich mich im Aktienmarkt bewege, sollte ich berechnendes Denken einsetzen. Versuche ich hingegen, eine neue und unerwartete Situation in der Welt zu verstehen oder das Entstehen stabiler Wünsche, benötige ich meditatives Denken. Berechnendes Denken bleibt einfach nicht lange genug im Moment, als dass sich irgendetwas Stabiles darin zeigen könnte. Meditatives Denken ist das Gegenmittel für eine Kultur hyperschneller Mimesis, denn es ermöglicht genügend Zeit für das Bilden stabiler Wünsche. Veränderung geschieht, wenn ich so viel Zeit mit meinen Wünschen verbringe, dass ich sie in- und auswendig kenne und am Ende weiß, ob ich mit ihnen leben will oder nicht. Berechnendes Denken ist die mimetischere Denkweise. Aber die richtige Mentalität ist nicht genug. Wir stehen in Beziehungen mit anderen. Und Beziehungen sind der Ort, an dem mimetisches Begehren zu Hause ist.

Schlüsselräume

Viele Beziehungen werden von mimetischen Verbindungen zusammengehalten: zwischen den Spielern einer Mannschaft, die um die Wertschätzung des Trainers wetteifern, zwischen Kollegen, die um einen bestimmten Status konkurrieren oder zwischen Akademikern, die ihre Lebensläufe optimieren. Mimetische Spannung existiert selbst in Beziehungen, die im Großen und Ganzen gesund sind, wie beispielsweise zwischen Ehepartnern, Eltern und Kindern oder unter Kollegen. Selbst die Beziehung zu Ihrem besten Freund oder Ihrer besten Freundin kann von Mimesis geprägt sein, und ist es wahrscheinlich auch. Gesunder Wettbewerb kann etwas Gutes sein. Hier allerdings sprechen wir von mimetischer Rivalität. Der Schlüssel liegt darin zu erkennen, inwieweit eine Beziehung durch mimetische Rivalität bestimmt wird, und dem dann entgegenzutreten. Begehren zu verändern beinhaltet auch, dass wir die Art unserer Beziehungen verändern. Beginnen wir einmal mit den drei Orten, an denen wohl die meisten von uns einen Großteil ihrer Zeit verbringen: unsere Familie, unsere Vorstellungskraft und unser Arbeitsplatz.

Familie

Familien sind der Ort, an dem Menschen zuerst lernen, wie und was sie wollen. Wenn wir Kinder sind, ist unser ganzes Repertoire an Wünschen – die Dinge, von denen wir uns aussuchen können, ob wir sie wollen oder nicht – größtenteils auf die Objekte und Rollen beschränkt, die unsere Familie uns aufzeigt und für deren Annahme sie uns belohnt. Diese Rollen können beinhalten, das brave Kind emotional bedürftiger Eltern zu sein, dem Vorbild gerecht zu werden, das ältere Geschwister repräsentieren, ein guter Liberaler oder Konservativer zu sein, religiös zu sein oder Atheist oder viele andere Dinge, die zum Wertesystem der Familie zählen.

Für ganz kleine Kinder sind die Eltern das einzige mimetische Vorbild. Das Kind will, was die Eltern wollen. Als nächstes folgen die älteren Geschwister. Aber es dauert nicht lange – meist bis zum Alter von drei Jahren oder bis zu dem Punkt, an dem ihm klar wird, dass die Eltern nicht Gott sind, was auch immer zuerst geschieht – und es beginnt nach anderen Vorbildern zu suchen. Und nahezu jedes ist ihm recht. Laut eines von Jacob Gershman im Jahr 2015 verfassten Artikels im *Wall Street Journal* war der zweijährige Grayson Dobra fasziniert von der Werbung des Personenschaden-Anwalts Morris Bart. Sobald Grayson sprechen konnte, begann er immer wieder „Bart!

Bart!“ zu sagen. Also überraschte seine Mutter ihn an seinem zweiten Geburtstag mit einer Morris-Bart-Themenparty – einer Morris-Bart-Torte, einer Morris-Bart-Pappfigur und Geschenken, die ebenfalls von Morris Bart inspiriert waren. Grayson hatte sein erstes Vorbild außerhalb der Familie gefunden – in Celebristan.

Wenn aus Kindern Teenager werden, lassen sie die Vorbilder ihrer Kindheit hinter sich. Die Jugendzeit ist eine hochmimetische Phase, in der selbst stark geerdete Kinder ins Schleudern geraten. Alle Teenager versuchen, grundlegende Fragen zu beantworten: Wer bin ich? Wer möchte ich werden? In dieser Zeit können Eltern ihren Kindern dabei helfen zu erkennen, welche Wünsche stabil und welche schwach sind, und ihnen Mut machen, die stabilen zu fördern. Sie können auf Dinge hinweisen, die erfüllend sein können (indem sie ihr Kind beispielsweise darauf aufmerksam machen, dass sein beeindruckendes Klaviervorspiel im letzten Jahr seine Liebe zur Musik noch einmal verstärkt zu haben scheint) und andere relativieren (wie beispielsweise Angstgefühle, weil es im Vergleich zur besten Freundin eine etwas schlechtere Note bekommen hat, richtig einzuordnen).

Vor allem aber tragen Eltern die Verantwortung, gesunde Beziehungen vorzuleben. Das bedeutet, dass sie sorgfältig auf ihre eigenen mimetischen Impulse achten müssen, und zwar auch bei Dingen, die harmlos oder bedeutungslos zu sein scheinen. Wenn am Abendbrottisch mimetisch auf jede politische Neuigkeit reagiert wird oder auf jede kleine Ungerechtigkeit, die dem Kind in der Schule oder beim Sport zugefügt wurde, oder wenn Kinder als Pfand in der Rivalität zu anderen Eltern herhalten müssen (indem man beispielsweise dem eigenen Kind ein tolleres Auto kauft, als die Eltern der Freundin es sich leisten könnten, um den eigenen Status hervorzuheben), dann schaffen all diese Dinge eine Atmosphäre, in der mimetisches Verhalten erlernt und zur Norm wird. Die meisten Menschen sind ungefähr genauso mimetisch wie die Menschen um sie herum. Das mimetische Verhalten von Eltern wird häufig von den Kindern erlernt und übernommen. Das Gleiche gilt für ihre Sündenböcke. Wir sollten gut darauf achten, wen unsere Kinder lieben und hassen lernen.

Vorstellungskraft

Wovon träumen blinde Menschen? Die Antwort hängt von dem Zeitpunkt ab, an dem sie ihr Augenlicht verloren haben. Wer mit acht Jahren erblindet ist, kann im Traum alle Sinneseindrücke erleben, die sein Gehirn erhalten hat, solange er sehen konnte. Bei Menschen, die von Geburt an blind sind, ist das anders. Sie träumen nicht in Bildern, weil ihr Gehirn keine Bilder hat, mit denen es arbeiten könnte. Stattdessen träumen sie in Gefühlen und Geräuschen (in einen Gully fallen oder von einem unsichtbaren Auto angefahren werden sind häufige Träume). Kurz gesagt können wir nur das träumen, was wir zuvor schon einmal wahrgenommen haben.[32]

Wenn es um unsere Wünsche geht, verhalten wir uns gewöhnlich so, als wären wir blind. Wir blicken auf andere Menschen, von denen wir glauben, sie könnten besser „sehen" als wir – unsere Vorbilder – um zu lernen, was es wert ist, angeschaut und verfolgt zu werden. Wir alle haben ein eigenes Universum des Begehrens, das nur so groß ist wie unsere Vorstellungskraft. Wodurch aber wurde unsere Vorstellungskraft geformt?

Vieles im Leben besteht aus implizitem Wissen – dem, was der Philosoph Michael Polanyi als „unartikulierte Rationalität" bezeichnet. Das sind Dinge, die wir wissen, aber nicht erklären können. Wir wissen viele Dinge, bei denen es uns schwerfiele, sie einer anderen Person klar zu kommunizieren – und das betrifft auch uns selbst.[33] Ich habe das erlebt, als ich meiner Frau das Snowboard-Fahren beibringen wollte. Es war keine schöne Erfahrung. Und ich spreche nicht von ihren Snowboard-Künsten, sondern von meinen stümperhaften Versuchen, es ihr beizubringen.

Wir schnallten uns oben am Anfängerhügel die Bretter an. Ich sprang hoch und verlagerte mein Gewicht instinktiv auf den Fersenbereich, um nicht den kleinen Hügel herunterzurutschen, auf dem wir uns befanden (mein erster Fehler: für die erste Lektion keinen flachen Bereich auszusuchen). „Schau her, lehn Dich einfach ..." Bumm. Noch bevor ich den Satz beendet hatte, versuchte Claire schon, sich hinzustellen und landete prompt auf ihrem Allerwertesten. Wir verbrachten die nächste Stunde damit, dass ich ohne nennenswerten Erfolg zu beschreiben versuchte, was ich tat. Dann fand sie durch eigene Versuche ganz allein heraus, wie sie am besten das Gewicht verlagerte. Sie nannte mir all die einfachen Tipps, die ich ihr *hätte geben können*, um ihr 50 Stürze innerhalb von 60 Minuten zu ersparen. Die Wahrheit ist allerdings, dass ich keine Ahnung hatte, wie ich die Dinge tat, die ich tat. Ich konnte mich nicht mehr daran erinnern, wie es als Anfänger gewesen war.

Mir kam die Fabel mit dem Tausendfüßler in den Sinn. Eines Tages beobachtete eine Spinne einen Tausendfüßler und bewunderte sein Geschick. Sie fragte ihn, wie er es schaffte, die Bewegung all seiner Beine zu koordinieren. Die Spinne hatte nur acht Beine und konnte sich nicht vorstellen, wie man so viele weitere auch noch bewegen sollte. „Hm ... lass mich schauen", sagte der Tausendfüßler. „Ich bewege dieses hier zuerst ... nein, warte, dieses hier ... oder vielleicht ist es auch dieses ... und dann mache ich ... nein, das stimmt auch nicht." Der Tausendfüßler rollte sich vor lauter Denken zu einer Kugel zusammen. Sein Wissen war implizit, nicht bewusst.

Das flüssige Beherrschen einer neuen Sprache, Sinn für Humor, emotionale Intelligenz und ästhetische Sensibilität sind Dinge, die wir implizit in uns haben, aber nicht vollständig artikulieren können. Das Gleiche gilt für eine lebhafte Vorstellungskraft, die im jungen Alter mit Vorbildern des Begehrens angefüllt ist. Von dem Zeitpunkt an, an dem Kinder das erste Märchen hören, bekommt ihre Fantasie Flügel und ist voller Bilder von noblen Idealen und Abenteuern: Heldentum, Aufopferung, Schönheit, Liebe. All diese Dinge sind von zentraler Bedeutung für unsere Menschlichkeit, und dennoch fiele es uns oft schwer zu erklären, warum sie so wichtig sind.

Literatur ist eine der grundlegendsten Inspirationsquellen für die Vorstellungskraft – sie ist eine Schule des Begehrens. In der Literatur trifft der junge Geist auf die Geschichten über die Wünsche anderer, seien sie nun real oder fiktiv. Natürlich werden Kinder so mimetischen Kräften ausgesetzt, die häufig eigene Wünsche wecken (ein

Kind, das *Harry Potter* liest, hätte nichts dagegen, einen Tag lang selbst zum Zauberer zu werden). Aber betrachten Sie sie als ein Übungsgelände für den Umgang mit Wünschen und dafür, herauszufinden, welche Wünsche wohin führen. Bei guter Literatur wird das in den Geschichten dargestellt.

Unsere Wünsche sind nur so groß oder klein wie die Vorbilder, die wir zu sehen bekommen. Erfundene Charaktere, die großartige stabile Wünsche vorleben, können ein Gegengewicht zu den Vorbildern für schwache Wünsche bilden, die uns im wahren Leben begegnen. Die Schulbildung hat sich wegbewegt von den Geisteswissenschaften und hin zu spezialisiertem, technischem Wissen – also berechnendem Denken. Wie wird dies die Entwicklung von Begehren bei den kommenden Generationen beeinflussen? Wir wissen es nicht. Aber wir sollten ernsthaft darüber nachdenken, in welcher Form unsere Bildungssysteme die Vorstellungskraft von Schülern formen und damit auch ihre Wünsche und Begierden.

Arbeit

Ich glaube, der Sinn der Arbeit besteht weniger darin, mehr zu verdienen, und eher darin, mehr zu werden. Der Wert der Arbeit kann nicht allein anhand des objektiven Ergebnisses bemessen werden – auch die subjektive Veränderung der Person, die eine Arbeit ausführt, muss Berücksichtigung finden.

Zwei Ärzte können im gleichen Krankenhaus auf der gleichen Station arbeiten. Nach zehn Jahren kann der eine aufgrund von langen Arbeitszeiten, schlechtem Kantinenessen, einem kaputten Krankenversicherungssystem und undankbaren Patienten verbittert und missmutig geworden sein. Der andere könnte das Gleiche erleben, seine Erfahrungen aber nutzen, um ein noch fürsorglicheres, geduldigeres und verständnisvolleres menschliches Wesen zu werden.

Arbeitgeber stehen in der Verantwortung, auch über diese subjektive Dimension der Arbeit nachzudenken. Die Frage muss lauten: Inwieweit tragen das Unternehmen und die Art der Arbeit zur positiven

Weiterentwicklung der Mitarbeiter bei? Im Jahr 2015 verzichtete der Gründer und Geschäftsführer von *Gravity Payments,* Dan Price, freiwillig auf den größten Teil seines nahezu eine Million US-Dollar betragenden Jahresgehalts, damit er im Laufe der folgenden drei Jahre den Mindestlohn im Unternehmen auf 70 000 US-Dollar anheben konnte. Zum Zeitpunkt dieser Entscheidung lag der niedrigste Lohn bei 48 000 US-Dollar pro Jahr. Die niedrigen Gehälter waren marktkonform, entsprachen also dem, was seine Wettbewerber für vergleichbare Jobs zahlten. Aber im teuren Seattle im Bundesstaat Washington konnte man damit gerade so über die Runden kommen. Vielen Mitarbeitern reichte es nicht aus, um eine Familie zu gründen. In den fünf Jahren, nachdem Price diese Entscheidung getroffen hatte, florierte das Unternehmen. Anstatt Transaktionen im Wert von 3,8 Milliarden zu verarbeiten waren es nun 10,2 Milliarden US-Dollar. Vor allem aber ging es den Mitarbeitern gut. Die Angestelltenzahl verdoppelte sich und Mitarbeitende waren in der Lage, ihre stabilen Wünsche zu verwirklichen, wie beispielsweise, Kinder zu bekommen. Vor Anpassung des Mindestgehalts bekamen alle Mitarbeiter von *Gravity Payments* zusammengenommen zwischen null und zwei Kinder pro Jahr. Nach der Anpassung lag die Zahl dann bei ungefähr vierzig.

Manchmal ist der Markt kein guter Indikator dafür, was Menschen wollen. Er kann zwar problemlos feststellen, was sie für schwache Wünsche zu zahlen bereit sind, aber nicht unbedingt für die stabilen. Wünsche am Arbeitsplatz zu verändern funktioniert nicht, indem man kleine Veränderungen am Status Quo vornimmt. Es funktioniert nur, wenn jemand aus einem mimetischen System heraustritt – wie beispielsweise dem Standardlohn in einer Branche – und einen umfassenderen Blick auf das Leben und die Menschheit wirft. Es gibt viele neue Wege, um gute Arbeit zu belohnen, die sich außerhalb des alten Marxismus-gegen-Kapitalismus-Rahmens bewegen, aber nur wenige Unternehmer sind bereit, sie zu erkunden.

Unternehmen haben zudem die Möglichkeit, nachhaltigere Angebote begehrenswerter zu machen. Leider denken die meisten von ihnen bei ihrem Einsatz nicht daran, wie sie Begehren formen. Wie sähe die Welt aus, wenn es für jedes Unternehmen, das von nicht nachhaltigen Praktiken profitiert, zwei weitere gäbe, die nachhaltige Angebote schaffen und diese attraktiv präsentieren?

Yolélé Foods importiert die Zutaten und Rezepte der westafrikanischen Küche in die USA.[34] Das Aushängeschild des Unternehmens ist Foniohirse, ein dürreresistentes Getreide, das schon seit Jahrtausenden in der Sahelregion angebaut wird. Aber viele Menschen im Senegal und anderen Teilen Westafrikas schätzen es gering. Außerhalb der Regionen, in denen Foniohirse angebaut wird, misst man dem Getreide nicht mehr viel Wert bei – und diese Wahrnehmung ist größtenteils mimetisch.

Der Mitbegründer von *Yolélé Foods,* der senegalesische Chefkoch Pierre Thiam, erzählte mir, dass im Senegal die Meinung vorherrsche, dass alles, was aus dem Westen komme, am besten sei. Alles was lokal produziert wird, werde als minderwertig wahrgenommen. Als ich mich 2019 mit ihm traf, erklärte er mir, dass diese Vorstellung den Senegalesen von den Kolonialherren eingeimpft worden sei. Da sie gezwungen wurden, Monokulturen wie z.B. Erdnüsse für den Export anzupflanzen, wurden die lokalen Kulturpflanzen verdrängt und Frankreich musste Bruchreis aus dem damaligen Indochina importieren, um die Senegalesen zu ernähren, die nicht länger ihre eigenen Feldfrüchte anbauten.

Yolélé Foods hat es sich zum Ziel gesetzt, das Image von Zutaten und Gerichten aus Westafrika in den USA populär zu machen, um damit wiederum bei den Menschen in Westafrika den erneuten Wunsch – und den finanziellen Anreiz – zu erzeugen, Foniohirse anzubauen und zu essen, ebenso wie andere Produkte aus der Region. Jedes Unternehmen sollte sich ernsthaft damit befassen, inwieweit sein Einsatz mit einer Vorbildfunktion für Begehren zusammenhängt.

Die drei Erfindungen

Gegen Ende seines Lebens zeigte René Girard sich zunehmend besorgt darüber, dass es in Zukunft noch mehr Mimesis geben würde – Kriege ohne ein echtes Ende, Technologie, die unsere mimetischen Instinkte anheizt, und Globalisierung als Beschleuniger mimetischer Krisen – und kein effektives Mittel, um den Konflikt einzudämmen. Die Geschichte kennt zwei große gesellschaftliche Erfindungen, die die negativen Konsequenzen mimetischen Begehrens entschärfen konnten: den Sündenbock-Mechanismus und die Marktwirtschaft. Könnte es eine Dritte geben?

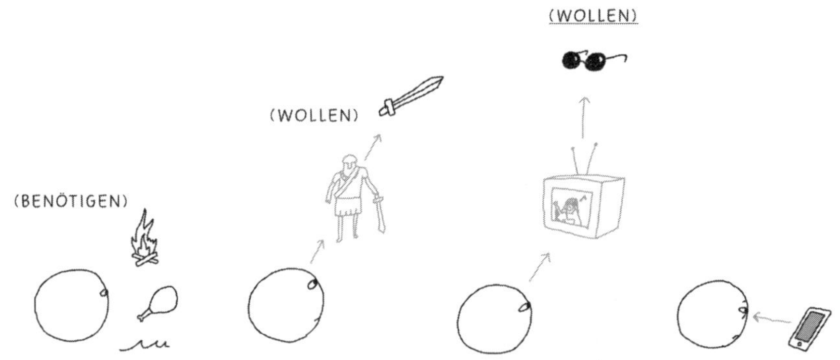

Die erste Erfindung

Der Sündenbock-Mechanismus verhinderte, dass eine Gesellschaft, die sich in einer Krise befand, sich selbst von innen heraus zerstörte. Er funktionierte auf paradoxe Weise: Der Sündenbock-Mechanismus dämmte Gewalt durch Gewalt ein. Anstelle eines Krieges, bei dem jeder gegen jeden kämpfte, gab es einen Krieg von allen gegen einen. Trotz der ihm innewohnenden Ungerechtigkeit erkannte Girard, dass der Sündenbock-Mechanismus eine stabilisierende Wirkung auf frühe Gesellschaften hatte.

In unserer modernen westlichen Zivilisation ist der Sündenbock-Mechanismus weniger effektiv geworden – wie eine Droge, gegenüber der wir desensibilisiert sind. Seine Schwäche wird deutlich in den rund um die Uhr laufenden Nachrichtenkanälen, *Reality TV* und den sozialen Medien. Nach der Vernichtung eines Sündenbocks dauert es nur Tage, und in manchen Fällen nur Stunden, bis der Ruf nach mehr Blut oder Spott wieder laut wird.

Wie wir in Kapitel 4 gesehen haben, ist dieser Mangel an Wirksamkeit das Ergebnis der Entlarvung des Sündenbock-Mechanismus. Wir glauben nicht länger, dass das, was wir tun, gerechtfertigt ist. Der Verlust unseres Glaubens an die Schuld des Sündenbocks hat dazu geführt, dass der Mechanismus unwirksam geworden ist. Sündenböcke sind wie die Götter in Neil Gaimans *American Gods* – sie existieren nur, solange Menschen an sie glauben.

Die zweite Erfindung

Nachdem der Sündenbock-Mechanismus seine Wirksamkeit verloren hat, ist die moderne Marktwirtschaft an seine Stelle getreten.[35] Die Marktwirtschaft lenkt mimetisches Begehren in produktive Tätigkeiten. Wenn der begabte Technikvorstand eines Milliarden US-Dollar schweren Start-ups beginnt, auf seine Mitgründer eifersüchtig zu sein, dann muss er nicht länger einen Staatsstreich anzetteln und ihre abgeschlagenen Köpfe auf Pfählen präsentieren – er geht einfach und gründet sein eigenes Unternehmen. Bei dem Wettbewerb zwischen Nikola Tesla und Thomas Edison ging es nicht um Land oder körperliche Überlegenheit – sie wetteiferten um Prestige und Anerkennung. Und das ist alles in allem eine gute Sache, wenn man es z. B. mit der Alternative eines direkten und gewaltsamen körperlichen Konflikts vergleicht.

Wirtschaftlicher Wettbewerb ist weniger blutig als die Welt der Opferungen, die er ersetzt hat. Gleichzeitig produziert aber auch er seine Opfer: Menschen am Existenzminimum, die keinen Zugang zu Märkten haben, ausgebeutete Arbeiter und Systeme, in denen am

Ende nur einer gewinnt. Er verschärft die Unterschiede zwischen denen, die im inneren Kreis sind und denen, die außen vor bleiben.

Trotz der vielen Probleme der Konsumgesellschaft lenkt sie Rivalitäten und Begierden in Kanäle, in denen die negativen Auswirkungen vor allem darin liegen, dass Menschen schwache Wünsche und Begierden verfolgen. Wenn Sie z. B. nur in teuren Steakhäusern essen, nehmen Sie vielleicht zu und werden ein langweiliger Gesprächspartner, aber zumindest sind Sie dann nicht in Schwertkämpfe auf der Straße verwickelt, um Ihren sozialen Status zu wahren. Solange wir darum wetteifern, das tollste Auto oder Haus in der Nachbarschaft zu haben, versuchen wir nicht, unseren Nachbarn zu annektieren.

Die dritte Erfindung

Der Sündenbock-Mechanismus war die erste große gesellschaftliche Erfindung, mit der das Problem des Begehrens angegangen wurde. Die Marktwirtschaft war die zweite. Keine von beiden wird in der Lage sein, uns zukünftig vor mimetischer Eskalation und Krisen zu schützen. Der Erhalt der Menschheit könnte von einer dritten Erfindung abhängen – einer, die wir noch entwickeln müssen oder die gerade entwickelt wird. Menschen werden einen neuen Weg finden müssen, um Begehren in produktive und nicht gewalttätige Bahnen zu lenken. Gelingt uns dies nicht, wird das mimetische Begehren außer Kontrolle geraten. Es ist noch unklar, wie dieser neue soziale Mechanismus aussehen wird, aber lassen Sie mich an dieser Stelle einmal ein wenig spekulieren.

Menschen könnten eine technologische Suprastruktur erschaffen, die die gleiche Aufgabe übernimmt, wie es archaische Religionen beim Sündenbock-Mechanismus getan haben: das Diffundieren von Gewalt – durch Milliarden von Bits und Bytes – in den Äther. Es könnte eine Erfindung sein, die eine Evolution unseres Geldsystems bewirkt, die es einfacher macht, Wertschöpfung auf individueller Ebene zu messen und zu vergüten. Vielleicht ist es auch eine Erfindung, die die Erforschung des Weltalls und die Besiedlung anderer

Planeten beschleunigt, sodass Menschen ganz neue Teile des Kosmos erforschen können und daher weniger darauf fokussiert sind, einander zu zerstören. Vielleicht findet aber ja auch eine Evolution im Bildungssektor statt, die es jedem Einzelnen ermöglicht, einfacher seinen eigenen Lebensweg zu gestalten.

Ist es möglich, dass die Innovation mit der Ankunft des Internets bereits geschehen ist? Wenn etwas schief geht, suchen Menschen instinktiv bei *Google* nach Antworten. Das Internet hat die Funktion der Massengewalt übernommen, indem es Urteile abgibt und Menschen an Tausende unterschiedlicher Orte verweist – Ventile, an denen sie eine Art der Katharsis finden können, die individuell für sie maßgeschneidert ist, sei es in einem *Reddit*-Forum oder einem *Facebook*-Post. Dennoch bezweifle ich, dass das Internet die dritte Erfindung ist, denn es scheint mir die Gewalttätigkeit eher zu verschärfen, anstatt sie zu mindern. In Abwesenheit einer neuen gesellschaftlichen Erfindung bleibt uns nichts weiter zu tun, als im Rahmen unserer Möglichkeiten zu handeln. Und das beginnt damit, wie wir unsere Wünsche formen und mit ihnen umgehen.

Der eine große Wunsch

Naval Ravikant, Gründer von *AngelList,* dem vom *Wall Street Journal* bescheinigt wurde, die persönliche Philosophie eines „rationalen Buddhismus“ zu verfolgen, ist eine Quelle nachdenklicher Reflektion für viele Unternehmer. Nur wenige Vorstände von Technologieunternehmen haben direkter über die Rolle von Begehren im Geschäfts- und Privatleben gesprochen.

„Begehren ist ein Vertrag, den Du mit mir Dir selbst abschließt und der beinhaltet, dass Du unglücklich bist, bis Du bekommst, was Du willst“, sagt er.[36] Ravikant bedient sich der zeitlosen Erkenntnis zahlloser spiritueller Traditionen über die Verbindung von Begehren und Leiden: Wir begehren immer etwas, von dem wir glauben, dass es uns fehlt – und das verursacht Leiden.

Mimetisches Begehren äußert sich als ständige Sehnsucht danach, jemand oder etwas anderes zu sein (was wir als *metaphysisches Begehren* bezeichnet haben). Menschen wählen sich Vorbilder, weil sie glauben, dass diese den Schlüssel zu der Tür besitzen, hinter der womöglich genau das liegt, wonach sie immer gesucht haben. Aber wie wir bereits gesehen haben, ist metaphysisches Begehren ein Spiel ohne Ende. Wir wechseln Vorbilder schneller als unsere Kleidung. Der Akt des Gewinnens, des Besitzens der Sache, die das Vorbild uns glauben machte, haben zu wollen, überzeugt uns, dass wir von Anfang an das falsche Vorbild gewählt haben. Also machen wir uns auf die Suche nach dem nächsten. Mimetisches Begehren ist ein paradoxes Spiel. Wenn wir gewinnen, verlieren wir. Jeder Sieg ist ein Pyrrhussieg.

Die Welt ist voller Vorbilder. Speziell die Geschäftswelt liebt sie. Es gibt Finanzvorbilder. Es gibt bewährte Vorgehensweisen, Ratgeber, Vorlagen und tägliche Blogs, die Fahrpläne zum Erfolg anbieten. Rollenvorbilder finden sich auf den Titelseiten von Zeitschriften und auf den Seiten des *Wall Street Journal*. Es gibt Bücher. Jeder ist entweder ein Vorbild oder signalisiert, dass er oder sie eines sein sollte. Sie alle bieten externe Strukturen oder Schemata des Begehrens. Das scheint es zu sein, wonach Menschen suchen. Wenn meine Studenten mich fragen, was sie mit ihrem Leben anfangen sollen, dann möchten sie meist, dass ich ihnen ein Drehbuch gebe. Einen Fahrplan. Ich erzähle ihnen dann, wie Dave Romero plötzlich in Las Vegas vor meiner Tür stand und frage sie, ob die *Stern School of Business* mir mein Geld zurückgeben sollte, weil sie mir nicht beigebracht hat, wie man mit so einer Situation umgeht. Jedes Schema hat seine Grenzen. Im Leben geht es darum, mit einer ungewissen Zukunft umzugehen und alle bisher vorhandenen Schemata sind ungeeignet dafür.

Das Wort „Schema“ leitet sich vom Griechischen ab. Es bildet die Wurzel des heutigen griechischen Verbs *suschématizó*, was „sich an etwas anpassen“ bedeutet. Der griechische Satz „Me syschematizesthe!“ bedeutet beispielsweise „Pass Dich nicht an!“. Oder, genauer gesagt, bedeutet er: „Zwänge Dich selbst nicht in irgendein von einem externen Vorbild vorgegebenes Muster.“

Gesteuertes Begehren hat von Natur aus immer etwas mit einem Vorbild zu tun. Kein Architekt erstellt eine Blaupause, ohne ein Schema zu haben. Die Transformation von Begehren hingegen ist ein dynamischer Prozess. Die Griechen haben ein Wort für eine totale Veränderung aus dem Inneren heraus – eine, die nicht nach dem Muster eines bestimmten Vorbilds erfolgt: *Metamorphose*. Diese Art von grundlegender Veränderung – die im Grunde eine Veränderung des Begehrens ist – ist schmerzhaft. Alle spirituellen Traditionen sind sich einig darin, dass ein Verändern unserer Art des Begehrens Leiden erfordert – zumindest, wenn wir es in eine positive Richtung verändern wollen. Niemand lässt gerne von schwachen Wünschen ab.

„Nimm Deinen einen übermächtigen Wunsch, für den es sich lohnt, zu leiden", sagte Naval Ravikant im Podcast von Joe Rogan. Alle anderen Wünsche und Begierden sollte man loslassen.[37] Geringere Wünsche loszulassen fühlt sich ein bisschen wie Sterben an.

Wenn ich mir vorstelle, einen einzigen großen Wunsch zu verfolgen, denke ich an eine meiner Lieblingsautorinnen, die amerikanische Schriftstellerin Annie Dillard. In ihrer Essaysammlung mit dem Titel *Teaching a Stone to Talk: Expeditions and Encounters* schreibt sie darüber, wie sie aus einer selbstversonnenen Kindheit erwachte und in den gegenwärtigen Moment einer größeren Welt um sie herum eintauchte. Später im Leben schrieb sie einen poetischen, nicht fiktionalen Text mit dem Titel „Living Like Weasels" (Leben wie die Wiesel, Anm. d. Verlags). Darin geht es um eine zufällige Begegnung mit einem Wiesel in der Natur. Ich komme immer wieder gerne darauf zurück, wegen der Schönheit von Dillards Worten und ihrer achtsamen Aufmerksamkeit dafür, wie viel ein Wiesel uns über das Leben lehren kann. Ich kann es nicht besser ausdrücken als sie, also werde ich sie ein paar Mal zitieren.

Annie Dillard erzählt die Geschichte eines Mannes, der einen Adler abschießt. Als er den Körper des Vogels untersucht, entdeckt er die Kieferknochen eines Wiesels, die fest um den Hals des Adlers sitzen. Der Adler musste sich auf das Wiesel gestürzt haben, um es zu erlegen. Das Wiesel jedoch drehte genau im richtigen Moment seinen Kopf herum und vergrub seine Zähne in den Hals des Vogels. Während der Adler sich in die Lüfte erhob, verbiss sich das Wiesel noch stärker in seinen Hals, bis irgendwann – und wer kann schon wissen, wie lange das Wiesel am Hals des Adlers hing? – entweder der Wind oder der Adler die Knochen des Wiesels auseinanderrissen und nur noch die Reste des Kiefers übrigblieben.

„Es geht darum, dass man sich auf geschickte und geschmeidige Art an seine Berufung heranpirscht, den zartesten und lebendigsten Punkt erspäht und sich in ihn verbeißt", schrieb Dillard. „Ich glaube es wäre gut, und richtig, und folgsam, und rein, dieses eine wesentliche Bedürfnis zu ergreifen und es nicht mehr loszulassen, locker an ihm zu hängen, wo immer es uns hinträgt. Dann kann uns selbst der Tod, zu dem wir gehen, ganz gleich wie wir leben, nicht davon trennen."[38]

Wir werden nicht vollständig von Instinkten geleitet wie dem, der das Wiesel dazu brachte, sich festzubeißen. Aber wir müssen eine Entscheidung darüber treffen, was wir für wert befinden, uns darin zu verbeißen. Andernfalls werden unsere Knochen vom Wind mimetischer Kräfte abgenagt, ohne dass wir jemals Anspruch auf etwas erhoben haben, das uns in der Tiefe unseres Seins berührt.

Verfolgen Sie Ihren größten Wunsch. Wenn Sie ihn gefunden haben, dann verändern Sie alle Ihre schwächeren und weniger wichtigen Wünsche dergestalt, dass sie dem einen großen Wunsch dienen. „Ergreifen Sie ihn und lassen Sie sich von ihm ergreifen und in noch höhere Höhen schwingen," schreibt Dillard, „bis Ihre Augen ausbrennen und herausfallen, Ihr Fleisch von den Knochen fällt, Ihre Knochen aus ihrer Verankerung fallen und sich verstreuen, über die Felder, über Felder und Wälder, leicht, gedankenlos, aus allen möglichen Höhen, von der Höhe des Adlerflugs".[39]

Wenn man seinen größten Wunsch ergreifen will, muss man notwendigerweise auch nach Vorbildern greifen. Ohne sie finden wir keinen Zugang zu dem, was wir begehren. Und wir werden immer denjenigen Vorbildern folgen, die uns am wahrhaftigsten erscheinen – die eine Lebensqualität besitzen, von der wir fühlen, dass sie über unsere eigene hinausgeht. Verfolgen Sie also Ihren höchsten und nobelsten Wunsch, aber seien Sie sich dabei bewusst, dass Sie ein

Vorbild dafür finden müssen. An diesem bestimmten Tag, an dem Sie diese Worte lesen, könnte es eine Figur aus einem Buch sein, eine Anführerin, ein Athlet, ein Heiliger, ein Sünder, eine Gewinnerin der *Medal of Honor*, eine Liebe, eine Ehe, eine Heldentat, das höchste Ideal, das Sie sich vorstellen können.

Aber dieses Vorbild wird nicht das Ende sein. Weil es von außen kommt, kann es nicht automatisch die innere Transformation auslösen, die stattfinden muss, damit Sie über Ihr Vorbild hinausgehen, über es hinauswachsen können. Wenn die innere Transformation nicht stattfindet, stecken wir in Bezug auf unsere Vorbilder und Wünsche in einem endlosen Hau-den-Maulwurf-Spiel fest. Findet sie aber statt, dann hilft ein reflexiver Prozess, die schwachen Wünsche dahinschwinden und die stabilen Wünsche Wurzeln schlagen zu lassen.

Es besteht kein Gegensatz zwischen externen Vorbildern oder Schemata und innerer Transformation oder Metamorphose. Achten Sie einfach darauf, dass das Nachstreben nach einem Vorbild gleichzeitig die innere Veränderung auslöst, die Ihnen hilft, neue und bessere Vorbilder zu wählen.

Liebe und Verantwortung

Es wimmelt nur so von schwachen mimetischen Wünschen. Jede Minute des Tages werden sie uns präsentiert. Wir können an ihnen nippen, und manchmal sogar in sie hineinbeißen, aber sie werden uns nicht dort hinbringen, wohin wir wollen. Wir müssen uns entscheiden, ob wir ein ungewollt mimetisches Leben leben oder uns an die harte Arbeit machen wollen, stabile mimetische Wünsche zu entwickeln. Wenn wir uns für Letzteres entscheiden, müssen wir die Angst aushalten, all die glänzenden mimetischen Objekte zu verpassen, die uns umgeben.

Wenn ich am Ende meines Lebens etwas am meisten bereuen sollte, dann wird es wohl vor allem sein, stabile Wünsche nicht verfolgt zu haben. Wünsche, bei denen ich glücklich und zufrieden sein werde, dass ich alles dafür gegeben habe. Sollte ich an Erschöpfung sterben – und am Ende tun wir das alle – dann wird es nicht daran liegen, dass ich mich für schwache Begierden aufgerieben habe. Es wird daran liegen, dass ich einen stabilen Wunsch ergriffen und so lange festgehalten habe, bis nichts mehr übrig ist.

Der zerstörerische mimetische Kreislauf funktioniert nur, wenn Menschen davon überzeugt sind, dass ihre Wünsche absoluten Vorrang haben. Sie sind sogar dazu bereit, andere zu opfern, um sie zu erfüllen. Beim positiven Kreislauf des Begehrens hingegen respektieren Menschen die Wünsche anderer im gleichen Maße wie ihre eigenen. Sie übernehmen sogar eine aktive Rolle in der Zusammenarbeit mit anderen, um sie beim Erreichen ihres einen großen Wunsches zu unterstützen. In einem positiven Kreislauf sind wir in gewissem Sinne alle Hebammen für die stabilen Wünsche unserer Nachbarn.

Die einfachste Definition von Liebe ist das zu wollen, was für jemand anderen gut ist. Die Italiener haben eine Art, „Ich liebe Dich" zu sagen, die hier besonders lehrreich ist. *Ti voglio bene*, sagen sie, und das bedeutet nichts anderes als „Ich will Dir Gutes" oder anders gesagt: Ich wünsche Dir das Beste für Dich.

Taktik 15

Leben Sie, als wären Sie für die Wünsche anderer Menschen verantwortlich

Durch unsere Beziehungen helfen wir anderen Menschen auf eine von drei Arten bei ihren Wünschen: Wir helfen ihnen, mehr zu wollen, wir helfen ihnen, weniger zu wollen oder wir helfen ihnen, etwas anderes zu wollen.

Es gibt keine Person, der wir begegnen – selbst in den kleinsten und unwichtigsten Interaktionen am Tag – der wir nicht helfen, auf eine der drei oben genannten Arten zu wollen. Die Veränderungen sind meist nicht erkennbar. Aber wie bei einem riesigen Schwungrad stupsen wir die Wünsche anderer Menschen sanft in die eine oder andere Richtung.

Mit einem Bewusstsein für mimetisches Begehren zu leben, bringt die Verantwortung mit sich, jeden Tag in kleinen Dingen Rivalitäten zu entschärfen und positive Wünsche vorzuleben.

Wir haben die Verantwortung, unsere eigenen Wünsche zu gestalten. Wie wir gesehen haben, können wir das nicht ohne andere. Unsere Pflicht, unsere Wünsche zu formen, geht Hand in Hand mit der Verantwortung, uns um die Beziehungen zu kümmern, die wir mit anderen pflegen. Die Transformation von Begehren findet statt, wenn wir uns weniger Gedanken um die Erfüllung unserer eigenen Wünsche machen und mehr um die Erfüllung der Wünsche anderer. Paradoxerweise werden wir feststellen, dass dies genau der Weg ist, um auch unsere eigenen zu erfüllen.

Der positive Kreislauf des Begehrens funktioniert, weil dabei hauptsächlich nachgeahmt wird, sich selbst zu schenken. Das ist die positive Kraft mimetischen Begehrens, die hinter jeder wunderbaren Ehe und Freundschaft und jedem Akt der Wohltätigkeit steht. Letztendlich ist Begehren ein anderes Wort für Lieben. Und auch das ist mimetisch.

„Wir können leben wie immer wir wollen", schreibt Dillard gegen Ende ihres Essays. „Menschen legen aus freien Stücken Armuts-, Keuschheits- Gehorsamkeits- und sogar Schweigegelübde ab." Sie stellte einen deutlichen Unterschied zwischen sich und dem Wiesel fest. „Das Wiesel lebt in Notwendigkeiten und wir leben in Wahlfreiheit, hassen Notwendigkeiten und sterben doch am Ende schmachvoll in ihren Fängen."[40]

Unsere Wahl besteht darin, uns den mimetischen Kräften zu ergeben, die in jedem Moment unseres Lebens unser Begehren in Beschlag nehmen wollen, oder aber uns der Freiheit unseres einen großen Wunsches zu ergeben – die eine Sache zu tun, die zu tun wir gemacht wurden, jederzeit, immer und immer wieder, bis wir einen Wunsch herausgebildet haben, der stabil genug ist, dass wir unser Leben auf ihm aufbauen können.

Bis dahin, und wahrscheinlich unser Leben lang, haben wir etwas Warmes, in das wir uns verbeißen können: das zu wollen, was wir bereits haben.

NACHWORT

René Girard schrieb einmal, dass „der erste Entwurf eines Autors ein Versuch der Selbstrechtfertigung ist". Bei ersten Entwürfen von Dingen – seien es Bücher, Unternehmen, Beziehungen oder Lebenspläne – geht es meistens darum, uns darüber klar zu werden, was wir überhaupt wollen.[1]

Girard glaubte, dass die besten Romanschriftsteller ihre ersten Entwürfe lesen und sofort durchschauen. Sie erkennen, dass der erste Entwurf „ein abgekartetes Spiel" ist – ein unbewusster Versuch, ihre Leser und sich selbst in Bezug auf die Komplexität ihres Begehrens zu täuschen. (Stephen King schrieb einmal, das Wichtigste, das er von Carrie White gelernt habe, der Hauptfigur seiner ersten Horrorgeschichte, sei, dass „die erste Vorstellung, die ein Schriftsteller von einer Figur oder auch mehreren hat, ebenso falsch sein kann wie die des Lesers".)[2]

Die Erfahrung, die er während des Lesens dieser ersten Fassung macht, vernichtet und desillusioniert den Autor, stürzt ihn von seinem Thron und ist ein herber Schlag für seinen Stolz und seine Eitelkeit. „Und dieser existenzielle Absturz ist das Ereignis, das ein großes Kunstwerk möglich werden lässt", sagt Girard.[3] Der Autor beginnt von Neuem – aber dieses Mal ohne die romantischen Lügen, die ihn blind für die eigene Mimesis gemacht hatten. Vorher waren die Figuren des Schriftstellers entweder gut oder böse. Danach gibt es Nuancen. Die Charaktere müssen mit mimetischem Begehren und Rivalitäten kämpfen. Der Autor erkennt, dass das Leben ein Prozess immerwährenden Begehrens ist.

Wenn ich Ihren Namen an irgendeiner Stelle in diesem Buch erwähnt habe, sei es in positiver oder kritischer Weise, dann sind Sie wahrscheinlich eine Art von Vorbild für mich. Da Sie meinen Wunsch, ein Buch über mimetisches Begehren zu schreiben, beeinflusst haben, hoffe ich, dass ich wiederum den Wunsch einer anderen Person beeinflusse, ein besseres Buch zu schreiben. Wahrscheinlich bin ich schon hart bei der Arbeit, im Wettstreit mit Ihnen.

DANKSAGUNG

Dieses Buch entstand auf den breiten und erhabenen Schultern von René Girard, aber viele andere haben mir ihre ebenfalls geliehen – ebenso wie ihre Augen und Ohren, und in manchen Fällen auch ihre Wünsche. Ohne sie hätte ich es nicht über die Ziellinie geschafft.

Meine Frau Claire hörte das Wort „mimetisch" im Laufe eines Jahres häufiger, als ein Mensch es in fünf Leben hören sollte. Sie musste öfter als jeder andere als Resonanzboden für meine wildesten Ideen dienen. Einige davon haben es zum Glück nicht in dieses Buch geschafft. Das ist einzig und allein ihr zu verdanken. Sie zeigte sich als unermüdliche und kluge Lektorin und Gesprächspartnerin, die mir Mut gemacht und mehr als jeder andere dazu beigetragen hat, dass dieses Projekt verwirklicht werden konnte.

Einige der Ideen in diesem Buch leiten sich aus den Werken anderer ab. Ich habe sie nachgeahmt. Mein Dank geht daher an folgende Vorbilder: Jim Collins, dessen Analogie vom Schwungrad meine eigenen Gedanken zu Kreisläufen des Begehrens klären half; Nassim Nicholas Taleb, dessen Begriffe „Extremistan" und „Mediokristan" ein Vorbild für „Celebristan" und „Freshmanistan" waren; den vielen Schülern von Girard und denen, die seine Theorien praktisch anwenden, deren Denken über die vergangenen fünf Jahrzehnte hinweg mein eigenes beeinflusst hat, darunter vor allem Paul Dumouchel, Jean-Pierre Dupuy, James Alison, Cynthia Haven, Martha Reineke, Sandor Goodhart, Andrew McKenna, Suzanne Ross von der *Raven Foundation*, Steve McKenna, Ann Astell, Gil Bailie (dem ich den Begriff der disruptiven Empathie verdanke, den ich lediglich ein wenig weitergeführt habe) und Wolfgang Palaver.

Ich bin dankbar für die Unterstützung, die Jim Levine während des gesamten Prozesses geleistet hat. Er ist der beste Literaturagent, den man sich vorstellen kann, und ich danke Adam Grant dafür, dass er uns zusammengebracht hat. Jim war ein weiser Mentor und erwies sich trotz der nicht immer leichten Zusammenarbeit während einer Pandemie als unerschütterlich und unbeirrbar.

Bei *St. Martin's Press* war Tim Bartlett wie ein großartiger Trainer, der immer zur richtigen Zeit die richtigen Tipps für mich auf Lager hatte, um das Beste aus mir herauszuholen. Er erkannte die Wichtigkeit des Buchs und leitete mich von Anfang bis Ende geschickt durch die Aufs und Abs des Schreibens. Mein Dank gilt auch allen anderen (zu viele, um sie einzeln aufzuzählen) bei *St. Martin's Press*, die dazu beigetragen haben, dieses Projekt in trockene Tücher zu bringen. Ich bin stolz darauf, Ihr Autor zu sein.

Die Einsichten von Megan Hustad waren unschätzbar wertvoll, auch für den Aufbau des Manuskripts. Meine Kollegin Rebecca Teti bewies die gleiche Anmut, Weisheit und Stärke, die sie jeden Tag lebt. Weitere Menschen, die dieses Buch zu dem gemacht haben, das es ist, sind: Rod Penner, Brian Williamson und alle anderen bei *Pruvio*; Ben Kalin; mein unermüdliches und erstaunliches Allround-Talent von einem Assistenten Grady Connolly; Christine Sheehan; und all die wunderbaren Menschen in den Bars und Restaurants und Cafés in Washington DC, New York City und überall auf der Welt – von denen leider derzeit viele geschlossen sind –, in denen ich oft bis spät in die Nacht oder bis in die frühen Morgenstunden saß und an diesem Buch arbeitete.

Besonderer Dank gilt Liana Finck, deren Illustrationen diesem Buch Leben verleihen. Mit ihr gemeinsam an Ideen zu arbeiten und Wege zu finden, Konzepte visuell abzubilden, war einer der erfüllendsten Teile des gesamten Prozesses. In Form von Zeichnungen zu denken, wirkte sich positiv auf mein Schreiben aus. Es war wunderbar, mit einer so aufmerksamen, talentierten und freundlichen Person zusammenzuarbeiten.

Danke an meine Kollegen, Partner und Freunde, die mir geholfen haben, meine Gedanken zu verfeinern: Dr. Joshua Miller, Andreas Widmer, Frédéric Sautet, Tony Cannizzaro, Michael Hernandez, David Jack, Fr. Brendan Hurley (SJ), John Souder, Michael Matheson Miller, Carlos Rey, Gregory Thornbury, Anthony D'Ambrosio, Louis Kim, Brandon Vaidyanathan und viele andere, denen ich auf diese Weise gar nicht genug danken kann.

Ich möchte auch all jenen danken, die zu den Ideen in diesem Buch beitrugen und sich Zeit für Gespräche mit mir genommen haben: Chefkoch Sébastien Bras, Peter Thiel, Jimmy Kaltreider, Trevor Cribben Merrill, Chef Pierre Thiam, Imad und Reem Younis, Dean Karnazes, Aimee Groth, Dr. Andrew Meltzoff (der besonders hilfreich war), Mark Anspach, Bruce Jackson (der freundlicherweise die Fotografien von Girard bereitstellte), Dr. Roland Griffiths, Naresh Ramchandani, Tyler Cowen, Dan Wang, Jonathan Haidt und andere, die ich aufgrund von Platzgründen hier nicht alle nennen kann.

Zu guter Letzt, Dank an meine Eltern, Lee und Ida Burgis, und meine Großmutter Verna Bartnick. Ihr alle habt mir Leben, Glaube, Hoffnung und Liebe geschenkt. AMDG.

Doch schon bewegte Willen und Verlangen mir,
wie ein gleichbewegtes Rad, die Liebe,
die kreisen macht die Sonne wie die Sterne.

Dante Alighieri

Und es wird auf jeden Fall andere geben, die das wiederholen werden, was wir gerade im Begriff sind, zu sagen und die die Dinge über das hinaus voranbringen werden, was wir in der Lage waren, zu tun. Dennoch werden Bücher an sich nur geringe Bedeutung haben; die Ereignisse, unter denen diese Bücher erscheinen, werden wesentlich aussagekräftiger sein als alles, was wir verfassen, und werden Wahrheiten etablieren, die es uns schwer fallen wird, zu beschreiben und die wir schlecht beschreiben werden, selbst in einfachen und banalen Fällen.

René Girard

ANHANG A:

GLOSSAR

Begriffe, die ich erfunden habe oder die in diesem Buch in einem besonderen Sinn verwendet werden, sind mit einem Asterisk (*) gekennzeichnet.

Antimimetisch*
Eine Person, Handlung oder Sache, die den negativen Kräften mimetischen Begehrens entgegenwirkt. Es ist eine spezielle Art der Gegenkultur – weniger wie ein Hipster, mehr wie ein Heiliger.

Begehren
Ein komplexes und geheimnisvolles Phänomen des menschlichen Lebens, bei dem Menschen sich zu bestimmten Personen und Objekten hingezogen fühlen, die sie als erstrebenswert erachten. Begehren ist etwas anderes als ein Bedürfnis, weil es ein Vorbild benötigt. „Der Mensch ist die Kreatur, die nicht weiß, was sie begehren soll, und er schaut auf die anderen, um es herauszufinden", schrieb René Girard. Begehren ist das, was Menschen dazu bringt, nach transzendenten Dingen zu suchen.

Celebristan*
Die Welt externer Vermittler und Vorbilder.

Disruptive Empathie
Empathie, die Kreislauf 1 unterbricht.

Doppelbindung
Wenn ein Nachahmer und ein Vorbild sich am Ende *gegenseitig* zum Vorbild nehmen, sodass jeder gleichzeitig *Nachahmer* des anderen und *Vorbild* für ihn ist.

Erfüllungsgeschichten
Geschichten über Zeiten im Leben einer Person, in denen sie etwas tat, das sie als gut erachtete und das ihr tiefe Erfüllung brachte. Erfüllungsgeschichten helfen dabei, sich über die Muster seiner grundlegenden Motivationsantriebe klar zu werden.

Externe Vermittlung
Wenn eine Person die Wünsche oder Begierden von jemandem nachahmt, der zeitlich, räumlich oder gesellschaftlich von ihr getrennt ist und die Möglichkeit gering ist, dass sie jemals mit der von ihr nachgeahmten Person – also ihrem

Vorbild – in Kontakt kommt. Bei der externen Vermittlung vermittelt das Vorbild Wünsche von extern aus einer Welt heraus, die außerhalb derer des Subjekts liegt.

Freshmanistan*
Die Welt interner Vermittlung.

Gespiegelte Nachahmung*
Wenn eine Person versucht, sich von einem mimetischen Rivalen zu unterscheiden, indem sie etwas anderes oder das genaue Gegenteil von dem begehrt, was der Rivale will.

Grundlegender Motivationsantrieb
Ein spezifischer und beständiger Antrieb im Verhalten einer Person, der sie dazu führt, ein bestimmtes Muster von Ergebnissen zu erzielen. Grundlegende Motivationen zu verstehen, kann Menschen dabei helfen, ihre stabilen Wünsche zu identifizieren und ihre Wünsche auch generell besser an ihrer Kernmotivation auszurichten.

Interne Vermittlung
Wenn eine Person sich zeitlich, räumlich und gesellschaftlich im gleichen Umfeld wie ihr Vorbild bewegt und die Wahrscheinlichkeit hoch ist, mit ihm in Kontakt zu kommen. Bei interner Vermittlung vermittelt das Vorbild Begehren von innerhalb der Welt des Subjekts.

Kreislauf 1*
Ein Prozess zerstörerischen Begehrens, der zu Konflikt führt.

Kreislauf 2*
Ein Prozess konstruktiven, wertschöpfenden Begehrens.

Memetische Theorie
Nicht zu verwechseln mit der mimetischen Theorie, die auf René Girard zurückgeht. Der Bereich der Memetik beschäftigt sich damit, wie Informationen und Kulturen sich basierend auf Prinzipien der Evolutionstheorie Darwins entwickeln. Der Begriff „Mem" wurde 1976 vom Verhaltensforscher und Evolutionsbiologen Richard Dawkins in seinem Buch *Das egoistische Gen* geprägt. Er sollte ähnlich klingen wie „Gen", da ein Mem laut Dawkins das kulturelle Äquivalent darstellt. Meme sind Worte, Betonungen, Vorstellungen, Melodien und Ähnliches, die durch Wiederholung oder Nachahmung von Gehirn zu Gehirn weitergegeben werden.[1]

Mimesis
Eine komplexe Art der Nachahmung, die bei Erwachsenen in der Regel verdeckt abläuft. In der mimetischen Theorie hat Mimesis einen negativen Beiklang, weil sie in der Regel zu Rivalität und Konflikten führt – das ist einer der Hauptgründe, warum Girard sie von normaler Nachahmung unterschied, indem er sie „Mimesis" nannte, was sich vom griechischen Wort für Nachahmung

ableitet. Nachahmung ist Menschen stärker bewusst als Mimesis. Mimesis kann positiv oder negativ sein, ist aber zumeist negativ, weil sie geleugnet oder verborgen wird.

Mimetisches Begehren
Ein Begehren, das durch die Nachahmung dessen erzeugt und geformt wird, was eine andere Person bereits begehrt hat oder von dem angenommen wird, dass sie es begehrt. Mimetisches Begehren bedeutet, dass wir Objekte aufgrund des Einflusses eines Dritten auswählen – eines Vorbilds oder Vermittlers von Begehren.

Mimetische Krise
Eine mimetische Krise tritt ein, wenn rivalisierendes mimetisches Begehren sich in einer Gemeinschaft verbreitet und zu Undifferenziertheit führt. Das Ergebnis ist Chaos, das droht, eine Gemeinschaft sozial zu zerstören.

Mimetische Rivalität
Mimetisches Begehren, das zu einem rivalisierenden Wettstreit geworden ist – zwei Parteien, die das Gleiche wollen, konkurrieren um ein Objekt.

Mimetische Systeme
Systeme, die durch mimetisches Begehren funktionieren und auch von ihm getragen werden.

Mimetische Theorie
Eine Erklärung sozialer und kultureller Phänomene basierend auf der Rolle, die Nachahmung im menschlichen Verhalten spielt – insbesondere die Nachahmung von Begehren (mimetisches Begehren) – und der sich daraus ergebenden Konsequenzen. Die Theorie erklärt auch, wie mimetisches Begehren, mimetische Rivalität, Gewalt und der Sündenbock-Mechanismus mit religiösen und kulturellen Ritualen, Tabus und Vorschriften zusammenhängen, die mimetische Krisen verhindern sollen.

Motivationsmuster
Das Muster grundlegender Motivationsantriebe, das in Erfüllungsgeschichten erkennbar wird. Das Motivationsmuster einer Person ist der rote Faden, der sich durch alle ihre Erfüllungsgeschichten zieht.

Nachahmung
Nachahmung bedeutet, sich jemanden oder etwas zum Vorbild zu nehmen. Kinder sind Experten im Nachahmen; Erwachsene verbergen es meist. Nachahmung ist die positive Kraft hinter der kindlichen Entwicklung, dem Lernen von Erwachsenen und dem Erwerb von Tugenden. Nachahmung ist neutral – wir können sowohl positiv als auch negativ nachahmen.

Reflexivität
Ein wechselseitiger Feedback-Kreislauf, bei dem die Wahrnehmung eine Umgebung beeinflusst und die Umgebung wiederum die Wahrnehmung. Bei einer

mimetischen Rivalität kann niemand agieren, ohne die Wahrnehmung und die Begierden des anderen zu beeinflussen.

Romantische Lüge
Die Vorstellung, dass unsere Entscheidungen vollständig autonom, unabhängig und selbstgesteuert sind. Eine Person, die in einer romantischen Lüge lebt, hält das eigene Verhalten nie für mimetisch.

Schwache Wünsche*
Schwache Wünsche oder Begierden wurzeln in vergänglichen, oberflächlichen Dingen. Sie sind flüchtige, mimetische Begierden, die einen Großteil des Lebens dominieren, wenn dieses absichtslos gelebt wird und leicht von mimetischen Phänomenen infiziert werden kann.

Stabile Wünsche*
Stabile Wünsche oder Begierden sind weniger mimetisch als schwache. Sie hatten Zeit, sich über Jahre hinweg oder während eines Schlüsselerlebnisses zu bilden und zu festigen. Stabile Wünsche oder Begierden haben Sinn. Sie sind dauerhaft.

Substitutionsopferung
Das Opfern von etwas Symbolischem anstelle einer anderen (in der Regel mit mehr Gewalt verbundenen) Opferung.

Sündenbock
Eine Person, Gruppe oder Sache, die eine Gemeinschaft inmitten einer mimetischen Krise auszuschließen oder zu vernichten beschließt, um eine Lösung herbeizuführen. Der Sündenbock zieht die gesamte mimetische Spannung und Gewalt, die zuvor ungerichtet und chaotisch war, auf sich. Sündenböcke werden oft willkürlich durch einen mimetisch getriebenen Urteilsprozess gewählt.

Sündenbock-Mechanismus
Ein Verfahren, mit dem Menschen in der Geschichte mimetische Krisen gelöst haben, indem sie einen Sündenbock vertrieben oder in anderer Form vernichtet haben. Als der Sündenbock-Mechanismus zum ersten Mal eingesetzt wurde, geschah dies mimetisch und spontan. Danach wurde er oft in einer rituellen Form eingesetzt, bei der die ursprüngliche Krise künstlich erneut erzeugt und aufgelöst wurde, was für alle Beteiligten eine temporäre Katharsis mit sich brachte.

Transzendente Führung
Ein Führungsansatz, der die Entwicklung und Ausgestaltung von Begehren als erstes und wichtigstes Ziel einer Führungskraft und Hauptmotor für die Kultur und Gesundheit eines Unternehmens ansieht.

Urteilsvermögen
Ein Vorgang, Entscheidungen zu treffen, der eine rationale Analyse einschließt und gleichzeitig über sie hinausgeht. Es geht dabei darum, eine Sache von einer

anderen zu unterscheiden. Urteilsvermögen beinhaltet Wahrnehmungsfähigkeit, implizites Wissen und die Fähigkeit, Wünsche und Begierden zu verstehen. Da sich diese nicht anhand objektiver und wissenschaftlicher Kriterien bewerten lassen, ist Urteilsvermögen vonnöten, um zu entscheiden, welche Wünsche man nährt und welche man aushungern lässt.

Verkennen
In der mimetischen Theorie bezieht sich der Begriff Verkennen (oder „Nichtkennen") auf die Neigung von Einzelnen oder Gruppen, die in mimetischem Begehren gefangen sind, eine verzerrte Wahrnehmung zu haben und andere Menschen oder Dinge als Ursache für ihre Probleme zu sehen. Verkennen verhilft dem Sündenbock-Mechanismus zu seiner Wirksamkeit. Das Konzept des Verkennens – oder der „méconnaissance" im französischen Original – ist ein zentraler Begriff in Girards Werk, wenngleich der Begriff schwer in andere Sprachen zu übertragen ist, ohne dass etwas von der ursprünglichen Bedeutung verloren geht. Die beste Abhandlung zum Thema ist das Essay „De la méconnaissance" des Philosophen Paul Dumouchel aus seinem Buch *The Ambivalence of Scarcity and Other Essays.*

Vermittlung von Begehren
Der Vorgang, durch den das Begehren innerhalb der dynamischen Beziehung zwischen Subjekt und Vorbild Form annimmt.

Vorbild
Eine Person, Sache oder Gruppe, die das Begehren von anderen formt und lenkt.

Wertehierarchie
Ein System von Werten, die als nicht unbedingt gleich angesehen werden, die aber in Beziehung zueinander stehen und Teil eines einheitlichen Ganzen sind.

ANHANG B:

BÜCHER ZUR MIMETISCHEN THEORIE

Ich glaube, dass die Formung des Geistes einer Person stark vom jeweiligen Lebensweg abhängt. Die folgende Liste von Büchern, die ich zum Erforschen der mimetischen Theorie empfehle, verfolgt zwar eine gewisse Ordnung, aber dennoch können Sie je nach Interesse und Motivation an einem beliebigen Punkt starten. Einige mögen vielleicht gleich mit *Das Ende der Gewalt. Analyse des Menschheitsverhängnisses* beginnen, dem wohl bedeutendsten Werk von Girard. Die unten stehende Liste stellt am ehesten die Abfolge dar, die ich vermutlich wählen würde, wenn ich ein sich über ein Jahr erstreckendes Seminar zur mimetischen Theorie abhielte.

Figuren des Begehrens. Das Selbst und der Andere in der fiktionalen Realität, René Girard (1961)
Ich sah den Satan vom Himmel fallen wie einen Blitz. Eine kritische Apologie des Christentums, René Girard (1999)
René Girards mimetische Theorie. Im Kontext kulturtheoretischer und gesellschaftspolitischer Fragen, Wolfgang Palaver (2008)
Das Ende der Gewalt. Analyse des Menschheitsverhängnisses, René Girard (1978)
Evolution of Desire: A Life of René Girard, Cynthia L. Haven (2018)
Violence Unveiled: Humanity at the Crossroads, Gil Bailie (1995)
Mimesis and Science: Empirical Research on Imitation and the Mimetic Theory of Culture and Religion, Scott R. Garrels (Hg.) (2011)
Evolution and Conversion: Dialogues on the Origins of Culture, René Girard (2000)
Resurrection from the Underground: Feodor Dostoevsky, René Girard (1989)
Im Angesicht der Apokalypse. Clausewitz zu Ende denken: Gespräche mit Benoît Chantre, René Girard (2009)

Weitere Informationen finden Sie auf der Website von Luke Burgis unter lukeburgis.com oder auf Twitter unter @lukeburgis.

ANHANG C:

MOTIVATIONSTHEMEN

In diesem Anhang finden Sie die Themen der 27 Motivationsmuster, die innerhalb des *System for Identifying Motivated Abilities* (SIMA) bestimmt wurden. Um Ihr Motivationsmuster zu bestimmen, können Sie den MCODE (Motivationscode) verwenden, einen Online-Test, der auf den Entdeckungen des SIMA beruht. Er verwendet einen narrativen Prozess des Geschichtenerzählens und nimmt etwa 45 Minuten Zeit in Anspruch.

Wenn Sie den Test durchführen wollen, dann finden Sie unter *lukeburgis.com/learn/motivational-drive* eine (englischsprachige) Anleitung.

Achieve Potential: Potenziale zu erkennen und zu verwirklichen ist ein konstanter Schwerpunkt Ihrer Aktivitäten.

Advance: Sie lieben die Erfahrung, Fortschritte zu machen, während Sie eine Reihe von Zielen erreichen.

Be Unique: Sie versuchen sich hervorzuheben, indem Sie ein Talent, eine Fähigkeit oder einen Aspekt entfalten, der an Ihnen unverwechselbar und besonders ist.

Be Central: Sie sind motiviert, eine Schlüsselfigur zu sein, die die Dinge zusammenhält und ihnen Bedeutung beziehungsweise eine Richtung gibt.

Bring Control: Sie möchten Verantwortung tragen und die Kontrolle über Ihr eigenes Leben haben.

Bring to Completion: Ihre Motivation ist befriedigt, wenn Sie auf ein fertiges Produkt oder Endergebnis blicken können und wissen, dass Ihre Arbeit getan ist und dass Sie das Ziel erreicht haben, das Sie sich selbst gesetzt haben.

Comprehend and Express: Ihre Motivation konzentriert sich darauf zu verstehen, zu definieren und dann Ihre Erkenntnisse zu kommunizieren.

Collaborate: Sie beteiligen sich gerne an Aktionen und Projekten, bei denen Menschen gemeinsam auf ein Ziel hinarbeiten.

Demonstrate New Learning: Sie sind motiviert, Neues zu lernen und dann zu zeigen, dass Sie es beherrschen.

Develop: Der Prozess des Aufbauens und Entwickelns von Anfang bis Ende motiviert Sie.

Evoke Recognition: Sie sind motiviert, das Interesse und die Aufmerksamkeit von anderen zu gewinnen.

Experience the Ideal: Sie sind motiviert, bestimmten Konzepten, Visionen oder Werten, die Ihnen wichtig sind, konkreten Ausdruck zu verleihen.
Establish: Sie sind motiviert, sichere Grundlagen zu legen und etabliert zu sein.
Explore: Sie möchten über die bestehenden Grenzen Ihres Wissens beziehungsweise Ihrer Erfahrung hinausgehen. Sie erkunden alles, was für Sie geheimnisvoll oder Ihnen unbekannt ist.
Excel: Sie möchten brillieren oder zumindest Ihr Bestes geben, indem Sie die Leistung oder die Erwartungen der Menschen um Sie herum übertreffen.
Gain Ownership: Ihre Motivation drückt sich durch das Streben danach aus, das zu bekommen, was Sie wollen und die Eigentumsrechte beziehungsweise Kontrolle über das auszuüben, was Ihnen gehört.
Improve: Sie sind am glücklichsten, wenn Sie Ihre Fähigkeiten dafür einsetzen, Dinge besser zu machen.
Influence Behavior: Es motiviert Sie, eine Reaktion von anderen Menschen zu bekommen, die Ihnen zeigt, dass Sie deren Denken, Fühlen oder Verhalten beeinflusst haben.
Make an Impact: Sie wollen eine Wirkung auf die Welt um sie herum haben, ihr Ihren Stempel aufdrücken.
Make It Right: Sie errichten oder befolgen ständig Standards, Verfahren und Prinzipien, die Sie für „richtig" halten.
Make It Work: Ihre Motivation fokussiert sich darauf, etwas in Ordnung zu bringen, das kaputt ist oder nicht gut funktioniert.
Make the Grade: Sie sind motiviert, Anforderungen gerecht zu werden und die Akzeptanz in einer Gruppe zu finden, in der Sie Mitglied oder Teilnehmer sein wollen.
Master: Sie sind zufrieden, wenn es Ihnen gelingt eine Fähigkeit, ein Thema, ein Verfahren, eine Technik oder auch einen Prozess vollständig zu beherrschen.
Meet the Challenge: Ihr Erfolgserlebnis stellt sich ein, wenn Sie auf eine Herausforderung zurückblicken, die Sie bewältigt haben, oder einen Test, den Sie bestanden haben.
Organize: Sie möchten einen leichtgängigen Vorgang einrichten und aufrechterhalten.
Overcome: Ihre Motivation konzentriert sich auf das Überwinden von und das siegreiche Hervorgehen aus Schwierigkeiten, Benachteiligungen oder Widerständen.
Serve: Sie sind motiviert Bedürfnisse, Anforderungen und Erwartungen zu erkennen und zu erfüllen.

Das folgende Beispielgespräch und die Teilergebnisse eines MCODE-Tests sollen den Nutzen ein wenig verdeutlichen. Ich habe Maria (Name geändert), Angestellte einer Marketingfirma, ein paar einfache Fragen gestellt, um ihre Erfüllungsgeschichten herauszufinden. Der folgende Dialog ist eine bearbeitete Zusammenfassung unseres Gesprächs.

Luke: Kannst Du mir von einer Zeit in Deinem Leben berichten, in der Du etwas getan hast, das Dir Deiner Meinung nach gut gelungen ist und Dir ein Gefühl der Erfüllung vermittelt hat? Es ist egal, wann in Deinem Leben es war. Es ist auch nicht wichtig, ob Du sieben Jahre alt warst oder siebenundzwanzig.

Maria: In der Abschlussklasse konnte ich meinen Werdegang als Geländeläuferin mit einer guten Saison abschließen und landete dann beim letzten Wettkampf unter den ersten drei. Dadurch konnte ich an regionalen Wettkämpfen in New England teilnehmen.

Luke: Kannst Du mir erzählen, was Du gemacht hast, welche speziellen Maßnahmen Du ergriffen hast, um das zu erreichen?

Maria: Ich schaffte es, meine Bestform zu erreichen, indem ich strikt auf eine gesunde Ernährung geachtet habe, jeden Morgen um fünf Uhr aufgestanden bin, um zu trainieren, und nur wenige Einladungen angenommen habe, um meine Vorbereitung nicht zu gefährden.

Luke: Und was genau war an dieser Leistung das, was Dich am meisten erfüllt hat?

Maria: Ich gewann den Respekt des Coachs und meiner Teamkolleginnen. Vor dem Wettkampf hatten sie mich, glaube ich, eher als durchschnittliche Athletin gesehen. Außerdem hat es mir gefallen, zusammen mit dem Team nach New England zu den Regionalwettkämpfen zu fahren.

In ihrer letzten Antwort beschreibt Maria, was genau es war, das sie am meisten erfüllte: von ihrem Coach und den anderen Teammitgliedern respektiert zu werden. Ihr Trainingsprogramm durchzuziehen, gut zu laufen und mit den Teamkolleginnen nach New England zu reisen verschaffte ihr Befriedigung, aber nicht in dem Maße, wie es der Gewinn des Respekts von Coach und Team taten. Hier fand sie die meiste Erfüllung und das, wonach sie strebte.

Um ein vollständigeres Bild dessen zu erhalten, was Maria wirklich motivierte, musste ich noch tiefer gehen und ein *Muster* in ihrem grundlegenden Motivationsantrieb finden. Ich bat sie daher, noch zwei weitere Geschichten aus unterschiedlichen Zeiten in ihrem Leben zu erzählen. Hier sind Marias Antworten, die ich in Tabellenform aufliste, um zu zeigen, wie ich die Informationen gerne organisiere, gefolgt von detaillierten Beschreibungen ihrer drei grundlegenden Motivationen.

Zweite Geschichte

DIE LEISTUNG	WAS ICH GETAN HABE	QUELLE DER ZUFRIEDENHEIT
Ich habe zusammen mit meinem Mann daran gearbeitet, unsere Studiendarlehen abzuzahlen.	Ich habe mir ein System aus Verzicht, Einsparungen und harter Arbeit ausgedacht und zusammen mit meinem Mann daran gearbeitet, die Schulden innerhalb kürzester Zeit zurückzuzahlen. Wir sind zu einem Team geworden und ich musste sehr kreativ sein, um das zu schaffen.	Es brachte mir ein Gefühl der Freiheit in meinem Leben und für unsere Zukunft. Ich hatte das Gefühl, dass die meisten Menschen das unter den gleichen Voraussetzungen nicht geschafft hätten.

Dritte Geschichte

DIE LEISTUNG	WAS ICH GETAN HABE	QUELLE DER ZUFRIEDENHEIT
Ich habe für einen Marathon trainiert und bin ihn dann auch gelaufen.	Kurze Zeit nach der Geburt meines zweiten Kindes beschloss ich, für einen Marathon zu trainieren. Ich musste dazu wieder in Form kommen und quasi von Null auf Hundert beginnen, lange Strecken zu laufen. Ich schaffte es auch, die Zielzeit zu schlagen, die ich mir gesetzt hatte.	Ich fühlte mich stark und war in der Lage, so etwas zu einem Zeitpunkt in meinem Leben zu tun, in dem man annahm, ich sei schwach. Ich war besonders stolz, weil ich das Rennen nicht nur abschloss, sondern auch auf hohem Niveau mithalten konnte.

Die drei wichtigsten Motivationsthemen

Die hier folgenden Beschreibungen sind unmittelbar den Ergebnissen für Marias MCODE (Motivationscode) entnommen. Es handelt sich um allgemeine Darstellungen ihrer drei wichtigsten Motivationsthemen. Trifft davon vielleicht auch etwas auf Sie zu?

EXCEL
Sie möchten brillieren oder zumindest Ihr Bestes geben und dabei die Leistung oder die Erwartungen der Menschen in Ihrem Umfeld übertreffen. Sie blühen im Wettbewerb auf. Eventuell messen Sie sich mit sich selbst im Bemühen, Ihre Grenzen auszutesten und sich selbst dazu anzuspornen, sich anzustrengen, um Ihre Fähigkeiten, Kenntnisse oder Expertise so weit wie möglich zu steigern. Das Erreichen bestimmter Leistungs-, Effizienz- oder Qualitätsstandards kann der Hauptantrieb Ihres Wettbewerbsdenkens sein. Es kann sein, dass der unmittelbare Kopf-an-Kopf-Wettbewerb mit den anderen Ihnen am meisten Freude bereitet. In jedem Fall suchen Sie sich Herausforderungen, die Ihnen die Möglichkeit geben, Ihre vorherigen

Leistungen oder den allgemeinen Durchschnitt zu übertreffen. Mit dem Ziel fest vor Augen konzentrieren Sie Ihre Fähigkeiten darauf, Spitzenleistungen zu erzielen. Erfolg bedeutet für Sie, die Anforderungen zu übertreffen, die an Ihre Arbeit, Verantwortlichkeit oder Position gestellt werden. Sie möchten eine Reputation aufbauen, die Ihre herausragenden Leistungen bestätigt. Sie möchten ganz allgemein besser abschneiden als andere, also zum Beispiel der Schnellste oder die Effizienteste sein.

OVERCOME
Bei Ihrer Motivation geht es um das erfolgreiche Überwinden von Schwierigkeiten, Nachteilen oder Widerständen. Entschlossenheit, Hartnäckigkeit und Kampfgeist gehören zu Ihren natürlichen Eigenschaften. Es macht Ihnen Freude, beharrlich und mit viel Einsatz Probleme, Schwierigkeiten, Hindernisse, Handicaps oder Gegner zu überwinden. In Ihrer Geschichte geht es wahrscheinlich um Erfolge, wie Ihren Abschluss geschafft zu haben, während Sie gleichzeitig einen Vollzeitjob hatten und Ihre Familie versorgten. Trotz einer schmerzhaften Verletzung haben Sie die Zähne zusammengebissen und in einem sportlichen Wettkampf gut abgeschnitten. Sie streben womöglich danach, anspruchsvolle Verantwortlichkeiten zu übernehmen, auch wenn Ihnen die Erfahrung, die Kenntnisse oder die Qualifikation fehlen, die Sie dafür benötigen. Vielleicht gibt es auch eine Geschichte, in der Sie sich dafür einsetzen zu beweisen, dass einige Ihrer Ideen oder Pläne, über die andere sich lustig gemacht haben, stichhaltig waren. Es ist möglich, dass Sie stark werben mussten, um den Widerstand gegen einen Ihrer Vorschläge zu überwinden. Sie sind motiviert, mit allem zu ringen, das Ihnen im Weg steht, bis Sie es überwunden haben.

MASTER
Sie sind zufrieden, wenn Sie eine Fähigkeit, ein Thema, ein Verfahren, eine Technik oder einen Prozess vollkommen beherrschen. Sie wollen, dass Ihre Kenntnisse, die Ausführung oder die Kontrolle über die zugehörigen Feinheiten und Details vollkommen sind. Im Mittelpunkt Ihrer Aufmerksamkeit kann eine Verkaufstechnik stehen, ein Produktionsverfahren oder auch eine zentrale Methode, die in einer Branche oder einem Handwerk angewendet wird. Vielleicht wollen Sie auch eine Sportart wie Golf, Tennis oder Skifahren beherrschen. Sie können sich auch auf die Grundlagen eines technischen Problems oder eines ökonomischen, naturwissenschaftlichen oder philosophischen Konzepts konzentrieren. Vielleicht versuchen Sie, ein System, die Variablen eines Prozesses oder die verschiedenen Elemente eines Jobs mit vielen Facetten zu beherrschen. Es kann auch ein Element Ihres Charakters oder Ihrer Natur sein, das Sie zu perfektionieren versuchen. In jedem Fall sind Ihre Geschichten voll von Beispielen dieser Art. Ihr Denken und Ihre Talente sind auf Meisterschaft ausgerichtet, Ihre Ziele auf Perfektion.

ANMERKUNGEN

Hinweis an meine Leserinnen und Leser

1. „Peter Thiel über René Girard“, ImitatioVideo, YouTube, 2011. https://www.youtube.com /watch?v=esk7W9Jowtc (zuletzt abgerufen am 17.03.2022).

Vorwort

1. Tony Hsieh, *Delivering Happiness: A Path to Profits, Passion and Purpose,* Grand Central Publishing 2010, S. 191 (auf Deutsch erschienen unter dem Titel *Delivering Happiness: Wie konsequente Kunden- und Mitarbeiterorientierung einzigartige Unternehmen schaffen,* s. Literaturverzeichnis).
2. Ich benutze den Begriff „skin in the game" (so steht es im englischen Original, Anm. d. Verlags) im Sinne von Nassim Nicholas Taleb und seinem exzellenten Buch *Das Risiko und sein Preis – Skin in the Game.* An diesem Punkt in meinem Leben war ich das, was Taleb als „fragil“ bezeichnen würde – der Schuldenberg, den ich angehäuft hatte, begrenzte meine Möglichkeiten. Am schlimmsten war jedoch, dass meine Wünsche und Begierden fragil waren.
3. Ich lernte dies von dem Psychologen Jean-Michel Oughourlian, einem engen Freund von Girard, der mimetisches Begehren gerne als eine Bewegung von Begehren beschreibt, die Menschen zuerst zusammenbringt und sie dann wieder auseinandertreibt.

Einführung

1. Peter Thiel mit Blake Masters, *Zero to One: Wie Innovation unsere Gesellschaft rettet,* Campus Verlag 2014.
2. Paul J. Nuechterlein, „René Girard: The Anthropology of the Cross as Alternative to Post-Modern Literary Criticism.“, *Girardian Lectionary* Oktober 2002.
3. Girard verwendet das Wort Begehren (beziehungsweise *désir* auf Französisch), weil es in Frankreichs Philosophenkreisen in der Mitte des 20. Jh. ein heiß diskutierter Begriff war. Nach dem Zweiten Weltkrieg dominierte die Frage des „Begehrens“ die französische Literatur und das intellektuelle Leben. Als Girard das Thema zu untersuchen begann, hatten sich bereits Sigmund Freud, Jean-Paul Sartre, Alexandre Kojève, Jacques Derrida und andere daran abgearbeitet. Girard griff ihr Konzept (*désir*) auf und veränderte es radikal. Für ihn ist Begehren das hervorstechendste Merkmal

des Menschseins und Imitation die grundlegendste Eigenschaft menschlichen Verhaltens.
4. Mimetisches Begehren ist etwas, das der Soziologe Émile Durkheim, wäre er heute noch am Leben, wohl als *sozialen Tatbestand* bezeichnen würde. In seinem Buch *Die Regeln der soziologischen Methode,* Suhrkamp Verlag, Frankfurt 1984, beschreibt Durkheim einen sozialen Tatbestand als einen Aspekt des gesellschaftlichen Lebens, der die Handlungen einer Person formt oder einschränkt.
5. James Alison, *The Joy of Being Wrong: Original Sin Through Easter Eyes,* Crossroad 1998.
6. Sandor Goodhart, „In Tribute: René Girard, 1923-2015." *Religious Studies News* 21.12.2015.
7. René Girard, Cynthia Haven (Hg.), *Conversations with René Girard: Prophet of Envy,* Bloomsbury Academic 2020.
8. Cynthia Haven, *Evolution of Desire: A Life of René Girard,* Michigan State University Press 2018.
9. Haven, *Evolution of Desire,* 288.
10. *Apostrophes,* Folge 150, France 2, 06.06.1978.
11. René Girard, Jean-Michel Oughourlian und Guy Lefort, *Das Ende der Gewalt: Analyse des Menschheitsverhängnisses,* Herder Verlag 2021.
12. Thiel und Masters, *Zero to One.*
13. Trevor Cribben Merrill, *The Book of Imitation and Desire: Reading Milan Kundera with René Girard,* Bloomsbury 2014.
14. René Girard und Benoît Chantre, *Battling to the End: Conversations with Benoît Chantre,* Michigan State University Press 2009, 212 (auf Deutsch erschienen unter dem Titel *Im Angesicht der Apokalypse. Clausewitz zu Ende denken,* s. Literaturverzeichnis)

Kapitel 1: Verborgene Vorbilder
1. James Warren, *Compassion or Apocalypse: A Comprehensible Guide to the Thought of René Girard,* Christian Alternative, 2013.
2. Jean-Michel Oughourlian, *The Genesis of Desire,* Michigan State University Press, 2010.
3. Francys Subiaul, „What's Special About Human Imitation? A Comparison with Enculturated Apes." *Behavioral Sciences* 6/Nr. 3, 2016.
4. Sophie Hardach, „Do Babies Cry in Different Languages?" *New York Times,* 14. November 2019. Siehe auch Birgit Mampe, Angela D. Friederici, Anne Christophe und Kathleen Wermke, „Newborns' Cry Melody Is Shaped by Their Native Language." *Current Biology* 19/Nr. 23, 2009.
5. Adaptiert vom ersten Absatz des Essays von Andrew Meltzoff „Out of the Mouths of Babes: Imitation, Gaze, and Intentions in Infant Research – the 'Like Me' Framework." in Scott Garrels (Hg.), *Mimesis and Science: Empirical Research on Imitation and the Mimetic Theory of Culture and Religion,* Michigan State University Press 2011.

6. A. N. Meltzoff und M. K. Moore, „Newborn Infants Imitate Adult Facial Gestures.“ *Child Development* 54/1983, 702–709. Fotos: A. N. Meltzoff und M. K. Moore, „Newborn Infants Imitate Adult Facial Gestures.“ *Science* 198/1977, 75–78.
7. A. N. Meltzoff, „Out of the Mouths of Babes.“ in *Mimesis and Science,* 70.
8. Marcel Proust, *In Search of Lost Time,* Band 5, *The Captive, The Fugitive,* 113, Modern Library edition, Random House 1993 (deutsche Ausgabe: *Auf der Suche nach der verlorenen Zeit 5: Die Gefangene,* s. Literaturverzeichnis).
9. A. N. Meltzoff, „Understanding the Intentions of Others: Re-enactment of Intended Acts by 18-Month-Old Children.“ *Developmental Psychology* 31/Nr. 5 1995, 838–850.
10. Rodolfo Cortes Barragan, Rechele Brooks und Andrew Meltzoff, „Altruistic Food Sharing Behavior by Human Infants After a Hunger Manipulation.“ *Nature Research* Februar 2020.
11. A. N. Meltzoff, R. R. Ramírez, J. N. Saby, E. Larson, S. Taulu und P. J. Marshall, „Infant Brain Responses to Felt and Observed Touch of Hands and Feet: A MEG Study.“ *Developmental Science* 21/2017, e12651.
12. Eric Jaffe, „Mirror Neurons: How We Reflect on Behavior.“ *Observer* Mai 2007.
13. Sue Shellenbarger, „Use Mirroring to Connect with Others.“ *Wall Street Journal* 20. 09.2016.
14. Larry Tye, *The Father of Spin: Edward L. Bernays and the Birth of Public Relations,* Henry Holt 2002.
15. Adam Curtis, Regisseur, *The Century of the Self,* BBC Two, März 2002.
16. Aus dem Dokumentarfilm *The Century of the Self.*
17. Tye, *The Father of Spin,* 23.
18. Niemand hat mehr für die Erforschung von Geschlecht und Weiblichkeit aus Sicht der mimetischen Theorie getan als Martha J. Reineke, Professorin am *Department of Philosophy and World Religions* an der *University of Northern Iowa.* Ihr Arbeit mit der mimetischen Theorie ist weitreichend, von großer Relevanz und leistet vor allem einen kritischen Beitrag zur Frauenforschung, dem leider nicht der gleiche Grad an Aufmerksamkeit geschenkt wird wie den Anwendungen von Girards Gedanken in anderen Bereichen.
19. Tye, *The Father of Spin,* 30.
20. Podcast *Entitled Opinions* mit Robert Harrison auf der Website *stanford.edu.* Siehe Episode vom 17. September 2005, „René Girard: Why We Want What We Want.” https:// entitledopinions.stanford.edu/ren-girard-why-we-want-what-we-want.
21. Aus der im Podcast *Entitled Opinions* vom 17. September erzählten Geschichte, beginnend etwa bei 15:00.
22. Adam M. Grant, *Give and Take,* 1-3, Viking 2013 (deutsche Ausgabe: *Geben und Nehmen: Warum Egoisten nicht immer gewinnen und hilfsbereite Menschen weiterkommen,* s. Literaturverzeichnis).

23. David Foster Wallace, „E Unibus Pluram: Television and U.S. Fiction.“ *Review of Contemporary Fiction* 13/Nr. 2, Sommer 1993, 178-179. An einer früheren Stelle in diesem Werk (auf Seite 152) schreibt er: „Beim Fernsehen geht es von vorne bis hinten um Begehren. Literarisch gesprochen ist Begehren der Zucker in der menschlichen Nahrung.“
24. Podcast *BBC Business Daily*, „Tesla: To Infinity and Beyond.“ 12. 02.2020.
25. Die Informationstheorie der Wirtschaftslehre stützt sich auf die Arbeiten des Mathematikers Claude Shannon, des Begründers der Informationstheorie. Sie zeigt die zentrale Bedeutung von Informationen in der Wirtschaft sowie die Kräfte, die am Werk sind, um den Informationsfluss zu unterdrücken oder zu unterstützen, und welchen Einfluss dies auf die Wertschöpfung hat. In seinem Buch *Knowledge and Power: The Information Theory of Capitalism and How It Is Revolutionizing Our World* hat George Gilder den Kapitalismus aus dem Blickwinkel der Informationstheorie verteidigt. Aus meiner Sicht ist die Informationstheorie allein genommen unvollständig aufgrund der begrenzten Rolle, die Informationen in einer robusten Humanökologie spielen. Sie muss ergänzt werden um ein Verständnis der Rolle mimetischen Begehrens, um nur einen Aspekt zu nennen. Der Mathematiker Benoit B. Mandelbrot liefert starke Argumente für die Irrationalität des Marktes und die Unsinnigkeit traditioneller Finanztheorien in seinem mit Richard L. Hudson verfassten Buch *The Misbehavior of Markets: A Fractal View of Financial Turbulence*, Basic Books 2006.
26. Jason Zweig, „From 1720 to Tesla, FOMO Never Sleeps.“ *Wall Street Journal* 17. 06.2020.

Kapitel 2: Verzerrte Realität

1. Yalman Onaran und John Helyar, „Fuld Solicited Buffett Offer CEO Could Refuse as Lehman Fizzled.“ *Bloomberg* 2008.
2. Walter Isaacson, *Steve Jobs*, München 2012.
3. (Im englischen Original steht hier für „fesseln“ „mesmerize“, Anm. d. Verlags). Der Begriff „mesmerize“ oder „magisch anziehen / fesseln“ leitet sich von dem Wiener Arzt Franz Mesmer aus dem 19. Jahrhundert ab – dem Vater dessen, was wir heute als Hypnose bezeichnen. Mesmer glaubte, dass es eine Kraft gab, die bestimmte Menschen zu anderen Menschen und Dingen hinzog. Er war einer der Ersten, die annahmen, dass psychische oder soziale Realitäten Bewegungsgesetzen unterliegen, die den Newtonschen Gesetzen der Physik entsprechen. „Man muss Newton große Anerkennung zollen“, schrieb er, „weil er in höchstem Maße die gegenseitige Anziehung aller Dinge klargestellt hat.“ (Oughourlian, *The Genesis of Desire*, 84). Mesmer führte Einzel- und Gruppentherapiesitzungen durch, in denen er seine Patienten mit den Händen behandelte und zum Abschluss der Sitzung Glasharmonika spielte. Viele seiner Patienten begannen von wundersamen Heilungen zu berichten. Man könnte vermuten, dass sie einem Placebo-Effekt unterlagen. Aber das hieße, die Beziehung zwischen Arzt und Patient

zu unterschätzen – die magnetische Ausstrahlung von Mesmer selbst und die Beeinflussbarkeit seiner Patienten, während sie unter seinem Bann standen. Die moderne Hypnose arbeitet mit der Kraft der Suggestion, die der Hypnotiseur auf sein Gegenüber ausübt. Der Hypnotiseur ist ein Vorbild des Begehrens – was er will, will auch die unter seinem Einfluss stehende Person. Es ist nicht weiter erstaunlich, dass die erfolgreichste Hypnose-Show aller Zeiten (mit der Hypnotiseurin Pat Collins) in einem Club in Hollywood lief. Das Publikum, das ihre Show besuchte, bestand aus der Art von Menschen, die es unbedingt schaffen wollten und offener für die Suggestionen eines Mittlers waren als die meisten anderen.

4. Michael Balter, „Strongest Evidence of Animal Culture Seen in Monkeys and Whales." *Science Magazine* April 2013.
5. *Vorbilder* und *Vermittler* sind das Gleiche. Vermitteln ist das, was Vorbilder tun – sie lassen Menschen Dinge auf neue Weise sehen und anders wertschätzen.
6. Tobias Huber and Byrne Hobart, „Manias and Mimesis: Applying René Girard's Mimetic Theory to Financial Bubbles." *SSRN* 24.
7. Siehe René Girard, *Deceit, Desire, and the Novel*, 53–82, Johns Hopkins University Press 1976 (deutsche Ausgabe: *Figuren des Begehrens. Das Selbst und der Andere in der fiktionalen Realität*, s. Literaturverzeichnis). Ich habe mich gefragt, warum er nicht den Begriff „ontologisches Begehren" verwendet hat, der direkter eine Vorstellung von Begehren ausdrückt, das um seiner selbst willen existiert. Ich habe keine gute Erklärung für diese Wortwahl gefunden. Auf jeden Fall glaube ich, dass wir Girards Sicht auf das metaphysische Begehren leicht verstehen können, wenn wir es uns als etwas vorstellen, das „nach dem Physischen" kommt: Wenn wir ein metaphysisches Begehren haben, können wir nicht durch physische Objekte befriedigt werden. „Wenn die Rolle des Metaphysischen im Begehren größer wird, verliert die des Physischen an Bedeutung", schreibt Girard (85). Nehmen wir im Vergleich dazu meinen Hund, der sich nach einer guten Mahlzeit hinlegt und schläft. Er starrt nicht heulend in die Sterne und fragt sich, was als Nächstes kommt.
8. Heutzutage bezieht sich der Begriff der „Metaphysik" meist auf die sogenannten „ersten Prinzipien" – die Dinge, die die Grundlage bilden, der alles andere entspringt. Elon Musk behauptet, sie lägen seinen Entscheidungsprozessen zugrunde. Tim Higgins vom *Wall Street Journal* schrieb dazu: „Der Milliardär schreibt seinen Geschäftserfolg einem wissenschaftlichen Ansatz zu, der „erste Prinzipien" genannt wird und auf den Werken von Aristoteles beruht. Unter anderem wird hier die Lösung von Problemen durch Nachahmung abgelehnt und diese werden stattdessen auf ihre Essenz reduziert, selbst wenn die Lösungen kontraintuitiv erscheinen." Tim Higgins, „Elon Musk's Defiance in the Time of Coronavirus." *Wall Street Journal*, 20. 03.2020.
9. René Girard und Mark Rogin Anspach, *Oedipus Unbound* 1, Stanford University Press 2004.

10. René Girard, *Anorexia and Mimetic Desire*, Michigan State University Press 2013.
11. THR Staff, „Fortnite, Twitch ... Will Smith? 10 Digital Players Disrupting Traditional Hollywood." *Hollywood Reporter* November 2018.
12. René Girard, *Resurrection from the Underground: Feodor Dostoevsky*, übersetzt von James G. Williams, Michigan State University Press 2012.
13. Virginia Woolf, *Orlando*, Insel Verlag, Leipzig 2015.
14. House of Lords, 28. 10.1943. Das *House of Commons* war im Mai 1941 bombardiert worden und Churchill forderte, dass es genauso wieder aufgebaut würde, wie es vorher war. Zitat gefunden in Randal O'Tooles „The Best-Laid Plans." 161, Cato Institute 2007.
15. Negative Nachahmung hängt mit *negativer Parteinahme* zusammen, bei der Menschen ihre politischen Ideen auf der Grundlage der Ideen einer anderen Partei bilden. Girard, *Figuren des Begehrens. Das Selbst und der Andere in der fiktionalen Realität.*
16. Die Episoden von *Seinfeld*, in denen mimetisches Verhalten am deutlichsten wird, sind „Der Seelenverwandte" (Staffel 8, Episode 2) und „Die Parklücke" (Staffel 3, Episode 22). Ich schlage Ihnen vor, sich nach der Lektüre dieses Kapitels ein gutes Glas Wein einzuschenken und sie sich anzusehen, wenn Sie eine witzige Veranschaulichung der Wirkung von mimetischem Begehren und mimetischer Rivalität sehen wollen. Girard kommentierte *Seinfeld* wie folgt: „Wenn man als Künstler erfolgreich sein will, muss man einer wichtigen gesellschaftlichen Wahrheit so nah wie möglich kommen, ohne dass bei den Zuschauern schmerzhafte Selbstkritik ausgelöst wird. Das hat diese Serie geschafft. Menschen müssen Dinge nicht vollkommen durchschauen, um sie schätzen zu können. Sie müssen sie nicht verstehen. Sie identifizieren sich mit den Charakteren, weil es ihnen genauso geht. Sie erkennen etwas, das alltäglich und wahr ist, aber sie können es nicht definieren. Wahrscheinlich schätzten die Zeitgenossen von Shakespeare seine Schilderungen menschlicher Beziehungen ebenso sehr, wie wir *Seinfeld* genießen, ohne seinen scharfen Blick auf mimetisches Handeln zu erkennen. Ich muss sagen, dass in *Seinfeld* mehr gesellschaftliche Realität zu finden ist als im Großteil der akademischen Soziologie." (René Girard, *Evolution and Conversion: Dialogues on the Origins of Culture*, 179, Bloomsbury 2017.)
17. Ursprung unklar. Es scheint, als habe Marx etwas Ähnliches in einem Kündigungsschreiben an einen Club geschrieben, bei dem er Mitglied war.

Kapitel 3: Soziale Ansteckung

1. Tribune Media Wire, „Man in Coma After Dispute over Towel Sparks Massive Brawl at California Water Park." *Fox31 Denver*, 26. 08.2019.
2. Meine Quelle für den Großteil des Materials zu Ferruccio Lamborghini ist ein seltenes Buch, das von Tonino Lamborghini, dem Sohn von Ferruccio, verfasst wurde und das ich in Italien entdeckt habe (wo ich von 2013 bis 2016 lebte). Es ist nur auf Italienisch erhältlich. Die Übersetzungen der

Dialoge in den Geschichten stammen von mir. Der Titel des Buchs lautet *Ferruccio Lamborghini: La Storia Ufficiale* von Tonino Lamborghini, Minerva Edizioni 2016. Es ist ein Tribut eines Sohnes an seinen Vater. Natürlich erzählt das Buch nur die eine Seite der Geschichte. In der nahezu 1000 Seiten starken, von Luca Dal Monte verfassten Biographie von Enzo Ferrari (*Enzo Ferrari: Power, Politics, and the Making of an Automotive Empire,* David Bull Publishing 2018) fand ich keine einzige Erwähnung des Namens Ferruccio Lamborghini. Eine recht auffällige Auslassung, wie ich finde.

3. Lamborghini, *Ferruccio Lamborghini.*
4. „The Argument Between Lamborghini and Ferrari." WebMotorMuseum.it. https://www motorwebmuseum.it/en/places/cento/the-argument-between-lamborghini-and-ferrari/ (zuletzt abgerufen am 17.03.2022).
5. Nick Kurczewski, „Lamborghini Supercars Exist Because of a 10-Lira Tractor Clutch." *Car and Driver* November 2018.
6. Lamborghini ging es jedoch um mehr als Rivalität. Sich auf das Produzieren von Automobilen zu verlegen, hatte wirtschaftlichen Sinn. Die Gewinnmargen von Luxusfahrzeugen stellen die von Traktoren in den Schatten. Lamborghini sah auch eine klare Marktlücke für leistungsstarke Autos. Niemand hatte bislang ein Auto produziert, das Ferraris Leistung auf der Rennstrecke erbrachte und zusätzlich mit einem luxuriösen Innenraum aufwarten konnte. Das war seine Nische – Lamborghini würde sein Superfahrzeug zu einem „Gran Turismo" machen, einem komfortablen und leistungsstarken Automobil, das einem Ferrari in der Leistung nicht nachstehen und gleichzeitig mehr Komfort bieten würde.
7. Lamborghini, *Ferruccio Lamborghini.*
8. Austin Kleon, *Steal Like an Artist: 10 Things Nobody Told You About Being Creative,* 8, Workman 2012 (deutsche Ausgabe: *Alles nur geklaut: 10 Wege zum kreativen Durchbruch,* Penguin Random House 2013).
9. Entgegen der allgemeinen Ansicht hat der Angriff des Stiers nichts mit der roten Farbe des Tuchs zu tun. Stiere sind farbenblind; anscheinend werden sie durch die Bewegung des Tuchs irritiert.
10. Girard, *Deceit, Desire, and the Novel,* 176.
11. Lamborghini, *Ferruccio Lamborghini.*
12. Susan Blackmore, Expertin auf dem Gebiet der memetischen Theorie und Autorin des Buchs *Die Macht der Meme: Oder die Evolution von Kultur und Geist* vertritt in Bezug auf die Rolle der Nachahmung eine klare Meinung. Ich empfehle ihr Buch allen, die eine gute Einführung in das Thema Meme suchen.
13. Dawkins' ursprüngliche Abhandlung zur Meme-Theorie enthielt nur wenig Information darüber, warum bestimmte Meme ursprünglich zur Nachahmung ausgewählt werden. Er sagte, Meme mutieren „durch zufällige Veränderungen und eine Form von Darwin'scher Auslese" (Olivia Solon, „Richard Dawkins on the Internet's Hijacking of the Word 'Meme'." *Wired UK* 20. 06.2013). In der mimetischen Theorie werden Objekte durch mimetische Auslese gewählt – sie werden gewählt, weil ein Vorbild sie zuerst gewählt hat.

14. James C. Collins, *Good to Great*, 164, Harper Business 2001 (deutsche Ausgabe: *Der Weg zu den Besten: Die sieben Management-Prinzipien für dauerhaften Unternehmenserfolg*, Campus Verlag 2020, s. Literaturverzeichnis).
15. James C. Collins, *Turning the Flywheel: Why Some Companies Build Momentum … and Others Don't*, 9–11, Random House Business Books 2019.
16. Collins, *Turning the Flywheel*, 11.
17. Aristotle, *Metaphysics* IX (Theta), übersetzt und herausgegeben von W. D. Ross, Oxford University Press 1924 (deutsche Ausgabe: H. Seidl (Hg.), *Aristoteles' Metaphysik. Zweiter Halbband, Bücher VII bis XIV*, Meiner 2009). Siehe auch http://classics.mit.edu/Aristotle/metaphysics.9.ix.html (zuletzt abgerufen am 17.03.2022).
18. Auf Seite 58 von Tony Hsiehs Buch, *Delivering Happiness: A Path to Profits, Passion and Purpose*, wird Nick Swinmurn, der ursprüngliche Gründer von *Zappos*, im Hinblick darauf, wie er zu seiner Idee gekommen ist, folgendermaßen zitiert: „Ein Paar Schuhe zu kaufen sollte nicht so schwierig sein, erinnere ich mich gedacht zu haben". Es ging nicht um das Vermitteln von Glück. Tony Hsieh schreibt auf Seite 56 dazu: „Seine Idee war es, ein *Amazon* für Schuhe aufzubauen und den weltweit größten Online-Schuhhandel aufzuziehen."
19. In seinem Buch berichtet Tony, dass er im Oktober 2000 in einer E-Mail an alle *Zappos*-Mitarbeiter darauf hinwies, wie wichtig es sei, sich auf den Bruttogewinn zu konzentrieren, geeignete Neukunden auf die Website zu locken und den Anteil an Stammkunden zu erhöhen. Seine E-Mail enthielt den folgenden Aufruf: „Wir müssen bei allem bedenken, inwieweit es unseren Gesamtbruttogewinn in den nächsten neun Monaten steigert. Das bedeutet, dass wir einige Projekte, die wir normalerweise verfolgen würden, auf Eis legen müssen, bis wir wieder profitabel sind. Sobald wir das erreicht haben, können wir langfristig und in größeren Zusammenhängen denken und wieder mehr davon träumen, die Welt zu erobern."
20. „Am Ende des Essens war uns klar geworden, dass die größte Vision darin bestehen würde, *Zappos* zur Marke mit dem besten Kundenservice zu machen", schreibt Tony in *Delivering Happiness* (S. 121) in Erinnerung an ein Arbeitsessen, das er Anfang 2003 mit Mossler hatte.
21. Das war der Wert des Deals am Tag des Abschlusses. Weil es ein reiner Aktiendeal war (*Zappos* erhielt *Amazon*-Aktien, kein Geld), hängt der angegebene Wert vom jeweiligen Aktienkurs ab. Am 30. Oktober 2009 lag die Schlussnotierung der *Amazon*-Aktie bei 117,30 US-Dollar. Zum Zeitpunkt, an dem ich dies schreibe, liegt er bei etwa 3.423 US-Dollar. Es war also ziemlich schlau, einen reinen Aktiendeal einzufädeln.
22. Nellie Bowles, „The Downtown Project Suicides: Can the Pursuit of Happiness Kill You?" *Vox* 1. Oktober 2014.
23. „Tony Hsieh's Rule for Success: Maximize Serendipity." *Inc.com* 25. Januar 2013.

24. Brian J. Robertson, *Holacracy: Ein revolutionäres Management-System für eine volatile Welt*, Verlag Franz Vahlen, München 2016.
25. Viele Außenstehende glaubten, dass die Umstellung auf Holakratie wohl in Chaos und Verwirrung enden würde, sobald niemand mehr eine höhere Position über andere einnehmen könnte oder es keine Struktur mehr gäbe, an die man sich halten könnte. Schließlich haben die Menschen selbst damit begonnen, sich zu organisieren und dabei genau die hierarchischen Strukturen aufgebaut, mit denen die Holakratie aufräumen will. Aber die Holakratie war eine natürliche Erweiterung der Art, wie Tony sowieso vorzugsweise arbeitete. Wie viele andere im Silicon Valley war Tony ein so genannter *Burner* – ein langjähriger Anhänger des Burning Man Festivals, einer riesigen Veranstaltung, die jedes Jahr in der Black Rock Wüste im Nordwesten Nevadas stattfindet. Burner haben eine stark antihierarchische Gesinnung, und aus einem ähnlichen Geist heraus stellten Tony und sein Team sich vor, dass sie die Innenstadt von Las Vegas in eine radikale, unbekümmerte Gemeinschaft verwandeln konnten, in der sich alle ermächtigt fühlten, ihre eigene Glückseligkeit zu erlangen.
26. Ich verwende diese Sprache bewusst im Geiste von Fjodor Dostojewskis *Aufzeichnungen aus dem Kellerloch*, in denen es laut René Girard hauptsächlich um mimetisches Begehren und mimetische Rivalität geht. Girard verfasste ein Buch, das sich vor allem diesem Werk widmet und das den Titel *Resurrection from the Underground: Feodor Dostoevsky* trägt.
27. C. S. Lewis, „The Inner Ring" Rede am King's College, University of London 1944. https://www.lewissociety.org/innerring/ (zuletzt abgerufen am 24.03.2022).
28. Augustinus von Hippo schrieb in seinem Werk *Zweiundzwanzig Bücher über den Gottesstaat*, dass die „ordo amoris" (die Ordnung der Liebe) eine „kurze und wahre Definition der Tugend" sei. Zu wissen, wie Werte zusammenhängen und wann man Dinge unter welchen Umständen und in welchem Maße verfolgen sollte – und dann den Willen zu entwickeln, dies auch zu tun – ist eine lebenslange Aufgabe. Der Philosoph Max Scheler entwickelte im 20. Jahrhundert eine einflussreiche Hierarchie von Werten und Emotionen, die in Teilen zeigt, dass nicht alle Emotionen gleichwertig sind. Sie entwickeln sich in Resonanz mit Werten und können stärker oder weniger stark im Einklang mit der Wahrheit dieser Werte stehen. Wenn ich mit Freude auf das Unglück einer anderen Person reagiere, dann signalisieren meine affektiven Reaktionen (meine Emotionen), dass in meiner Wertehierarchie etwas nicht stimmt – oder, tiefergehend, mit meiner Ordnung der Liebe. Wenn Sie tiefer in das Thema eintauchen wollen, empfehle ich die Arbeiten von Dietrich von Hildebrand zu seiner Wertephilosophie. Dietrich von Hildebrand und John F. Crosby, *Ethics*, Hildebrand Project 2020.
29. Die „Cap Table" sind je nach Unternehmen unterschiedlich, ebenso wie die Namen, die dafür verwendet werden. Sie hängen immer davon ab, wie ein

Unternehmen verschiedene Arten von Aktien, Gläubigeransprüchen und so weiter definiert.

30. Es steht außer Zweifel, dass Menschen teilweise durch Mimesis zu Werten gelangen. Aristoteles sprach von Tugenden wie Mut, Geduld, Ehrlichkeit und Gerechtigkeit als Dingen, die Menschen lernen zu begehren, weil ihre Vorbilder sie entweder besitzen oder ebenfalls anstreben. Wir erwerben Tugenden, indem wir unsere Vorbilder nachahmen. (Ist es da ein Wunder, dass in einer Gesellschaft, in der die meisten Menschen klassische Tugenden nicht zu schätzen wissen, auch wenig Verlangen danach besteht?)
31. Sie finden auf meiner Website einige kostenlose Angebote, wenn Sie sich näher damit beschäftigen möchten: https://lukeburgis.com.
32. Bailey Schulz und Richard Velotta, „Zappos CEO Tony Hsieh, Champion of Downtown Las Vegas, Retires.“ *Las Vegas Review-Journal* 24. August 2020.
33. Aimee Groth, „Five Years In, Tony Hsieh's Downtown Project Is Hardly Any Closer to Being a Real City.“ *Quartz* 4. Januar 2017.

Kapitel 4: Die Erfindung der Schuld

1. © 2020 Jenny Holzer, member Artists Rights Society (ARS), New York.
2. René Girard, *The One by Whom Scandal Comes,* 8, übersetzt von M. B. DeBevoise, Michigan State University Press 2014.
3. Girard, *The One by Whom Scandal Comes,* 7.
4. Carl von Clausewitz, *On War,* 83, herausgegeben und übersetzt von Michael Howard und Peter Paret, Everyman's Library 1993 (deutsche Ausgabe: *Vom Kriege,* verschiedene Ausgaben)
5. René Girard, *Violence and the Sacred,* übersetzt von Patrick Gregory, Johns Hopkins University Press 1979 (deutsche Ausgabe: *Das Heilige und die Gewalt,* s. Literaturverzeichnis)
6. Hier ist eine Übersetzung des Gebets, das über der Ziege gesprochen wurde: „Oh Herr, ich war ungerecht, habe mich schuldig gemacht, gesündigt vor Dir: ich, mein Haushalt und die Söhne von Aaron – Dein heiliges Volk. Oh Herr, vergib die Ungerechtigkeiten, Überschreitungen und Sünden, die ich, mein Haushalt und Aarons Kinder – Dein heiliges Volk – vor Dir begangen haben, wie es in den Gesetzen von Moses steht, Deinem Diener, ‚denn an diesem Tag wird er Dir vergeben und Dich vor dem Herrn von allen Sünden befreien und Du sollst rein sein.‘“ Übersetzung der englischen Version aus: Isidore Singer und Cyrus Adler, *The Jewish Encyclopedia: A Descriptive Record of the History, Religion, Literature, and Customs of the Jewish People from the Earliest Times to the Present Day,* 367, Funk and Wagnalls 1902.
7. Im Lateinischen wurde die Ziege als *caper emissarius,* oder gesandte Ziege bezeichnet – die Ziege, die fortgeht.
8. René Girard, *Ich sah den Satan vom Himmel fallen wie einen Blitz,* Berlin 2008.
9. Todd M. Compton, *Victim of the Muses: Poet as Scapegoat, Warrior and Hero in Greco-Roman and Indo-European Myth and History,* Center for Hellenic Studies 2006.

10. Die Vorstellung, dass bei einem Erschießungskommando eine Waffe mit einer Platzpatrone geladen ist, wird von einigen als Mythos in Frage gestellt, die behaupten, dass es bei einer echten Patrone einen Rückstoß gibt, bei einer Platzpatrone jedoch nicht, sodass jeder im Erschießungskommando wüsste, mit welcher Art von Patrone er geschossen habe. Wir *wissen* jedoch aufgrund von Belegen, dass Platzpatronen bei Erschießungskommandos verwendet wurden. Das Interessante ist dabei auch nicht, ob jedes Mitglied des Kommandos wusste, dass es Platzpatronen gab, sondern die Tatsache, dass überhaupt Platzpatronen verwendet wurden.
11. Örtlich begrenzte Finanzkrisen funktionieren auf die gleiche Weise. 1997 begann die asiatische Finanzkrise in Thailand und bewirkte, dass der thailändische Aktienmarkt über 75 Prozent an Wert verlor. Die Krise breitete sich schnell auf andere asiatische Länder aus, hatte aber nur minimale Auswirkungen auf die USA.
12. Die Idee einer Party geht auf Girards Überlegungen zu dionysischen Festen zurück. Diese Feste ehrten im alten Griechenland den Gott Dionysos und sollten eine Art von ursprünglicher Einheit wiederherstellen, die im Chaos mimetischen Begehrens verloren gegangen war. Im Laufe der Feste erfolgte der Wechsel von Einheit zu Zerrissenheit und Unordnung, mit dem Höhepunkt der rituellen Opferung eines Sündenbocks, durch die die Ordnung wiederhergestellt und weitere Unordnung und Konflikte verhindert wurden. Raymund Schwager, der eng mit Girard zusammenarbeitete und entscheidend für dessen Entwicklung theologischer Gedanken war, erwähnt in einem Brief an Girard, dass er auf ein fantastisches Buch gestoßen sei. Es handelte sich um *Die Mimesis in der Antike* von Hermann Koller, veröffentlich im Jahr 1954. In diesem Buch reflektiert der Autor über Platos Gebrauch des griechischen Wortes μιμεῖσθαι (mimesthai) und kommt zu dem Schluss, dass es sich von einem heiligen Tanz ableitet. Das Wort „mimos", schreibt er, bezeichnet die Akteure bei den dionysischen Festen.
13. Ta-Nehisi Coates, „The Cancellation of Colin Kaepernick." *New York Times* 22. 11.2019.
14. Girard, *Ich sah den Satan vom Himmel fallen wie einen Blitz.*
15. Flavius Philostratos, *Das Leben des Apollonios von Tyana,* De Gruyter Verlag, Berlin 2014.
16. Hier ist die gesamte Passage: „Es hatte ihm in der Krankheit geträumt, die ganze Welt sei dazu verurteilt, einer schrecklichen, noch nie dagewesenen Seuche zum Opfer zu fallen, die aus dem inneren Asien ihren Weg nach Europa nehme. Alle Menschen sollten umkommen außer einigen ganz wenigen Auserwählten. Es war eine Art von neuen Trichinen erschienen, mikroskopische Wesen, die sich in den menschlichen Körpern ansiedelten. Aber diese Wesen waren Geister, mit Verstand und Willen begabt. Wer sie in sich aufnahm, wurde sofort rasend und wahnsinnig. Aber noch niemals vorher hatten sich die Menschen für so klug gehalten und sich mit solcher Bestimmtheit im Besitze der Wahrheit geglaubt, wie es diese Angesteckten

taten. Niemals hatten sie ihre Urteilssprüche, ihre wissenschaftlichen Resultate, ihre moralischen Anschauungen und ihren Glauben für fester begründet gehalten. Ganze Dörfer, ganze Städte und Völker wurden angesteckt und verfielen dem Wahnsinn. Alle waren in Aufregung und verstanden einander nicht mehr; jeder glaubte im Alleinbesitze der Wahrheit zu sein und wollte verzweifeln, wenn er die anderen ansah, schlug sich entsetzt an die Brust, weinte und rang die Hände. Man wußte nicht, wen und wie man richten sollte; man konnte sich nicht darüber einigen, was als schlecht und was als gut zu betrachten sei. Man wußte nicht, wen man verurteilen und wen man freisprechen sollte. Die Menschen töteten einander in einer Art von unsinnigem Grimme. Sie taten sich zu ganzen Heeren zusammen, um einander zu bekriegen; aber die Heere fingen schon auf dem Marsche an, sich selbst zu befehden; die Reihen lösten sich auf; die Krieger stürzten aufeinander los, stachen und hieben, bissen und fraßen einander. In den Städten wurde den ganzen Tag lang die Sturmglocke geläutet; alle Einwohner wurden zuammengerufen; wer jedoch eigentlich zusammenrief und warum, das wußte niemand; aber alle waren in großer Aufregung. Die gewöhnlichen Handwerke wurden nicht mehr betrieben; denn jeder trug seine Ideen, seine Reformvorschläge vor, aber es kam zu keiner Einigung; die Bodenbestellung hörte auf. Hier und da sammelten sich die Menschen zu einzelnen Haufen; sie einigten sich über dies und das, schwuren, einander nicht zu verlassen; aber gleich darauf begannen sie etwas ganz anderes zu tun als das, was sie soeben selbst angeregt hatten, beschuldigten sich gegenseitig, prügelten und mordeten sich. Feuersbrünste wüteten; es brach Hungersnot aus. Alle Menschen, alle Habe ging zugrunde. Die Seuche wuchs und verbreitete sich immer weiter. Es entgingen dem Verderben in der ganzen Welt nur sehr wenige Menschen; dies waren die Reinen und Auserwählten, die dazu bestimmt waren, ein neues Menschengeschlecht und ein neues Leben zu begründen und die Erde zu erneuern und zu reinigen; aber diese Menschen hatte niemand erkannt, niemand hatte ihre Worte und ihre Stimme beachtet." Fjodor Dostojewski, *Schuld und Sühne*.
(Das Zitat wurde der folgenden rechtefreien Übersetzung entnommen: https://www.projekt-gutenberg.org/dostojew/schuldsu/chap41.html)

17. Es lohnt sich, das Konzept der „interindividuellen Psychologie" zu erkunden – ein Terminus, der von René Girard, Jean-Michel Oughourlian und Guy Lefort in *Das Ende der Gewalt* geprägt wurde, um von einer eingleisigen Sicht auf das Thema wegzukommen und der Beziehungsstruktur der Psychologie Rechnung zu tragen.
18. Elias Canetti, *Crowds and Power*, 15, Farrar, Straus and Giroux 1984 (deutsche Ausgabe: *Masse und Macht*, s. Literaturverzeichnis).
19. Aus dem Stück *König Ödipus* von Sophokles, Erstaufführung etwa 429 v. Chr.
20. Girard, *Violence and the Sacred*, 79 (deutsche Ausgabe: *Das Heilige und die Gewalt*, Patmos Verlag 2012, s. Literaturverzeichnis).

21. Christian Borch verwendet dieses Wort in seinem Buch *Social Avalanche: Crowds, Cities, and Financial Markets,* um die Psychologie der Masse zu beschreiben.
22. Yun Li, „'Hell Is Coming'—Bill Ackman Has Dire Warning for Trump, CEOs if Drastic Measures Aren't Taken Now." *CNBC* 18.03.2020.
23. John Waller, *The Dancing Plague: The Strange, True Story of an Extraordinary Illness,* 1, Sourcebooks 2009.
24. Ernesto de Martino und Dorothy Louise Zinn, *The Land of Remorse: A Study of Southern Italian Tarantism,* Free Association Books 2005. Deutschsprachige Ausgabe zu Ernesto de Martinos Forschungen: U. van Loyen (Hg.), *Der besessene Süden: Ernesto de Martino und das andere Europa,* Sonderzahl Verlag, Wien 2015.
25. Rui Fan, Jichang Zhao, Yan Chen und Ke Xu, „Anger Is More Influential Than Joy: Sentiment Correlation in Weibo." *PLOS ONE* Oktober 2014.
26. Stephen King, *On Writing: A Memoir of the Craft,* 76, Scribner 2010 (deutsche Ausgabe: *Das Leben und das Schreiben: Memoiren,* Heyne Verlag 2011, s. Literaturverzeichnis). *Siehe auch* Stephen King, „Stephen King: How I Wrote Carrie." *Guardian* 4. April 2014, Absatz 6.
27. Die „Tribute von Panem"-Serie handelt von einer zeitgenössischen Variante der „Brot und Spiele"-Politik des alten Rom. Die Römer wussten, dass sie den Menschen Brot geben mussten – etwas zu essen – um sie ruhig zu halten. Aber sie mussten ihnen auch Spiele, oder besser gesagt Unterhaltung bieten. Das rituelle Opfern von Gladiatoren oder Tieren schützte Rom vor seiner eigenen Gewalt, verhinderte Aufstände und sorgte für die Sicherheit der Höchsten im Staat.
28. René Girard, *The Scapegoat,* 113, Johns Hopkins University Press 1996.
29. René Girard und Benoît Chantre, *Battling to the End: Conversations with Benoît Chantre,* xiv, Michigan State University Press 2009 (deutsche Ausgabe: *Im Angesicht der Apokalypse: Clausewitz zu Ende denken,* Matthes & Seitz 2014, s. Literaturverzeichnis).
30. Girard, *Violence and the Sacred,* 33 (deutsche Ausgabe: *Das Heilige und die Gewalt,* Patmos Verlag 2012, s. Literaturverzeichnis).
31. Johannes 11, 49-50: Einer aber von ihnen, Kaiphas, der in diesem Jahr Hohepriester war, sprach zu ihnen: Ihr wisst nichts; ihr bedenkt auch nicht: Es ist besser für euch, ein Mensch sterbe für das Volk, als dass das ganze Volk verderbe. (Lutherbibel)
32. In seinem Buch *Gewalt: Eine neue Geschichte der Menschheit* widerlegt Steven Pinker das, was er als die „hydraulische Theorie" der Gewalt bezeichnet – die Vorstellung, dass sich unter der Oberfläche Druck aufbaut, der sich periodisch in Gewalt entladen muss. Das entspricht – um es klarzustellen – ganz eindeutig nicht Girards Theorie. Der Sündenbock-Mechanismus tritt während einer mimetischen Krise ein, weil eine Gruppe praktisch und strategisch handelt – der Sündenbock-Mechanismus ist eine gesellschaftliche Strategie zur Entschärfung von Gewalt. Auch wenn Pinker Girard oder den

Sündenbock-Mechanismus nicht ausdrücklich erwähnt, geht er doch auf die strategische Natur von Gewalt ein: „Wenn eine Neigung zur Gewalt entsteht, dann ist sie immer strategisch. Organismen sind darauf ausgelegt, Gewalt nur dann einzusetzen, wenn der erwartete Nutzen die erwarteten Kosten übersteigt."

33. Diese Show wurde im März 2011 im kanadischen Fernsehen ausgestrahlt, im Rahmen der Serie *IDEAS* von David Cayley.
34. Ich bin nicht so sehr mit Texten anderer Religionen wie Buddhismus, Hinduismus oder Islam vertraut, würde aber eine weitergehende Diskussion darüber begrüßen, ob sich hier eventuell auch der Sündenbock-Mechanismus finden lässt. Kenner dieser Texte lade ich gerne ein, der subreddit-Gruppe r/MimeticDesire beizutreten.
35. Girard, *Ich sah den Satan vom Himmel fallen wie einen Blitz.*
36. René Girard bezeichnete diese Texte als Texte der Verfolgung. Sie wurden von den Verfolgern geschrieben und sie decken ein Verbrechen oder verschleiern die Wahrheit über das, was passiert ist. Girard, *The Scapegoat.*
37. Girard vertritt diesen Standpunkt mit großem Nachdruck in seinen Büchern *Ich sah den Satan vom Himmel fallen wie einen Blitz* und *Evolution and Conversion: Dialogues on the Origins of Culture.*
38. Girard, *I See Satan Fall Like Lightning,* 161 (deutsche Ausgabe: *Ich sah den Satan vom Himmel fallen wie einen Blitz,* s. Literaturverzeichnis).
39. Als erstes Krankenhaus wird häufig dasjenige angesehen, das vom Heiligen Basilius vor den Toren der Stadt Caesarea errichtet wurde, dem heutigen Kayseri in der Türkei.
40. Girard, *I See Satan Fall Like Lightning,* Vorwort, xxii–xxiii (deutsche Ausgabe: *Ich sah den Satan vom Himmel fallen wie einen Blitz*).
41. Jesus tadelt die Pharisäer für diese Heuchelei bei einer Begegnung mit ihnen: „Und Ihr sprecht: Hätten wir zu Zeiten unserer Väter gelebt, so wären wir nicht mit ihnen schuldig geworden am Blut der Propheten! (Matthäus 23, 30, Lutherbibel).
42. Aleksandr Solzhenitsyn, *The Gulag Archipelago 1918–1956,* HarperCollins 1974, 168 (deutsche Ausgabe: Alexander Solschenizyn, *Der Archipel GULAG,* Bände 1-3, S. Fischer Verlag, Frankfurt 2008).
43. Ursula K. Le Guin, *The Ones Who Walk Away from Omelas: A Story,* 262, Harper Perennial 2017. Entnommen aus *The Wind's Twelve Quarters,* ursprünglich als Hardcover erschienen 1975 bei HarperCollins.
44. René Girard, *The Scapegoat,* 41.

Teil II: Die Transformation des Begehrens

1. David Lipsky, *Although of Course You End Up Becoming Yourself: A Road Trip with David Foster Wallace,* 86, Broadway Books 2010.

Kapitel 5: Antimimetisch

1. James Clear, *Atomic Habits: An Easy and Proven Way to Build Good Habits and*

Break Bad Ones, 27, Random House Business 2019 (deutsche Ausgabe: *Die 1%-Methode – Minimale Veränderung, maximale Wirkung: Mit kleinen Gewohnheiten jedes Ziel erreichen*, Goldmann Verlag, München 2020).
2. George T. Doran, „There's a S.M.A.R.T. Way to Write Management's Goals and Objectives." *Management Review* November 1981.
3. Donald Sull und Charles Sull, „With Goals, FAST Beats SMART." *MIT Sloan Management Review* 5. Juni 2018.
4. John Doerr, *OKR: Objectives & Key Results: Wie Sie Ziele, auf die es wirklich ankommt, entwickeln, messen und umsetzen*, Verlag Franz Vahlen 2018.
5. Lisa D. Ordóñez, Maurice E. Schweitzer, Adam D. Galinsky und Max H. Bazerman, „Goals Gone Wild: The Systematic Side Effects of Over-Prescribing Goal Setting." Harvard Business School 2009.
6. Der Soziologe Max Weber bezeichnete die starre Struktur, innerhalb derer viele Menschen in Organisationen Entscheidungen treffen, als „Eisenkäfig". Der ausgefallenere Begriff hierfür ist „institutionalisierter Isomorphismus", der von Paul J. DiMaggio und Walter W. Powell in ihrer Abhandlung „The Iron Cage Revisited: Institutional Isomorphism and Collective Rationality in Organizational Fields." (*American Sociological Review* 48, Nr. 2, 1983, 147–60) geprägt wurde, in der sie die mimetischen Prozesse beschreiben, die dazu führen. Diese Struktur sperrt die Entscheidungsfindung laut Weber in ein „rationalistisches Bezugssystem" ein, dass, außer im Falle einer Revolution, anhält, „bis die letzte Tonne fossiler Kohle verbrannt ist". Der Eisenkäfig ist nicht rationalistisch, er ist mimetisch. Weiterlesen hierzu können Sie bei Max Weber, *Die protestantische Ethik und der Geist des Kapitalismus*, Verlag C. H. Beck, München 2006.
7. Eric Weinstein, „Interview with Peter Thiel." *The Portal* Podcast 17. Juli 2019.
8. Mark Granovetter, „Economic Action and Social Structure: The Problem of Embeddedness., *American Journal of Sociology* November 1985, 481–510.
9. Ein *Gargouillou* enthält Farn, Amaranth, weißen Borretsch, Schlangen-Lauch, Klee, Blumenkohlstengel, Erbsen, Kerbelrübe, Brunnenkresse, Teufelskralle, Patisson, Winterzwiebel (Allium fistulosum), Endivie, Vogelmiere (Stellaria media), rosa Rettich, Haferwurzel, Tomaten, Frühlingszwiebel, Alpenfenchel und viele andere Gemüsesorten, junge Schösslinge, Blätter, Stengel, Körner oder Wurzeln abhängig vom jahreszeitlichen oder sogar täglichen Angebot.
10. Orson Scott Card, *Unaccompanied Sonata*, Pulphouse 1992.
11. Mark Lewis, „Marco Pierre White on Why He's Back Behind the Stove for TV's Hell's Kitchen." *The Caterer* April 2007.
12. Marc Andreessen, „It's Time to Build." Andreessen Horowitz 18.04.2020.
13. Viele beispielhafte Geschichten zur Firma Michelin finden sich in dem Buch *And Why Not? Morality of Business: The Human Person and the Heart of Business* von François Michelin (Lexington Books, 2003). Eine meiner Lieblingsgeschichten ist die, in der der junge François eine Lektion von seinem Großvater, einem der Mitgründer des Unternehmens, über die Rolle von

Empathie beim Durchbrechen des Sündenbock-Mechanismus lernt: „Ich erinnere mich an einen Tag im Jahr 1936. Ich saß mit meinem Großvater in seinem Büro am Cours Sablon, während eine lange Reihe von Streikenden unter unserem Fenster vorbeizog. Als ich Geräusche hörte, ging ich zum Fenster und hob die Gardine an, was zu lautstarken Rufen führte. Mein Großvater sagte zu mir: ‚Man wird Dir erzählen, diese Menschen seien gemein und boshaft, aber das stimmt nicht.' Ich verstand, dass mein Großvater die Wahrheit sagte, was mich dazu bringt zu bemerken, dass die Vorstellung von Klassenkampf von einer intellektuellen Faulheit stammt, bei der Menschen es vermeiden wollen, sich echte Fragen zu stellen. Seit jener Zeit verfolgt mich sein Satz: ‚Wenn Du einen Kommunisten als Klassenfeind ansiehst, dann begehst Du einen Fehler. Wenn Du ihn als einen Menschen ansiehst, der einfach eine andere Art zu denken hat als Du, dann ist das etwas ganz anderes.' Jedes Mal, wenn ich eine Person treffe, frage ich mich: Welcher Diamant verbirgt sich in diesem Menschen. All diese Juwelen um uns herum ergeben eine unglaubliche Krone, wenn wir gelernt haben unsere Augen zu öffnen und sie zu sehen." (S. 66).

14. Gepostet auf der offiziellen BRAS *Facebook*-Seite am 20. September 2017. Sie können es unter wanting.ly/bras ansehen.
15. Feindseligkeit oder Missgunst (das französische Wort „ressentiment" hat eine noch nuanciertere Bedeutung und impliziert, dass die eigenen Werte oder die eigene Weltsicht durch Missgunst verfremdet werden) ist ein Phänomen, an dem sich die Philosophen Friedrich Nietzsche und Max Scheler abgearbeitet haben. Keiner von ihnen bemerkte die Rolle, die interne Vermittlung bei Missgunst spielt, wie Girard dies tat.
16. Das *Le Suquet* hatte zum Zeitpunkt, an dem ich dieses Buch verfasst habe, immer noch zwei Sterne im Guide Michelin für 2020.

Kapitel 6: Disruptive Empathie

1. „Disruptive Empathie" ist der Titel eines Abschnitts im von Gil Bailie verfassten Buch *Violence Unveiled: Humanity at the Crossroads,* Crossroad 2004.
2. René Girard, *The One by Whom Scandal Comes,* 8, übersetzt von M. B. DeBevoise, Michigan State University Press 2014.
3. Thomas Merton, *New Seeds of Contemplation,* 38, New Directions Books 2007 (deutsche Ausgabe: *Christliche Kontemplation: Ein radikaler Weg der Gottessuche,* Claudius Verlag 2020).
4. René Girard, Robert Pogue Harrison und Cynthia Haven, „Shakespeare: Mimesis and Desire." *Standpoint* 12. März 2018.
5. Während des Zweiten Weltkriegs legten alliierte Flugzeuge bei langen Flügen auf Inseln im Südpazifik Zwischenstopps ein. Die amerikanischen und europäischen Soldaten gaben den Einheimischen Lebensmittel und diverses Allerlei im Austausch gegen ihr Wohlwollen. Die Rationen wurden aus Transportflugzeugen abgeworfen und segelten an Fallschirmen herab. Die Einheimischen, von denen die meisten noch mit Speeren fischten und in

einfachen Hütten lebten, amüsierten sich mit dem Inhalt: Zigaretten, Beefsticks, T-Shirts, Whiskey, Spielkarten, Taschentücher und Propanlampen erschienen ihnen wie Talismane aus einer anderen Welt. Wir können nur über die Whiskey-seligen Abende am Lagerfeuer spekulieren, wenn neuer Nachschub vom Himmel gefallen war. Dann war der Krieg vorbei. Die Einheimischen waren erschüttert. Warum um alles in der Welt kamen die Waren, die sie erhalten hatten, nicht mehr bei ihnen an? Innerhalb weniger Monate begann die Inselbevölkerung, sich an den Landebahnen zu versammeln, wo die Flugzeuge gelandet waren. Die Menschen ahmten die Aufgaben von Fluglotsen nach, schnitzten Kopfhörer aus Holz und bauten provisorische Tower auf. Sie entzündeten Leuchtfeuer und bildeten Paradeformationen, in Nachahmung derjenigen, die sie bei den Soldaten gesehen hatten, nachdem diese gelandet waren. Sie imitierten die Handlungen, die sie beobachtet hatten, in der Hoffnung, dasselbe Ergebnis zu erzielen. „Sie machen alles richtig", sagte Richard Feynman, Physiker und Nobelpreisträger in seiner Antrittsrede im Jahr 1974 am *California Institute of Technology*, kurz *Caltech*. „Es sieht genauso aus wie vorher. Aber es funktioniert nicht … sie befolgen alle sichtbaren Verhaltensregeln und Formeln, aber ihnen fehlt etwas Wichtiges, weil die Flugzeuge nicht landen." In seiner Rede über Wissenschaft, Pseudowissenschaft und wie man sich selbst nichts vormacht prägte er den umstrittenen Begriff des „Cargo-Kults", um zu beschreiben, was auf den südpazifischen Inseln passiert war. Die Bezeichnung ist aus vielerlei Gründen irreführend. So drehen sich beispielsweise diese Kulte eindeutig gar nicht um den Cargo, also die Ladung der Flugzeuge. Wir wissen das, weil die Kulte unterschiedliche Formen auf den verschiedenen pazifischen Inseln annahmen. Ein Geschäftsmann, der Ende der 1970er Jahre an einem großen Bauvorhaben auf der Insel Lihir vor der Küste von Papua-Neuguinea beteiligt war, erinnert sich an Imbissstände, die an der Landebahn aufgebaut waren und Einheimische, die herumstanden und die Rolle von Geschäftsleuten spielten. Es war für jeden Einzelnen von ihnen wichtig, die Rolle eines Geschäftsmanns zu spielen, aber keiner kaufte oder verkaufte etwas. Anstatt die Landung von Frachtflugzeugen nachzuahmen, imitierten sie die Geschäftsleute, die gekommen waren, um neue Projekte zu prüfen. Die Nachahmung bezieht sich nicht primär darauf, dass wieder Güter vom Himmel fallen. Sie bezieht sich im Grunde gar nicht direkt auf Materielles. Die Nachahmung findet statt, weil Menschen ein gewisses Maß an Status und Respekt von anderen wollen. Durch die Nachahmung derjenigen, die dies bereits zu haben scheinen, erhoffen sich die Nachahmer, dass eine Art von Transformation stattfindet. Der größte Fehler wäre zu glauben, dass dieses Phänomen etwas ist, dass nur bei „primitiven" Völkern auftritt. Bei diesem Kult handelt es sich um einen *Kult der Nachahmung* – und er ist universell. Die Cargo-Kulte, über die in den Jahrzehnten nach dem Krieg berichtet wurde, sind lediglich die extremen Ausdrucksformen von dem, was jeden Tag auch in den USA und anderswo stattfindet. Junge College-Abgänger (oder

Studienabbrecher) tragen Jeans und T-Shirts, arbeiten in kleinen Arbeitsnischen in Großraumbüros mit Markenstickern auf dem Rücken ihrer MacBook Pros, erschaffen Unternehmenskulturen, die an das Umfeld von Studentenverbindungen erinnern (komplett mit Tischtennisplatten, Kombucha und Craft Beer vom Fass), folgen Gary Vaynerchuk in den sozialen Medien und treffen sich abends mit anderen Kult-Mitgliedern in hippen Läden in der Innenstadt – alles in der Hoffnung, dass dies die Bewertung ihres Unternehmens steigert. Wo man heute sagt „Ich will Unternehmer werden", hieß es in den frühen 1990er Jahren: „Ich will Investmentbanker oder Unternehmensberater werden". Aber „ein Unternehmer zu sein", ist eine besonders problematische Sparte, weil Unternehmertum immer auf ein bestimmtes Problem oder Bedürfnis ausgerichtet sein muss, das in der Welt besteht. Zu sagen, man wolle Unternehmer sein, noch bevor man eine einzigartige und besondere Gelegenheit dafür erkennt, ist als würde man mit einem riesigen Hammer herumlaufen und nach etwas zum Draufhauen suchen. Für einen Mann mit einem Hammer sieht alles aus wie ein Nagel. Für jemanden, der ein Unternehmer sein will, sieht alles wie eine Gelegenheit aus, ein Unternehmen zu gründen.

6. Hier sind einige: Warum ist da etwas und nicht nichts? Was ist Schönheit? Wie unterscheide ich zwischen Gut und Böse? Was ist ein Gewissen? Wer bin ich? Woher komme ich? Wohin gehe ich?
7. Parker Palmer, *Let Your Life Speak: Listening for the Voice of Vocation*, Jossey-Bass 1999.
8. Jonathan Sacks, „Introduction to Covenant and Conversation 5776 on Spirituality." 7. Oktober 2015, https://rabbisacks.org.
9. Auch wenn es nicht unbedingt erforderlich ist, den formalen Einstufungsprozess zu durchlaufen, um von der Erfüllungsgeschichten-Übung zu profitieren, empfehle ich das Tool, weil es Einsichten und sprachliche Ausdrucksmittel zur Hand gibt, auf die man allein womöglich nicht kommt. Für diejenigen, die mehr darüber erfahren möchten, habe ich in Anhang C ein Beispiel mit den drei wichtigsten Ergebnissen zum grundlegenden Motivationsantrieb einer Person sowie die Ressourcen eingefügt, die ich bei meinen Studenten und in meinem Unternehmen einsetze. Siehe dazu auch: Todd Henry, Rod Penner, Todd W. Hall und Joshua Miller, *The Motivation Code: Discover the Hidden Forces That Drive Your Best Work*, Penguin Random House 2020.

Kapitel 7: Transzendente Führung

1. Whitney Wolfe Herd in einem Interview mit *CNN Business* am 13. Dezember 2019. Sara Ashley O'Brien, „She Sued Tinder, Founded Bumble, and Now, at 30, Is the CEO of a $3 Billion Dating Empire."
https://www.cnn.com/2019/12/13/tech/whitney-wolfe-herd-bumble-risk-takers/index.html (zuletzt abgerufen am 25.03.2022).

2. Ich habe diese Begriffe aus dem Buch *Die Müdigkeitsgesellschaft* des Philosophen Byung-Chul Han übernommen. Beim Schreiben über neuronale Erkrankungen und unsere Unfähigkeit, „Antikörper" gegen sie zu entwickeln, weil sie nicht von einem Anderen stammen, sagt er: „Es ist vielmehr *systemische* – das heißt systemimmanente – Gewalt." Byung-Chul Han, *Die Müdigkeitsgesellschaft* Matthes & Seitz 2010.
3. S. Peter Warren, „On Self-Licking Ice Cream Cones." *Cool Stars, Stellar Systems, and the Sun: Proceedings of the 7th Cambridge Workshop,* ASP Conference Series, Band 26.
4. Aus der Rede von Präsident John F. Kennedy an der *Rice University* am 12. September 1962, John F. Kennedy Presidential Library and Museum archives, https://www.jfklibrary.org/archives/other-resources/john-f-kennedy-speeches/rice-university-19620912 (zuletzt abgerufen am 25.03.2022).
5. Abraham M. Nussbaum, *The Finest Traditions of My Calling,* 254, Yale University Press 2017.
6. Maria Montessori, *Kinder sind anders,* Klett-Cotta Verlag 2009.
7. Maria Montessori et al., *The Secret of Childhood,* Vol. 22 of the Montessori Series, 119, Montessori-Pierson Publishing Company 2007 (deutsche Ausgabe: *Kinder sind anders,* Klett-Cotta-Verlag 2009).
8. Marc Andreessen, „It's Time to Build." Andreessen Horowitz.
9. Das erste Zitat stammt übersetzt aus Maria Montessoris Buch *The Montessori Method,* übersetzt von Anne Everett George, Frederick A. Stokes Company 1912. Das zweite Zitat findet sich in einer anderen Ausgabe von *The Montessori Method,* 41, übersetzt von Anne E. George, CreateSpace Independent Publishing Platform 2008.
10. *The Montessori Method,* Ausgabe von 2008, 92. Ich empfehle hier zusätzlich Suzanne Ross, Mitbegründerin der *Raven Foundation,* für eine Erforschung der Rolle der mimetischen Theorie in der Montessori-Pädagogik. In einem hervorragenden Essay schrieb sie: „Während einer Präsentation ist die Art der Interaktion implizit durch Nachahmung geprägt. Die Lehrperson lebt offen eine gezielte Beschäftigung mit dem Material vor, die das Kind nachahmen soll. Dann zieht sich die Lehrperson zurück und erlaubt es dem Kind, ihren Platz einzunehmen. Der Moment des Rückzugs wird möglich, weil die Aufmerksamkeit, die die Lehrperson dem Material entgegenbringt, vom Kind aufgenommen und internalisiert wurde. Die Bewunderung für das Objekt, die die Lehrperson vorgelebt hat, ist nun auch die des Kindes. Das Objekt wurde in das Blickfeld des Kindes gerückt, doch anstatt um seinen Besitz zu konkurrieren, teilen Lehrperson und Kind es frei miteinander. Es ist die offene Nachahmung des Kindes und der Respekt der Lehrperson für seine Bemühungen, die es möglich macht, die Vermittlung zurückzuziehen." Suzanne Ross, „The Montessori Method: The Development of a Healthy Pattern of Desire in Early Childhood." *Contagion: Journal of Violence, Mimesis and Culture* 19, 2012.

11. Das war meine wichtigste Erkenntnis aus einem Gespräch mit Louis Kim, Vize-Präsident bei HewlettPackard, als ich mit ihm 2019 über die Auswirkungen von Mimesis in großen Unternehmen sprach. Da ich selbst nie längere Zeit in einem größeren Unternehmen gearbeitet habe, habe ich mich in den vergangenen Jahren bemüht, mit so vielen Menschen wie möglich darüber zu sprechen, auf welche Weise sich Mimesis in traditionelleren Unternehmensstrukturen zeigt.
12. Wir haben in Kapitel 2 gesehen, wie mimetische Kräfte ein Feld der Realitätsverzerrung für Steve Jobs erschufen und auf welche Weise mimetisches Begehren die Wahrheit für die meisten von uns im Alltag verbiegt. Die Tendenz von mimetischem Begehren, die Wahrheit zu verschleiern oder zu verbiegen hat negative Folgen für uns als Individuen, und diese Folgen multiplizieren sich in Unternehmen (wie wir am Beispiel von *Zappos* und dem Downtown-Projekt in Kapitel 3 gesehen haben).
13. CBS News, 14. August 2008, https://gigaom.com/2008/08/14/419-interview-blockbuster-ceo-dazed-and-confused-but-confident-of-physicals/ (zuletzt abgerufen am 25.03.2022).
14. Austin Carr, „Is a Brash Management Style Behind Blockbuster's $65.4M Quarterly Loss?" *Fast Company* Mai 2010.
15. Siehe die benediktinische Idee des *habitare secum*, des „Wohnen in sich selbst". In der Stille ist niemand vollkommen allein. Wir stehen immer noch in Verbindung zu anderen – nur dass diese nicht physisch anwesend sind. Durch die Stille machen wir uns frei von Beziehungen, die uns behindern, und erneuern diejenigen, die uns helfen, unsere Menschlichkeit voll und ganz zu leben.
16. Zachary Sexton, „Burn the Boats." *Medium* 12. August 2014.
17. Eine kurze Einführung in das Konzept finden Sie im Artikel von Steve Blank, „Why the Lean Start-Up Changes Everything." *Harvard Business Review* Mai 2013.
18. Eric Ries, „Minimum Viable Product: A Guide." *Startup Lessons Learned* (Blog), 3. August 2009. http://www.startuplessonslearned.com/2009/08/minimum-viable-product-guide.html (zuletzt aufgerufen am 25.03.2022).
19. Interview mit Toni Morrison von Kathy Neustadt, „Writing, Editing, and Teaching." *Alumnae Bulletin of Bryn Mawr College* Frühjahr 1980.
20. Sam Walker, „Elon Musk and the Dying Art of the Big Bet." *Wall Street Journal* 30. November 2019.
21. Peter J. Boettke und Frédéric E. Sautet, „The Genius of Mises and the Brilliance of Kirzner." *GMU Working Paper in Economics* Nr. 11–05, 1. Februar 2011.
22. Künstliche Intelligenz kann Unternehmer auf die gleiche Weise unterstützen, wie sie auch in vielen Teilen der Welt die Landwirtschaft unterstützt. So wie sie Temperatur, Wasserverbrauch, Erntebedingungen und Abläufe auf Farmen steuern kann, kann sie auch die Nutzung von Servern, die Bestandverwaltung und die Einstellkriterien in Unternehmen steuern. Künstliche Intelligenz kann allerdings nur einen immanenten Stil des

Unternehmertums unterstützen – *nicht* einen, bei dem eine Person die einzigartige menschliche Aufgabe von unternehmerischem Gewahrsein und kreativer Schöpferkraft übernimmt.

Kapitel 8: Die mimetische Zukunft

1. Christianna Reedy, „Kurzweil Claims That the Singularity Will Happen by 2045." *Futurism* 5. Oktober 2017.
2. Ian Pearson, „The Future of Sex Report: The Rise of the Robosexuals." *Bondara* September 2015.
3. Der Animationsfilm *Beowulf* aus dem Jahr 2007 wurde als „unheimlich" bezeichnet, weil die Animationen zu menschenähnlich waren. Daher sorgten die Studios nachträglich dafür, dass sie weniger menschlich erschienen.
4. Heather Long, „Where Are All the Startups? U.S. Entrepreneurship Near 40-Year Low." *CNN Business* September 2016.
5. Drew Desilver, „For Most U.S. Workers, Real Wages Have Barely Budged in Decades." Pew Research Center, August 2018.
6. Den Begriff „desillusioniert" (im Englischen „disenchanted") habe ich den Arbeiten des kanadischen Philosophen Charles Taylor entnommen, und vor ihm denen von Max Weber und Friedrich Schiller.
7. In der römisch-katholischen Kirche wird der Beginn dieser Zeit meist mit dem Zweiten Vatikanischen Konzil in Verbindung gebracht, das 1965 endete. Hunderttausende Priester, Mönche und Nonnen brachen ihr Gelübde und Millionen von Laien zuckten mit den Schultern. Ähnliches geschah in nahezu allen großen protestantischen Bewegungen sowie anderen, nichtchristlichen Religionen weltweit – mit der bemerkenswerten Ausnahme des Islam.
8. Scott Galloway, *The Four: Die geheime DNA von Amazon, Apple, Facebook und Google,* Plassen Verlag, Kulmbach 2020. Dies ist meine Zusammenfassung der wichtigsten Punkte.
9. Eric Johnson, „Google Is God, Facebook Is Love and Uber Is 'Frat Rock, Says Brand Strategy Expert Scott Galloway." *Vox,* Juni 2017. „*Google* ist Gott. Ich glaube, es hat den Platz von Gott eingenommen. Je wohlhabender und gebildeter eine Gesellschaft ist, umso weniger spielen religiöse Institutionen eine Rolle im Leben der Menschen, obwohl unsere Ängste und Fragen gleichzeitig zunehmen. Es gibt ein enormes spirituelles Vakuum für eine göttliche Intervention ... Eine von fünf Suchanfragen, die bei *Google* gestellt werden, wurde noch nie zuvor in der Menschheitsgeschichte gestellt. Versuchen Sie sich einen Kleriker, einen Rabbi, einen Priester, einen Lehrer, einen Coach vorzustellen, der so glaubwürdig ist, dass jede fünfte Frage, die ihm gestellt wird, noch nie zuvor gestellt wurde."
10. Ross Douthat, *The Decadent Society: How We Became the Victims of Our Own Success,* 5, Avid Reader Press 2020.
11. Douthat, *The Decadent Society,* 136.

12. Da ich dies im Sommer 2020 schreibe, könnte ich auch das Beispiel einer Person verwenden, die die Realität der Ansteckung durch COVID-19 leugnet und sich trotzdem wundert, warum so viele Menschen sterben.
13. Alexis de Tocqueville, *Democracy in America*, 644, übersetzt, bearbeitet und mit einem Vorwort versehen von Harvey C. Mansfield und Delba Winthrop, University of Chicago Press 2000 (deutsche Ausgabe: *Über die Demokratie in Amerika*, Reclam Verlag, Leipzig 2021). Bei der zitierten Passage geht es um die Zentralisierung von Macht.
14. Diese eingebildeten Unterschiede werden durch Fehlwahrnehmung ausgelöst und die Realitätsverzerrung, die durch mimetisches Begehren erzeugt wird. Fehlwahrnehmung bringt Gruppen dazu, Sündenböcke fälschlicherweise als grotesk und gefährlich anzusehen.
15. Bibel, Sprüche 29,18: Wo keine Offennbarung ist, wird das Volk wild und wüst.
16. Shoshana Zuboff, *Das Zeitalter des Überwachungskapitalismus*, Campus Verlag, Frankfurt 2018.
17. In ihrem Buch *Das Zeitalter des Überwachungskapitalismus* gibt Zuboff zu Beginn folgende Definition: „Überwachungskapitalismus, der: 1. Neue Marktform, die menschliche Erfahrung als kostenlosen Rohstoff für ihre versteckten kommerziellen Operationen der Extraktion, Vorhersage und des Verkaufs reklamiert; 2. eine parasitäre ökonomische Logik, bei der die Produktion von Gütern und Dienstleistungen einer neuen globalen Architektur zur Verhaltensmodifikation untergeordnet ist; 3. eine aus der Art geschlagene Form des Kapitalismus, die sich durch eine Konzentration von Reichtum, Wissen und Macht auszeichnet, die in der Menschheitsgeschichte beispiellos ist; 4. Fundament und Rahmen einer Überwachungsökonomie; 5. so bedeutend für die menschliche Natur im 21. Jh. wie der Industriekapitalismus des 19. und 20. Jhs. für die Natur an sich; 6. der Ursprung einer neuen instrumentären Macht, die Anspruch auf die Herrschaft über die Gesellschaft erhebt und die Marktdemokratie vor bestürzende Herausforderungen stellt; 7. zielt auf eine neue kollektive Ordnung auf der Basis totaler Gewissheit ab; 8. eine Enteignung kritischer Menschenrechte, die am besten als Putsch von oben zu verstehen ist – als Sturz der Volkssouveränität. (Aus dem Englischen übersetzt von Bernhard Schmid.)
18. Matt Rosoff, „Here's What Larry Page Said on Today's Earnings Call." *Business Insider* 13. Oktober 2011.
19. George Gilder, *Life After Google: The Fall of Big Data and the Rise of the Blockchain Economy*, 21, Regnery Gateway 2018 (deutsche Ausgabe: *Das Leben nach Google: Der Absturz von Big Data und der Aufstieg der Blockchain*, Plassen Verlag, Kulmbach 2020).
20. Catriona Kelly und Vadim Volkov, „Directed Desires: Kul'turnost' and Consumption." in *Constructing Russian Culture in the Age of Revolution 1881–1940*, Oxford University Press 1998.

21. Nanci Adler, *Keeping Faith with the Party: Communist Believers Return from the Gulag,* 20, Indiana University Press 2012.
22. Nanci Adler, „Enduring Repression: Narratives of Loyalty to the Party Before, During and After the Gulag." *Europe-Asia Studies* 62, Nr. 2/2010, 211–34.
23. Langdon Gilkey, *Shantung Compound: The Story of Men and Women Under Pressure,* 108, HarperOne 1966.
24. Girard, *The One by Whom Scandal Comes,* 74.
25. Dieser Roman wird auf großartige Weise erklärt von Autor und Nobelpreisträger Czesław Miłosz in seinem Sachbuch *The Captive Mind,* Secker and Warburg 1953.
26. Die Vorstellung einer Wahrnehmungsveränderung durch Pillen ist ein Bild, das häufig in der Literatur und in Filmen verwendet wird: Soma in *Schöne neue Welt* und die blaue Pille in den *Matrix*-Filmen sind besonders bekannte Beispiele.
27. Martin Heidegger, *Gelassenheit,* Verlag Karl Alber, Freiburg im Breisgau 2015.
28. Iain McGilchrist, *The Master and His Emissary: The Divided Brain and the Making of the Western World,* Yale University Press 2019.
29. Eine „Kultur" besteht aus Dingen, die einer Gruppe von Menschen als heilig gelten, sei es in einem Land oder einem Unternehmen. Das Wort leitet sich vom lateinischen *cultus* ab. Kultur kann ohne ein Verständnis von *Kult* oder religiösem Ritual nicht vollständig verstanden werden. Eine Kultur zu errichten bedeutet, eine Religion zu errichten.
30. René Girard und Benoît Chantre, *Im Angesicht der Apokalypse: Clausewitz zu Ende denken,* Matthes & Seitz 2014.
31. Daniel Kahnemanns *Schnelles Denken, langsames Denken,* Penguin Verlag, München 2016, bezieht sich *nicht* auf berechnendes und meditatives Denken. Schnelles und langsames Denken sind beides Formen des berechnenden Denkens, nur in unterschiedlicher Form und Geschwindigkeit.
32. Virginia Hughes, „How the Blind Dream." *National Geographic* Februar 2014.
33. Michael Polanyi und Mary Jo Nye, *Personal Knowledge: Towards a Post-Critical Philosophy,* University of Chicago Press 2015.
34. Ich bin ganz offen: Meine Frau Claire war 2018 die erste Angestellte des Unternehmens und ist mittlerweile die Business Development Managerin.
35. Mit „Erfindung" meine ich nicht, dass sie von einer Einzelperson oder Personengruppe erfunden wurde. Die moderne Marktwirtschaft war wie der Sündenbock-Mechanismus eine Entwicklung, die nicht ausdrücklich geplant wurde – sie ergab sich organisch, weil Menschen bessere Möglichkeiten finden wollten, Güter untereinander auszutauschen. Jean-Pierre Dupuy und Paul Dumouchel, die sich zu Girard geforscht und gelehrt haben, haben beide bedeutende Beiträge zur Diskussion über die Zusammenhänge von moderner Wirtschaft und mimetischer Theorie geleistet. Die Darstellung der Rolle der Marktwirtschaft als „zweite Erfindung" stammt allein von mir und ist das Ergebnis einer Synthese vieler Ideen, auf die mich zum großen Teil diese Denker gebracht haben.

36. „Naval Ravikant – The Person I Call Most for Startup Advice.“ *The Tim Ferriss Show* Podcast, Episode 97, 18. August 2015.
37. Episode 1309 des *The Joe Rogan Experience* Podcasts, 5. Juni 2019.
38. Annie Dillard, *The Abundance: Narrative Essays Old and New*, 36, Ecco 2016.
39. Dillard, *The Abundance*, 36.
40. Ebenda.

Nachwort

1. Interview mit James G. Williams, „Anthropology of the Cross.“ *The Girard Reader*, 283–86, Hg. James G. Williams, Crossroad 1996.
2. Stephen King, *On Writing: A Memoir of the Craft*, 77, Scribner 2000 (deutsche Ausgabe: *Das Leben und Das Schreiben: Memoiren*, Heyne Verlag 2011, s. Literaturverzeichnis).
3. Cynthia Haven, „René Girard: Stanford's Provocative Immortel Is a One-Man Institution“ *Stanford News* 11. Juni 2008.

Anhang A: Glossar

1. Olivia Solon, „Richard Dawkins on the Internet's Hijacking of the Word ‚Meme'.“ *Wired* Juni 2013

LITERATUR UND QUELLEN

A. Ackerman (Regisseur), „The Parking Space“, *Seinfeld* DVD, Castle Rock Entertainmet, New York 1992.

Ders., „The Soul Mate“, *Seinfeld* DVD, Castle Rock Entertainmet, New York 1996.

N. Adler, „Enduring Repression: Narratives of Loyalty to the Party Before, During and After the Gulag.“ *Europe-Asia Studies* 62(2)/2010, https://doi.org/10.1080/09668130903506797 (zuletzt abgerufen am 28.03.2022).

J. Alberg, *Beneath the Veil of the Strange Verses: Reading Scandalous Texts,* Michigan State University Press, Lansing 2013.

J. Alison, *The Joy of Being Wrong: Original Sin Through Easter Eyes,* New York 2014.

J. Alison, W. Palaver (Hg.), *The Palgrave Handbook of Mimetic Theory and Religion,* Palgrave Macmillan, New York 2017.

M. R. Anspach, *The Oedipus Casebook: Reading Sophocles' Oedipus the King,* Michigan State University Press, East Lansing 2020.

Ders., *Vengeance in Reverse: The Tangled Loops of Violence, Myth, and Madness,* Michigan State University Press, East Lansing 2017.

P. Antonello (Hg.), P. Gifford (Hg.), *Can We Survive Our Origins? Readings in René Girard's Theory of Violence and the Sacred,* Michigan State University Press, East Lansing 2015.

Dies., *How We Became Human: Mimetic Theory and the Science of Evolutionary Origins,* Michigan State University Press, East Lansing 2015.

P. Antonello, H. Webb, *Mimesis, Desire and the Novel: René Girard and Literary Criticism,* Michigan State University Press, East Lansing 2015.

D. Ariely, *Die halbe Wahrheit ist die beste Lüge,* Droemer Verlag, München 2012.

A. W. Astell, „Saintly Mimesis, Contagion, and Empathy in the Thought auf René Girard, Edith Stein, and Simone Weil.“ *Shofar* 22(2)/2004, 116-131.

E. Auerbach, Mimesis: *Dargestellte Wirklichkeit in der abendländischen Literatur,* Narr, Francke, Attempto, Tübingen 2015.

S. Bahcall, Loonshots: *How to Nurture the Crazy Ideas That Win Wars, Cure Diseases, and Transform Industries,* New York 2019.

G. Bailie, Violence Unveiled: Humanity at the Crossroads, New York 2004.

M. Balter, „Strongest Evidence of Animal Culture Seen in Monkeys and Whales.“ *Science Magazine,* 25. April 2013.

C. Bandera, The Humble Story of Don Quixote: Reflections on the Birth of the Modern Novel, Catholic University of America Press, Washington DC, 2006.

Ders., A Refuge of Lies: Reflections on Faith and Fiction, Michigan State University Press, East Lansing 2013.

R. C. Barragan, R. Brooks, A. N. Meltzoff, „Altruistic Food Sharing Behavior by Human Infants After a Hunger Manipulation." *Scientific Reports* 10 (1)/2020.

G. Bateson, *Ökologie des Geistes*, Suhrkamp Verlag, Frankfurt 1985.

L. Bergreen, *Over the Edge oft he World: Magellan's Terrifying Circumnavigation of the Globe*, New York 2004.

C. Borch, *Social Avalanche: Crowds, Cities and Financial Markets*, Cambridge University Press, Cambridge 2020.

P. D. Bubbio, *Intellectual Sacrifice and Other Mimetic Paradoxes*, Michigan State University Press, East Lansing 2018.

R. Buckenmeyer, *The Philosophy of Maria Montessori: What It Means to Be Human*, Xlibris, Bloomington 2009.

L. Burgis, J. Miller, *Unrepeatable: Cultivating the Unique Calling of Every Person*, Emmaus Road, Steubenville 2018.

W. Burkert, R. Girard, J. Z. Smith, R. G. Hamerton-Kelly (Hg.), *Violent Origins: Walter Burkert, René Girard, and Jonathan Z. Smith on Ritual Killing and Cultural Formation*, Stanford University Press, Stanford 1988.

D. M. Buss, *The Evolution of Desire: Strategies of Human Mating*, Basic Books, New York 2016.

E. Canetti, *Masse und Macht*, S. Fischer Verlag, Frankfurt 1980.

O. S. Card, *Play Kosmos – Planetenspiele*, Bastei Lübbe, Köln 1982.

J. P. Carse, *Finite and Infinite Games*, Free Press, New York 2013.

D. Cayley (Hg.), *The Ideas of René Girard: An Anthropology of Religion and Violence*, Independently published 2019.

„The Century of the Self", *The Century oft he Self*, BBC Two, London März 2002.

R. Chelminski, *The Perfectionist: Life and Death in Haute Cuisine*, Gotham Books, New York 2006.

R. B. Cialdini, Pre-suasion: A Revolutionary Way to Influence and Persuade, Simon and Schuster Paperbacks, New York 2018.

B. Collins, *Hindu Mythology and the Critique of Sacrifice: The Head Beneath the Altar*, Motilal Banarasidass, Delhi 2018.

J. C. Collins, *Der Weg zu den Besten: Die sieben Management-Prinzipien für dauerhaften Unternehmenserfolg*, Campus Verlag, Frankfurt 2020.

S. Cowdell, *René Girard and the Nonviolent God*, University of Notre Dame Press, Notre Dame 2018.

Ders., *René Girard and Secular Modernity: Christ, Culture, and Crisis*, University of Notre Dame Press, Notre Dame 2015.

T. Cowen, *What Price Fame?*, Harvard University Press, Cambridge (MA) 2000.

D. Coyle, *The Culture Code: The Secrets of Highly Successful Groups*, Hörbuch gelesen von Will Damron, Random House Audio 2018.

M. B. Crawford, *Ich schraube, also bin ich*, Ullstein Verlag, Berlin 2011.

M. Csikszentmihalyi, *Flow. Das Geheimnis des Glücks*, Klett-Cotta, Stuttgart 2017.

A. Danco, „Secrets About People: A Short and Dangerous Introduction to René Girard." https://alexdanco.com/2019/04/28/ (seit 28.04.2019, zuletzt abgerufen am 24.01.2022).

S. Davies, H. Imai, *Montessori für Eltern*, Beltz Verlag, Weinheim 2020.

D. Dawson, *Flesh Becomes Word: A Lexicography oft he Scapegoat or, the History of an Idea*, Michigan State University Press, East Lansing 2013.

G. Deleuze, F. Guattari, *Anti-Ödipus – Kapitalismus und Schizophrenie*, Suhrkamp Verlag, Frankfurt 1977.

P. J. DiMaggio, W. W. Powell, „The Iron Cage Revisited: Institutional Isomorphism and Collective Rationality in Organizational Fields." *American Sociological Review* 48 (2)/1983, 147-160, https://www.jstor.org/stable/2095101 (seit 21.03.2020, zuletzt abgerufen am 24.01.2022).

J. E. Doerr, *OKR: Objectives & Key Results: Wie Sie Ziele, auf die es wirklich ankommt, entwickeln, messen und umsetzen*, Verlag Franz Vahlen, München 2018.

M. Douglas, *Purity and Danger: An Analysis of Concepts of Pollution and Taboo*, Routledge, London 2002.

P. Dumouchel, *The Ambivalence of Scarcity and Other Essays*, Michigan State University Press, East Lansing 2014.

Ders., *The Barren Sacrifice: An Essay on Political Violence*, Michigan State University Press, East Lansing 2015.

P. Dumouchel, L. Damiano, M. DeBevoise, Living with Robots, Harvard University Press, Cambridge (MA) 2017.

J.-P. Dupuy, *Economy and the Future: A Crisis of Faith*, Michigan State University Press, East Lansing 2014.

Ders. (Hg.), *Self-Deception and Paradoxes of Rationality*, CSLI Stanford (CA) 1997.

Ders., *A Short Treatise on the Metaphysics of Tsunamis*, Michigan State University Press, East Lansing 2015.

É. Durkheim, M. S. Cladis (Hg.), *The Elementary Forms of Religious Life*, Oxford University Press, Oxford 2008.

M. Epstein, *Open to Desire: The Truth About What the Buddha Taught*, Gotham Books, New York 2006.

M. S. Erwin, R. M. Kethledge, *Lead Yourself First – Inspiring Leadership Through Solitude*, Bloomsbury, New York 2017.

R. Fan, Z. Jichang, Yan Chen, Ke Xu, „Anger Is More Influential Than Joy: Sentiment Correlation in Weibo." *PLoS ONE9* (10)/2014, e110184, https://doi.org/10.1371/journal.pone0110184 (zuletzt abgerufen am 15.03.2022)

H. Farmer, A. Ciaunica, A. F. De C. Hamilton, „The Functions of Imitative Behaviour in Humans." *Mind and Language* 33, 4/2018, 378-96, https://doi.org/10.1111/mila.12189 (zuletzt abgerufen am 15.03.20122).

R. Farneti, *Mimetic Politics: Dyadic Patterns in Global Politics*, Michigan State University Press, East Lansing 2015.

G. Fornari, *A God Torn to Pieces: The Nietzsche Case,* Michigan State University Press, East Lansing 2013.

F. Fukuyama, *The End of History and the Last Man,* Free Press, New York 2006.

E. Fullbrook (Hg.), *Intersubjectivity in Economics: Agents and Structures,* Routledge, New York 2002.

S. L. Gardner, *Myths of Freedom: Equality, Modern Thought and Philosophical Radicalism,* Praeger, Westport (CT) 1998.

S. R. Garrels, *Mimesis and Science: Empirical Research on Imitation and The Mimetic Theory of Culture and Religion,* Michigan State University Press, East Lansing 2011.

R. Germany, *Mimetic Contagion: Art and Artifice in Terence's „Eunuch",* Oxford University Press, Oxford 2016.

P. Gifford, *Towards Reconciliation: Understanding Violence and the Sacred after René Girard,* James Clarke, Cambridge 2020.

L. Gilkey, *Shantung Compound: The Story of Men and Women Under Pressure,* HarperOne, New York 1975.

R. Girard, *Anorexia and Mimetic Desire,* Michigan State University Press, East Lansing 2013.

Ders., C. L. Haven (Hg.), *Conversations with René Girard: Prophet of Envy,* Bloomsbury Academic, London 2020.

Ders., *Figuren des Begehrens: Das Selbst und der Andere in der fiktionalen Realität,* LIT Verlag, Münster 2012.

Ders., *Evolution and Conversion: Dialogues on the Origins of Culture,* Bloomsbury, London 2017.

Ders., J. G. Williams (Hg.), *The Girard Reader,* Crossroad Herder, New York 1996.

Ders., *Ich sah den Satan vom Himmel fallen wie einen Blitz: Eine kritische Apologie des Christentums,* Verlag der Weltreligionen im Insel Verlag, Berlin 2008.

Ders., Job: *The Victim of His People,* Stanford University Press, Stanford (CA) 1987.

Ders., R. Doran (Hg.), *Mimesis and Theory: Essays on Literature and Criticism, 1953-2005,* Stanford University Press, Stanford (CA) 2011.

Ders., M. R. Anspach (Hg.), *Oedipus Unbound: Selected Writings on Rivalry and Desire,* Stanford University Press, Stanford (CA) 2004.

Ders., *The One by Whom Scandal Comes,* Michigan State University Press, East Lansing 2014.

Ders., *Resurrection from the Underground: Feodor Dostoevsky,* Michigan Stae University Press, East Lansing 2012.

Ders., *Sacrifice: Breakthroughs in Mimetic Theory,* Michigan State University Press, East Lansing 2011.

Ders., *The Scapegoat,* Johns Hopkins University Press, Baltimore 1989.

Ders., *Shakespeare: Theater des Neides,* Carl Hanser Verlag, München 2011.

Ders., *To Double Business Bound: Essays on Literature, Mimesis, and Anthropology,* Johns Hopkins University Press, Baltimore 1988.

Ders., *Das Heilige und die Gewalt,* Patmos Verlag, Düsseldorf 2012.

Ders., *When These Things Begin: Conversations with Michel Treguer*, Michigan State University Press, East Lansing 2014.

R. Girard, B. Chantre, *Im Angesicht der Apokalypse: Clausewitz zu Ende denken*, Matthes & Seitz, Berlin 2014.

R. Girard, R. Pogue Harrison, C. Haven, „Shakespeare: Mimesis and Desire." *Standpoint* 12.03.2018.

R. Girard, J.-M. Oughourlian, G. Lefort, *Das Ende der Gewalt: Analyse des Menschheitsverhängnisses*, Herder Verlag, Freiburg im Breisgau 2021.

R. Girard, R. Schwager, J. Hodge et. al. (Hg.), *René Girard and Raymund Schwager: Correspondence 1974-1991*, Bloomsbury Academic, New York 2016.

E. L. Glaeser, *Triumph of the City: How Our Greatest Invention Makes Us Richer, Smarter, Greener, Healthier, and Happier*, Penguin Books, New York 2012.

E. Goffman, *Wir spielen alle Theater: Die Selbstdarstellung im Alltag*, Piper Verlag, München 2003.

S. Goodhart, „In Tribute: René Girard, 1923-2015." *Religious Studies News* 21.12.2015.

Ders., *The Prophetic Law: Essays in Judaism, Girardianism, Literary Studies, and the Ethical*, Michigan State University Press, East Lansing 2020.

S. Goodhart, J. Jørgensen, T. Ryba, J. Williams (Hg.), *For René Girard: Essays in Friendship and in Truth*, Michigan State University Press, East Lansing 2010.

P. B. Grande, *Desire: Flaubert, Proust, Fitzgerald, Miller, Lana Del Rey*, Michigan State University Press, East Lansing 2020.

M. S. Granovetter, *Society and Economy: Framework and Principles*, Belknap Press of Harvard University Press, Cambridge (MA) 2017.

A. Grant, *Geben und Nehmen: Warum Egoisten nicht immer gewinnen und hilfsbereite Menschen weiterkommen*, Droemer Knaur Verlag, München 2016.

Ders., *Nonkonformisten: Warum Originalität die Welt bewegt*, Droemer Knaur Verlag, München 2016.

R. Greene, *Power: Die 48 Gesetze der Macht*, Hanser Verlag, München 2013.

N. Greenfieldboyce, „Babies May Pick Up Language Cues in Womb." *NPR Morning Edition* 06.11.2009.

J. Grote, J. McGeeney, *Clever as Serpents: Business Ethics and Office Politics*, Liturgical, Collegeville (MN) 1997.

R. Hamerton-Kelly, *Politics and Apocalypse*, Michigan State University Press, East Lansing 2008.

B.-C. Han, *Abwesen: Zur Kultur und Philosophie des Fernen Osten*, Merve Verlag, Berlin 2007.

Ders., *Agonie des Eros*, Matthes & Seitz, Berlin 2017.

Ders., *Bitte Augen schließen: Auf der Suche nach einer anderen Zeit*, Matthes & Seitz, Berlin 2013.

Ders., *Martin Heidegger*, UTB Verlag, Stuttgart 1999.

Ders., *Müdigkeitsgesellschaft*, Matthes & Seitz, Berlin 2010.

E. Hanna, A. N. Meltzoff, „Peer Imitation by Toddlers in Laboratory, Home, and Day-Care Contexts: Implications for Social Learning and Memory."

Development Psychology 29/4 1993, 701–710, https://doi.org/10.1037/0012-1649.29.4.701 (zuletzt abgerufen am 16.03.2022).

Y. N. Harari, *Homo Deus: Eine Geschichte von Morgen,* C. H. Beck Verlag, München 2020.

S. Hardach, „Do Babies Cry in Different Languages?" *New York Times* 14.11.2019.

M. Hardin (Hg.), *Reading the Bible with René Girard: Conversations with Steven E. Berry,* Lancaster 2015.

C. Haven, „René Girard: Stanford's Provocative Immortal Is a One.Man Institution." *Stanford News* 11.06.2008.

C. Haven, *Evolution of Desire: A Life of René Girard,* Michigan State University Press, East Lansing 2018.

M. Heidegger, *Gelassenheit,* Verlag Karl Alber, Freiburg im Breisgau 2015.

T. Henry, R. Penner, T. W. Hall, J. Miller, *The Motivation Code: Discover the Hidden Forces That Drive Your Best Work,* Portfolio in Penguin Random House, New York 2020.

E. S. Herman, N. Chomsky, *Manufacturing Consent: The Political Economy of the Mass Media,* Pantheon Books, New York 2002.

G. Hickok, *The Myth of Mirror Neurons: The Real Neuroscience of Communication and Cognition,* W. W. Norton, New York 2014.

T. Higgins, „Elon Musk's Defiance in the Time of Coronavirus." *Wall Street Journal* 20.03.2020.

B. Hobart, T. Huber, „Manias and Mimesis: Applying René Girard's Mimetic Theory to Financial Bubbles." *SSRN Electronic Journal* 11.10.2019, https://doi.org/10.2139/ssrn.3469465 (zuletzt abgerufen am 16.03.2022).

T. Holland, *Herrschaft: Die Entstehung des Westens,* Klett-Cotta, Stuttgart 2021.

T. Hsieh, *Delivering Happiness: Wie konsequente Kunden- und Mitarbeiterorientierung einzigartige Unternehmen schaffen,* Verlag Franz Vahlen, München 2016.

V. Hughes, „How the Blind Dream." *National Geographic* 2/2014.

M. Iacoboni, *Mirroring People: The Science of Empathy and How We Connect with Others,* Picador, New York 2009.

W. B. Irvine, *On Desire: Why We Want What We Want,* Oxford University Press, New York 2005.

W. Isaacson, *Steve Jobs: Die autorisierte Biografie des Apple-Gründers,* Verlagsgruppe Penguin Random House, München 2012.

E. Jaffe, „Mirror Neurons: How We Reflect on Behavior." *Association for Psychological Science* 01.05.2007.

D. Kahneman, A. Tversky, „Prospect Theory: An Analysis of Decision Under Risk." *Econometrica* 47/Nr. 2, 1979, 263-91, https://doi.org/10.2307/1914185 (zuletzt abgerufen am 28.03.2022).

J. Kantor, M. Twohey, #MeToo: Von der ersten Enthüllung zur globalen Bewegung, Tropen Verlag, Stuttgart 2020.

G. Kaplan, *René Girard, Unlikely Apologist: Mimetic Theory and Fundamental Theology,* University of Notre Dame Press, Notre Dame (IN) 2016.

E. V. Karniouchina, W. L. Moore, K. J. Cooney, „Impact of ‚Mad Money' Stock Recommendations: Merging Financial and Marketing Perspectives." *Journal of Marketing* 73/Nr. 6, 2009, 244-66, https://www.jstor.org/stable/20619072 (zuletzt abgerufen am 28.03.2022).

R. M. Kethledge, M. S. Erwin, *Lead Yourself First: Inspiring Leadership Through Solitude*, Bloomsbury, London 2019.

S. King, *Das Leben und das Schreiben: Memoiren*, Heyne Verlag, München 2011.

Ders., „Stephen King: How I Wrote Carrie." *Guardian* 04.04.2014.

M. Kirwan, *Discovering Girard*, Cowley, Cambridge (MA) 2005.

I. M. Kirzner, *Competition and Entrepreneurship*, Liberty Fund, Indianapolis 2013.

F. Kofmann, R. Hoffman, *The Meaning Revolution: The Power of Transcendent Leadership*, Currency, New York 2018.

T. J. Kozinski, *Modernity as Apocalypse: Sacred Nihilism and the Counterfeits of Logos*, Angelico, Brooklyn 2019.

R. Kramer, *Maria Montessori: Leben und Werk einer großen Frau*, S. Fischer Verlag, Frankfurt 2016.

N. Kurczewski, „Lamborghini Supercars Exist Because of a 10-Lira Tractor Clutch." *Car and Driver* November 2018.

F. Laloux, *Reinventing Organizations visuell: Ein illustrierter Leitfaden sinnstiftender Formen der Zusammenarbeit*, Verlag Franz Vahlen, München 2016.

T. Lamborghini, *Ferruccio Lamborghini: La Storia Ufficiale*, Minerva Edizioni, Argelato 2016.

N. Lawtoo, *Conrad's Shadow: Catastrophe, Mimesis, Theory*, Michigan State University Press, East Lansing 2016.

Ders., *(New) Facism: Contagion, Community, Myth*, Michigan State University Press, East Lansing 2019.

M. Lebreton, S. Kawa, B. Forgeot D'Arc, J. Daunizeau, M. Pessiglione, „Your Goal Is Mine: Unraveling Mimetic Desires in the Human Brain." *Journal of Neuroscience* 32/Nr. 21, 2012, 7146-57, https://www.jneurosci.org/content/32/21/7146 (zuletzt abegrufen am 28.03.2022).

D. Levy, *Love and Sex with Robots: The Evolution of Human-Robot Relationships*, Duckworth Overlook, London 2009.

C. S. Lewis, „The Inner Ring." *Memorial Lecture* am King's College, University of London 1944, https://www.lewissociety.org/innerring/ (zuletzt abgerufen am 24.03.2022).

M. Lewis, „Marco Pierre White on Why He's Back Behind the Stove for TV's Hell's Kitchen." *Caterer* 25.04.2007, https://www.thecaterer.com/news/restaurant/exclusive-marco-pierre-white-on-why-hes-back-behind-the-stove-for-tvs-hells-kitchen (zuletzt abgerufen am 24.03.2022).

D. Z. Lieberman, M. E. Long, *Ein Hormon regiert die Welt: Wie Dopamin unser Verhalten steuert – und das Schicksal der Menschheit bestimmt*, mvg Riva, München 2018.

A. Stoll Lillard, *Montessori: The Science Behind the Genius,* Oxford University Press, Oxford 2008.

A. Lindsley, „*C. S. Lewis: Beware the Temptation of the ‚Inner Ring'.*" Institute for Faith, Work and Economics Mai 2019.

W. Lippmann, *Die öffentliche Meinung: Wie sie entsteht und manipuliert wird,* Westend Verlag, Frankfurt 2021.

N. E. Lombardo, *The Logic of Desire: Aquinas on Emotion,* Catholic University of America Press, Washington DC 2011.

H. Long, „Where Are All the Startups? U.S. Entrepreneurship Near 40-Year Low." *CNN Business* September 2016.

K. Lorenz, *On Aggression,* Houghton Mifflin Harcourt, New York 1974.

H. C. Lucas, *The Search for Survival: Lessons from Disruptive Technologies,* Praeger, Santa Barbara (CA) 2012.

A. C. MacIntyre, *After Virtue: A Study in Moral Theory,* University of Notre Dame Press, Notre Dame (IN) 2012.

B. Mampe, A. D. Friederici, A. Christophe, K. Wermke, „Newborns' Cry Melody Is Shaped by Their Native Language." *Current Biology* 19/Nr. 23 (2009), https://doi.org/10.1016/j.cub.2009.09.064 (zuletzt abgerufen am 17.03.2022).

B. B. Mandelbrot, R. L. Hudson, *The Misbehavior of Markets: A Fractal View of Financial Turbulence,* Basic Books, New York 2006.

E. de Martino, *The Land of Remorse: A Study of Southern Italian Tarantism,* Free Association Books, London 2005.

W. J. McCormack, *Enigmas of Sacrifice: A Critique of Joseph M. Plunkett and the Dublin Insurrection of 1916,* Michigan State University Press, East Lansing 2016.

I. McGilchrist, *The Master and His Emissary: The Divided Brain and the Making of the Western World,* Yale University Press, New Haven (CT) 2019.

A. McKenna, *Semeia 33: René Girard and Biblical Studies,* Society of Biblical Literature, Atlanta 1985.

R. A. Medvedev, G. Shriver, *Let History Judge: The Origins and Consequences of Stalinism,* Columbia University Press, New York 1989.

A. N. Meltzoff, M. K. Moore, „Newborn Infants Imitate Adult Facial Gestures." *Child Development* 54/1983, 702-709; Fotos: A. N. Meltzoff, M. K. Moore, *Science* 198/1977, 75-78.

A. N. Meltzoff, „Born to Learn: What Infants Learn from Watching Us." In *The Role of Early Experience in Infant Development,* Hg. N. A. Fox, L. A. Leavitt, J. G. Warhol, 1-10, Johnson & Johnson, New Brunswick (NJ) 1999.

Ders., „The Human Infant as Homo Imitans." In *Social Learning: Psychological and Biological Perspectives,* Hg. T. R. Zentall, B. G. Galef Jr., 319-41, Psychological Press, East Sussex 1988.

Ders., „Imitation, Objects, Tools, and the Rudiments of Human Language in Human Ontogeny." *Human Evolution* 3/Nr. 1-2, 1988, 45-64, https://doi.org/10.1007/bf02436590 (zuletzt abgerufen am 28.03.2022).

Ders., „Like Me: A Foundation of Social Cognition." In *Developmental Science,*

Wiley-Blackwell, Hoboken (NJ) 2007, 126-34, https://doi.org/10.1111/j.1467-7687.2007.00574.x (zuletzt aufgerufen am 28.03.2022).

Ders., „Origins of Social Cognition: Bidirectional Self-Other Mapping and the ‚Like Me' Hypothesis." In *Navigating the Social World: What Infants, Children, and Other Species Can Teach Us,* Hg. M. R. Banaji, S. A. Gelman, Oxford University Press, Oxford 2013, 139-44.

Ders., „Understanding the Intentions of Others: Re-enactment of Intended Acts by 18-Month-Old Children." *Development Psychology* 31/Nr. 5 1995, 838-850, https://doi.org/10.1037/0012-1649.31.5.838 (zuletzt abgerufen am 17.03.2022).

A. N. Meltzoff, R. Brooks, „Self-Experience as a Mechanism for Learning About Others: A Training Study in Social Cognition." *Developmental Psychology* 44/Nr. 5, 2008, 1257-65, https://doi.org/10.1037/a0012888 (zuletzt abgerufen am 28.03.2022).

A. N. Meltzoff, P. K. Kuhl, J. Movellan, T. J. Sejnowski, „Foundations for a New Science of Learning." *Science Magazine* 325/Nr. 5938, 17.07.2009, 284-88, https://doi.org/10.1126/science.1175626 (zuletzt abgerufen am 28.03.2022).

A. N. Meltzoff, P. J. Marshall, „Human Infant Imitation as a Social Survival Circuit." *Current Opinion in Behavioral Sciences* 24, 2018, 130-36, https://doi.org/10.1016/j.cobeha.2018.09.006 (zuletzt abgerufen am 28.03.2022).

A. N. Meltzoff, R. R. Ramírez, J. N. Saby, E. Larson, S. Taulu und P. J. Marshall, „Infant Brain Responses to Felt and Observed Touch of Hands and Feet: A MEG Study", *Developmental Science* 21/Nr. 5 (2017), https://doi.org/10.1111/desc.12651 (zuletzt abgerufen am 17.03.2022).

T. C. Merrill, *The Book of Imitation and Desire: Reading Milan Kundera with René Girard,* Bloomsbury, London 2014.

T. Merton, *Christliche Kontemplation: Ein radikaler Weg der Gottessuche,* Claudius Verlag, München 2020.

Ders., *No Man Is an Island,* Harcourt, San Diego (CA) 1955.

Ders., *Thoughts in Solitude,* Farrar, Straus and Giroux, New York 2011.

M. Montessori, *Kinder sind anders,* Klett-Cotta Verlag, Stuttgart 2009.

Dies., *The Absorbent Mind: A Classic in Education and Child Development for Educators and Parents,* Henry Holt, New York 1995.

Dies., *The Montessori Method,* CreateSpace Independant Publishing Platform, Scotts Valley (CA) 2008.

J. B. Murphy, *A Genealogy of Violence and Religion: René Girard in Dialogue,* Sussex Academic, Chicago 2018.

R. A. Nisbet, *A History of the Idea of Progress,* Routledge, London 2017.

E. Noelle-Neumann, *The Spiral of Silence: Public Opinion – Our Social Skin,* University of Chicago Press, Chicago 1994.

M. Novak et al., *Social Justice Isn't What You Think It Is,* Encounter Books, New York 2015.

C. Nowrasteh (Regie), The Stoning of Soraya M., Amazon, Paramount Home

Entertainment, 26.06.2009, https://www.amazon.com/Stoning-Soraya-M-Shohreh-Aghdashloo/dp/B008Y79Z66/ref=sr_1_1?dchild=1&keywords%20=stoning+of+soraya+m%20.&qid=1585427690&sr%20=8%E2%80%931 (zuletzt abgerufen am 28.03.2022).

P. J. Nuechterlein, „René Girard: The Anthropology of the Cross as Alternative to Post-Modern Literary Criticism“, *Girardian Lectionary* Oktober 2002.

Y. Onaran, J. Helyar, „Fuld Solicited Buffett Offer CEO Could Refuse as Lehman Fizzled.“ *Bloomberg* 2008.

L. D. Ordóñez, M. E. Schweitzer, A. D. Galinsky, M. H. Bazerman, „Goals Gone Wild: The Systematic Side Effects of Over-Prescribing Goal Setting.“ Harvard Business School 2009.

A. Orléan, The Empire of Value: *A New Foundation of Economics,* MIT Press, Cambridge (MA) 2014.

A. O'Shea, *Selfhood and Sacrifice: René Girard and Charles Taylor on the Crisis of Modernity,* Continuum International, New York 2010.

J.-M. Oughourlian, *The Genesis of Desire,* Michigan State University Press, East Lansing 2010.

Ders., *The Mimetic Brain,* Michigan State University Press, East Lansing 2016.

Ders., *Psychopolitics: Conversations with Trevor Cribben Merrill,* Michigan State University Press, East Lansing 2012.

W. Palaver, *René Girard's Mimetic Theory,* Michigan State University Press, East Lansing 2013.

W. Palaver, R. Schenk (Hg.), *Mimetic Theory and World Religions,* Michigan State University Press, East Lansing 2017.

P. J. Palmer, Let Your Life Speak: Listening for the Voice of Vocation, San Francisco: Jossey-Bass 1999.

I. Pearson, „The Future of Sex Report: The Rise of the Robosexuals.“ *Bondara* September 2015.

J. C. Pérez, *Disarming Beauty: Essays on Faith, Truth, and Freedom,* University of Notre Dame Press, Notre Dame (IN) 2017.

„Peter Thiel on René Girard.“ ImitatioVideo, Youtube 2011, https://www.youtube.com/watch?v=esk7W9Jowtc (zuletzt abgerufen am 28.03.2022).

S. Pinker, *Gewalt: Eine neue Geschichte der Menschheit,* S. Fischer Verlag, Frankfurt 2013.

M. Polanyi, M. J. Nye, *Personal Knowledge: Towards a Post-critical Philosophy,* University of Chicago Press, Chicago 2015.

M. Proust, *Auf der Suche nach der verlorenen Zeit 5: Die Gefangene,* Suhrkamp Verlag, Frankfurt 2000.

K. Qualls, Review of *Constructing Russian Culture in the Age of Revolution: 1881-1940,* Hg. C. Kelly, D. Shepherd, H-Russia, H-Net Reviews, Februar 2000, http://www.h-net.org/reviews/showrev.php?id=3813 (zuletzt abgerufen am 28.03.2022).

C. Reedy, „Kurzweil Claims That the Singularity Will Happen by 2045." *Futurism* 5. 10.2017.

M. J. Reineke, *Intimate Domain: Desire, Trauma, and Mimetic Theory,* Michigan State University Press, East Lansing 2014.

Dies., *Sacrificed Lives: Kristeva on Women and Violence,* Indiana University Press, Bloomington 1997.

B. M. Repacholi, A. N. Meltzoff, T. M. Hennings, A. L. Ruba, „Transfer of Social Learning Across Contexts: Exploring Infants' Attribution of Trait-Like Emotions to Adults." *Infancy* 21/Nr. 6, 2016, 785-806, https://doi.org/10.1111/infa.12136 (zuletzt abgerufen am 28.03.2022).

B. M. Repacholi, A. N. Meltzoff, T. Spiewak Toub, A. L. Ruba, „Infants' Generalizations About Other People's Emotions: Foundations for Trait-Like Attributions." Development Psychology 52/Nr. 3, 2016, 364-78, https://doi.org/10.1037/dev0000097 (zuletzt abgerufen am 28.03.2022).

J. C. de Castro Rocha, *Machado de Assis: Toward a Poetics of Emulation,* Michigan State University Press, East Lansing 2015.

Ders., *Shakespeare Cultures: Latin America and the Challenge of Mimesis in Non-Hegemonic Circumstances,* Michigan State University Press, East Lansing 2019.

R. S. Rosenberg, *The Givenness of Desire: Concrete Subjectivity and the Natural Desire to See God,* University Press of Toronto, Toronto 2018.

M. Rosoff, „Here's What Larry Page Said on Today's Earnings Call." *Business Insider* 13. 10.2011.

S. Ross, „The Montessori Method: The Development of a Healthy Pattern of Desire in Early Childhood." *Contagion: Journal of Violence, Mimesis and Culture* 19/2012, 87-122, https://www.jstor.org/stable/41925335 (zuletzt aufgerufen am 25.03.2022).

W. D. Ross, *Aristotle's Metaphysics. A Revised Text With Introduction and Commentary,* Clarendon Press, Oxford 1924.

D. O. Sacks, P. A. Thiel, *The Diversity Myth: Multiculturalism and Political Intolerance on Campus,* Independent Institute, Oakland (CA) 1998.

Sacks, Rabbi, „Introduction to Covenant and Conversation 5776 on Spirituality." https://rabbisacks.org 7. 10.2015.

H. Schoeck, *Envy: A Theory of Social Behavior,* Liberty, Indianapolis 1987.

B. Schulz, R. Velotta, „Zappos CEO Tony Hsieh, Champion of Downtown Las Vegas, Retires." *Las Vegas Review-Journal* 24. 08.2020.

L. Scubla, *Giving Life, Giving Death: Psychoanalysis, Anthropology, Philosophy,* Michigan State University Press, East Lansing 2016.

Z. Sexton, „Burn the Boats." *Medium* 12. 08.2014.

G. Sheehan, *Running and Being: The Total Experience,* Rodale, New York 2014.

S. Simonse, *Kings of Disaster: Dualism, Centralism and the Scapegoat King in Southeastern Sudan,* Fountain, Kampala/Uganda 2017.

S. Sinek, *Das unendliche Spiel: Strategien für dauerhaften Erfolg,* Redline Verlag, München 2019.

I. Singer, C. Adler, *The Jewish Encyclopedia: A Descriptive Record of the History, Religion, Literature, and Customs of the Jewish People from the Earliest Times to the Present Day,* Band 10, Nabu, Charleston (SC) 2012.

S. Smee, *Kunst und Rivalität: Vier außergewöhnliche Freundschaften,* Insel Verlag, Berlin 2017.

O. Solon, „Richard Dawkins on the Internet's Hijacking of the Word ‚Meme'." *Wired* 20. 06.2013.

A. R. Sorkin, *Die Unfehlbaren: Wie Banker und Politiker nach der Lehman-Pleite dafür kämpften, das Finanzsystem zu retten – und sich selbst,* DVA, München 2010.

G. Soros, *Die Alchemie der Finanzen,* Plassen Verlag, Kulmbach 2007.

Ders., „Fallibility, Reflexivity, and the Human Uncertain Principle, *Journal of Economic Methodology* 20/Nr. 4, 13.01.2014, https://doi.org/10.1080/1350178x.2013.859415 (zuletzt abgerufen am 28.03.2022).

E. M. Standing, L. Havis, *Maria Montessori: Her Life and Work,* Plume, New York 1998.

C. Strenger, *Die Angst vor der Bedeutungslosigkeit: Das Leben in der globalisierten Welt sinnvoll gestalten,* Psychosozial-Verlag, Gießen 2016.

Ders., *Critique of Global Unreason: Individuality and Meaning in the Twenty-First Century,* Palgrave Macmillan, New York 2011.

F. Subiaul, „What's Special About Human Imitation? A Comparison with Enculturated Apes." *Behavioral Sciences* 6/Nr. 3 (Juli 2016), https://doi.org/10.3390/bs6030013 (zuletzt abgerufen am 17.03.2022).

N. N. Taleb, *Antifragilität: Anleitung für eine Welt, die wir nicht verstehen,* Pantheon Verlag, München 2018.

Ders., *Das Risiko und sein Preis – Skin in the Game,* Penguin Verlag, München 2018.

C. Taylor, *A Secular Age,* Belknap Press of Harvard University Press, Cambridge (MA) 2018.

R. H. Thaler, Misbehaving: *Was uns die Verhaltensökonomik über unsere Entscheidungen verrät,* Pantheon Verlag, München 2019.

P. Thiel, B. Masters, *Zero to One: Wie Innovation unsere Gesellschaft rettet,* Campus Verlag, Frankfurt 2014.

C. Thomson, S. Goodhart, N. Delicata, J. Pahl, S.-A. Hess, G. D. Smith, E. Webb et al., *René Girard and Creative Reconciliation,* Hg. T. Ryba, Lexington Books, Lanham (MD) 2014.

THR Staff, „Fortnite, Twitch ... Will Smith? 10 Digital Players Disrupting Traditional Hollywood." *Hollywood Reporter* November 2018.

S. Turkle, *Alone Together: Why We Expect More from Technology and Less from Each Other,* Basic Books, New York 2017.

A. Tversky, D. Kahneman, „Rational Choice and the Framing of Decisions." *Journal of Business* 59/Nr. 4, 1986, 251–78, http://www.jstor.org/stable/2352759 (zuletzt abgerufen am 28.03.2022).

L. Tye, *The Father of Spin: Edward L. Bernays and and the Birth of Public Relations,* Henry Holt, New York 2002.

W. B. Tyrrell, *The Sacrifice of Socrates: Athens, Plato, Girard,* Michigan State University Press, East Lansing 2012.

G. Vattimo, R. Girard, *Christianity, Truth, and Weakening Faith: A Dialogue,* Columbia University Press, New York 2010.

D. von Hildebrand, J. F. Crosby (Hg.), *Ethics,* Hildebrand Project, Steubenville (OH) 2020.

D. Foster Wallace, *Unendlicher Spaß,* Rowohlt Taschenbuch, Hamburg 2011.

J. Waller, *The Dancing Plague: The Strange, True Story of an Extraordinary Illness,* Sourcebooks, Naperville (IL) 2009.

Ders., *A Time to Dance, a Time to Die: The Extraordinary Story of the Dancing Plague of 1518,* Icon Books, Duxford 2009.

J. Warren, *Compassion or Apocalypse: A Comprehensible Guide to the Thought of René Girard,* Christian Alternative, Washington DC 2013.

S. P. Warren, „On Self-Licking Ice Cream Cones." Paper vorgestellt beim Cool Stars, Stellar Systems, and the Sun Seventh Cambridge Workshop, ASP Conference Series, Band 26, 1992.

S. Weil, *Schwerkraft und Gnade,* Matthes & Seitz, Berlin 2020.

E. Weinstein, „Interview with Peter Thiel." *The Portal* Podcast audio 17.07.2019.

S. Zuboff, *Das Zeitalter des Überwachungskapitalismus,* Campus Verlag, Frankfurt 2018.

STICHWORTVERZEICHNIS